本书的出版得到了城市考古与保护国家文物局重点科研基地的经费支持，部分研究内容也是国家重点研发计划项目“馆藏脆弱青铜器保护关键技术研究”（项目编号：2020YFC1522000）的阶段性成果

脆弱青铜器

保护修复基础与应用探索

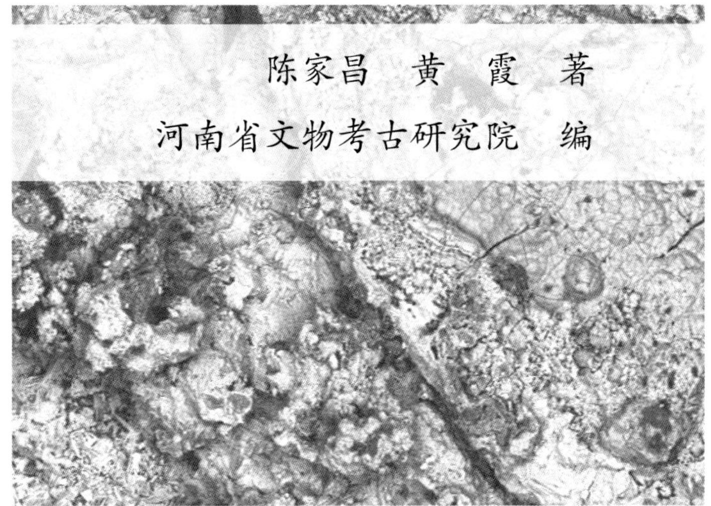

陈家昌　黄　霞　著

河南省文物考古研究院　编

科学出版社

北　京

内 容 简 介

本书是在脆弱青铜器保护修复方面已取得的研究成果基础上撰写而成，全面地梳理了我国脆弱青铜器保护修复技术现状与发展方向。全书共分十一章，包括绪论、中国青铜文化的起源与发展进程、脆弱青铜器腐蚀劣化机理与病害分析表征方法、青铜器保护修复的理念演进及其基本原则、考古出土脆弱青铜文物的现场保护、脆弱青铜器锈蚀物清除与稳定化处理、脆弱青铜器加固保护技术、脆弱青铜器的连接修复、脆弱青铜器封护材料与工艺、脆弱青铜器的保存环境及预防性保护、脆弱青铜器保护中的前沿技术与新材料研究等内容。全书既有对保护修复基础知识的介绍，也有对最新研究成果和技术进展的阐述，尤其在第十一章脆弱青铜器保护中的前沿技术与新材料研究中，重点介绍了当前脆弱青铜器保护科学与技术研究的最新进展和当前热点，为青铜器保护领域的发展提供了新的思路。

本书可供在青铜器保护修复领域从事科研及理论工作的人员参考，也可作为高等院校文化遗产保护等相关专业师生的教学参考书。

图书在版编目（CIP）数据

脆弱青铜器保护修复基础与应用探索/陈家昌，黄霞著；河南省文物考古研究院编. —北京：科学出版社，2024.12

ISBN 978-7-03-077753-9

Ⅰ. ①脆… Ⅱ. ①陈… ②黄… ③河… Ⅲ. ①青铜器（考古）－文物保护－研究－中国 ②青铜器（考古）－器物修复－研究－中国 Ⅳ. ① K876.41

中国国家版本馆CIP数据核字（2023）第252965号

责任编辑：张亚娜 周艺欣 / 责任校对：张亚丹
责任印制：张 伟 / 封面设计：金舵手世纪

科学出版社 出版
北京东黄城根北街16号
邮政编码：100717
http://www.sciencep.com

北京汇瑞嘉合文化发展有限公司印刷

科学出版社发行 各地新华书店经销

*

2024年12月第 一 版 开本：787×1092 1/16
2024年12月第一次印刷 印张：18
字数：426 000

定价：228.00 元

（如有印装质量问题，我社负责调换）

前　言

中国古代青铜器是中华民族历史上创造的辉煌灿烂的物质文化成就，是中华优秀传统文化的重要物质载体。传承至今的青铜器因遭受到各种侵蚀，大都在材料性能上体现出了一定的脆弱性。一直以来，国内外都十分重视脆弱青铜器的保护修复工作。然而由于脆弱青铜器本体严重劣化的结构特点，其保护修复技术的发展相对缓慢。从保存状态来看，具有“脆弱性”的出土青铜器的保护需要格外重视。一是考古出土时青铜器锈蚀严重，导致器物通体矿化，已无铜质存在，成为有造形无强度的脆弱青铜器；二是青铜器在地下埋藏过程中受到氯化物的侵蚀，出土后氯化物在潮湿环境下形成“粉状锈”。含氯“粉状锈”的发生可使青铜器的腐蚀不断加剧、扩展、深入，直至引起青铜器物的溃烂、穿孔，上述腐蚀现象也被称为“青铜病”。目前，如何对那些存在严重矿化及“青铜病”的脆弱青铜器进行妥善的保护处理，是文化遗产保护领域亟待解决的关键难题。

长期的保护修复实践表明，以青铜文物制作材料、工艺特征、腐蚀机理、病害表征、保护材料与脆弱青铜文物的相互作用机制为重点，结合脆弱青铜器保护技术体系的构建，综合运用金属学、矿物学、环境科学、等离子体物理学、材料学、信息学等多学科理论与方法，开展集青铜文物腐蚀病害评估、保护技术研究与推广示范应用等全覆盖技术体系研究，建立良好的脆弱青铜器本体保护生态系统，才能更好地实现脆弱青铜器长期稳定保护的目标。同时，在脆弱青铜器保护修复关键技术领域，青铜器腐蚀病害评估、本体保护技术应用及保护效果评估等技术体系也需要基础研究的突破和技术研发的进一步发展。因此，做好脆弱青铜器保护修复应用基础研究与前沿技术探索具有重要意义。

开展保护修复应用基础研究与前沿技术探索，不仅可以为我国脆弱青铜器保护修复理论建立提供重要的依据，而且在进一步提高脆弱青铜器保护修复技术的针对性与有效性等方面有着明显的现实作用。本书是在笔者总结近年来脆弱青铜器保护修复研究成果的基础上撰写而成的。本书共分十一章。第一章绪论，介绍了脆弱青铜器保护修复的现状与研究历程；第二章介绍了中国青铜文化的起源与发展进程；第三章介绍了脆弱青铜器腐蚀劣化机理与病害分析表征方法；第四章介绍了青铜器保护修复的理念演进及其基本原则；第五章介绍了考古出土脆弱青铜文物的现场保护；第六章研究了脆弱青铜器锈蚀物清除与稳定化处理，重点分析了自行研制的金属配合物材料对严重矿化青铜器的加固性能及其影响因素；第七章介绍了腐蚀矿化脆弱青铜器加固保护技术；第八章研究了脆弱青铜器的连接修复；第九章研究了脆弱青铜器封护材料与工艺；第十章介绍了脆弱青铜器的保存环境及预防性保护；第十一章介绍了脆弱青铜器保护中的前沿技术与新材料研究，在脆弱青铜器保护修复试验研究的基础上，对今后脆弱青铜器保护修复研究的前沿技术进行了展望与探索。全书由陈家昌负责统稿，郑州大学黄霞教授在前沿技术方面进行了梳理，武汉科技大学的周和荣教授团队也对部分章节内容做出了贡献，特别是在关于青铜器腐蚀机理与封护材料性能分析方法等研究方面。另外，作者所在课题组的唐静、闫海涛、王鑫光、赵晟伟、刘欣等参加了部分章节的编写；郑州大学硕士研究生买莹、陈利纬、尚泽雅等进行了大量的试验和理论分析工作，本书中的部分内容是他们研究成果的总结和提炼。本书研究工作得到了国家重点研发计划项目资助（项目编号：2020YFC1522000），在此表示衷心的感谢。同时感谢城市考古与保护国家文物局重点科研基地的经费支持。

由于作者水平有限，书中难免有不足之处，恳请读者批评指正！

陈家昌　黄　霞

2023年11月6日

目录

第一章 绪　论

一、脆弱青铜器保护修复的基本概念

所谓的“脆弱”青铜器是相对于正常状态青铜器而言的，通常指的是青铜器特定的一种保存状态，这种特定状态在机械性能上体现出了易碎、易折、经受不起外力冲击的显著特征。无论是从古代遗址、墓葬、窖藏等地下经考古发掘或被盗掘出的古代文物，还是水底和沉船中被发掘、打捞出水的遗存，由于经历了长时间的不利环境的侵蚀，大多都存在许多病害，保存状况或多或少都会表现出一定的脆弱性，如不及时进行科学保护，就会造成文物的损毁。根据国家文物局的调查显示，2002～2005年，全国共有50.66%的馆藏文物存在不同程度的腐蚀损害，其中遭受重度腐蚀的文物达到230万件，占馆藏文物总量的16.5%。因而，做好脆弱文物保护修复工作的任务十分繁重。

在现代文化遗产研究领域，文物保护与文物修复并不是同一概念，从逻辑学上说，文物保护包括文物修复，文物修复只是文物保护的一个方面。在具体实施行为上，“保护”和“修复”也存在显著不同。加瑞·汤姆森（Garry Thomson）在“藏品保护和博物馆学巴特沃斯系列丛书”（Butterworth-Heinemann Series in Conservation and Museology）总序中提出，保护和修复有着显著的区别，保护有两方面含义：首先，监控环境以便将遗物和材料的腐朽程度降到最低；其次，通过处理阻止腐朽，处理可能产生进一步朽变的部位以确保其稳定状态。当保护处理显得不足时，可采用修复措施，使文物恢复原状，不留明显修复痕迹，达到可展出的状态。意大利文物保护修复先驱布兰迪（Cesare Brandi）在1963年出版的《修复理论》（*Teoria del Restauro*）一书中曾对修复的概念进行了简要概括，他认为，所谓的修复就是“为了维持某件物品物质性上的无欠缺性，为保证其文化价值的保全、保护而实施、处理的行为”。所以，“保护”是通过采取一定的措施使得文物免受可能遇到的伤害、破坏或有害的影响。在一定程度上“保护”是一种预防性措施，目的是防止损害的进一步扩大。而“修复”则是对那些已经发生损伤且造成本体部分组织、结构丧失的文物，采用技术手段对其缺损进行修补恢复的过程。很明显，在概念上“保护”的外延和内涵要大于“修复”；在具体方法应用上，“保护”形式较为单一，其核心是以“预防性保护”为主；而“修复”形式则多种多样。简言之，文物保护修复的定义笼统地讲就是采用一切必要的科学手段，对那些处于劣化状态或不稳定状态的文物本体以及其所承载的各种历史信息进行综合维护处理的总称，其目的就是通过保护处理使文物本体得以保存，同时将文物本体所承载的各种历史信息传承下来。保护是为防止文物进一步的劣化而采取的综合措施，而修复是基于文物原真状态下的对文物材质缺损状态的改变，两者是不同的。保护通常分为预防性保护和干预性保护两种，前者是控制环境来防止进一步劣化，后者则是直接在文物表面或内部采取一些提高文物材质耐蚀性的措施。近代文物保护学者通过不断总结保护实践经验，在融合东西方保护修复理念与尊重文化差异性及不同文明独特性的同时，也更加重视保护技术的通用性和基本原则的普适性。无论是在考古现场还是在保护修复实验室，首要的工作就是在科学检测分析的基础上，做好预防性保护工作，尽量避免青铜器病害的发生，减缓青铜器病害的发展，针对脆弱青铜器存在的损害及时开展修复工作，这些多环节的青铜器综合保护措施本书称之为青铜器的“保护修复”。这种“保护修复”与传统修复相比，强调的不仅是修复某个器物，而且还要保护展现其历史信息、艺术成就和科学价值的相关特征。因此，所谓的文物“保护修复”就是“理论和实践的再结合”“传统和科技的再结合”“有形价值和无形价值的再结合”，其核心是要利用当代保护理念和先进的技术最大限度地保护、体现文物固有的价值。

总之，文物保护修复的主要内容就是采用科学技术手段解析文物的价值内涵、病害状况以及影响保护的因素，进而制定出科学的保护手段、方法用以消除影响因素，治理病害，达到文物长久保存的目的。因此，在一定程度上，文物保护修复既是文物价值保护的过程，也是对文物价值的再认识过程。

二、脆弱青铜器保护修复发展历程

追溯青铜器保护修复的发展历程可以看出，从最初朴素的传统修复发展到规范的保护修复体系，青铜器保护修复经历了一个长期复杂的发展进程。随着宋代对夏、商周三代礼制的追崇与金石学兴起，对残损的青铜器进行修复或者仿制三代时期的青铜器便成为专门的技能，进而也催生出了一批技艺精湛的匠师。到了南宋时期，铜器修复技艺已经相当高超，作伪水平也达到了以假乱真的程度。赵希鹄在《洞天清录·古钟鼎彝器辨》中专门记述了古铜器色泽和锈蚀的作伪方法：“伪古铜器，其法以水银杂锡末，即今磨镜药是也。先上在新铜器上令匀，然后以酽醋细硇砂末……入水则成纯翠色。”自宋以来青铜器仿制、作伪及修复方法，经不断地发展完善，逐渐形成了青铜器传统修复工艺体系。1949年新中国成立后至1978年近30年间，各个博物馆的修复工作依然属于传统修复的范畴，这一阶段的青铜器保护修复以“传统技艺”为主，基本遵循“修旧如旧”的原则，主要解决青铜器的原状复原问题。在20世纪80年代，随着国内外交流的增多，西方修复理念逐渐被引入到我国的青铜器修复保护中，《威尼斯宪章》《华盛顿宪章》《佛罗伦萨宪章》等国际遗产保护的理论、经验也逐渐被译介至国内。在1980年至2000年的20年间，青铜器保护修复在理念、原则、技术、方法等各领域都进入了重要的发展阶段。随着《中华人民共和国文物保护法》等一系列法律、法规文件的出台，“不改变文物原状”“可再处理性”等作为我国文物保护的基本原则被确立了下来。同时，这一时期提出了传统修复的科学化问题，在继承传统工艺的同时，传统修复保护技术工艺的科学内涵被不断挖掘，不仅优化了传统技术并且有力地促进了保护修复理念的发展。2000年以后，中国特色的保护原则和科学保护体系初步建立。中国逐步走出了一条独特的文物保护修复道路，青铜器保护修复进入到了繁荣发展的新阶段。“原真性保护”“完整性”“价值保护”的观念更加深入人心，对待文物本体的态度更加谨慎，保护程序更加严谨，也体现了保护修复工作从抢救性保护到抢救与预防性保护并重的转变。随着数字化技术、虚拟现实技术等前沿科技的不断进步和广泛应用，以“虚拟修复”和“场景再现”为典型代表的展示利用探索，不仅展示了新时期青铜文物保护、传承利用的新思路，也为文物资源的活化利用提供了更为广阔的发展空间。

2.1　青铜器保护理念与原则

2022年全国文物工作会议确立了“保护第一、加强管理、挖掘价值、有效利用、让文物活起来”的新时代文物工作方针。保护原则的提出是为了规范文物保护工作，从发展角度看，保护原则是一个动态的历史概念。它针对的是三个问题：一是解决保护工艺问题；二是解决保护材料问题；三是从有利于文物传承的角度出发，针对文物的保护问题提出的基础方法。文物保护修复的原则也是一个动态的、发展的、不断完善的体系，随着保护修复实践的发展而发展。

所谓保护理念，主要是指系统而确切的理性概念、基本观念及带有支配性的指导思想，决定了文物保护工作中的基本态度与具体方式。原则是指在理念引领、影响下观察问题、分析问题、处理问题所依据的基本准则。因为事物是不停变化的，理念也不是一成不变的，也没有固定不变的理念，不管什么理念，都要经过实践不断完善，才能不断地进步与成熟。

1930年在意大利罗马召开的关于艺术品保护的国际研讨会上，首次提出了“预防性保护”概念。会议在国际范围内达成了文物科学保护的共识，对文物保护工作具有里程碑意义。20世纪50年代，在经过了多年的文物保护实践后，欧洲率先开始了对于文物保护和修复理念的讨论；与此同时，对于修复技术的认识也有了质的飞跃，现代科技保护与传统工艺修复真正意义上的结合也从此开始。特别是1963年意大利学者布兰迪的论著《修复理论》对19世纪以来欧洲文物修复的诸多派别进行了梳理，归纳了包括最小干预原则、兼容性原则、可逆性原则、可辨识原则和预防性保护在内的诸多修复原则，在国际上得到了广泛的认可。该书指出：修复是一门根据历史学、自然科学、美学、材料学的特征来认识艺术品、修复艺术品的方法学，在文物修复实践中不排斥对文物本体的干涉，同时着重强调了材料的可逆性和可辨识性，充分认识修复技术的时代局限性，提倡给未来留下可工作的空间，也即修复实践应坚持最小干预性、可逆性和可识别性三原则。从百年来保护修复理论发展与实践来看，保护修复理念日趋融合、科学合理，理论原则也逐渐完善，在国际上达成了一定的共识。联合国教科文组织（United Nations Educational，Scientific and Cultural Organization，UNESCO）、国际古迹遗址理事会（International Council on Monuments and Sites，ICOMOS）、国际文化遗产保护与修复研究中心（International Centre for the Study of the Preservation and Restoration of Cultural Property，ICCROM）等国际组织，通过总结、确认、普及推广现代文物保护修复的理论与原则，制定了一系列国际宪章、公约，如《关于历史性纪念物修复的雅典宪章》（1931）、《威尼斯宪章》（1964）、《保护世界文化和自然遗产公约》（1972）、《巴拉宪章》（1979）、《佛罗伦萨宪章》（1982）、《华盛顿宪章》（1987）、《考古遗产保护与管理宪章》（1990）、《奈良真实性文件》（1994）、《古迹、建筑群及遗址记录工作原则》（1996）、《历史性木结构保存原则》（1999）、《水下文化遗产保护公约》（2001）等。

中国近代的文物保护观念和方法始于20世纪30年代。中华人民共和国成立以后，大批濒临毁坏的古迹得到了有效保护，文物保护工作者从我国文物保护修复发展的历程出发，借鉴国际先进经验和理念，结合我国文物的基本特点，创新我国文物保护修复理念，推动了一系列符合中国国情的保护理论和指导原则的形成。如《纪念建筑、古建筑、石窟寺等修缮工程管理办法》《省、市、自治区博物馆工作条例》中规定“严格遵守‘不改变原状’的原则”，以及“藏品修复时，不得任意改变其形状、色彩、纹饰、铭文”“修旧如旧”等文物修复原则。这些理论和指导原则不仅适用于古代建筑、古遗址等不可移动类文物，也适用于可移动类文物。

文物保护修复的本质就是保护文物本体所蕴含的三大价值。三大价值同文物本体相互依存的特点，决定了保护修复文物不仅要以科学的方法防止文物本体损坏，延长使用寿命，同时也要最大限度地保存、研究、展现其历史、艺术、科学价值。因此，文物价值保护原则就要求在进行文物保护修复中应做到以下几点：第一，保存文物原有的形制及结构，研究提取历史文化信息；第二，保存文物原有的形貌，研究提取艺术价值；第三，保存文物原来的制作材料及制作工艺技术，研究提取科学信息。从百年来文物保护修复理论发展与实践来看，国内外保护修复理念日益完善，日趋融合，理论原则也更加科学合理。同时，在尊重个体的差异与文化特色不同的基础上，对一些基本原则如原真性、最小干预性、可辨识性、可再处理性等在理论与实践层面进行了反复论证并取得了最大共识。

2.2 青铜器保护技术应用研究

随着18世纪自然科学特别是化学、生物学、电化学的快速发展，针对馆藏青铜器保护研究的活动逐渐活跃起来。1795年德国分析化学家克拉普罗特（M. H. Klaproth）教授关于古希腊和古罗马钱币的分析，应是文物保护分析和科技考古研究的肇始，也是最早采用化学手段开展文物结构分析的案例之一。1888年德国皇家博物馆罗思根（F. Rathgen）建立了世界上第一个化学保护科学实验室，这是从保护观念上的一次革命，标志着文物保护从经验、手工向科学化转变。和以往文物修复不同的是，西方研究者开始研究文物病变的化学、物理和生物机理，从而对症下药，采取更为科学合理的处理方法；随后，又针对青铜器存在的各种病害问题，如表面锈蚀、粉状锈、表面劣化及表面封护等，从不同方面开展了丰富多样的研究实验。其中在表面锈蚀物清除研究方面，1889年德国化学家罗思根等先后采用盐酸、乙酸、硫酸等用于清除厚重的锈蚀物，为避免酸残留对文物带来的负面影响，除锈处理后再用碱进行中和处理。在开展除锈研究的同时，青铜器锈蚀物中的一些含有氯化物的“粉状锈”引起了越来越多的重视，这类“粉状锈”具有一定的扩散性和顽固性，对青铜器的危害十分巨大。因此，针对青铜器“粉状锈”的处理也成为这一时期文物保护学者们的研究重点。大英博物馆聘请的保护专家亚历山大·斯科特（A. Scott）于1921年报道了使用倍半碳酸钠处理青铜器，并于1926年发表使用碱性罗谢尔盐（Alkaline Rochelle Salt）处理青铜器的方法，其保护机理是利用碱性酒石酸钾钠的络合特性，使氯离子析出、去除。1955年大英博物馆罗伯特·奥根（Robert Organ）针对青铜器孔蚀的特点，发表了使用氧化银将活性氯化物转化为难溶氯化银进行稳定保护的新方法，该法同时也有助于消除外来氧和水汽对青铜器孔蚀部位的影响。

与此同时，文物保护学者们也注意到了外部保存环境中的氧、水汽对青铜器的破坏作用，并提出了一些有效的表面封护保护措施，使得封护材料得到了广泛应用。1894年沃斯（Voss）先后使用了罂粟籽油（poppyseed oil）和达玛树脂（dammar）作为青铜器保护的表面封护剂。1902年爱德华·克劳斯（Eduard Krause）使用了漆片（shellac flakes）和鱼胶（fish glue），1905年罗思根使用了合成树脂硝酸纤维素

（cellulose nitrate）和醋酸纤维素（cellulose acetate），同时蜂蜡（beeswax）和石蜡（paraffin）也第一次登上文物保护的舞台。

为进一步提高铜金属自身的稳定性，缓蚀剂处理逐渐被引入到青铜器保护中来。1937年普伦德利斯（H. J. Plenderleith）将在20世纪初期广泛应用的柠檬酸法（Citric Acid）进行了改进，1987年伊恩·麦克劳德（Ian MacLeod）在柠檬酸中加硫脲作为铜的缓蚀剂，同时硫脲本身也是一价铜的络合剂。1940年福沃斯（M. Farnworth）发表了六偏磷酸钠法（Sodium Hexametaphosphate），夏尔马（V. C. Sharma）等推荐使用更为安全的三聚磷酸钠法，因为它对铜器上"古色古香"的碳酸盐没有影响。1967年丹麦卡伦堡博物馆（Kalundborg Museum）的马德森（Brinch Madsen）将应用于工业上（1947）铜缓蚀的苯并三氮唑（BTA）法应用到金属保护领域，这是迄今为止使用率最高、影响面最广的缓蚀保护古代青铜器的一种方法。1987年中国文物保护专家对这一方法进行了进一步的改进，加入钼酸钠和碳酸氢钠形成复合缓蚀剂，同期对于其他复配BTA的复合试剂和衍生物也多有报道。BTA同时是一种很好的紫外线吸收剂，随着时间的延长，器物表面有颜色加深的现象。

近年来，有别于传统意义上的馆藏青铜器的保护修复，针对考古出土脆弱青铜器的保护处理在我国得到了越来越多的重视。考古出土脆弱青铜器的保护通常涵盖两个阶段：一是考古发掘现场阶段；二是实验室保护修复阶段。不同阶段青铜器需要处理的保护问题是不同的。在考古发掘现场阶段，需要解决的主要问题是判定青铜器的保存状态，控制发掘小环境，在抑制病害蔓延的情况下，尽快把脆弱青铜器安全地搬运回实验室，以便为后期实验室保护修复提供基础保证；在实验室保护阶段，需要解决的问题则更为宽泛复杂，需要根据青铜器的具体情况，开展相应的保护研究工作。迄今为止，国内外考古出土脆弱青铜器开展的保护研究工作主要围绕现状评估与腐蚀机理研究、现场临时性加固保护与封护研究、现场监测与预防性保护研究三方面展开。在现状评估与腐蚀机理研究方面，采用多种分析手段，通过病害状态及诊断分析研究，探讨了不稳定锈蚀物的形成传播路径及相关机理；在现场临时性加固材料研究方面，开展了具有可再处理性强的薄荷醇等材料的应用实验；在对矿化严重的脆弱青铜器加固研究方面，通过选择具有较好渗透性的高分子材料如3% B-72乙酸乙酯溶液、氟硅材料等填充脆弱青铜器的疏松内部，对脆弱青铜器能起到较好的加固作用；在预防性保护研究方面，针对考古现场及保存库房的温度、湿度、光照度、紫外线以及有机污染物等对脆弱青铜器的影响，围绕考古现场环境和污染物指标，建设环境监测平台，推广保存微环境质量调控技术，做好风险识别、预测、预警，必要时配置专用囊匣、调湿剂、吸附剂等被动调控手段进行科学的保护干预。在室内保护修复研究方面，建设出土脆弱青铜器保存环境监测及智慧化综合业务管理系统，如脆弱青铜器无损检测分析、高清三维数字化复原及辅助修复、数字化储藏柜架囊匣等智能化保护体系，为考古出土脆弱青铜器保护提供了坚实支撑。

总体来看，近年来我国在馆藏青铜器腐蚀劣化、病害机理分析、治理技术研发方面取得了较大进展，但在多学科协作科学研究方面仍与国际先进水平存在差距，主要表现在三个方面。一是在考古出土脆弱青铜器病害机理研究方面，缺乏针对不同环境因素作用下的考古出土脆弱青铜器病害发生、发展的系统性跟踪检测，未能建立保存环境检测数据与文物本体劣化机理、腐蚀形态同稳定性之间的科学关系，如考古出土脆弱青铜器“点蚀”的发生与文物组分及环境诱发因素的阈值区间的关联性等机理仍旧模糊，青铜器表面的“粉状锈”“活性锈”“瘤状锈”等有害锈的形成、发展路径以及与氯、氧、水等主控因子的循环作用过程中的化学、生物作用还有待进一步厘清等。二是在考古出土脆弱青铜器病害治理技术研究方面存在不足，一方面采用的保护材料性能同青铜器病害作用机理研究深度不够，忽略了文物本体材料、锈蚀成分与病害之间物化性能的差异性对保护材料性能的不同要求，割裂了青铜器本体锈蚀劣化与病害之间的关联性，使得保护材料的研发、应用出现偏差，导致保护材料性能难以全面体现，如对于腐蚀极其严重、器形比较大的脆弱青铜器，仅采用渗透高分子材料进行加固，其力学强度提高有限；另一方面在保护材料同病害作用的结构状态、性能表现及整体稳定性分析方面，缺乏可行的评价手段及评价标准，对保护效果评价难以给出科学回答，如保护材料的劣化模式及相关数学模型研究的预测精度同真实状态还存在不小偏差，远远不能满足材料性能评估需求。三是在考古出土脆弱青铜器预防性保护研究方面，对青铜器本体保存状态的主体性研究不突出，缺乏埋藏土壤、温湿度、酸碱度、含氧量、可溶盐等埋藏环境要素对青铜器侵蚀途径、作用机制的深入研究，进而在脆弱青铜器发掘出土后难以精准设定监测、调控的边界条件，不能满足预防性保护中的“稳定、可持续”要求。此外，考古出土脆弱青铜器预防性保护体系建设、数据库管理平台及数字化保护体系评估和标准也不完善，指导考古出土脆弱青铜器保护实践的中国特色的文物保护理论尚在探索阶段，涵盖考古出土脆弱青铜器保护技术支撑的学科门类和重点研究方向依然模糊，支撑考古出土脆弱青铜器保护各环节的技术模块和逻辑链条尚未形成，导致脆弱青铜器保护技术创新后继乏力，上述问题亟待解决。

三、脆弱青铜器保护策略研究与技术体系构建

3.1 脆弱青铜器保护策略研究

在跟踪国内外脆弱青铜器保护研究的基础上，从当前脆弱青铜器保护现状分析入

手，结合脆弱青铜器保护技术需求，开展脆弱青铜器保护策略研究应重视以下三方面。

一是从脆弱青铜器保护的不同场景角度出发，分析我国脆弱青铜器保护技术需求趋势。脆弱青铜器在不同阶段、不同场景条件下，其需要解决的主要问题是有所不同的。在较为稳定的室内环境及展陈阶段，应遵循长期稳定的基本保护要求，重视脆弱青铜器活性病害的激发机制与稳定性控制研究，重点研发制备出具有抑制有害金属离子的催化活性的缓蚀保护材料及有效的保存装备，以实现脆弱青铜器的长期稳定。在考古发掘现场保护阶段，选择保护手段对考古出土脆弱青铜器进行处理时，技术需求上应满足现场的特殊要求，此时采取的保护技术首先应立足于抢救性保护，在充分满足脆弱青铜器抢救性保护的前提下，应遵循及时性、安全性、有效性及可再处理性原则。如在考古发掘现场潮湿环境下出土的脆弱青铜器，其环境耐受性较差，在器物由湿变干的过程中，通常会发生器物局部开裂乃至崩解等情况，因此，这一阶段的突出保护需求就是通过水性保护材料的介入，提高脆弱青铜器的力学强度，以保证脆弱青铜器在水分不断挥发过程中的性状稳定。总之，结合脆弱青铜器保护的不同阶段，依据病害影响因素的不同，研发制备出相应的功能保护材料，是实现我国脆弱青铜器保护目标的关键。

二是从实现脆弱青铜器长期稳定的角度出发，确定我国脆弱青铜器保护技术发展方向。脆弱青铜器保护的基本要求是保持青铜器原状及负载信息，保持青铜器原状的实质是保护其历史价值、艺术价值和科学价值。青铜器原状的内涵主要包括其造型、纹饰、工艺、材料及外观形貌等。因此，从实现脆弱青铜器长期稳定的角度出发，脆弱青铜器保护技术的发展方向主要体现在以下五点：①建立基于无损检测量化指标评价体系的脆弱青铜器腐蚀劣化特征及典型病害机理研究；②建立基于匹配性好、渗透性高、凝聚力强的高适应性、高稳定性的加固材料制备体系；③建立实验室评价与真实场景验证相结合的应用评价体系；④建立适宜于脆弱青铜器长期稳定的预防性保护体系；⑤建立数字化保护数据库及展示利用管理平台。通过上述技术的研发应用，在脆弱青铜器腐蚀劣化特征及典型病害机理研究、无损检测量化指标评价体系研究、青铜器稳定性评估关键技术研究、保护材料性能评价及关键保护技术应用示范与保护数据库建立等方面，形成脆弱青铜器保护的全链条技术保障和系统解决方案，为脆弱青铜器的保护研究、展示利用与价值挖掘打下坚实基础。

三是重视复杂性问题的系统解决方案，强化脆弱青铜器保护技术与预防性保护体系及数字化保护的耦合优化与协同增效。脆弱青铜器保护是一项系统性工程，涉及现场保护、实验室保护修复、预防性保护、数据库管理平台、数字化展示利用等领域的各种先进技术，共同构成了一个多维的复杂保护系统。从保护目标来看，脆弱青铜器保护的科技支撑不仅仅是解决当前存在的保护问题，而且要兼顾挖掘价值、长期稳定及展示利用与可持续发展等问题。因此，从技术应用层面来看，这就要求从跨学科的角度提供重点突破与多学科协同的科技支撑，通过加强多学科间的技术集成耦合与系统优化，实现“1+1>2”的协同效应，才能更好地实现脆弱青铜器保护技术的跨越式发展。

3.2 脆弱青铜器保护技术体系构建

根据上述保护策略提供的技术框架，以加强应用基础研究，突破考古出土脆弱青铜器保护缺乏理论支撑和关键技术，提升脆弱青铜器保护技术与预防性保护体系建设为目标，统筹考虑技术应用需求，发展集成耦合与技术优化，构建我国脆弱青铜器保护技术体系，可以考虑从以下五方面入手。

3.2.1 病害诊断技术体系

病害诊断技术体系的建立主要包括两方面内容。一是在应用基础研究领域。开展青铜器锈蚀病害同文物本体组分、结构、性状及不同保存环境之间的综合关联研究，在揭示青铜器锈蚀的腐蚀构成及组分特征的基础上，提出青铜器腐蚀病害转变及活性锈蚀的激发蔓延机理，完成脆弱青铜器劣化中的多环境因子腐蚀模型及量化表征研究，建立基于腐蚀组分结构特征分布的矿化程度及腐蚀病害评价体系；二是在技术应用体系研究领域：结合能谱CT、表面增强拉曼分析等相关装备与配套检测材料的研发，开展基于CT能谱无损分析技术的脆弱青铜器组分状态及特征体系研究，进而为建立青铜器病害模型及机理分析提供数据支撑。为实现上述目标，首先可通过显微锥束CT分析，结合深度学习算法，建立青铜试样腐蚀结构的智能分割、体积占比定量计算和三维空间分布状态模型，进一步提高脆弱青铜器腐蚀矿化区体积占比和CT图像影像特征的关联解析；其次，可通过基于柔性衬底材料的原位擦拭/黏结固相萃取腐蚀物的表面增强拉曼分析技术，建立脆弱青铜器含氯腐蚀产物精确表征方法标准体系，以进一步提高腐蚀产物定性分析的精准度。在上述研究基础上，总结不同脆弱青铜器典型病害指标参数与病害程度的关联性，结合人工智能技术可视化软件，完成对脆弱青铜器腐蚀病害区域的标记和病害程度的智能分割，建立脆弱青铜器原位、无损、快速、精准量化的病害评估体系。

3.2.2 本体保护技术体系

围绕脆弱青铜器保护技术中的关键环节——有害锈去除与稳定及严重矿化青铜器加固技术研究，在充分借鉴现代材料科学发展成果的基础上，结合文物保护材料的功能型、量化型和设计型的发展趋势，设计开发出新型、高效的智能文物保护功能性材料体系。如在有害锈去除方面，为根除氯化物对青铜器的危害，对青铜器锈蚀中的氯化亚铜和碱式氯化铜等具有传播活性的锈蚀成分需尽可能地予以清除。为此，开展活性锈蚀物的定向去除及稳定化保护材料的研发至关重要。近年来，在青铜器活性锈蚀物的定向去除研究方面，除锈凝胶得到了国内外文物保护学者越来越多的重视。除锈凝胶材料具有保水性、缓释性、不污染文物表面、适用于复杂表面清洗等特点，通过控制材料组分的释放速率实现对含氯铜锈的高效去除，避免了湿法清洗中除锈剂因扩散而产生的腐蚀破坏，符合文物保护“最小干预性”原则。同时，为适应脆弱青铜器的除锈要求，避免撕扯去除凝胶过程中可能会引起脆弱器物损坏的弊端，开发出具有自剥离性能的除锈凝胶，达到除锈凝胶轻松从器物表面移除的效果，保证除锈过程中器物的安全，是除锈凝胶需要进一步改进的发展方向。总体而言，在青铜器活性锈蚀物的定向去除方面，除锈凝胶体现出了十分突出的优点，主要表现在：一是除锈能力强、效率高；二是可再处理性强，可对同一部位进行多次重复除锈；三是表面凝胶无残留；四是智能剥离。因而除锈凝胶在文化遗产保护应用领域具有广阔的前景。在严重矿化青铜器加固方面：为有效提高矿化青铜器的加固强度，开展基于融合型/反应型/键合型加固机理的严重矿化金属文物加固材料研发，建立基于高适应性、高匹配性、高稳定性的保护材料制备体系是关键。如在考古现场潮湿环境下，为提高保护材料的加固性能，可采用“有机-无机”分子杂化复合技术，研发基于小分子的与矿物粒子胶结能力强、匹配性好、渗透性高的水性溶胶材料，以解决目前脆弱青铜器加固材料存在的渗透性差、胶结能力低、匹配性差等问题。

总之，脆弱青铜器本体保护技术体系是集青铜器腐蚀病害评估、本体保护技术应用及保护效果评估等全覆盖的技术体系，其通过本体加固材料、表面锈蚀去除材料及封护材料的协同保护作用，可最大程度上实现脆弱青铜器长期稳定的保护目的。

3.2.3 预防性保护技术体系

文物预防性保护是提升文物保护利用水平的重要基础手段，它以文物为本，重在预防，主要通过环境监测、评估、调控干预，为文物提供合适的保存条件，对可能出现的各种损坏文物的情况进行科学预测、分析、研究，同时制定并实施一系列预防性保护措施，最大限度地保持文物的长期稳定。预防性保护主要有两方面含义：一是控制环境，将文物的损害降到最低；二是通过主动的保护修复干预，抑制损害并使其处于稳定状态，防止文物受到进一步损害。因此，针对脆弱青铜器的预防性保护，应在监测、评估分析脆弱青铜器劣化模式、劣化机理、劣化状态与保存环境状况的基础上，结合数据分析模型，通过空间信息技术、人工智能、物联网、5G通信技术等高新技术的集成创新，贯彻绿色环保与可持续发展理念，突破调控材料、调控设施等关键技术，建立实时环境感应控制系统，做好风险识别、预测、预警和评价，实现预防性保护的创新性、高效性与实用性的统一。

3.2.4 数字化保护技术体系

文物数字化，实际上是一种文物信息的记录方式，主要是指针对有形文化遗产进行的三维数字化的记录，其底层技术是实景三维建模，还包括运用视频、照片、录音等多媒体形式对文物进行记录。目前，脆弱青铜器数字化保护的研究重点包括：智慧化保护综合管理系统、大数据分析智能感知及预警控制系统、3D打印与数字化复原及辅助修复技术、数字化柜架囊匣与库房安全智能化监控、运输安全全程智能化监控等。数字化保护技术体系的建立，特别是数字模拟仿真保护技术的应用，能够为脆弱青铜器保护新材料、新技术的研发，技术应用验证等关键环节提供接近真实的仿真场景，进而对脆弱青铜器的高效保护起到不可替代的支撑作用。

3.2.5 数据库管理技术体系

数据库管理体系是一种集成的数据管理系统，包含了数据采集、数据存储、数据查询和数据管理等模块。相比于传统的文件存储方式，数据库管理体系不仅具有可靠性、安全性、可拓展性等优势，而且还可以更有效地管理大数据，并更好地为保护决策提供支持。将脆弱青铜器保护修复、价值挖掘与展示传播利用等深度结合，通过大数据数字化信息技术、云计算、人工智能技术的集成应用，开发出集多维度的病害多媒体信息采集、保护数据提取分析与具有自我学习升级与反馈功能的综合数据库；数据库管理体系的建立将有助于实现脆弱青铜器保护信息动态著录与数据交换、数字化资源管理、智慧化保藏管理及共享利用等。同时，随着数据规模的不断增大，数据准确性和完整性、数据安全性等风险点将愈发凸显，因此，不断制定完善相应的数据库运行标准，进一步提高数据库的准入审查门槛及完善网络安全防护机制是下一步需要努力的发展方向。

四、展望

近年来，我国脆弱青铜器保护研究水平不断提高，逐渐探索出了一些规律性的方法，为抢救、保护脆弱青铜器做出了贡献。在保护展示研究利用等方面取得的成就中，科技创新无疑发挥了不可替代的作用。展望未来，在我国新时代文物保护的发展过程中，围绕脆弱青铜器保护体系的研究仍需加大研发力度，在脆弱青铜器保护关键领域，需要基础研究的突破和技术研发的长期积累与创新环境的不断改善，需要充分利用自然科学的基础理论和技术手段，采取自然科学与人文社会科学相结合的方法，以青铜文物制作材料、工艺特征、腐蚀机理、病害表征、保护材料与脆弱青铜文物的相互作用机制为重点，结合脆弱青铜器保护技术体系的构建，综合运用金属学、矿物学、环境科学、化学、物理学、材料学、信息学等多学科理论与方法，开展集青铜文物腐蚀病害评估、保护技术研究与推广示范应用等全覆盖技术体系研究，建立良好的脆弱青铜器本体保护生态系统，进而实现脆弱文物本体长期稳定的保护目标。总之，脆弱青铜器保护科学技术体系的建立，将能够有力地促进不同学科的交叉融合，形成文物本体、保护材料与赋存环境的共生体系，其不仅为脆弱青铜器的保护开辟出了新的途径，而且也为推动我国文物保护科学技术研究的不断创新发展提供了新动力。

参考文献

[1] 潘路. 青铜器保护发展历程和相关问题的思考[C]// 王春法. 中国国家博物馆文物保护修复论文集. 北京: 北京时代华文书局, 2019: 12.

[2] Bozzini B, Aleman B, Amati M, et al. Novel insight into bronze disease gained by synchrotron-based photoelectron spectro-microscopy, in support of electrochemical treatment strategies[J]. Studies in Conservation, 2017, 62(8): 461-473.

[3] Scott D A. Bronze disease: a review of some chemical problems and the role of relative humidity[J]. Journal of the American Institute for Conservation, 1990, 29(2): 193.

[4] Di L B, Zhang J S, Zhang X L. A review on the recent progress, challenges, and perspectives of atmospheric-pressure cold plasma for preparation of supported metal catalysts[J]. Plasma Processes and Polymers, 2018, 15(5): 1700234.

[5] 谭鑫刚. 青铜器传统与现代修复保护方法比较研究[J]. 遗产与保护研究, 2018, 3(5): 63-65.

[6] 罗宁. 青铜器的修复与保护方法探析[J]. 遗产与保护研究, 2017, 2(5): 181-182.

[7] 陶建平. 古代青铜器修复程序和方法[J]. 文物世界, 2012(5): 79-80.

[8] 张鹏宇. 中国青铜器传统修复的理念转变与实践[J]. 自然与文化遗产研究, 2019, 4(S2): 86-90.

[9] 董少华, 相建凯, 张刚, 等. 现代科学技术在古代青铜器保护中的应用[J]. 文博, 2018(1): 100-107, 69.

[10] 梁宏刚, 王贺. 青铜文物保护修复技术的中外比较研究[J]. 南方文物, 2015(1): 81-88.

[11] 陈仲陶. 对青铜器保护修复理念、原则的探讨[J]. 文物保护与考古科学, 2010, 22(3): 87-91.

第二章 中国青铜文化的起源与发展进程

旧新石器时代过渡阶段，人类社会的工艺技术、生技方式等发生了重要变化。从就地取材的石器、木器等天然材料开始，在人类适应自然、变革自然的漫长历史进程中，材料应用技术的发展成为推动人类文明进步的加速器。考察人类文明进程史，可以发现人类在不断壮大的智慧中丰富着自身对材料应用的技能，使用不同的材料实现了一个又一个里程碑式的突破与发展。特别是在金属材料应用技术出现之后，人类真正地掌握了变革自然的锐利工具，在促使生产力得到跨越式大发展的同时，也极大地加快了人类文明发展的步伐。

一、铜的历史与青铜文明

铜是一种存在于地壳和海洋中的金属。铜的化学符号是Cu（拉丁语Cuprum），原子序数29，为元素周期表第I副族元素，是一种过渡金属，密度8.92克/立方厘米。金属铜的熔点约1083.4℃，沸点2567℃，纯铜呈浅玫瑰色或淡红色。西方传说中，古代地中海的塞浦路斯（Cyprus）是出产铜的地方，英文中的copper、拉丁文中的cuivre都源于此。铜拥有许多可贵的物理化学特性，其化学稳定性强，抗热导率高，易熔接，且具有优异的抗蚀、可塑与延展性等性能。

自然界中的铜分为自然铜、氧化铜矿和硫化铜矿。铜是唯一的能大量天然产出的金属，自然界存在着天然的纯铜块（亦即红铜），但储量极少。自然铜为铜元素在自然界天然生成的各种片状、板状、块状集合体，主体成分为Cu元素，常含少量或微量Fe、Ag、Au等元素。迄今为止，自然界中获得的最大的天然铜重420吨。铜也是人类最早认识的金属之一。图2-1为中国地质博物馆自然铜藏品图片。

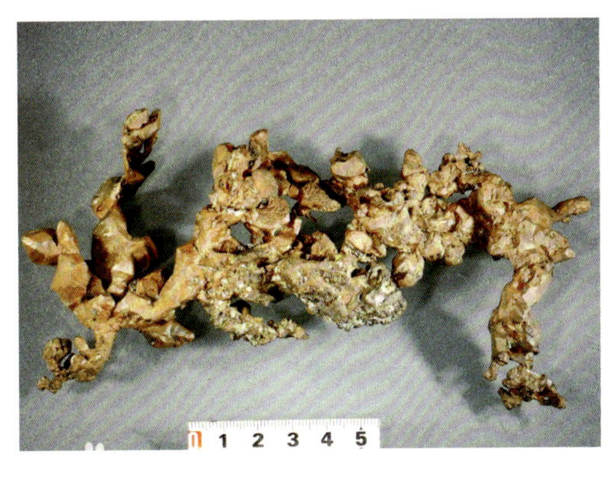

图2-1　自然铜状态

自然界中的铜多以化合物，即铜矿

物的形式存在。铜矿物的种类大体可分为硫化物矿和氧化物矿两大类，主要包括：黄铜矿、斑铜矿、辉铜矿、蓝铜矿、铜蓝、孔雀石、赤铜矿等。其中，硫化矿通常含铜量极低，一般在2%～3%左右，如黄铜矿$CuFeS_2$、辉铜矿Cu_2S、铜蓝CuS等；氧化矿含铜量较高，氧化物矿物包括硫酸盐如胆矾$CuSO_4 \cdot 5H_2O$、水胆矾$CuSO_4 \cdot 3Cu(OH)_2$等；碳酸盐如孔雀石$Cu_2(OH)_2CO_3$、蓝铜矿$2CuCO_3 \cdot Cu(OH)_2$；硅酸盐如硅孔雀石$CuSiO_3 \cdot 2H_2O$；氧化物如赤铜矿Cu_2O、黑铜矿CuO等。铜矿物大多具有鲜艳的颜色，例如：金黄色的黄铜矿$CuFeS_2$，鲜绿色的孔雀石$CuCO_3 \cdot Cu(OH)_2$或者$Cu_2(OH)_2CO_3$，深蓝色的蓝铜矿$2CuCO_3 \cdot Cu(OH)_2$等。表2-1为不同铜矿物的基本特征。

表 2-1　不同铜矿物的基本特征

种类	特征	化学成分	外观形貌
孔雀石	孔雀石由于颜色酷似孔雀羽毛上斑点的绿色而得名。中国古代称孔雀石为“绿青”“石绿”等	含铜的碳酸盐矿物，分子式为$Cu_2(OH)_2CO_3$	
黄铜矿	黄铜矿是一种铜铁硫化物矿物。表面常有蓝、紫褐色的斑状锖色与绿黑色条痕	含铜的硫化物矿物，分子式为$CuFeS_2$	
赤铜矿	赤铜矿是一种红色的氧化物矿物质，呈鲜红的颜色	含铜的氧化物矿物，分子式为Cu_2O	

铜的使用对早期人类文明的进步影响深远。作为自然界中广泛存在的金属元素，铜以其良好的导电性、导热性和延展性而著称。考古发现表明，迄今最早的铜器出现在两河流域。土耳其埃尔加尼附近距今约10000年的卡萤泰佩（Çayönü Tepesi）遗址发现了人类使用铜制品的遗存。该遗址分为早、晚两期，在早期的前陶新石器时代遗

存中发现了用铜矿石直接打制的钻孔珠、方形的扩孔锥、别针等，别针针尖经过打磨，这些铜制品的产生可能和该遗址距铜矿产地埃尔加尼较近有关。此后，铜制品在伊朗高原、美索不达米亚和爱琴海沿岸地区都有所发现。伊朗西南部的的阿里·库什（Ali Kosh）遗址出土一颗用约0.4毫米厚的铜片卷起制成的小铜珠，时代在公元前八千纪。伊拉克辛贾尔地区公元前七千纪的马扎利亚（Tell Maghzaliyah）遗址的房屋墙基填土中出土一把长3.8厘米的铜锥，研究者推断其为冷锻的天然铜制品，未经退火处理，其矿料可能来源于伊朗的阿纳拉克-泰勒梅西（Anarak-Talmessi）。公元五千纪晚期的伊朗苏萨（Susa）遗址墓葬出土五十余件铜斧，这表明该地区已出现了较成熟的利用氧化铜矿石或硫化铜矿石冶炼金属铜的工业。

然而，纯铜的硬度较低，难以满足古人对于工具、武器和礼器制作的需求。于是，古人开始尝试在铜中加入其他金属元素，以期获得更加坚韧、耐用的合金。考古发现表明，早在公元前五千纪，铜石并用时代的工匠们有意地开采一些金属矿石进行冶炼而产生了最初的砷合金。经过无数次的尝试与改进，古人发现金属锡、铅的熔点较低、易于与铜融合，将其作为合金元素以改善铜器的性能。公元前四千纪末三千纪初，铜器的冶铸仍以砷铜为主，但铜器中的锡含量开始增加，在叙利亚北部的阿姆克（Amua）遗址早于公元前3500年的地层中发现了一些铜制工具，其中有一件为锡青铜制品，不含砷或镍。约公元前3000～前2500年，两河地区的锡青铜得以广泛应用，逐渐取代了铜石并用时代至青铜时代早、中期普遍使用的砷铜，成为最重要的金属合金。随后，青铜冶炼技术迅速向周边地区传播扩散，推动了人类文明的发展进程。

在公元前4000年以前，中国已出现人工冶铜技术。陕西临潼姜寨仰韶文化一期遗址出土一枚黄铜材质的半圆形薄片和一根断裂的黄铜管状物，其年代为公元前4700～前4000年。这些黄铜制品经由铸造成型，铸态组织并不均匀，成分偏析较大，并含有铁、铅、锡、硫等杂质，具有早期铜器的特征。随着技术的提高，冶金技术逐渐从无意识的行为进入到有意识冶炼阶段。中国西北地区在冶金术的东西交流方面起到独特而重要的作用。甘肃东乡林家遗址的一处马家窑文化房基中出土一把锡青铜刀，长12.5、宽2.4厘米，由两块范浇铸而成，形制规整，刃部经轻微冷锻或戗磨，时代距今约5000年。该遗址还出土少量“碎铜渣”，研究表明其应是用铜铁氧化共生矿进行冶炼但并未成功的一件遗留物。河西走廊地区则是公元前二千纪初中国境内冶金生产最为活跃的地区，甘肃张掖西城驿遗址系中国目前最早的青铜冶铸遗址，该遗址除出土小件铜器外，还发现炉渣、矿石、炉壁、鼓风管、石范等大量冶金遗物，表明至迟在距今4100年前后，河西走廊地区已经有了比较发达的冶金生产。山西陶寺遗址，甘肃马厂、齐家及四坝文化，辽宁大凌河上游夏家店下层文化，内蒙古朱开沟文化，山东岳石文化和河南二里头文化的遗址中均发现属于公元前1600年以前的青铜器和冶铜炉壁残块。山西陶寺和河南登封王城岗等遗址青铜容器残件的发现，表明距今4000年前后中原地区已发明复合陶范铸造青铜器的技术。

青铜冶炼技术对中原早期国家的形成起到了“牵一发而动全身”的关键性作用，是中原社会真正进入早期国家文明的一个重要推动力量。青铜器知识和生产技术在新石器时代晚期传入中国后，很快与中国的农业社会环境和技术、文化传统相结合，为满足“国之大事，在祀与戎”的社会需要，青铜广泛用于夏商周三代社会的祭祀器具和军事用品生产，形成自己独特的青铜时代文化特色——高度发达的青铜铸造礼乐器。这些青铜礼乐器具有三代礼乐文化大传统物化象征的历史意义与文化价值，并对后来的中国历史文化产生了深远的影响。

二、铜矿的开采及冶炼

在古代，铜矿的开采并非易事，它需要大量的劳动力、精细的分工以及有效的管理。从矿石的开采、运输，到冶炼、铸造，每一个环节都需要专门的人员负责，形成了较为完善的生产体系。这种生产体系不仅推动了古代冶金技术的进步，也促进了社会经济的繁荣。古铜矿遗址不仅是我国古代文明的重要见证，也是研究我国古代冶金技术、社会经济和文化发展的重要实物资料。

2.1 我国古铜矿遗址的分布

由于天然金属的资源十分有限，要获得更多的金属，必须通过冶炼矿石提取。自然铜在地球上的存在比较少，铜元素主要是以矿石的形式存在于地壳中。铜矿石的种类主要包括以下几种：黄铜矿、斑铜矿、辉铜矿、蓝铜矿、铜蓝、孔雀石、赤铜矿等，不同种类的铜矿石具有各种不同的颜色。在新石器时代后期，先民们在寻找石料和加工制作石器的过程中，为寻找原料而出没于这些山丘时，逐步识别了铜矿石及相关矿物，并在实践中总结出了矿物赋存分布的一般规律。《管子·地数》载：“上有丹砂者，下有黄金；上有慈石者，下有铜金；上有陵石者，下有铅锡赤铜；上有赭者，下有铁。”先民根据铜草花就可找到地下埋藏的铜矿资源（图2-2）。

现代地质学勘探表明，我国的铜矿资源主要分布在长江中下游一带的长江南岸，其中包括湖北的大冶、江西瑞昌的铜岭，以及安徽的铜陵、芜湖一带。我国的有色金属和稀有金属大多分布在南方，这是因为此处在地质上曾受燕山和喜马拉雅山两个造山运动的影响，火成岩活动特别强烈，在距今1亿～0.8亿年前发生了罕见的花岗岩活动，以四川盆地和云贵高原为中心，向东南方和西南方持续增强，从而形成了成矿带，

图 2-2 盛开的铜草花

导致长江流域盛产铜锡。考古资料亦证实，我国古代开采规模较大的古铜矿遗址主要分布在江西、安徽、湖北等省份的山区地带。这些地区不仅拥有丰富的铜矿资源，还具备适宜的气候条件和便利的水路交通，为古代铜矿的开采与冶炼提供了得天独厚的条件。目前经过考古发掘的古铜矿遗址主要有湖北大冶铜绿山古矿遗址、江西瑞昌铜岭铜矿遗址、安徽大工山—凤凰山铜矿遗址、内蒙古赤峰大井古铜矿遗址等。这些遗址以庞大的开采规模、精湛的技术水平和深远的文化影响，成为了我国古代矿冶业发展史上的璀璨明珠。

2.1.1 湖北大冶铜绿山古铜矿遗址

铜绿山古矿遗址位于湖北省黄石市大冶市西南3千米处的大冶湖畔，该遗址铜矿开采历史最早可追溯到商周时期，是我国目前发现的古铜矿遗址中采冶延续时间最长、开采规模最大、采冶技术水平最高、采冶链最完整、保存最完好的一处古铜矿遗址。该遗址以其独特的采矿技术和丰富的文化内涵而闻名于世，1982年被公布为第二批全国重点文物保护单位，2018年入选全国第二批国家工业遗产名单，2021年入选“百年百大考古发现”。

铜绿山古铜矿遗址自1973年被发现，大规模的考古工作分为两轮，历时近半个世纪，考古发掘总面积11200余平方米。第一轮考古工作为1974年春至1985年冬，对铜绿山矿山生产区暨铜绿山古铜矿遗址南北长约2千米，东西宽约1千米，包括铜绿山、大岩阴山、小岩阴山等12个矿体进行考古调查发掘。先后共发掘古代露天采矿坑7处，冶炼遗址3处，保存完好、规模宏大的地下开采区18处，以及厚约数米、重约40万吨的古代铜炼渣。其中，春秋采矿遗址是目前我国乃至世界上仅存的唯一一处井下采矿遗址现场，其占地面积400平方米，保存有西周至春秋战国时期采矿竖井63个，平（斜）巷19条以及保存较完好的井下排水系统（图2-3）。第二轮考古工作为2011年至2018年，重点对岩阴山脚遗址、四方塘遗址、卢家垴遗址进行调查发掘。其中，岩阴山脚遗址春秋时期矿工赤脚印和四方塘遗址墓葬区的发现，让铜绿山古铜矿遗址“见物不见人”的问题迎刃而解。

图2-3 湖北大冶铜绿山春秋采矿遗址

该遗址第一轮考古工作共发现商周至西汉、唐代采矿竖（盲）井302口、平（斜）巷128条，推测井巷总长度约8000米；发现春秋战国时期冶铜炉12座。通过对出土的春秋时期铜锭和炉渣检测分析，生产的粗铜含铜量达94%，炉渣含铜量平均为0.7%，接近现代排渣水平。挖掘矿料和土石量达100万立方米，井巷使用支护木材超过3000立方米，古代采场内遗留的铜矿石达3万～4万吨（铜品位为12%～20%）。堆积的废土石渣物多达70余万立方米，累计产铜不少于8万吨。

该遗址采矿技术最显著的特点是采用竖井、斜井、盲井、平巷联合开拓法进行深井开采，最大井深达60余米（图2-4）。矿井采用符合力学原理的木框架支护技术。井下通风主要采用自然通风法，利用了井口高低不同所产生的气压差形成的自然风流，同时填塞废弃井巷和在巷道内设置风墙以控制气流，使新鲜空气流向深处作业区。井下采用竹签和松柴火把照明以减少烟雾。由于部分古矿井较深，地下井巷排水是保证采矿的重要环节。为及时排出矿井中的积水，井巷中形成了比较完整的排水系统。水道有两种：一种是废弃的巷道或开掘较窄的泄水巷道。另一种为在一些平巷内的一侧铺有排水的木槽，多节木槽互相连接，连接处都涂有一层青灰泥以防渗漏；当木槽必须经过提升矿石的竖井或主巷时，就在这一段木槽的上面铺垫一层木板，使其成为一条暗槽；当积水被木槽引入到水井中，再用木桶、绳索和木钩、辘轳等工具将水汲出井外。

图2-4 古采矿遗址开采方式示意图

湖北大冶铜绿山古铜矿遗址的考古发掘充分说明了早在春秋战国时期，楚国已开始采用重力选矿和多中段开采矿石，并采取竖井、斜井、盲井和平巷等相结合的开掘方式，初步解决了井下的通风、排水、提升、照明和巷道支护等一系列复杂的技术问题，开采技术达到了相当高的水准，在生产规模、生产技术等方面已初具现代矿山的雏形。该遗址对研究中国青铜文明起源与发展具有独特性和代表性，对研究世界科技史、冶金史和矿业史都具有突出的普遍价值，是中华民族青铜文明的标志性象征。

2.1.2 江西瑞昌铜岭铜矿遗址

铜岭铜矿遗址位于江西省九江市瑞昌市夏畈镇铜岭村，遗址探明区域东西长约1千米，南北宽约0.5千米，经^{14}C测定表明，其最早年代应为距今3330年±60年。该遗址为我国迄今发现年代最早、保存最完整、内涵最丰富的一处大型采铜遗址，始采于商代中期，发展于西周，盛采于春秋，延于战国，前后连续开采达千余年，展示了古人高超的采矿技术和组织管理能力。该遗址被评为1991年全国十大考古新发现，2001年被公布为第五批全国重点文物保护单位，2020年列入第四批国家工业遗产名单。

该遗址以铜岭矿山为中心，周围分布着8处重要的商周遗址，集采矿、选矿、冶炼、运输功能于一体，技术体系成熟完备，生产专业化程度高。1988年至1991年主要对铜岭遗址采矿区进行了重点发掘，共揭露1800平方米，清理出矿井103口、巷道19条、露采坑3处、探矿槽坑2处、工棚6处、选矿场1处、斫木场1处，以及用于矿山管理的围栅设施等遗迹，发掘和征集采掘、提升、装载、运输、淘洗、照明、排水等生产工具和生活用具约500件。1992年秋冬，对戴家铜石坡、邹家屋背附近的冶炼区进行发掘，炼渣散布面积约170000平方米，炼渣总量估计约为10万吨。2012年至2016年又在矿山周边新发现了焦炭厂、余家山2处重要的商周遗址，在檀树咀遗址新发现东周冶炼区。

考古资料表明，铜岭铜矿开采方法分两大类，即露天开采（简称露采）、地下开采（简称坑采）。该遗址在商代中期已采用以坑采为主、露采为辅的采矿方法，从地表向下开掘直达矿体的巷道，形成了提升、运输、通风、排水等地下开采系统，在落矿、出矿、地压管理等技术上达到较高的水平。在地下开拓方法上，商代为竖井开拓法、竖井至平巷联合开拓法，井巷木支护工艺已趋规范化；西周时期发展为竖（盲）井、平（斜）巷联合开拓，矿工根据矿体的地质条件，将方框支护用于地下采场的管理，形成方框支柱法。遗址出土的提升工具木滑车分别有商、西周、春秋各代之物，这表明早在数千年前我国已将木制机械用于矿山开采。这批提升工具也是世界上发现的古机械物最多、最早的一批。

瑞昌铜岭遗址集采矿、选矿、矿石加工、冶炼以及生活功能于一体，是我国冶金考古和青铜文化研究的重大发现与突破，其兴衰与长江中游地区的政治文明发展历程密切相联。尤为重要的是，该遗址还出土了刻有文字符号的陶器和石器，这些符号或许与当时的采矿、冶炼活动有关，为我们理解古代矿冶业的组织与管理提供了宝贵的线索。

2.1.3 安徽大工山—凤凰山铜矿遗址

安徽的铜陵、芜湖一带地处长江之滨，自古为铜矿开采的重要区域之一。铜陵因铜得名，东汉时期在此处置铜官镇，南唐保大九年（951年）改义安县为铜陵县，采冶铜的历史绵延数千年而未曾断绝，素有“中国古铜都”之称。该区域因地质成矿条件所限，不适宜大规模现代化开采，故存在众多的古铜矿遗址，其中的大工山—凤凰山铜矿遗址位于安徽省芜湖市南陵县大工山和铜陵市义安区凤凰山一带，是一处西周至唐宋时期的集采矿与冶炼为一体的古代矿冶遗址，1996年被公布为第四批全国重点文物保护单位。

大工山—凤凰山铜矿遗址发现于1984年，遗址范围内已发现采矿、冶炼遗址近百处，总面积约为600平方千米。其中在铜陵市义安区的木鱼山、金牛洞遗址，南陵县的江木冲、塌里牧遗址发现了一批西周及春秋时期的炼铜矿竖炉、汉唐时期的地下采矿场、唐宋时期的矿石焙烧窑、圆形炼铜地炉等重要遗迹，出土有冰铜锭、铜器、铁器、陶器等大量遗物。该遗址具有采、冶并存的特点，多数采矿点离冶炼场很近，可以减少运输矿石的困难。从采矿遗迹来看，矿工的采矿方法主要为露采和井采两种。开采距地表较近的矿石用露采之法，即用挖“鸡窝矿”的“穴采法”揭表开采。开采较深的矿石则需开挖井巷深入地下开采，部分矿井使用木质井架支护。矿井中发现大小不一、重量悬殊的平衡石，表明当时已使用辘轳等提升工具从井下提升矿石、废石和积水。此外，遗址中还发现了西周中晚期冰铜锭、银铅锭，其中冰铜锭内铜、铁含量与现代冰铜产品的含量相近，佐证了铜陵为国内最早掌握硫化铜冶炼技术的地区之一，说明当时的冶炼技术已达到相当高的水平。

该遗址文化内涵十分丰富，既有采矿、冶炼遗址，又有居住遗址和土墩墓群，不仅展示了当时铜矿开采与冶炼的完整流程，还反映了古代社会的高度组织化和专业化分工。值得一提的是，遗址附近出土了较多精美的青铜器，这些器物造型独特、工艺精湛，充分展现了我国古代冶金技术的卓越成就。皖南地区的铜业历史始于夏商之际，发展于两周，盛于汉唐，延于宋元，几乎是中国铜矿采冶史的一部缩影，对研究古代冶金史和长江下游社会经济史具有重要意义。

2.1.4 内蒙古赤峰大井古铜矿遗址

大井古铜矿遗址位于内蒙古自治区赤峰市林西县官地镇中兴村大井自然村北1千米处，年代距今2970年±115年，属于辽西地区的夏家店上层文化，集采矿、冶炼、铸造等全工序，为我国历史最悠久的直接以共生矿冶炼青铜的古矿冶遗址。该遗址为我国北方黄河流域代表性古铜矿遗址，2001年被公布为第五批全国重点文物保护单位。

该遗址的主要遗存集中分布在山冈和坡地上，占地面积约2.5平方千米，有采矿坑、冶炼坩埚、工棚建筑等遗迹，其性质应为集采矿、选矿、冶炼和铸造为一体的大型联合作坊。遗址地表可见露天采矿坑道47条，不完全统计累计开采长度达1570多米，其中最大开采长度200米，最大开采深度20米，最大开采宽度25米。矿坑之间不连接，有顺坡纵向开采的，也有横向开采的。现已发掘出土和采集各类采矿石制工具

1500余件，其中采矿工具主要有石锤、石钎，选矿工具有研磨器、石球、石盘、石环等。石器的原料主要是附近河道的花岗岩、玄武岩砾石，制作粗糙，仅根据需要打制成形，稍加琢磨，大部分保留着原来的岩面。此外，还发现有用于冶炼的8个平台，12座炼炉遗址和部分用于铸造的古代器具。

大井古铜矿遗址为我国目前发现的年代最古老的采、炼硫化铜矿石遗址，经检验，该铜矿冶炼金属产品具有银、砷、锑、铋、锌等元素含量偏高而钼元素含量偏低的特征，为研究中国北方古代铜矿开采、选矿、冶炼、铸造技术及发展水平提供了实证，对辽西、蒙东地区早期文明起源和发展历程具有重要意义。

上述这些古铜矿遗址不仅展示了我国古代采矿及冶炼发达的生产技术，充分说明了中国青铜物质基础的来源，为进一步研究我国乃至世界早期矿山发展史和矿冶技术史提供了大量的实物依据。从这些遗址中，我们可以清晰地看到古代劳动人民是如何利用智慧和勇气，克服重重困难，从大自然中开采出宝贵的铜资源，并将其加工成各种精美的器物和工具，为古代社会的进步与发展做出了巨大的贡献。在深入研究这些古铜矿遗址的过程中，我们不难发现，我国古代矿冶业的发展不仅体现在技术水平的不断提升上，更体现在对自然资源的合理利用和生态环境的保护上。古代劳动人民在开采铜矿的过程中，注重采用科学的方法和手段，减少对生态环境的破坏和污染。同时，他们还积极开发新的矿源和冶炼技术，以满足日益增长的社会需求。这种可持续发展的理念和实践，至今仍具有重要的启示和借鉴意义。

2.2 铜矿石采冶工艺

受生产力不发达所限，先民最早的采矿作业应该是从地表挖掘的露天采矿开始的。随着露天矿藏的枯竭及采矿技术的进步，坑采也越来越成为主要的采矿方式。由露天开采转入坑采之初，开采规模小、劳动效率低，表现为井小、巷短、井多、巷少。随着古人采矿技术的不断发展完善，到春秋晚期，开采系统就已相当完整。例如商周时期铜绿山古铜矿遗址已采用了群井和短巷联合开采技术，创新了竖（盲）井与平（斜）巷联合开拓技术、由地下向上逐层采掘技术等方法，矿井开采深达60余米，低于当地潜水位23米，并较好地解决了地下追采富铜矿脉、井巷支护、排水、照明、通气、提升等系列技术问题，在春秋战国时期已形成就山采矿、就地炼铜的生产布局和基本完整的采冶链。

采用盲井方法采掘矿石，就要防止地下开采可能遇到的围岩塌落事故及抗衡井巷所受的顶压和侧压。为确保井下采掘人员的生命安全和采掘工作的顺利进行，古代工匠一般在井巷中搭建支护框架，以防止周围岩石坍塌，并从地面下较深的地段掘取矿石。最常见的支护设施就是采用木材制成的方形框架，大多为榫卯结构，即在四根方木或圆木、半圆木的两端砍凿出长榫或榫孔，相互穿接而成（图2-5）。框架之间用木棍、木板或竹索相接，形成一个整体，以承受巷外的压力，保证井巷之间的畅通，使矿工能在距地表40～50米的深处采掘。考古发现表明，铜岭铜矿遗址在商代中期就已采用木支护，这在世界上也是最早的。

图2-5　铜绿山古铜矿遗址采矿井巷中的木支护体系

矿井的通风在早期主要利用井巷位置高差来形成自然风流。井下照明用竹签、木棍。至迟在西周已用木辘轳、转向立盘作提升装置来解决井下积水和可采矿石的运输。通过相互衔接的木制水槽将矿井中的积水引入排水巷道，再汇于水仓，集中提升到地面排走，构成完备的排水系统。铜岭铜矿遗址西周矿区发现1座地面选矿场，其内自东向西分布有木溜槽、尾砂池和滤水台等一整套溜选设施。溜槽选矿法是利用矿粒在斜向水流中运动状态的差异进行物料选别，矿物在重力、摩擦力、水流的压力、剪切力及挡条阻力等联合作用下松散并按密度分层。上层轻矿物迅速排出槽外。下层重矿物或沉积在槽底，周期排出；或沿槽底以低速移动，自下部排出。铜岭铜矿遗址西周时期的选矿木溜槽是一个重要发现，其结构先进，为我国已知同类遗物中最早的。这种选矿法以前只见于宋代的文献记载，铜岭铜矿遗址选矿工具的出土则将这一选矿技术提前了两千多年。这些丰富多彩而又别具一格的技术成就，构成我国古代早期采矿技术体系。

2.3 铜的冶炼

已发现的大批商周以来的铜矿冶遗址和相关研究显示，先秦时期火法炼铜技术工艺上可分为三种，即“氧化矿—铜”工艺、“硫化矿—铜”工艺以及“硫化矿—冰铜—铜”工艺。

较早的炼铜遗物，如辽宁凌源牛河梁遗址发现的炼铜炉渣和坩埚片、河南安阳殷墟炼铜遗物、湖北大冶铜绿山古矿遗址的早期冶炼遗物，均属氧化矿石还原冶炼成铜的产物。从这些早期遗物的性质判断，中国最早炼铜使用的是氧化矿石直接还原冶炼成铜的技术，可简称为“氧化矿—铜”工艺。从理论上讲，高品位的孔雀石作为一种氧化矿，其含铜品位可达10%～20%或更高，只要同木炭放在炼炉中进行冶炼，加热到1000℃稍高一些，就可以炼出铜来。孔雀石的主要成分是碱式碳酸铜［$Cu_2(OH)_2CO_3$］，碱式碳酸铜加热易分解，其方程式为：

$$Cu_2(OH)_2CO_3 \overset{\triangle}{=\!=} 2CuO + CO_2\uparrow + H_2O$$

$$2CuO + C \overset{\triangle}{=\!=} 2Cu + CO_2\uparrow$$

新石器时代中期已经掌握了高温烧造技术及熟练的制陶技术的先民们，逐渐发现和认识了含有铜质的矿石能够通过与木炭混合加热高温还原，即可得到金属铜。烧陶温度大约已经超过900℃，这种技术上的储备足以从还原温度只需800℃的孔雀石中炼出铜。

在“氧化矿—铜”工艺的基础上，先民们开始尝试将硫化矿石还原冶炼成铜。内蒙古自治区赤峰市林西县夏家店上层文化的大井古铜矿冶遗址已能够开采品位较高的硫化矿石，经焙烧脱硫后再还原冶炼成铜，即“硫化矿—铜”工艺。而对于低品位的硫化矿石，先民们又发明了先焙烧矿石炼成冰铜，再将冰铜焙烧还原冶炼成铜的工艺，即“硫化矿—冰铜—铜”工艺。硫化铜矿石开采困难、冶炼流程加长，技术复杂，仅冶炼工序大致包括焙烧、熔炼、吹炼、精炼等步骤。焙烧分别脱除精矿中部分或全部的硫，同时除去部分砷、锑等易挥发的杂质。熔炼的目的是使铜精矿或焙烧矿中的部分铁氧化，并与脉石、熔剂等造渣除去，产出含铜较高的冰铜（$xCu_2S \cdot yFeS$）。冰铜含铜量取决于精矿品位和焙烧熔炼过程的脱硫率。吹炼，指利用硫化亚铁比硫化亚铜易于氧化的特点，在卧式转炉中，往熔融的冰铜中鼓入空气，使硫化亚铁氧化成氧化亚铁，并与加入的石英熔剂造渣除去，同时部分脱除其他杂质，而后继续鼓风，使硫化亚铜中的硫氧化进入烟气，得到含铜98%～99%的粗铜，贵金属也进入粗铜中。一个吹炼周期分为两个阶段：

第一阶段，将FeS氧化成FeO，造渣除去，得到白冰铜（Cu_2S）。冶炼温度1150～1250℃。主要反应是：

$$2FeS+3O_2 \rightarrow 2FeO+2SO_2$$

$$2FeO+SiO_2 \rightarrow 2FeO \cdot SiO_2$$

第二阶段，冶炼温度1200～1280℃将白冰铜按以下反应吹炼成粗铜：

$$2Cu_2S+3O_2 \rightarrow 2Cu_2O+2SO_2$$

$$Cu_2S+2Cu_2O \rightarrow 6Cu+SO_2$$

$2CuFeS_2 \rightarrow Cu_2S+2FeS+S$；$Cu_2O+FeS \rightarrow Cu_2S+FeO$；$2FeS+3O_2+SiO_2 \rightarrow 2FeO \cdot SiO_2+2SO_2$；$2FeO+SiO_2 \rightarrow 2FeO \cdot SiO_2$。

冶炼水平的高低很大程度上取决于高温技术的发展，冶炼温度主要取决于炉体结构和鼓风技术。古代工匠通过控制火焰气氛并改进炉窑结构，实现了温度的不断提高。铜岭铜矿遗址冶炼区的考古发掘中，发现了2座构筑于春秋时期的炼铜竖炉。竖炉由红色黏土、石英砂、铁矿粉和高岭土等材料夯筑而成，高度介于1.2至1.5米之间。其结构可分为炉基、炉腔和炉身三个部分。炉缸的面积大约为0.2平方米，炉身采用耐火材料夯筑，并内衬炉衬，两侧设有鼓风沟。这2座竖炉为中国早期冶铜炉中年代较早的、保存状况较好的实例。

在中国古代，冶炼技术的不断进步与炉窑结构的优化以及燃烧技术的提升密不可分。随着人们对冶炼温度控制要求的提高，炉窑的设计逐渐向着更加科学合理的方向发展。冶炼温度的控制，既受炉窑结构设计的合理性影响，亦与燃料种类的选择及燃烧技术的掌握密切相关。在古代，冶炼过程中普遍采用木炭、煤炭等作为主要燃料，其燃烧效率及温度控制的优劣直接决定了冶炼产品的质量和生产效率。燃烧效率的高低主要取决于炉窑的空气抽吸量，因此，炉窑的设计趋向于能够精确控制进入炉内的空气量，以提升冶炼温度。而烧造陶瓷器的竖穴式升焰窑的火眼数量及其分布对于冶炼区域温度的均匀性具有显著影响，火眼数量的增加有助于提高冶炼效果，合理的火眼布局能够优化炉内气流的流动，提升燃料的燃烧效率，进而使火焰更为炽热。此外，火膛的体积越大，窑内升温速率越快，温度亦越高。因此，在冶炼炉形制及燃料一定的情况下，采用鼓风设施能够增强空气流动，为燃料提供了充足的氧气，促进了燃料的充分燃烧，释放出更多的热能、大幅提高冶炼温度，进而提升冶炼效率与产品质量。这一技术革新对于冶金技术的进步具有决定性作用。

考古发现表明春秋战国时期，铜绿山古铜矿遗址已经采用了鼓风竖炉炼铜，冶铜温度为1200℃左右，并已具备连续加料、连续冶炼，间接排放渣液和铜液的功能，这是冶铜技术一次划时代的创新。该遗址地表堆积的大量炉渣约有40万吨，说明当时冶炼的规模很大，延续的时间也很长。出土炼渣均呈薄片状，流动性能良好，渣型合理。根据铜绿山矿物含铜品位和遗留的矿渣推算，古代这里已累计取铜8万～10万吨，矿渣含铜量平均为0.7%，粗铜产品中含铜达94%，其冶炼水平与现代十分接近。

高度发达的采冶技术有力地促进了当时社会、经济的发展，为推动了人类文明的进步奠定了坚实基础。特别是以铜绿山古铜矿遗址为代表的众多遗址的发现，不仅回答了我国灿烂辉煌的青铜文化时期“铜原料”的来源问题，而且也证明了长江中下游在我国古铜矿采冶中占有着重要的地位。一方面该地区铜矿矿体多，储量大，埋藏浅，品位甚高，成矿前后的构造带和破碎带为先民在当时的技术条件下开采和冶炼提供了极有利的条件。另一方面该地区的古矿山都位于临江的丘陵地带，雨量充沛，常年气温高，森林茂密，有充足的木材、燃料供应。此外，矿区临近长江，水陆交通便利，便于人员、粮食、材料、产品的往来输送。这些得天独厚的自然条件和人文条件孕育出了我国高度发达的青铜文化，也有力地证实了我国青铜文化自成体系，独立发展的独特格局。

商代中后期至西周前期是我国青铜器的鼎盛时期，在此阶段出土的大批青铜器厚重结实，如著名的后母戊鼎、四羊方尊、亚丑方簋、妇好钺等，装饰图案富于幻想，风格庄重奇雄，这体现了当时青铜铸造业的繁荣，这也反映出了当时青铜采冶技术的高度发达，社会分工、生产技术及工程协作管理等劳动模式已初步成型，成为了社会生产管理规范化的一个缩影。

三、中国古代青铜器的铸造工艺

青铜器的铸造是一个复杂的系统工程。《荀子·强国》概括了中国古代青铜器冶铸工艺的四个要素“刑范正，金锡美，工治巧，火齐得”，意为：要用优质的铜锡配制合金，铸型必须形制端正、尺寸准确，匠师具有熟练的技巧，合金的熔炼、浇铸均要火候得当。这体现了先秦时期人们对于冶铸技术要诀的理解。古代青铜器的铸造工艺主要包括两方面的内容：首先是青铜合金的制备技术，其次是浇铸成型工艺。主要任务就是炼制出符合浇铸要求的青铜合金。浇铸成型工艺主要包括：制范技术、浇铸技术及成型后处理技术。

从考古发现的器物来推断，铸造技术是人类发明了陶器之后掌握的。在我国古代金属加工工艺中，铸造占着突出的地位，具有广泛的社会影响，像“模范”“陶冶”“熔铸”“就范”等习语，就是沿用了铸造业的术语。劳动人民通过世代相传的长期生产实践，创造了具有我国民族特色的传统铸造工艺。其中特别是泥（陶）范、铁范和熔模铸造最重要，称古代三大铸造技术。范铸法和失蜡法是两种主要铸造工艺。早期金属冶炼以范铸法为主。已发现商代早期较大的青铜器多仿陶器，厚壁，工艺较粗，而那之后的工具、兵器、礼器等大量青铜器，制作规范、薄壁、匀称。浇铸技术从早期的一次成型的“整体浇铸”到后期的“分铸—铸合”等多步骤“组合浇铸”以及“失蜡法”浇铸。部分青铜器表面还见有镶嵌、铸刻、金涂等装饰技法。

3.1 青铜合金的制备

合金是指两种或两种以上的金属与非金属经一定方法所合成的具有独特金属特性的物质。一般通过熔合成均匀液体和凝固而得。根据组成元素的数目，可分为二元合金、三元合金和多元合金。

铜金属的特点是延展性好、可锻性强，但纯铜制成的器物太软，易弯曲，它的坚硬程度不如石器，用作生产工具有许多弊端，如采用红铜制作的刀具不易保持锐利的锋刃。因此，在保有铜金属良好韧性的同时提高其硬度成为铜金属加工技术的主要突破点。经过长期的冶炼实践，随着加工技术的进一步发展，人们发现某些金属的添加能够改变铜金属的性能，有效提高铜的硬度，也降低了铜的熔点。这种在纯铜中通过添加其他金属形成的具有不同于原有红铜性质的铜的合金，主要包括黄铜、青铜、白铜等。青铜具有优良的加工性能，其熔点较纯铜（红铜）低，就硬度来说，较纯铜高。熔化的青铜在冷凝时的体积略有胀大，所以填充性较好，气孔也少，与纯铜相比还有较好的铸造性能。

青铜器的铸造质量与合金的配比密切相关。不同成分的比例会直接影响青铜的物理和化学性质，从而影响铸造的效果。青铜主要由铜和锡组成，通常铜的含量在80%～90%，锡的占比则在10%～20%。铜和锡的比例变化会导致青铜的硬度、韧性及耐腐蚀性等方面的差异。锡的增加可以提高青铜的强度和硬度，但过高的锡含量会导致脆性增加，降低铸造的可操作性。因此，合理的锡含量是确保青铜器铸造质量的关键。此外，铅的加入可以改善铸造过程中青铜熔液的流动性，使得金属在模具中更容易填充，降低铸造缺陷产生的概率。

中国出土的青铜器主要是由铜-锡-铅三元合金铸造而成，在实际铸造中，合金配比的选择也受到地域、时代及具体用途的影响。夏商周三代，青铜物料始终都是王权国家着意控制的关键资源，对这种贵重资源的生产、利用或占有，以及控制性的生产活动，其背后应有配套的支撑网络与管理系统。二里岗时期商王都地区铜容器的合金技术，继承了二里头晚期青铜容器以铅锡青铜为主、以锡青铜为辅这一合金配比技术路线；同时，与铅含量的变化比较，锡含量的变化范围相对较小。中原周边各方向的铜矿冶遗存从商代开始已勾勒出向心化的资源网络雏形，而通过高比值铅、高放射性成因铅等异常铅则能够标识出从王都到边疆的铸铜产品流动。迟至晚商阶段，当时的工匠已熟练掌握了铜-锡-铅三元合金的冶炼和熔化技术，对青铜合金配比与机械性能的关系已经有了相当深入的认识，并且对于操作也有相当严格的控制，已经可以按照不同的用途来有意地冶炼不同配比的合金。

《周礼·考工记》总结了熔炼青铜的经验，讲述青铜铸造各种不同物件采用铜和锡的不同比例："金有六齐（方剂）。六分其金（铜）而锡居一，谓之钟鼎之齐；五分其金而锡居一，谓之斧斤之齐；四分其金而锡居一，谓之戈戟之齐；三分其金而锡居一，谓之大刃之齐；五分其金而锡居二，谓之削杀矢（箭）之齐；金锡半，谓之鉴（镜子）燧（利用镜子聚光取火）之齐。""六齐"是古代工匠在长期生产实践中的总结，表明当时人们已经认识到，用途不同的青铜器所要求的性能不同，铸造青铜器的金属成分比例也应有所不同。从实用的角度来看，"六齐"的合金比例是较为合乎科学原理的。小屯时期青铜冶铸生产臻于鼎盛，技术上高度成熟，表现于礼器合金配制开始定型，重要器物多数用纯铜和纯锡配制，含铅量很少甚至不含铅；礼器多数为王室贵族所铸，要求色泽美丽而不计所赁，因此大量用锡。不同类型的兵器的铸造对铜锡配比的要求较高，以求得强度和韧性的统一，从而提高实战中的耐用性。《吕氏春秋·别类》载："相剑者曰：白所以为坚也，黄所以为牣也，黄白杂则坚且牣，良剑也。"春秋战国时期一些青铜复合剑采用榫卯结构，将低锡青铜的剑脊与高锡青铜的剑从以两次浇铸方式铸接成一体，以提高其性能。

3.2 青铜器的铸造成型

高度发达的中国古代青铜器制作技术，其源头是和新石器时代高超的制陶技术密切相关的。在中国古代，"陶冶""陶铸"是紧密联系在一起的，这正反映了冶铸与制陶的历史联系。具体表现在：许多铜器的形制和纹饰以各种陶器为祖形，铜器的成形由制陶术的模制工艺得到启示，造型材料的选取和制备、铸型的加工制作技术亦均来自制陶术。因此，中国古代青铜器的铸造方法最核心的是范铸法，也就是模范铸造，多采用陶范，以浑铸和分铸技术为主。浑铸技术一般一次合范制成，形成时间较早；分铸技术明显更为进步，为两次或者多次浇铸制成。到了西周晚期，出现了焊接技术，用铜、锡、铅液进行焊接，该技术到战国时期逐渐成熟，并一直延续到近现代。由于日常用具对于青铜器物造型的要求不断增高，至迟在春秋时期出现了失蜡法。失蜡法为中国古代青铜器铸造技术的巅峰时刻，其用黄蜡成模，最后以铜液浇铸冷却，形成了弯曲复杂的细致器形，且没有焊接的痕迹，更加美观大方。该法一般用以铸造高精度和纹饰复杂的青铜器，如曾侯乙尊盘、云纹铜禁等。

3.2.1 范铸法

范铸法，也称为块范法，是将金属熔炼成符合一定成分要求的液体并倾倒入预先铸造制好的铸型中，经冷却凝固处理后得到有预定几何形状和物理化学性能的器件的工艺过程。

从铜器铸造的历史来考察，青铜时代的初始阶段，古人最早使用的铸型应该是石范。由于石范琢磨费时，且浇铸时易崩裂，便逐渐被陶范所代替。陶范是用含砂黏土或黏土加砂相配，再经烘烤而成。早期陶范的烘烤温度较低，约为700～800℃。根据出土的陶范分析，早期的陶范多为单一料；商代晚期至西周初期大型铸件的外范造型中已能够使用面料和背料，而内范所选用的料则含砂量较高，而且砂子的颗粒度亦较粗或加入一定数量的有机质、熟料以增加透气性。小型青铜工具、兵器以及部分日用器的铸造较为简单，由模翻制出两个或一个外范即可，称双合范或单合范，浇铸时无需使用内范。个体较大的青铜器皿、乐器等铸造技术较为复杂，浇铸时不仅需要内范，其外范还根据器形和浇铸需要分为若干块，雕刻纹饰、修整内外范后将块范对合，称多合范或块范。商代复合陶范铸造技术已相当成熟，出现了分铸、铸接技术，能够制作大型器物。出于对产品的规范化和批量生产的需要，春秋战国时期出现了金属范。金属范铸造包括铜范铸造和铁范铸造，始于战国时期，是一种快速、高效率的生产方式，被用于铸造大批量需求的金属工具、农具、兵器和钱币。

中国青铜时代的青铜器成形技术主要是铸造。由于陶范制作成本低且制作周期短，陶范铸造技术成为了青铜器铸造的主流。该技术主要依赖于陶范的使用，陶范必须具备以下几种基本性能。

其一，可塑性、复印性、可雕性、脱模性良好。便于方便准确地塑制、翻制、雕刻出形状各异、复杂细致的装饰或纹饰。

其二，足够高的干、湿强度和干硬度。保证在雕塑、翻制模范、薄细块范制作、块范组合、分铸技术应用、大型件的铸造和浇注金属液时不致变形或毁坏。

其三，足够高的耐火度和化学稳定性。能承受金属液的物理化学作用，铸件不至于因此而产生变形、热粘砂、表面质量不良等缺陷，脱范、磨砺、修整都比较容易。

其四，收缩—膨胀率低。陶范成形时，范料为湿态，经干燥、焙烧后成为固态。在此过程中，范料的收缩—膨胀值必须足够小，否则将导致铸件产生形状尺寸不准、壁厚不匀、范线粗细不匀等缺陷，严重时陶范无法定位组合。

其五，发气量足够低。否则将阻碍金属液的充型，易使铸件产生气孔、浇不足等缺陷。

其六，足够好的退让性。金属在陶范中由液态凝固为固态的过程中伴随有体积收缩。对于锡青铜，由于其凝固范围很大，液固共存时间长，此时若因陶范特别是内范退让性不良，铸件极易产生热裂。

其七，足够好的充型性能。保证金属液能顺畅地充满陶范的空腔各处，不致产生浇不足、气孔、轮廓或纹饰不清等缺陷。

陶范制作技术流程大致分为以下五个步骤。

第一步，制模。多采用特制的泥土塑造出实心模，亦可选用陶土、木、骨、石等材料制造。一般说来，对于形状细长扁平的刀、削，可以用竹、木削制成模；较小的鸟兽动物形体可选用骨、石雕刻为模；形状厚重的鼎、彝等大型铸件，则可以选用陶土制模，以便拨塑。陶模的泥料黏土含量可以多一些，混以烧土粉、炭末、草料或者其他有机物，并掌握好调配泥料时的含水量，使之有较低的收缩率与适宜的透气性，以便在塑成后避免因为干燥、焙烧而发生龟裂；模的表面还必须细致、坚实，以便在其上雕刻纹饰。泥模在塑成后，应该使其在室温中逐渐干燥，纹饰要在其硬度适当时雕刻；对于布局严谨、规范整齐的纹饰，一般先在素胎上用色笔起稿后再进行雕刻，高出器表的花纹则用泥土在表面堆塑成形，再在其上雕刻花纹；制成后必须置入窑内焙烧成陶模才能用来翻范。

第二步，翻范。范料备制须极细致，要经过晾晒、破碎、分筛、混匀，并加入适当的水分，将之和成软硬适度的泥料，再经过反复摔打、揉搓，还要经过较长时间的浸润，使之定性。范料可分为背料和面料，以薄层面料顺序在模型表面按压，使范料充满模型表面各处。面料阴干过程中应多次反复捶击加压，再刮毛背面，往其上顺序加背料，亦在阴干过程中反复捶击加压。所有块范定形后脱模，依次组合于一处，在捆扎下继续阴干至不变形为止。

范根据铸件位置不同可分为外范和内范，一般说来，外范的黏土含量多些，内范则含砂量多些，颗粒较粗。二者之中还羼有植物质，比如草木屑，以减少收缩，使范具有良好的充型能力。内范制法主要有两种，其一为将翻范用的泥（陶）模均匀刮去一层作为内范使用，其二为在外范内贴泥片制成内范。铸件底部、足部的范应开设浇冒口。内外范经加压阴干定形后进行850℃左右的焙烧，其后可进行范纹、铭文的压印、雕刻和组装修整。对于范纹要求精致、组合精度要求较高的大多数青铜器，范不一定只经过一次焙烧。

第三步，合范。纹饰雕刻和内外范经修整之后，即可依次合范。在范的外部逐层敷草拌泥，经阴干、捶击后由低温逐渐升至高温焙烧。如范之前已经过焙烧预热，焙烧温度可适当降低至450～600℃，一般使其有足够强度即可。

第四步，浇铸。在已焙烧且组合好的范底部浇口处注入铜液，浇铸时范温视器物情况而定。倒置浇筑可以使铜液中的杂质集中于器底，使铸件中上部致密、花纹清晰。一次浇铸成完整器形的方法叫“浑铸”或“整铸”。商周青铜器多是采用此技术铸成，铸件表面所遗留的线条是连续的，即每条范线均互相连接，这是浑铸的范线特征。对于结构复杂的铸件，可采用分铸、焊铸、叠铸等技术，将分次铸接的各个部件连接成一个整体。

第五步，打磨和整修。打碎整范，取出铸件。为使铸件具有较好的外观，还要对其进行修整，使用锤击、锯挫、錾凿、打磨等方法去除器表多余的铜块、浇口、毛刺、飞边等。所用的工具包括一些金属器具，比如铜削、铜刻针等；许多青铜礼器上的磨痕现仍清晰可辨，应是用粗细砺石逐道加工而成。殷墟孝民屯铸铜遗址就出土了数千块磨石，大小、厚薄、形状不一，质料有粗、细砂岩两种。此外，殷墟铸铜遗址中木炭往往与砺石同出，说明在磨光之后，有可能使用木炭在水中打磨器物，使青铜器发亮。

考古资料证明，浑铸技术的出现使得商周时期制作大型青铜器成为可能，以1939年出土于河南安阳的商代后母戊鼎为例。该鼎通高133、口长112、口宽79.2厘米，重达832.84千克，是已发现的中国古代最重的单体青铜礼器，也是世界迄今出土最大、最重的青铜器。因鼎腹内壁上铸有“后母戊”三个字而得名后母戊鼎，据考证，后母戊鼎是商王祖庚或祖甲为祭祀母亲戊而作的祭器。该鼎采用陶范法铸造而成，除双耳为分别铸造后再组装外，鼎身和鼎足采用浑铸技术，从其重量推测，至少需要1000千克以上的原料，且在二三百名工匠的密切配合下才能铸成，这足以反映商朝中期青铜铸造业的宏大规模。

分铸技术为铸合、二次铸造、多次铸造技术的合称。该技术有两种方法，一种为先铸造青铜器的主体部分，然后再在其上接铸附件；另一种为先铸青铜器的附件部分，待铸造主体部分时再将附件放入范中和主体铸接。主体和附件铸接的方法有如下三种。

其一，榫卯式铸接。一般用于器壁较厚的青铜器。其做法是制范时，在预定的部位留出榫卯，然后在已铸好的主体上安放附件的分范，进行浇铸。若是先铸附件，则在附件上与器体相接处预留出孔洞。在铸造器体时，将铸好的附件置于器体外范适当部位。浇铸器体时，铜液进入预留的空隙中，形成榫卯式铸接。

其二，铆接式铸接。一般用于器壁较薄的青铜器。其做法是在器壁预留孔洞，在铸接附件时，置附件范于器壁外的预留孔洞处，内壁亦有用于定位的泥芯撑。在浇铸附件时，铜液从孔洞入内壁，在交接处形成一铆钉帽状结节，依靠金属凝固收缩，使附件与器体紧密贴接。

其三，多次铸接。对于一些造型、结构复杂的青铜器，主体与附件无法一次铸接完成，就需进行多次的铸接，可采用铸合、焊接等新的方法。铸焊技术是指将分别铸造成形的青铜部件，用浇铸填充金属液的方法固定连接成一体的一种工艺，主要用于器耳、器足、附件等部件与器身的连接，使复杂器形青铜器的成形更为简便。

叠铸技术，也称层铸技术，是将多层铸型叠合起来，组装成套，从共用的浇口杯和直浇道中灌铜液，一次得到多个铸件。该技术适用于铸造一些需要批量生产的小型器物，如钱币、车马器等，能大幅度提高生产率，节省材料，降低成本，至今仍广泛应用。

范铸法作为一种重要的青铜器铸造技术，广泛应用于我国古代的青铜器制作中。由于范铸法能够实现铸造大型礼器一体成型的优势，工匠们能够在铸造过程中对模、范进行更为精细的操作，使铸件的形状和装饰能够达到预期效果；对于铸造青铜兵器，能够有效提升生产效率，减少铸造缺陷，提高金属的致密度和强度；对于铸造青铜工具、农具，能够确保其耐用性和实用性，进而提升农业生产效率；对于铸造青铜编钟、镈、铙等乐器，能够在铸造过程中控制金属的厚度和音腔的形状，从而影响乐器的音质，保证乐器在演奏时的音色纯正与共鸣效果。此外，范铸法还可用于铸造各类日常生活用品，如铜镜、铜香炉等，能够保证其美观与实用性并存。

总体而言，范铸法在中国古代青铜器的铸造中发挥了重要作用，不同类型的器物因其独特的工艺要求而充分利用这一技术。这种方法不仅提高了铸造效率，还在一定程度上推动了青铜器艺术发展与文化传承。

3.2.2 失蜡法

失蜡法是一种青铜等金属器物的精密铸造方法。做法是，用蜂蜡做成铸件的模型，再用别的耐火材料填充泥芯和敷成外范。加热烘烤后，蜡模全部熔化流失，使整个铸件模型变成空壳。再往内浇注熔化的金属液，便铸成器物。使用此方法制造的器物立体感强，可达到镂空的效果。

失蜡法指用容易熔化的材料，比如黄蜡（蜂蜡）、动物油（牛油）等制成欲铸器物的蜡模，然后在蜡模表面用细泥浆浇淋，在蜡模表面形成一层泥壳，再在泥壳表面上涂上耐火材料，使之硬化即做成铸型，最后再烘烤此型模，使蜡油熔化流出，从而形成型腔，再向型腔内浇注铜液，凝固冷却后即得无范痕、光洁精密的铸件。失蜡法在中国古代青铜器的制作中占据了重要地位，其工艺流程可分为以下几个关键步骤。

第一步，制备蜡模。制备蜡模是失蜡法的起始阶段。工匠通常使用天然蜂蜡或合成蜡材料，根据设计的青铜器形状，手工雕刻出蜡模。蜡模的表面光滑度和细节刻画决定了铸造出青铜器的精细程度。

第二步，制作型腔。将蜡模包裹在耐火材料中，形成铸型。耐火材料通常由细砂、石英和黏土等成分混合而成，加水调和后涂覆在蜡模表面。包覆的厚度和均匀性对铸型的强度至关重要，过薄可能导致铸型在浇铸过程中破裂，过厚则可能导致青铜器的细节丧失。在耐火材料干燥后，蜡模需要被加热以去除蜡质。加热过程可采用火焰或高温炉，蜡在加热过程中熔化并流出，形成一个空腔。此步骤的温度控制十分关键，过高的温度可能导致耐火材料变形，影响铸型的形状。

第三步，制作器形。将熔融的青铜液体倒入空腔中。青铜的成分通常是铜与锡的合金，适当的合金配比能够保证铸件的强度与韧性。浇铸的速度和温度需要精确控制，以避免气泡或缺陷的产生。冷却后，耐火材料被打破，露出铸造出的青铜器。此时，工匠需要对铸件进行清理，去除表面的残留物和瑕疵，以确保青铜器的外观与质量达到预期标准。

第四步，修整。经过打磨和修饰，青铜器的细节得以进一步提升，形成独具艺术价值的成品。

随着铸造技术的发展及对青铜器美学与实用性的追求，制作出构思巧妙、工艺复杂的青铜器就成为铸造技术发展的必然方向。失蜡法制作出的青铜器，呈现出的复杂性和精细程度不仅体现了古代工匠的高超技艺，也反映了当时社会生产力的发达程度，这使得失蜡法成为青铜铸造领域的重要标志。

考古发现表明，我国至迟在春秋晚期就已掌握了失蜡法铸造工艺。该工艺通常用于铸造外形、纹饰非常复杂的青铜器，如湖北随州曾侯乙墓出土的尊盘饰有镂空的立体装饰，作互相缠绕纠结的无数蟠螭，极其精细，堪称鬼斧神工（图2-6）；河南淅川楚墓出土的云纹铜禁，禁面四周及禁体四侧均饰五层铜梗支承的云纹，禁体四侧攀附有12条龙形附兽，亦为中国所知最早的失蜡铸件之一（图2-7）。

图2-6 湖北随州擂鼓墩曾侯乙墓出土的尊盘

3.3 青铜器的装饰技法

中国古代铜器装饰技法大致有铸纹、刻纹、镶嵌、金涂等。其中，镶嵌工艺在中国古代青铜器制作中占据了重要的地位，尤其是在装饰性和实用性方面都有着显著的影响。这一工艺的发展历程可以追溯到二里头文化时期，经过多个历史阶段的演变，形成了独特的技术体系和艺术风格。

图2-7　河南淅川下寺春秋楚墓出土的云纹铜禁

在商代，由于青铜容器多用于宗庙祭祀，具有严肃性，故镶嵌工艺主要应用于兵器、工具等小件器物上。大量考古发现表明，商代青铜器常用玉石、铜、金等材料进行镶嵌，旨在增强器物的美观与象征意义；镶嵌工艺较为简单，主要采用黏合的方式将装饰物固定在青铜器表面。

进入周代后，镶嵌工艺得到了进一步的发展，技术和艺术水平都有了显著提升。此期青铜器的镶嵌更加精细，采用了更为复杂的固定方法，一些器物开始出现凹槽设计，能够更牢固地嵌入装饰物。此外，镶嵌材料的种类也更加丰富，除了玉石和金属外，大漆、原始玻璃等新材料的引入，极大地丰富了青铜器的视觉效果。如周时期的青铜器上，常见以金属嵌件构成的复杂图案，展示了当时的工艺技巧和审美。

在汉代，镶嵌工艺继续发展，特别是金银镶嵌技术的普及，使得青铜器的装饰性达到了新的高度。汉代青铜器的镶嵌不仅在材料选择上更加多样化，技术手法上也日臻成熟。镶嵌物的形状、大小、颜色与器物的整体设计开始形成统一的艺术风格，增强了青铜器在社会和文化层面的表达。

随着历史的推移，镶嵌工艺在唐宋时期出现创新，图案设计更加复杂精美。唐代铜镜背面出现特殊装饰技法，包括螺钿、宝装、宝钿、金银平脱等镶嵌和鎏金工艺，形成华丽的视觉效果，体现了当时的经济繁荣和文化自信。宋代收藏和仿造古代青铜礼器成为时尚，将稽古与创新相结合，部分仿制青铜器表面采用镶嵌工艺。

明清时期，镶嵌工艺的实用性和艺术性逐渐分化，青铜器的使用逐渐向民间普及，镶嵌工艺也开始融入日常生活中。此时，镶嵌工艺不仅限于青铜器，还逐渐扩展到其他金属器物及工艺品中，形成了更为广泛的应用场景。

综上所述，镶嵌工艺的发展历程不仅反映了青铜器制作技术的不断进步，也体现了中国古代社会文化的演变与审美追求的变化。通过对不同历史时期镶嵌工艺的分析，可以更深入地理解中国古代青铜器的文化内涵及其在历史长河中的重要地位。

四、中国青铜器的历史与发展

4.1 青铜器的发展历程

青铜器是人类文明发展史上重要的标志之一，其反映了人类社会的技术进步与文化变迁。随着冶炼技术的不断成熟及社会需求的扩大，青铜器的形式也逐渐多样化，不仅在造型和装饰上体现了当时社会的审美观念，还蕴含了丰富的文化内涵。青铜器上铸刻的图案和铭文不仅具有装饰性，更传达了特定的信仰崇拜和社会功能。因此，青铜器不仅是技术与艺术的结晶，更是人类社会历史发展的重要见证。通过对青铜器的研究，可以更深入地理解古代文明的形成与发展，以及人类在材料与技术方面的创新与探索。

中国古代青铜器经历了多个阶段，每个阶段都有其独特的特点和文化意义。

夏商两代是中国青铜器发展的重要时期，青铜器的种类和数量大幅增加，出现了大量青铜容礼器，如鼎、爵、斝、钺、铙、铎等。这些器物不仅工艺精湛，形状各异，还常常装饰有复杂的纹饰，体现了当时社会的信仰和阶级结构。

随着周朝的兴起，青铜器的制作技术进一步成熟，制作工艺趋于规范化。西周时期，青铜器在数量上有了显著增加，其铭文中记录了重要的历史事件和人物，尤其是王室的世系和功绩，增强了青铜器的文化和历史价值。青铜器在西周初期以后出现了雄伟厚重、简单朴素的新风格，体现了周人对礼制的尊崇。春秋战国时期，随着周王室的衰弱，各诸侯国相继摆脱周礼的等级束缚，各地青铜器铸造业发展迅速，青铜器呈现出多样化、复杂化与普及化的特点。

进入秦汉时期，青铜器的铸造技术达到了新的高度。秦统一六国后，青铜器的标准化和规范化进一步加强，器物的形制和纹饰逐渐趋于一致。西汉初期，青铜器的形态和用途上继续创新，不仅在日常生活、丧葬中使用，也在军事和经济活动中发挥重要作用。随着冶铁制铁工艺日益精进，铁器的普及使青铜器的地位下降，使用逐渐减少。然而，青铜器在这一时期依然被视作权力和身份的象征，在一些重要的仪式和庆典中发挥着重要作用。此后，铜器的功能逐渐向工艺品转变，铜主要用来铸造货币、铜镜与宗教造像，也有部分生活用具和陈设摆件。尽管如此，青铜器作为文化遗产仍然在后世的艺术和考古研究中占据重要地位，成为研究古代社会、经济和文化的重要材料。

总体而言，青铜器的历史沿革体现了中国古代社会的变迁和发展，反映了冶金技术的进步和文化的积淀，是了解古代文明的重要窗口。青铜器的发展历程不仅是冶金技术进步的体现，也是各个历史时期文化、社会和经济发展的缩影。青铜器作为古代文明的重要组成部分，记录了人类在技术与文化上的演变。

4.2 青铜器的社会功能

青铜器在中国古代社会中发挥了多重功能，其社会功能不仅体现在政治、军事与文化上，还具有极大的实用性。

作为礼器，青铜器在礼仪活动中占有重要地位。古人通过青铜器进行祭祀活动，以表达对祖先和神灵的敬畏。礼器的存在还体现着当时社会的等级制度；如祭祀用的鼎、爵等礼器，往往与祭祀者身份的高低紧密相连；只有贵族才能使用特定的器物，反映出社会的阶层分明。

青铜器还被广泛应用于军事领域。兵器在战争和防卫中起到了不可或缺的作用，青铜兵器的出现提高了战斗力，改变了古代战争的方式。如春秋战国时期，青铜戈、矛、戟、刀、剑的普及使得士兵的战斗能力大大增强，影响了各国的军事格局。

在生产和生活方面，青铜工具和农具的使用极大地提升了农业生产效率。青铜铲、锄等工具的出现，促进了耕作方式的改进，使得农民能够更有效地进行农业生产，从而推动了社会经济的发展。青铜器的实用性使其成为农民生活中不可或缺的部分。

此外，青铜器在乐器方面的应用也具有重要的社会功能。青铜乐器如编钟、镈、錞于等常用于祭祀、宴飨和军事，这些乐器不仅丰富了人们的文化生活，也在社会交往中增进了人们之间的联系。

青铜器的多样性使其在不同的社会场合中发挥着不同的功能。不论是作为权力的象征，还是作为日常生活的工具，青铜器都在古代社会中占据了重要的地位，体现了人们的信仰、文化及社会结构的复杂性。

4.3 青铜器的文化价值

青铜器在中国古代文化中占据了重要地位，其铸造和使用标志着文明的技术水平和艺术成就，反映了当时的社会结构、信仰崇拜及经济状况。青铜器的文化价值主要体现在以下几个方面。

首先，青铜器承载着古代社会的礼仪制度和丰富的文化内涵。青铜礼器主要用于祭祀、宴飨、征伐等礼仪活动，象征着使用者的身份、等级与权力。如商周时期的鼎、簋、觚、爵等青铜容礼器，不仅是食物和饮品的盛装工具，更是身份的象征，其精美的制作工艺和丰富的造型设计，也彰显了统治者对礼仪的重视。青铜礼器所具有的象征意义，体现了当时文化的复杂性和多元性。

其次，青铜器作为历史文物，是研究古代文明的重要实物证据。青铜器在历史叙事中扮演着重要角色，其铭文的存在记录了当时的历史事件、政治变迁和家族谱系，可以使今人对古代社会有更深入的理解。如商代后母戊鼎腹内所铸铭文，讲述了当时的政治与经济状况，成为研究商代历史的重要文献，为历史学、考古学和人类学等领域提供了宝贵的信息。

综上所述，青铜器的深厚文化价值不仅体现在其物质属性上，更在于其承载的历史、艺术、思想文化和经济层面的深厚内涵。这些因素共同构成了青铜器在中国古代文化中的重要地位。

4.4 青铜器的科学价值

青铜器的科学价值不仅体现在其制作工艺的精湛程度上，还体现在对古代冶金技术、材料科学以及数学、物理学等多个学科领域的贡献上。通过对青铜器铸造工艺的研究，能够了解到古代冶金技术的发展历程，包括矿石的开采、冶炼技术的改进以及合金配比的优化等。这些研究不仅丰富了我们对古代科技水平的认识，也为现代冶金和材料科学的发展提供了有益的借鉴。青铜器表面的锈蚀层和氧化产物也是研究古代环境、气候变迁的重要资料。此外，青铜器铸造过程中使用的范制法和失蜡法等工艺，展现了古代工匠的智慧和创造力，对现代铸造技术的发展仍具有启示意义。同时，青铜器作为古代社会的物质文化遗产，其保存状况和保护技术也是科学研究的重点之一。通过对青铜器材质、锈蚀机理以及保护方法的深入研究，能够更深刻地了解青铜材料在长时空下的性能特点，为研究古代金属文物保存技术提供宝贵的实验数据和理论支持。

综上所述，青铜器的科学价值是多方面的、深层次的。它不仅是揭示古代科技水平、物理知识和化学原理的珍贵线索，也为现代冶金、材料科学、数学、物理学以及文物保护等多个学科领域的发展提供了有益的启示和借鉴。

4.5 青铜器的艺术特色

青铜器作为中国古代重要的文化遗产，其艺术特色不仅体现在形态和装饰上，更反映了当时社会的审美观念和文化内涵。青铜器的艺术特色主要体现在以下几个方面。

首先，青铜器的造型复杂多样，满足了多方面的功能需求。如鼎的形状多为圆腹三足、方腹四足，既具实用功能，又具有象征意义，常被用于祭祀、庆典和宴饮。器形的变化不仅反映了不同历史时期的工艺水平，也显示了其定位社会阶层的功能与文化艺术的水平。

其次，青铜器上的纹饰极具艺术性，且形式多样，常见的如云雷纹、兽面纹、夔龙纹、窃曲纹等，具有很强的装饰效果。这些纹饰不仅美化了器物，还蕴含了丰富的文化寓意，反映了古代人们对自然、神灵的崇拜。

最后，青铜器的铸造工艺和装饰艺术反映了古代匠人的高超技艺与审美观念。青铜器的铸造技艺同样是其艺术特色的重要组成部分。青铜器铸造技术的不断发展，使得器物的结构更加坚固，造型更加复杂。这一过程中，工匠们通过不断试验与创新，形成了范铸法、失蜡法等多种铸造手法，精湛的工艺以及对细节的严格把控，使青铜器不仅具备实用性，更成为艺术品。此外，青铜器的装饰技法也展现了极高的艺术水准。镶嵌、铸刻、金涂等多种工艺手法在青铜器上得到了广泛应用，通过不同材料的结合，创造出丰富的色彩和质感，增强了视觉冲击力，提升了器物的整体艺术效果。

总之，青铜器的艺术特色不仅局限于器物本身，其承载的历史文化和社会价值同样不可忽视。青铜器作为古代社会的重要标志，体现了古人对美的追求和对生活的理解。这些艺术特色使得青铜器在历史长河中独树一帜，成为中华文明的重要象征。

五、青铜器的类别及其功用

5.1 中国古代青铜器的种类及特征

中国青铜器经历了一个完整系统的发展演变过程。在古人的生活中，青铜器有两种基本功能或用途，一是“纳（内）、入”，即盛装物件；二是“设”，即陈设布列。《礼记·礼器》载：“大飨其王事与！三牲鱼腊，四海九州之美味也；笾豆之荐，四时之和气也。内金，示和也。束帛加璧，尊德也。龟为前列，先知也；金次之，见情也。”郑玄注：“金照物，金有两义，先入后设。”可知“纳（内、入）”乃是青铜器的第一位基本功用，所纳基本对象即“三牲鱼腊”“四时之和气”等，为牺牲、黍稷以及酒醴之属，其目的是将以上之物分别纳入鼎、豆、尊、彝等各类礼盛而调和，以供祭礼之用。

商周社会以严格反映等级制度的规章仪式，即所谓“礼”来维护政治、经济权力，而祭祀则是沟通人、神，使人间秩序神圣化的中心环节。青铜器则在祭器中占据了很大份额，是贵族宗室内部族长和作为天下“共主”的天子主持祭祀必备的礼器。此外，青铜器的制作和赠予也与商周时期贵族间婚媾、宴飨、朝拜、会盟和铭功颂德等礼制活动紧密相关。作为古代礼治社会政治、经济权力的象征，王、侯所制造的鼎、簋也被视为国家权力合法性的来源。制作青铜礼器是隆重的事情，传说大禹“收九牧之金，铸九鼎，象九州”，是一匡诸侯、统治中原的夏王朝立国的标志；“夏后氏失之，殷人受之；殷人失之，周人受之”则是表明每一次王朝的代兴，“九鼎”便随之易手。春秋时，楚庄王向周定王的使者“问鼎之大小、轻重”，使得“问鼎”一词成为觊觎国家权力或试图取得权威支配性的经典说法。置立于王室或宗庙内青铜礼器的转移，实质上是权力与财富的再分配所带来的政权转移，“九鼎”作为中央政权的象征，谁占有了“九鼎”，谁就握有全国最高的政治权力。同时，各级贵族在使用礼器的种类、数量上都有严格的规定，种类和数量的多寡直接代表了贵族等级的高低。所谓“钟鸣鼎食”，即是表示了家族人丁兴旺、仆役众多的庞大场面，成为贵族显示自己身份之高贵的标志。正如著名学者张光直先生所言，“青铜及其物化的各种器物映射出的是政治和权力”。

阮元《揅经室集》卷三《商周铜器说上》载：“器者，先王所以驯天下尊王敬祖之心，教天下习礼博文之学……先王使用其才与力与礼与文于器之中，礼明而文达，位定而王尊，愚慢狂暴好作乱者鲜矣。”青铜器蕴含着礼制、才学、文献和力量，彰显昌明的礼制与发达的文化。礼制保证等级关系、维系社会秩序，令宗法为纽带的社会统治系统更加稳固，是治国安民之根本，亦为传统中国文化的模式。礼器则成为国家权力的象征和等级关系的标志。

青铜器的分类与特点可以从多个维度进行分析，主要包括用途、形态、工艺以及时代特征等方面。根据用途，青铜器可以分为礼器、兵器、用器、乐器和杂器。礼器主要用于礼仪活动，如鼎、簋、豆、卣、尊等，具有重要的文化和社会意义。兵器则包括剑、戈、矛等，反映了当时的军事技术和社会结构。用器如农具、工具、车马器、符节等，展示了青铜器在日常生活中的应用。按照青铜器的用途和性质不同，可将其分为食器、酒器、水器、量器、兵器、乐器、车马器、日用器、货币、工具等十大类别（表2-2）。亦有从青铜器的社会功能进行分类，将其分为礼器、重器、葬器、日用器四类。

表 2-2　青铜器按照用途和性质的分类

序号	器类		主要器形
1	食器	炊煮器	鼎、鬲、甗
		盛食器	簋、盨、簠、敦、豆
		取食器	匕
2	酒器	盛酒器	卣、壶、盉、罍、彝、尊、觥
		饮酒器	爵、角、斝、觚、觯
		取酒器	勺
3	水器	盥洗器	盘、匜、盂
		盛水器	鉴、缶、瓿
4	量器		升、釜
5	兵器		戈、矛、戟、镞、刀、剑、弩、钺、胄
6	乐器		铙、钟、镈、钲、鼓
7	车马器		軎、车辖、毂、轭、銮铃、当卢、马冠
8	日用器		镜、带钩、铜灯
9	货币		贝币、布币、刀币、圜钱
10	工具		斧、锛、铲、镰、凿

5.1.1 礼器

狭义上的“礼器”多是指青铜容礼器，其组合关系不仅有明显的时代标记，而且是不同时期礼制的重要反映。商代容礼器中多见觚爵、尊卣、尊彝、彝卣组合，觚爵的应用与后三者的应用有着不同的意义和方式；周代形成了鼎簋制度，礼器组合变得越发复杂。商周墓葬随葬青铜礼器的整体组合体现的是墓主人的身份等级，而核心组合所具有的礼制内涵为墓主人族群认同的具体表现。

鼎是最具代表性的礼器之一，常用于祭祀和宴饮。其形态多样，通常为圆腹三足或方腹四足，象征着权力和尊贵。鼎的尺寸和装饰往往与使用者的社会地位密切相关，如周代的“九鼎”就代表了最高的权力与尊严。

卣是一种用于盛酒的器具，外形优美，常见于古代的宴会场合。卣通常有长颈和细口，造型精致，表面装饰丰富，常见的有动物纹、花纹等。其功能不仅限于实用，更多地体现了当时的审美观念和礼仪文化。

盉主要用途是盛水，亦可用于温酒或“节酒之厚薄”，其设计简洁却极具实用性。盉的特点在于其流口设计，便于倒出液体。不同地域的盉在形态和装饰上各有特色，反映了地方文化的差异。

尊是一种酒器，多用于祭祀和宴饮。尊的形态各异，有的呈现出动物造型，或是装饰有精美的纹饰，展现了当时工匠的高超技艺。尊的使用不仅与饮酒有关，更是礼仪的一部分，显示了对神灵和祖先的崇敬。

此外，还有盘、簠、豆、爵、觯、觚等器具，分别用于盛食、饮酒和祭祀。这些器具的设计和装饰不仅体现了实用性，还承载着丰富的文化内涵和社会象征。礼器的种类和特征反映了中国古代社会的复杂性与多样性，成为研究古代文化和社会结构的重要切入点。

5.1.2 兵器

兵器在中国古代青铜器中占据重要地位，其分类与用途反映了当时社会的军事需求和文化背景。中国古代青铜兵器主要可以分为剑、矛、戟等几大类，每种兵器在战斗中发挥着不可或缺的作用。

剑作为青铜兵器中最具代表性的武器之一，通常用于近战。其设计精巧，刃口锋利，适合快速地攻击与防御。早期的青铜剑往往较短，随着铸造技术的进步，剑身逐渐加长，形成了优雅的曲线，增强了战斗的灵活性和杀伤力。

矛是另一种重要的青铜兵器，通常用于投掷和近战。青铜矛头尖锐，具有良好的穿透力。矛的长度设计使得士兵在战斗时可以保持距离，防止敌人靠近。矛的使用不仅限于战斗，在狩猎中也起到了重要作用，显示出其多功能性。

戟是一种结合了刀与矛特性的兵器，通常由长杆和安装在顶端的刀刃组成。戟在战场上具有极高的威慑力，能够有效地兼顾刺击与劈砍的需求。其独特的结构使得戟不仅适用于步兵，也适合骑兵使用，功能的多样化使得戟成为战争中不可或缺的武器。

青铜兵器的分类不仅反映了当时的军事技术水平，也展示了社会结构和文化习俗，其使用与发展与战争策略、政治权力及社会变迁密切相关。通过对这些兵器的深入研究，可以更好地理解中国古代社会的军事文化及其演变过程。

5.1.3 用器

用器包含农具、工具、度量衡、车马器、符节等，其中工具与农具的实用设计在中国古代青铜器中占据着重要地位，体现了当时社会的生产需求和技术水平。青铜器作为一种合金材料，其强度和耐用性使其成为制造工具和农具的理想选择。

首先，青铜工具的种类繁多，涵盖了各种日常生活和生产活动所需的工具。例如，青铜斧、铲等农具的设计，充分考虑了力学原理。青铜铲的宽大铲面和坚固的铲身，适合于翻土和挖掘，增强了劳动效率。青铜斧的形状设计则使其在使用时，可以减少劳动者的体力消耗。

其次，青铜器的实用设计还体现在其多功能性上。许多青铜工具不仅限于单一用途，如青铜刀具可以用于切割、削剁等多种功能，满足了不同的生活需求。这种多样化的设计使得青铜器在古代社会中具有更高的使用价值。

此外，青铜器的制作工艺也直接影响了工具与农具的实用设计。铸造技术的进步使得青铜器的形状更加精细，结构更加坚固。失蜡法的使用，使得青铜工具的造型更加复杂，功能更加多样。

综上所述，青铜器作为历史的载体，反映了古代社会的生产力水平和技术发展。通过对青铜工具与农具的实用设计的研究，不仅能够加深对古代生产方式的理解，还能够为现代农业工具的设计提供借鉴。同时，青铜器的实用设计在功能性、多样性、装饰性和技术工艺等方面展现出独特的价值，这些设计不仅促进了古代社会的生产发展，也在文化层面上留下了深刻的印记。

5.1.4 乐器

中国古代青铜器中，乐器的制作展现了独特的工艺和艺术价值。乐器不仅是文化传承的重要载体，也是社会生活中不可或缺的一部分。青铜乐器通常包括编钟、鎛、铙、钟、钲、鼓等，形态各异，功能多样。

编钟以其音色悠扬、音域宽广而著称，通常由多个钟体组成，按照音高的不同排列。每个钟的铸造都要求严格的技术标准，制造工艺注重选择合适的青铜合金配比，以确保音质的清晰和持久。在调音方面，钟的厚度和形状直接影响音质，钟在铸造过程中，往往会根据不同的音高进行精细调试，形成和谐的合奏效果。编钟的外形设计不仅考虑声音的传播，还融入了丰富的装饰纹样，体现了当时的审美观念。

青铜乐器的独特构造不仅体现在其形态和功能上，还反映了当时社会的文化背景和人们的艺术追求。乐器的铸造工艺和艺术装饰相辅相成，形成了古代青铜器文化的一个重要方面。

5.1.5 杂器

青铜器中的杂器种类繁多，包含日常生活所用的铜灯具、铜带钩、铜权、铜镜等，与宗教相关的铜香炉、造像与供器等。其形态多样，功能各异，体现了古代社会的丰富文化和日常生活需求。杂器作为青铜器的重要组成部分，不仅具有实用性，还蕴含了深厚的文化内涵和艺术价值。其多样的形态和丰富的功能展现了古代社会的繁荣与发展，值得深入研究和探讨。

5.2 纹饰

青铜器的纹饰图案丰富多样，反映了古代社会的文化、宗教和审美观念。常见的纹饰主要包括兽面纹、云雷纹、夔龙纹、几何纹等，这些图案不仅具有装饰性，还承载着深厚的文化含义。

兽面纹是青铜器上一种常见的装饰图案，通常表现为动物头部的形象，特别是虎、龙等具有威严和神秘色彩的动物。兽面纹不仅象征着权力和神秘力量，还被广泛用于礼器和兵器上，显示出其在祭祀和战争中的重要性。以商代的饕餮纹青铜器为例，其上精美的兽面纹展现了当时工匠高超的技艺，同时也反映了当时人们对神兽等所具有的超自然能力的崇拜。

云雷纹是一种代表自然元素的装饰，通常呈现出波浪状或弯曲的形式，象征着天上的云彩和雷电。该纹饰常用于青铜器的边缘或底部，具有一定的动态美感，体现了古人对自然力量的敬畏和对美的追求。周代青铜器上的云雷纹设计，常常与其他几何图案结合，形成独特的装饰风格。

夔龙纹则是一种具有独特形象的龙形怪兽图案，象征着权力和尊贵。该纹饰变化多端，表现了古代人民对龙的崇拜以及对权力象征的追求。在一些重要的礼器上，夔龙纹的使用不仅强调了器物的地位，也突出了其在礼仪活动的重要性。

窃曲纹是流行于西周中晚期至春秋早期的主要青铜器纹饰之一，具有动物属性的目纹和上下卷曲的几何形态。窃曲纹以C形、横G形的羽纹为基本组成部分，并以目纹和刀状饰作为附饰，羽纹和目纹的种种组合变化助成了西周中后期青铜器纹饰的图案化趋势。

通过对这些常见纹饰图案的解析可以看出，青铜器上的装饰不仅仅是为了美观，更是古代社会文化和精神信仰的体现。纹饰背后的意义和象征，为我们理解古代青铜器的历史和文化提供了重要的线索。

5.3 铭文

铭文作为中国古代青铜器的重要组成部分，承载着丰富的历史信息与文化内涵。青铜器铭文多铸刻于器物的底部、鋬阴等隐蔽处，可分为阴文（凹文）和阳文（凸纹）两类，前者多为刻铭，少数为铸铭；后者均为铸铭，特别是在内外范上印刻反书铭文较为方便。商代青铜器上开始出现铭文，字数一般较少，主要为所有者的族名、方国名、祭祀对象、作器者名等。此期亦出现少量记事铭文，主要反映的是祭祀与战争。西周时期，有铭文的青铜器数量大大增多，并出现长篇铭文。这些铭文集中于赏赐、记事、册命、纪功、训诰、祭祀、颂祖、战争等方面。何尊、大盂鼎、大克鼎、毛公鼎、天亡簋、散氏盘等长篇铭文，均通过记事、纪功、册命、训诰之类的文字，使得青铜器在政治领域的意义更为个性化、明确化。

铭文的解读不仅要关注其字面意思，还需结合考古背景、出土环境及器物的功能。在解读过程中，往往需要多方面的知识，包括历史学、语言学和考古学，以便全面理解铭文所传达的信息。同时，铭文的语言风格、书写方式以及使用的典故，均能够反映出当时的社会风貌及人们的思想观念。

总的来看，铭文不仅是青铜器的装饰，更是了解古代社会、文化及历史的重要窗口。通过对铭文内容的深入分析，能够更好地揭示出中国古代青铜器背后的丰富内涵与历史价值。

参考文献

[1] 潜伟，王洛印. 世界技术编年史. 采矿冶金 能源动力[M]. 济南：山东教育出版社，2019.

[2] 桑栎. 近东地区冶金术的发展历程[C]//教育部人文社会科学重点研究基地吉林大学边疆考古研究中心边疆考古与中国文化认同协同创新中心编. 边疆考古研究. 第17辑. 北京：科学出版社，2015(1): 175-195.

[3] 苏荣誉，华觉明，李克敏，等. 中国上古金属技术[M]. 济南：山东科学技术出版社，1995.

[4] 华觉明. 论中国冶金术的起源[J]. 自然科学史研究，1991, 10(4): 364-369.

[5] 西方因素和本土创造：中国早期冶金技术传统的形成[N]. 中国文物报，2015-01-09(5).

[6] 肖红艳，崔剑锋. 古代矿炼黄铜研究综述[J]. 考古学研究，2022(2): 92-99.

[7] 北京科技大学冶金与材料史研究所，甘肃省文物考古研究所. 张掖西城驿冶金遗址调查报告[J]. 考古与文物，2015(2): 27-35.

[8] 陈建立. 中国古代冶金研究：对“生业与社会”冶金考古专题的总结和思考[J]. 南方文物，2022(5): 135-142.

[9] 陈建立，梅建军，潜伟，等. 中国冶金考古研究五十年：回顾与展望[J]. 有色金属(冶炼部分)，2024(11): 247-257.

[10] 徐良高. 青铜礼器：中国三代文明的物化象征[J]. 湖北理工学院学报(人文社会科学版)，2022，39(3): 1-8.

[11] 刘诗中. 中国先秦铜矿[M]. 南昌：江西人民出版社，2003.

[12] 黄石市博物馆. 铜绿山古矿冶遗址[M]. 北京：文物出版社，1999.

[13] 湖北省文物考古研究所，大冶市铜绿山古铜矿遗址保护管理委员会. 湖北省大冶市铜绿山古铜矿冶遗址保护区调查简报[J]. 江汉考古，2012(4): 18-34.

[14] 湖北省文物考古研究所，大冶市铜绿山古铜矿遗址保护管理委员会. 湖北大冶铜绿山岩阴山脚遗址发掘简报[J]. 江汉考古，2013(3): 7-27.

[15] 江西省文物考古研究所铜岭遗址发掘队. 江西瑞昌铜岭商周矿冶遗址第一期发掘简报[J]. 江西文物，1990(3): 1-12.

[16] 刘诗中，卢本珊. 江西铜岭铜矿遗址的发掘与研究[J]. 考古学报，1998(4): 465-496.

[17] 崔涛，刘薇. 江西瑞昌铜岭铜矿遗址新发现与初步研究[J]. 南方文物，2017(4): 57-63.

[18] 刘平生. 安徽南陵大工山古代铜矿遗址发现和研究[J]. 东南文化，1988(6): 45-57.

[19] 安徽省文物考古研究所，铜陵市文物管理所. 安徽铜陵市古代铜矿遗址调查[J]. 考古，1993(6): 487-497.

[20] 魏国锋，于东华，郑晓平，等. 安徽铜陵古铜矿冶遗址2016年调查及若干收获[J]. 南方文物，2019(2): 140-152.

[21] 张爱冰，陆勤毅. 皖南出土商代青铜容器的年代与性质[J]. 考古，2010(6): 83-92.

[22] 王刚. 林西县大井古铜矿遗址[J]. 内蒙古文物考古，1994(1): 45-50.

[23] 魏国锋，秦颖，杨立新，等. 若干古铜矿及其冶炼产物输出方向判别标志的初步研究[J]. 考古，2009(1): 85-95.

[24] 陈建立，张吉，方勤，等. 金道锡行：简论商周时期长江中游地区金属流通网络[J]. 江汉考古，2024(5): 11-23.

[25] 刘莉，陈星灿. 中国早期国家的形成：从二里头和二里岗时期的中心和边缘之间的关系谈起[M]//北京大学中国考古学研究中心，北京大学中国古代文明研究中心编. 古代文明. 第1集. 北

京: 文物出版社, 2002: 71-134.

[26] 田建花, 金正耀, 齐迎萍, 等. 郑州二里岗期青铜礼器的合金成分研究[J]. 中原文物, 2013(2): 90-96.

[27] 马仁杰, 崔剑锋. 商与远方: 商代高放射性成因铅资源时空演变与流通模式的初步探索[J]. 中国国家博物馆馆刊, 2024(9): 84-104.

[28] 李仲达, 华觉明, 张宏礼. 商周青铜容器合金成份的考察: 兼论钟鼎之齐的形成[J]. 西北大学学报(自然科学版), 1984(2):25-43.

[29] 华觉明. 铜器和铜文化研究刍议[J]. 广西民族大学学报(自然科学版), 2017, 23(1): 24-25, 31.

[30] 丁忠明, 曲传刚, 刘延常, 等. 山东新泰出土东周青铜复合剑制作技术研究[J]. 文物保护与考古科学, 2012, 24(S1): 75-86.

[31] 黄龙. 中国古代青铜器范型技术概论[J]. 文物保护与考古科学, 1991, 3(1): 31-43.

[32] 谭德睿. 中国青铜时代陶范铸造技术研究[J]. 考古学报, 1999(2): 211-250.

[33] 倪玉湛. 论制陶技术对青铜器铸造技术的影响[J]. 中国陶瓷, 2013, 49(3): 30-33.

[34] 万红, 熊博文, 卢百平. 论中国古代青铜器的范铸法[J]. 铸造技术, 2015, 36(9): 2320-2323.

[35] 刘煜. 试论殷墟青铜器的分铸技术[J]. 中原文物, 2018(5): 82-89.

[36] 何毓灵. 商代中期青铜容器铸造技术传播蠡测[C]//北京大学出土文献与古代文明研究所. 青铜器与金文. 第七辑, 2021(2): 97-120.

[37] 任常中, 王长青. 河南淅川下寺春秋云纹铜禁的铸造与修复[J]. 考古, 1987(5): 474-478.

[38] 万俐. 试析中国先秦时期透空蟠龙纹青铜器铸造技术的发展与传播[J]. 文物保护与考古科学, 2014, 26(1): 110-116.

[39] 尚刚. 唐代的特种工艺镜[J]. 南方文物, 2008(1): 76-80.

[40] 宋镇豪. 商代乐器补说[J]. 海南大学学报(人文社会科学版), 2023, 41(4): 1-10.

[41] 胡飞, 徐雨. 中原青铜铸造工艺在南方地区的传播与影响[J]. 中国民族美术, 2024(2): 52-59.

[42] 岳洪彬, 苗霞. 殷墟青铜礼器组合研究[J]. 殷都学刊, 2004(2): 29-39.

[43] 王伯强. 夏商周礼器的二分、列器现象研究[D]. 南京: 南京大学, 2020.

[44] 朱凤瀚. 中国青铜器综论[M]. 上海: 上海古籍出版社, 2009.

[45] 张德良. 青铜器窃曲纹的来源及分型[J]. 文物, 2009(4): 86-91.

[46] 潘春旭. 中国古代青铜器的现代材料学[M]. 北京: 冶金工业出版社, 2003: 354-355.

第三章 脆弱青铜器腐蚀劣化机理与病害分析表征方法

古代青铜器一般为铜、锡、铅的合金，锡可以和铜形成不同比例的固溶体，而铅则游离在铜锡合金之间。从原子活泼次序上来讲，锡铅都更活跃，易腐蚀，只是在特定的条件下，锡铅腐蚀产物的积累对腐蚀过程具有一定的阻碍作用。青铜器的腐蚀一般可分为阳离子和阴离子控制的腐蚀。在阳离子控制的腐蚀过程中，阳离子如铜或锡离子，扩散到金属表面并控制着腐蚀反应速度。通常这是一个很缓慢的形成铜锈的过程，尤其是形成氧化亚铜层，该氧化亚铜层可以起到一定的钝化作用，从而使得器物仍能保持原来的外形特征。在阴离子控制的腐蚀过程中，腐蚀的发生将伴随着在腐蚀界面间产生很大的体积变化，其结果会形成较厚但不连续的腐蚀产物。迁移速率高的离子，如氯离子，在阴离子控制下会积极推进腐蚀过程。作为阴离子它很容易从周围的环境中迁移到器物表面，从而加速腐蚀，并且产生容易剥离的腐蚀层。但无论何种机理造成的腐蚀都会大大削弱青铜器抵抗外部环境冲击的能力，从而产生各种病害。

腐蚀病害分析检测的主要目的是确定青铜器的腐蚀状况，给出明确的腐蚀诊断信息；通过检测结果制定保护维护策略、调节保存环境参数，从而控制青铜器腐蚀的发生与发展，使青铜器处于良性状态。随着现代检测技术的不断发展，各种新型的检测技术在青铜器腐蚀病害检测领域中得到了越来越广泛的应用。目前，针对脆弱青铜器病害分析检测主要的技术手段包括：视觉检测、物理检测、电化学检测、化学检测及无损检测。

在实际的青铜器保护修复实践中应根据具体情况，依据可靠性和适用性的原则选择合适的方法，从而达到高效、准确的检验目的。

一、青铜器的锈蚀产物

在数千年的传世品及出土青铜器遗存中，部分器物因受到外部环境作用及自身结构缺陷的影响，呈现出不同程度的腐蚀现象。鉴于每件青铜器的化学成分差异以及所处环境的多样性，其腐蚀机理及生成物亦存在差异性。经由对青铜器腐蚀生成物的广泛分析，研究发现不同颜色的生成物与矿物种类相似，主要包括以下几种：①氧化铜（黑铜矿），化学式为CuO，呈黑色；②氧化亚铜（赤铜矿），化学式为Cu_2O，呈红色；③碱式碳酸铜（孔雀石、蓝铜矿），具有三种分子结构：$CuCO_3 \cdot Cu(OH)_2$，呈暗绿色；$2CuCO_3 \cdot Cu(OH)_2$，呈蓝色；$CuCO_3 \cdot 3Cu(OH)_2$，亦呈蓝色；④碱式氯化铜（氯铜矿、副氯铜矿），包含两种成分：$Cu_2(OH)_3Cl$，呈绿色；$Cu_2(OH)_3Cl$，呈淡绿色；⑤氯化亚铜：Cu_2Cl_2，呈白色；⑥氧化锡（锡石），化学式为SnO_2，呈白色、淡黄色或淡灰色等。

青铜器的腐蚀机理极为复杂。以长期埋藏于地下的青铜器为例，其与水分及盐类接触后，会引发一系列化学及电化学反应，进而逐渐形成腐蚀层。特定条件下，锈蚀物往往呈现出层次分明的结构，从内层到外层，依次为：黑色氧化铜层、红色氧化亚铜层、绿色或蓝色的碱式碳酸铜层以及可能存在的白色氯化亚铜层。这些层次的形成，不仅受到青铜器自身成分的影响，还与其所处的埋藏环境，如土壤湿度、盐分含量、酸碱度以及微生物活动等密切相关。此外，青铜器在埋藏过程中还可能遭受物理性破坏，如挤压、磨损等，这些因素共同作用，使得青铜器的腐蚀机理变得更加复杂多变。

二、青铜器腐蚀环境及其影响因素

2.1 土壤腐蚀

土壤腐蚀是指土壤的不同组分和性质对青铜器的腐蚀。出土青铜器在土壤中的腐蚀属于最常见的腐蚀现象。土壤是一种具有特殊性质的电解质，具有毛细管多孔性。在土壤的颗粒间形成大量毛细管微孔或孔隙，孔隙为空气和水所充满，土壤中含有的盐类溶解在水中，使土壤具有离子导电性。土壤的性质及结构容易出现小范围或大范围内的不均匀性。从小范围看，有各种微结构组成的土粒、气孔、水分的存在以及结构紧密程度的差异。从大范围看，有不同性质的土壤交替更换等。因此土壤的各种物理、化学性质，尤其是与腐蚀有关的电化学性质，不仅随着土壤的组成及含水量变化，而且随着土壤的结构及其紧密程度有所差异。大多数土壤是中性的，pH在6.0～7.5；碱性的砂质黏土和盐碱土，pH在7.5～9.5；也有一些土壤是酸性的，如腐殖土和沼泽土，pH在3～6。此外，影响青铜器腐蚀的埋藏土体的主要因素还包括以下几点：①土壤是由各种颗粒状的矿物质、有机物质及水分、空气和微生物等组成的多相且具有生物学活性和离子导电性的多孔毛细管胶体体系，这种结构特征易于形成腐蚀环境。②土壤中的水分有些与土壤的组分结合在一起，有些紧紧黏附在固体颗粒的周围，有些可以在微孔中流动。盐类溶解在这些水中，土壤就成了电解质。土壤的导电性与土壤的孔隙度、土壤的含水量及含盐量等各种因素有关。土壤越干燥，含盐量越少，其电阻越大；土壤越潮湿，含盐量越多，电阻就越小。干燥而少盐的土壤电阻率可高达100000欧姆·厘米，而潮湿多盐的土壤电阻率可低于500欧姆·厘米。一般来说，土壤的电阻率可以比较综合地反映某一地区的土壤特点。土壤电阻率越小，土壤腐蚀越严重。③土壤中的氧气部分存在于土壤的孔隙与毛细管中，部分溶解在水里。土壤中的含氧量与土壤的湿度和结构有密切关系，在干燥的砂土中，含氧量较高；在潮湿的砂土中，含氧量较少；而在潮湿密实的黏土中，含氧量最少。由于湿度和结构的不同，土壤中的含氧量可相差达几万倍，这种充气的极不均匀，也正是造成氧浓差电池腐蚀的原因。

此外，土壤中还存在着若干数量不等的土壤微生物，土壤微生物的新陈代谢产物也会对青铜器产生腐蚀。其中最重要的是厌氧的硫酸盐还原菌、硫杆菌等。

土壤腐蚀的作用机理：青铜器在土壤中的腐蚀机理主要表现为电化学腐蚀，土壤作为腐蚀性介质所具有的基本特征，也直接影响到了其电化学过程的特征。青铜器在土壤中的腐蚀过程：

阳极反应：$2Cu \rightarrow 2Cu^{+} + 2e$

阴极反应：$O_2 + 2H_2O + 4e \rightarrow 4OH^{-}$

总的电极反应：$2Cu + O_2 + 2H_2O \rightarrow 2Cu(OH)_2$

氢氧化铜进一步与二氧化碳作用，生成孔雀石：

$$2Cu(OH)_2 + CO_2 + H_2O \rightarrow CuCO_3 \cdot Cu(OH)_2 \cdot 2H_2O$$

土壤中的青铜器会在表面腐蚀层下发生如下反应：

$$Cu + Cl^{-} + H_2O + [O] \rightarrow CuCl_2 + 2OH^{-}$$

$$CuCl_2 + 2OH^{-} \rightarrow Cu(OH)_2 + 2Cl^{-}$$

$$Cu(OH)_2 \rightarrow CuO + H_2O$$

同时发生：$2Sn + O_2 + 2H_2O \rightarrow 2Sn^{2+} + 4OH^{-}$

$$Sn^{2+} + 4Cl^{-} + 2H_2O + [O] \rightarrow SnCl_4 + 4OH^{-}$$

$$SnCl_4 + 4OH^{-} \rightarrow Sn(OH)_4 + 4Cl^{-}$$

在表层腐蚀产物中有未被侵蚀的相，其中的铜可以还原为氯化亚铜：

$$Cu + CuCl_2 \rightarrow CuCl$$

氯化亚铜在水和空气中可以产生氧化亚铜：$4CuCl + [O] \rightarrow Cu_2O + 2CuCl_2$

若氯化亚铜在富含氯离子的环境中，发生如下反应：

$$6CuCl + 3[O] + 4H_2O \rightarrow CuCl_2 \cdot 3Cu(OH)_2 \cdot H_2O + 2CuCl_2$$

有二氧化碳存在时，氯铜矿可以反应生成孔雀石：

$$CuCl_2 \cdot 3Cu(OH)_2 \cdot H_2O + CO_2 \rightarrow CuCl_2 \cdot 3Cu(OH)_2 \cdot 2H_2O + 2H^{+} + 2Cl^{-}$$

在表面的腐蚀产物中同时发生如下反应：$Sn(OH)_4 \rightarrow SnO_2 + 2H_2O$

铜二价离子与铜—锡共析组织相接触时，则可产生自由铜的再沉积：

$$Cu^{2+} + Sn \rightarrow Sn^{2+} + Cu$$

综上所述，青铜器在土壤中的腐蚀影响因素主要包括以下几方面：①孔隙度（透气性）较大的孔度有利于氧渗透和水分保存，通常会加速腐蚀过程，但是还必须考虑到在透气性良好的土壤中也更易生成具有保护能力的腐蚀产物层，阻碍金属的阳极溶解，使腐蚀速率减慢下来。因此关于透气性对土壤腐蚀的影响情况是复杂的，其原因在于存在氧浓差电池、微生物腐蚀等因素的影响。在氧浓差电池作用下，透气性差的区域将成为阳极而发生严重腐蚀。②土壤中含水量对腐蚀的影响很大。当土壤含水量很高时，氧的扩散渗透受到阻碍，腐蚀减小。反之，随着含水量的减少，氧的去极化变易，腐蚀速率增加；当含水量降落到约10%以下，由于水分的短缺、阳极极化和土壤比电阻加大，腐蚀速率又急速降低。在含水量为70%～90%时出现最大值。当土壤含水量再增加接近饱和时，氧浓差的作用减少了。③电阻率土壤电阻率与土壤的孔隙度、含水量及含盐等许多因素有关。一般认为，土壤电阻率越小，土壤腐蚀也越严重。④酸度，土壤酸度的来源很复杂，有的来自土壤中的酸性矿物质，有的来自生物和微生物的生命活动所形成的有机酸和无机酸，也有来自于工业污水等人类活动造成的土壤污染。大部分土壤属中性范围，pH处于6～8之间，也有pH为8～10的碱性土壤（如盐碱土）及pH为3～6的酸性土壤（如沼泽土、腐殖土）。随着土壤酸度增高，土壤腐蚀性增加，因为在酸性条件下，氢的阴极去极化过程已能顺利进行，强化了整个腐蚀过程。应当指出，当在土壤中含有大量有机酸时，其pH虽然近于中性，但其腐蚀性仍然很强。⑤含盐量，通常土壤中盐分含量的安全范围通常被认为是0.1%～0.5%，在土壤电解质中的阳离子一般是钾、钠、镁、钙等离子，阴离子是碳酸根、氯和硫酸根离子。土壤中含盐量大，土壤的电导率也增加，因而增加了土壤的腐蚀性。氯离子对土壤腐蚀有促进作用，所以在海边潮汐区或接近盐场的土壤，腐蚀性更强。但碱土金属钙、镁的离子在非酸性土壤中能形成难溶的氧化物和碳酸盐，在金属表面形成保护层，减少腐蚀。富钙、镁离子的石灰质土壤就是一个典型的例子。类似地，硫酸根离子也能和铅作用生成硫酸铅的保护层。硫酸盐和土壤腐蚀另一个重要关系是和微生物腐蚀有关。

2.2 微生物腐蚀

微生物腐蚀是指在微生物的存在与生命活动参与下所发生的腐蚀过程，微生物包括真菌和细菌。与青铜器腐蚀有关的主要微生物主要有硫酸盐还原菌、硫氧化菌和铜细菌等。微生物腐蚀产生的不是单一形式的局部腐蚀，相反，它能够造成点蚀、缝隙腐蚀、沉积膜下腐蚀以及选择性腐蚀等多种形式。

采用藏于河南省文物考古研究院的青铜器上出现的粉状锈蚀（图3-1），开展的微生物分析试验表明：在LB固体培养基上获得的细菌菌种，大体分为两类：一类是革兰氏阴性菌，一类是革兰氏阳性菌，其中四种分离菌株的菌种鉴定分析结果为：黏质沙雷氏菌、解淀粉芽孢杆菌和贝莱斯芽孢杆菌。图3-2、图3-3分别为纯化后的细菌形态学观察结果及革兰氏阳性菌染色显微镜观察结果，表3-1为分离菌株的菌落形态观察结果。

图3-1　青铜器粉状锈斑

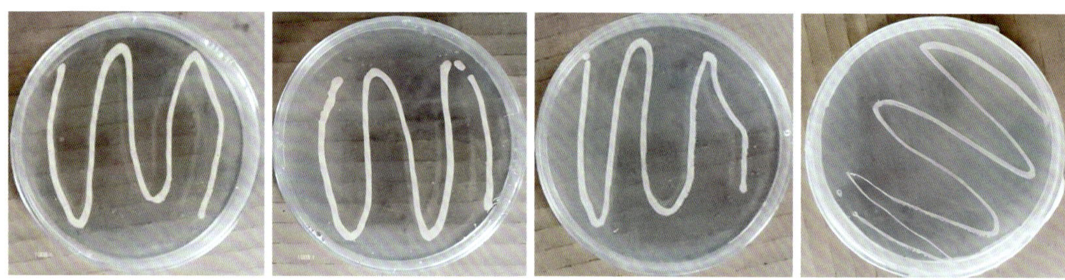

图3-2　纯化后的细菌形态学观察结果

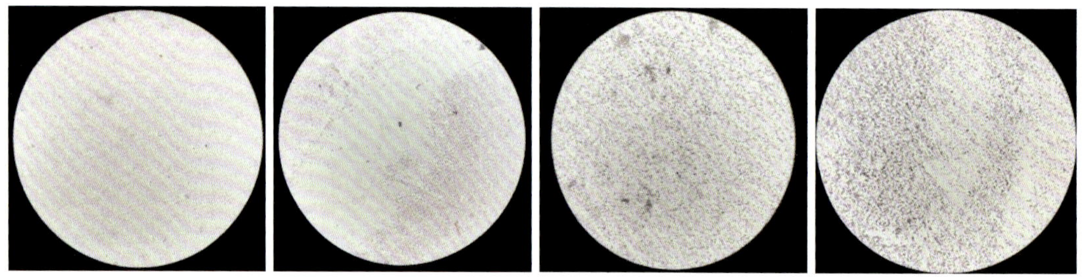

图3-3　革兰氏阳性菌染色显微镜观察结果

表3-1　分离菌株的菌落形态观察结果

菌株	革兰氏染色	菌落形态
1	−	菌落呈短杆状，湿润有黏性，比较黏稠，会产生红色色素
2	−	菌落呈短杆状，椭圆形，湿润，比较光滑，且黏稠，易挑取，会产生红色色素
3	+	菌落呈杆状，白色，光滑湿润，易挑取
4	+	菌落呈短杆状，白色，较为透明，比较黏稠

微生物的生长繁殖需具有适宜的环境条件，如一定的温度、湿度、酸度、环境中含氧量及营养源等。微生物能忍耐很宽的温度范围（−10～99℃）、pH范围（0～10.5）以及氧的浓度范围（0～100%）。微生物腐蚀并非是微生物直接食取金属，而是微生物生命活动的结果直接或间接参与了腐蚀过程。微生物生命活动的结果间接地对金属腐蚀的电化学过程产生影响，主要以下述三种方式影响腐蚀过程。

第一，新陈代谢产物的腐蚀作用。细菌产生的某些具有腐蚀性的代谢产物，如硫酸盐、硫化物和氨等，使金属的保存环境恶化。

第二，生命活动影响电极反应的动力学过程。如硫酸盐还原菌的存在，其活动过程对腐蚀的阴极去极化过程起促进作用。

第三，改变金属所处环境的状况。如氧浓度、盐浓度、pH等，使金属表面形成氧浓差等局部腐蚀电池。

2.3 大气腐蚀

青铜器在大气环境条件下发生化学或电化学反应引起的材料腐蚀称为大气腐蚀，这也是青铜器常见的一种腐蚀现象。通常所说的大气腐蚀是指在常温下潮湿空气中的腐蚀。当空气中含有SO_2、NO_2、H_2S、NH_3等工业废气时，青铜器表面的腐蚀作用加剧，从而加快青铜器的腐蚀速度。

影响大气腐蚀的因素很多，主要参与大气腐蚀过程的是氧、水汽和二氧化碳。因此根据青铜器物表面潮湿程度的不同，可把大气腐蚀分为三类：干大气腐蚀、潮大气腐蚀和湿大气腐蚀。其中，干大气腐蚀是在金属表面能够形成不可见的保护性氧化膜的腐蚀形式；潮大气腐蚀是在相对湿度足够高（低于100%）时，金属表面存在肉眼看不见的薄液膜（10纳米至1微米）时发生的大气腐蚀；湿大气腐蚀是当空气湿度接近100%，以及当水分以雨、雪、水沫等形式直接落在金属表面上时，在金属表面上存在着肉眼可见的凝结水膜（1微米至1毫米）时的大气腐蚀。大气腐蚀速率与金属表面水膜厚度的关系大致可分为四个区域：①金属表面只有约几个水分子厚（1～10纳米）水膜，但还没有形成连续的电解质溶液，相当于干的大气腐蚀，腐蚀速率很小。②当金属表面水膜厚度约在1微米时，由于形成连续电解液层，腐蚀速率迅速增加，发生潮的大气腐蚀。③水膜厚度增加到1毫米时，发生湿的大气腐蚀，氧欲通过液膜扩散到金属表面显著困难，因此腐蚀速率明显下降。④金属表面水膜厚度大于1毫米，相当于全浸在电解液中的腐蚀，腐蚀速率基本不变。

通常所说的大气腐蚀是指在常温下潮湿空气中的腐蚀。大气中常含有SO_2、CO_2、H_2S、NO_2、NaCl以及尘埃等，这些污物不同程度地加速大气腐蚀。大气中固态颗粒杂质通常成为尘埃，其组成非常复杂，通常包括碳和碳化物硅酸盐、氮化物、铵盐等固态颗粒。尘埃对大气腐蚀的影响有三种方式：①尘埃本身具有腐蚀性，如铵盐颗粒能溶入金属表面的水膜，提高电导和酸度，促进了腐蚀。②尘埃本身无腐蚀作用，但能吸附腐蚀物质，如碳能吸附SO_2和水生成腐蚀性的酸性溶液。③尘埃沉积在金属表面形成缝隙而凝聚水分，形成氧浓差引起缝腐蚀。SO_2对青铜器腐蚀的机理，主要有两种方式：一种是SO_2在空气中直接氧化成SO_3，SO_3溶于水后形成H_2SO_4，导致青铜器的腐蚀：

$$2SO_2+O_2\xrightarrow{\triangle；催化剂}2SO_3$$

但在常温、常压条件下反应式中：SO_2/SO_3的分子比为8×10^{11}，因此在无催化剂存在时，氧密度降低，温度较低时，这种反应机制可忽略不计。

另一种是SO_2与空气中的杂质吸附在青铜器表面，通过中介物如OH·等的自由基的作用形成H_2SO_4，加剧青铜器的腐蚀。

$$OH\cdot+SO_2\rightarrow HOSO_2$$

$$HOSO_2+O_2\rightarrow SO_3+H_2O$$

$$SO_3+H_2O\rightarrow H_2SO_4$$

例如，在干燥的空气环境中，SO_2与CuO发生如下反应：

$$SO_2+CuO\rightarrow Cu+SO_3$$

即在一定的时间内，吸附在CuO表面的SO_2可能被氧化SO_3。

在相对湿度达90%的潮湿空气中，SO_2与氢氧根发生下面的反应，生成亚硫酸氢根离子：

$$SO_2+OH^-\rightarrow HSO^{3-}$$

而溶液中的Cu^{2+}离子及其氧化物可作为催化剂，促进亚硫酸氢根离子的氧化，并降低该溶液的pH，从而形成铜的碱式硫酸盐：

$$2HSO^{3-}+O_2\rightarrow 2SO_4^{2-}+2H^+$$

$$2.5CuO+SO_4^{2-}+2.5H_2O+2H^+\rightarrow Cu_{2.5}(OH)_3SO_4\cdot 2H_2O$$

$$4CuO+SO_4^{2-}+2H_2O+2H^+\rightarrow Cu_4(OH)_6SO_4$$

$Cu_{2.5}(OH)_3SO_4\cdot 2H_2O$较其他碱式硫酸盐易溶。

在O_3存在的条件下，SO_2可作用于铜绿中的Cu_2O，形成$Cu_{2.5}(OH)_3SO_4\cdot 2H_2O$。其反应机理如下：

$$HSO^{3-}+O_3\rightarrow SO_4^{2-}+O_2+H^+$$

$$Cu_2O+2H^+\rightarrow 2Cu^{2+}+H_2O$$

$$4Cu^++O_2+2H_2O\rightarrow 4Cu^{2+}+4OH^-$$

$$2.5Cu^{2+}+SO_4^{2-}+3OH^-+2H_2O\rightarrow Cu_{2.5}(OH)_3SO_4\cdot 2H_2O$$

在相对湿度为68.4%～97.2%时，铜绿中的氯铜矿及富氯铜矿与SO_2发生如下的反应，形成可溶于水的水合硫酸铜（$CuSO_4 \cdot nH_2O$）：

$$4Cu_2(OH)_3Cl + 6SO_2 + 3O_2 \rightarrow 8Cu^{2+} + 4Cl^- + 6SO_4^{2-} + 6H_2O$$

三、青铜器腐蚀形态及其机理

“腐蚀”一词来源于拉丁语“corrodere”，意指“损坏、腐烂”。有关腐蚀的定义有不同的说法。英国科学家、现代腐蚀科学的奠基人艾万斯（U. R. Evans）认为：金属腐蚀是金属从元素态转变为化合态的化学变化及电化学变化。美国腐蚀科学家方坦纳（M. G. Fontana）认为：金属腐蚀是金属冶金的逆过程。美国科学家尤利格（H. Uhlig）认为物质（或材料）的腐蚀是物质（或材料）受环境介质的化学、电化学的作用而被破坏的现象。中国腐蚀科学家曹楚南认为金属腐蚀是金属材料由于受到介质的作用而发生状态的变化，转变成新相，从而遭受破坏。

自然界中绝大多数的物质都有变成氧化物或是形成稳定化合物的倾向。因此，从矿石或是氧化物中提炼完成的材料如铁、铜等，它们从一开始就有了回归到稳定状态的趋势，在环境许可下，它们会再度变为金属化合物，这种现象可认为是发生腐蚀的基本原因。这些环境的因素有水分、温度，或是酸、碱、盐等化学物质等。

腐蚀的过程可以是一种化学反应，而更多时候则是一种电化学反应。所谓电化学反应简单地说是金属间形成阳极和阴极的电池效应。金属腐蚀现象的解释是首先从金属的高温氧化开始的。18世纪50年代，俄国科学家罗蒙诺索夫（Михаил Васильевич Ломоносов）曾指出，没有外界的空气进入，烧灼过的金属重量仍然保持不变，并证明，金属的氧化是金属与空气中最活泼的氧气所致，之后他又研究了金属的溶解及钝化问题。1830～1840年，英国科学家法拉第（M. Faraday）首先确立了阳极溶解下来的金属的重量与通过电量之间的关系，这对腐蚀的电化学理论的进一步发展是很重要的，他还提出了铁形成钝化膜历程及金属溶解过程的电化学本质的假说。1830年，德国科学家李夫（De. La. Rive）在有关锌在硫酸中溶解的研究中，第一次明确地提出了腐蚀的电化学特征概念，即微电池理论。1881年，俄国科学家卡扬捷尔（Н. КаяНдер）研究了酸金属溶解的动力学，指出了金属溶解的电化学本质。在20世纪初，由于化学工业的蓬勃发展及现代科学技术突飞猛进的需要，经过电化学、金属学等科学家的辛勤努力，通过一系列重要而又深入的研究，确立了腐蚀历程的基本电化学规律，形成了一门独立的金属腐蚀学科。特别值得一提的是英国科学家、现代腐蚀科学的奠基人艾万斯及其同事们的卓越贡献，他们提出了金属腐蚀过程的电化学基本规律，发表了许多经典性的著作。苏联科学家弗鲁姆金（А. Н. фрумкин）及阿基莫夫（Т. В. Акимов）

分别从金属溶解的电化学历程与金属组织结构和腐蚀的关系方面提出了许多新的见解，进一步发展与充实了腐蚀科学的基本理论。之后，比利时科学家布拜、美国科学家尤立格和方坦纳、德国科学家瓦格纳尔、英国科学家霍尔、苏联科学家柯罗对尔金和托马晓夫等现代腐蚀科学家都为发展腐蚀科学做出了卓越的贡献。

青铜器文物腐蚀是青铜合金发生矿化的物理—化学过程的总称，由青铜器表面开始在青铜与环境间进行，能够使青铜回到矿物组分状态，即与矿石十分接近，其性能更为稳定，这种腐蚀过程是一种自发不可逆的现象。由于青铜器腐蚀现象与腐蚀机理是比较复杂的，因此相关青铜器腐蚀的分类方法也是多种多样的，至今尚未统一。按青铜器腐蚀机理，结合青铜器腐蚀过程的历程、环境和破坏形式等特点，青铜器腐蚀大致可分为化学腐蚀、电化学腐蚀、生物腐蚀等类型。化学腐蚀是指在干燥无水分的大气环境中，所发生的表面氧化、硫化等造成失泽和变色的反应；电化学腐蚀通常发生在潮湿的环境中，它通过电极反应进行，包括在溶液中的腐蚀、在表面水膜影响下的大气腐蚀，以及伴有水分的土壤中的腐蚀；生物腐蚀是由硫酸菌和硫酸还原菌（厌氧菌）将土壤中的硫酸盐还原产生S^{2-}，对青铜文物产生的腐蚀作用，包括海洋环境中微生物对青铜器表面的腐蚀破坏。目前的研究表明，出土青铜器的腐蚀主要包括全面腐蚀和局部腐蚀两种情况。

3.1 全面腐蚀

全面腐蚀/均匀腐蚀是常见的一种腐蚀形态，指整个金属表面均发生腐蚀。这种腐蚀可以是均匀的，也可以是不均匀的。对青铜器而言，当其暴露在大气环境中如最初的均匀腐蚀产物为氧化亚铜Cu_2O，其反应机理为：

$$\text{阳极反应：} 2Cu \rightarrow 2Cu^{+} + 2e$$

$$\text{阴极反应：} O_2 + 2H_2O + 4e \rightarrow 4OH^{-}$$

当阴、阳极区域十分接近时，Cu^{+}阳离子与OH^{-}阴离子反应形成氧化亚铜Cu_2O（赤铜矿），覆盖整个器物表面。

$$2Cu^{+} + 2OH^{-} \rightarrow Cu_2O + H_2O$$

由于阴、阳离子的扩散，在氧化亚铜腐蚀产物下，亚铜离子（Cu^{+}）和电子会穿过氧化层流向外部。在氧化物表面，亚铜离子（Cu^{+}）可直接形成铜的氧化物（CuO），或间接形成碱式碳酸盐。反应机理如下：

$$Cu_2O \rightarrow CuO + Cu$$

$$Cu^{+} \rightarrow Cu^{2+} + e$$

$$Cu^{2+} + CO_3^{2-} + OH^{-} \rightarrow Cu(OH)_2CO_3$$

当金属与氧化性物质作用，在金属表面生成一种非常薄的、致密的、覆盖性能良好的、牢固地吸附在金属表面上的钝化膜时，能使腐蚀速度降低。这种腐蚀层形成的钝化膜一般很薄（只有几微米），但其耐蚀性通常会比较强（图3-4）。

图3-4 全面腐蚀的青铜器

3.2 局部腐蚀

局部腐蚀指腐蚀作用仅局限在金属表面的某一区域，而表面的其他部分未受破坏，这种局部腐蚀是金属表面某些部分的腐蚀速率或腐蚀深度远大于其余部分的腐蚀速率或深度，因而导致局部区域的损坏。其特点是腐蚀仅局限或集中于金属的某一特点部位。引起青铜器局部腐蚀的原因有以下两方面：一是异种金属接触引起的宏观腐蚀电池（电偶腐蚀），如铁足铜鼎的腐蚀；二是同一器物上形成的自发微观电池效应，继而发生点蚀、裂隙腐蚀、晶间腐蚀、选择性腐蚀等。图3-5为处于局部腐蚀状态的铁足青铜鼎。

图3-5 局部腐蚀的铁足青铜鼎

（广西壮族自治区平乐银山岭55号墓出土）

3.2.1 点蚀

点蚀是一种典型的局部腐蚀形式，通常集中在青铜器表面数十微米范围内，向纵深发展形成点蚀。点状腐蚀对于铜和青铜合金来说是一种常见的且危害极大的腐蚀形式，“青铜病”就是一种典型的点状腐蚀。

点蚀的形貌多种多样，有窄深型、宽浅型，还有蚀坑小（一般直径只有数十微米）而深（深度等于或大于孔径）型等多种腐蚀形貌。它在青铜器物表面有些较分散，有些较密集。蚀坑口多数有腐蚀产物覆盖，少数是呈开放式。通常蚀坑的形貌与孔内腐蚀介质的组成有关，也与青铜器金属的性质、组织结构有关。

目前，对点蚀腐蚀机理的解释有多种，小孔腐蚀理论认为青铜铸造时产生的小孔或裂缝，会在局部形成缺氧区域，在表面吸附和毛细作用下易积聚水分，从而优先产生电化学腐蚀。梅（R. J. May）、布拜（M. Pourbaix）等认为氯化亚铜是小孔腐蚀形成的基本因素。冯绍彬、祝鸿范、周浩等认为氯化亚铜对氧的去极化反应具有明显的电化学催化作用，自催化作用会使孔内的腐蚀速度增大，从而加深局部腐蚀。以带有“青铜病”的青铜器点蚀机理分析为例，电偶腐蚀理论认为小孔的铜阳极溶解形成了氯化亚铜，然后水解生成Cu_2O，最后形成腐蚀产物。也有认为青铜电蚀的基本元素是氯化亚铜的形成，但蚀孔内氯化亚铜的水解产生的HCl导致低的pH才是最重要的原因。Lucy根据腐蚀孔内产物的排列和结构，提出了“膜电池”理论，认为阴阳极作用分别在膜（通常是导电的Cu_2O膜）的外层和内层进行。膜的下表面起阳极作用，上表面起阴极作用。蚀孔内产生的氯化亚铜在膜表面氧化生成二价的铜离子。膜表面上的阴极过程主要是由亚铜离子与水中溶解的氧反应，形成二价的铜离子。而反应中的亚铜离子一部分是由蚀孔内通过膜下的孔洞扩散出来，另一部分由膜上表面阴极还原产生的，蚀孔上方的腐蚀产物堆含有铜的碱式碳酸盐及碳酸钙。其腐蚀机理具体表现为铜的氯化物在氧化亚铜腐蚀产物层下沉积。氧化亚铜起着双重电极作用，腐蚀在靠近金属一侧发生，形成铜氧化物的薄膜（阳极区），与此同时在靠近环境介质的区域氧含量减少（阴极区）。氧化亚铜的双重电极作用，是由其电子和结构特性所决定的，铜的氯化物在孔洞中存在的数量取决于青铜器腐蚀的相对速度：

$$Cu + Cl^- \rightarrow CuCl + e$$

以及铜氯化物的水解：$2CuCl + H_2O \rightarrow Cu_2O + 2H^+ + 2Cl^-$。

点蚀反应的进行与亚铜离子（Cu^+）在蚀孔底部与氧化亚铜表面隆起的腐蚀层之间的浓度梯度有关。氯化亚铜存在的情况下，蚀孔内可形成可溶性的复合物，如$CuCl^{2-}$，$CuCl^{3-}$等。亚铜离子（Cu^+）穿过氧化亚铜薄膜，然后被O_2氧化成Cu^{2+}：$Cu^+ \rightarrow Cu^{2+} + e$。同时，氧气被还原为氢氧根离子：$O_2 + 2H_2O + 4e \rightarrow 4OH^-$。

此反应会使pH增高，并可能形成碳酸钙沉淀。氧化形成的Cu^{2+}，一部分会形成碱式氯化铜［$Cu_2(OH)_3Cl$］沉淀。另外一部分会发生歧化，还原形成Cu^+，并随后被远离蚀孔表面的氧气氧化。蚀孔内氧化亚铜表面发生如下电化学反应（阳极），Cu^+离子氧化为铜离子（Cu^{2+}）：$Cu^+ \rightarrow Cu^{2+} + e$。

然后铜离子（Cu^{2+}）又与青铜器基体反应，生成亚铜离子（Cu^+）：$Cu^{2+} + Cu \rightarrow Cu^+$，

从而促进了铜的溶解，形成青铜器腐蚀的自催化作用。阳极区的铜离子（Cu^{2+}）只存在于孔内的酸性环境，当扩散至孔口阴极区附近，就会与可能存在的离子（取决于当时所处的地下环境），如OH^-、Cl^-、SO_4^{2-}、HCO^{3-}等离子结合生成可能的腐蚀产物，如碱式氯化铜［$Cu_2(OH)_3Cl$］、碱式硫酸铜［$Cu_2(OH)_2SO_4$］、碱式碳酸铜［$CuCO_3 \cdot Cu(OH)_2$］等化合物。其中碱式氯化铜［$Cu_2(OH)_3Cl$］可能由以下反应形成：

$$12CuCl + 6H_2O + 3O_2 \rightarrow 4Cu_2(OH)_3Cl + 4CuCl_2$$

这些腐蚀产物在孔口沉积形成腐蚀隆起，使得蚀孔成为闭塞区，从而阻止Cl^-和H^+向孔外扩散，导致孔内环境的高腐蚀性，使孔蚀进一步扩展。由于只有在孔内的环境达到一定酸度，并有Cl^-富集时，CuCl才能稳定存在。于是就形成了这样一种孔蚀特征：CuCl存在于蚀孔的底部，疏松的Cu_2O晶体覆盖其上（由CuCl水解形成），孔口外面则是碱式铜盐一类的化合物沉积。有时还与环境中的硬水（钙、镁盐）一起形成较厚的结垢覆盖在蚀孔的顶部。

青铜铸件的缺陷，如缩孔、裂纹、小孔洞及表面的不均匀等都有可能为形成点状腐蚀创造条件。一旦锈层或沉积物将阴、阳极之间的电路通道完全封闭，则这种腐蚀便可在锈蚀或结垢层的掩盖下暂时稳定。

3.2.2 晶间腐蚀

晶间腐蚀是一种由微电池作用而引起的局部破坏现象，是金属材料在特定的腐蚀介质中沿着材料的晶界产生的腐蚀。晶间腐蚀的特征是在表面还看不出破坏时，晶粒之间已丧失了结合力。晶间腐蚀理论于1925年由班尼斯特（C. O. Bannister）和纽科姆（J. A. Newcombe）提出，其认为铸造组织凝固过程中，晶间界处为后结晶区，故较多杂质，腐蚀更易在此发生。黄宗玉、刘煜、张晓梅等在古代青铜器检测分析中，观察到青铜腐蚀沿晶界向内部金属合金逐步发展或延伸的现象。姚青芳进一步认为，晶界间的腐蚀优先于相界间腐蚀，而相界间腐蚀优先于晶内腐蚀。晶间腐蚀认为晶粒表面和内部之间的化学成分差异、晶界杂质或存在的内应力等是腐蚀形成的主要原因。产生晶间腐蚀的条件：一是青铜器合金中含有杂质如S、P、Si等，易形成第二相沿晶界析出；二是晶界与晶内化学成分的差异，在特定的环境介质中形成腐蚀电池，晶界为阳极，晶粒为阴极，晶界产生选择性溶解。以青铜钱币为例，图3-6为青铜古钱币宏观形貌，图3-6（A）、图3-6（B）分别为青铜古钱币的正面与反面。在钱币正面宏观形貌中，表面明显覆盖着一层泥土，在部分位置存在颜色为浅绿色的腐蚀产物和少量“粉状锈”，在浅绿色腐蚀产物的周围，有着红色锈蚀产物。在钱币反面宏观形貌中，表面存在平整的红色腐蚀产物，较为平整的深蓝色腐蚀产物，凹凸的白色或浅黄色结晶状腐蚀产物，以及结构较为紧凑的绿色腐蚀产物（图3-6）。

图3-6　青铜古钱币腐蚀宏观形貌

A. 钱币正面；B. 钱币反面

青铜钱币试样截面宏观金相形貌如图3-7（A）所示，根据钱币的腐蚀程度与特征将截面形貌划分出不同的组织形态，即矿化层、过渡层、基体层。其中矿化层［图3-7（B）］为腐蚀锈蚀产物的最外层，是青铜器表面与土壤以及土壤中众多介质经过很长时间腐蚀所形成的；基体层［图3-7（D）］为青铜原本的铸造组织，没有被腐蚀，图中基体组织α相为浅黄色，在α相中可能有铅颗粒分布在其中；过渡层［图3-7（C）］处于腐蚀矿化层与基体层中间，图中过渡层沿着晶间腐蚀且有着极少部分的晶粒被腐蚀，可以明显看出钱币是沿着晶界腐蚀。

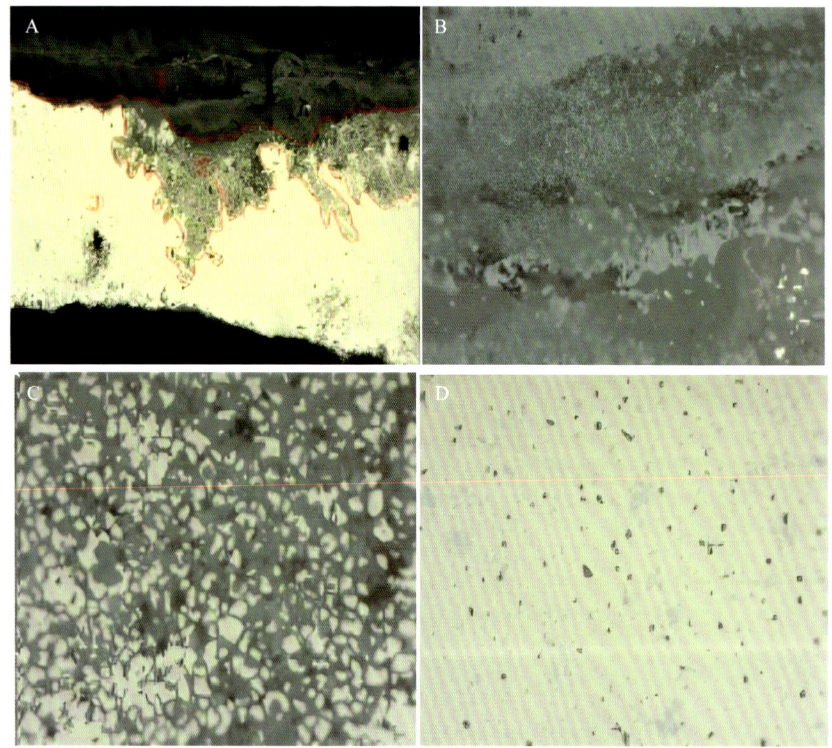

图3-7　青铜钱币试样截面金相形貌

A. 整体形貌；B. 矿化层形貌；C. 过渡层形貌；D. 基体层

四、青铜器锈蚀成分及结构类型

青铜器锈蚀成分及结构类型，是研究青铜器保护与修复的重要基础。青铜器的锈蚀成分复杂，主要包括铜的氧化物、硫化物以及氯化物等。这些成分的形成与青铜器所处的环境条件密切相关，如温度、湿度、土壤成分等。结构类型上，青铜器的锈蚀可以分为均匀锈蚀和局部锈蚀两大类。均匀锈蚀通常表现为青铜器表面形成一层均匀的锈层，而局部锈蚀则可能在器物的某些部位形成较厚的锈斑或锈瘤。了解这些锈蚀的成分和结构类型，对于制定科学的保护措施和修复方案至关重要。根据已发表的研究资料，青铜器的主要腐蚀矿化产物及物理特征见表3-2。

表 3-2 青铜器主要腐蚀矿化产物及物理特征

分类	矿物名称	化学分子式	主要物理特征
铜的氧化物和氢氧化物	赤铜矿	Cu_2O	等轴晶系，颜色红色至近于黑色，莫氏硬度3.5～4
	黑铜矿	CuO	单斜晶系，颜色灰黑色至黑色，莫氏硬度3.5～4
	斯羟铜矿	$Cu(OH)_2$	通常为无定形，颜色呈蓝、绿蓝色，莫氏硬度1～2
锡的氧化物	二氧化锡	SnO_2	四方晶系，纯净的锡石呈白色，一般呈黄色至黑褐色
铅的氧化物	氧化铅	PbO	单斜晶系或正方晶系，颜色黄色或略带红色的黄色
碳酸盐及碱式碳酸盐	孔雀石	$Cu_2(OH)_2CO_3$	单斜晶系，颜色呈绿色，莫氏硬度3.5～4
	蓝铜矿	$2CuCO_3 \cdot Cu(OH)_2$	单斜晶系，颜色呈蓝色，莫氏硬度3.5～4
	蓝铜钠石	$Na_2Cu(CO_3)_2 \cdot 3H_2O$	单斜晶系，颜色呈绿蓝色，莫氏硬度3～4
	白铅矿	$PbCO_3$	斜方晶系，颜色呈白色或灰色，莫氏硬度3～3.5
	水白铅矿	$2PbCO_3 \cdot Pb(OH)_2$	六方晶系，颜色呈白色或灰色，莫氏硬度3.5
氯化物和碱式氯化物	氯化亚铜	$CuCl$	立方晶系，颜色浅灰到浅绿色，莫氏硬度2.5
	氯铜矿	$Cu_2(OH)_3Cl$	斜方晶系，颜色绿色到墨绿色，莫氏硬度3～3.5
	副氯铜矿	$Cu_2(OH)_3Cl$	三方晶系，颜色淡绿色，莫氏硬度3
	斜氯铜矿	$Cu_2(OH)_3Cl$	单斜晶系，颜色淡绿色，莫氏硬度3
	羟氯铜矿	$Cu_2(OH)_3Cl$	单斜晶系，颜色淡绿色，莫氏硬度3
硫化物及碱式硫酸盐	铜蓝	CuS	六方晶系，颜色呈蓝色，莫氏硬度1.5～2
	辉铜矿	Cu_2S	六方晶系，颜色呈浅黑灰色，莫氏硬度2.5～3
	胆矾	$CuSO_4 \cdot 5H_2O$	三斜晶系，颜色呈深蓝色，莫氏硬度2～4
	水胆矾	$Cu_4SO_4(OH)_6$	单斜晶系，颜色呈翠绿到浅黑绿色，莫氏硬度2.5～4
	羟铜矾	$Cu_3SO_4(OH)_4$	斜方晶系，颜色呈绿色到浅黑绿色，莫氏硬度3.5

五、青铜器病害分析检测技术

青铜器腐蚀分析可分为三大方面：形貌观察、结构测定和成分分析。青铜器腐蚀是青铜材料受其周围环境介质的化学、电化学和物理作用而引起劣化破坏的现象，是青铜金属和它所处的环境介质之间发生化学或电化学作用而引起的变质和破坏，可以说青铜合金遭受腐蚀后又恢复到了矿石的化合状态，金属腐蚀也可以说是冶炼过程的逆过程。做好青铜器腐蚀分析检测研究是抑制青铜器劣化的首要工作，检测分析结果能够为科学保护提供基础支撑。同时，由于青铜器腐蚀发生的环境条件多样，生成的腐蚀产物复杂，加之文物取样的限制，因而其采用的检测方法必须遵循文物安全这一基本原则。

5.1 病害识别方法

目前，常用的青铜器分析检测手段主要包括：表观性能检测和内部基体结构检测两种形式。①表观性能检测，包括宏观检测和显微检测两种方式。宏观检测是用肉眼或低倍放大镜对青铜器的表观形态进行观察和检查，可初步确定青铜器表面腐蚀形态、类型、程度和区域等信息；显微检测是采用金相显微镜分析、扫描电镜、X射线衍射仪等对腐蚀试样进行微观组织结构和金相成分分析，据此研究青铜器发生腐蚀的微观特征和腐蚀机理等。②内部本体结构检测。为了解青铜器本体结构及腐蚀状态，可采用无损透视方法，如CT、超声波法、射线照相法等。

病害识别方法是青铜器保护与修复领域的重要组成部分，能够有效地评估和判断青铜器的腐蚀状态和病害类型。针对青铜器的病害特征，主要采用以下几种识别方法。

视觉检查是最基础也是最常用的识别方法，通过肉眼观察青铜器表面的色泽、纹理和形态变化，可以初步判断出病害的类型及其严重程度。对于不同的腐蚀类型，视觉检查能够提供直观的线索。

光学显微镜观察可用于更深入的病害分析。通过对青铜器表面进行切片处理或原位显微观察，能够识别出微观结构的变化。这种方法能够揭示病害的细节，从而为病害的成因分析提供重要信息。

仪器分析方法则是通过对青铜器表面及其腐蚀产物进行化学成分分析，用于确定青铜器腐蚀物质的化学性质。常用的方法包括X射线荧光光谱（XRF）、傅里叶变换红外光谱（FTIR）、激光拉曼光谱（Raman）等。这些技术能够提供青铜器的元素组成并反映其变化情况，帮助判断病害的化学性质。

图像处理与分析技术逐渐在青铜器病害识别中发挥作用。通过高分辨率图像采集与计算机图像处理技术，可以对青铜器表面的病害进行量化分析。这种方法不仅提高了识别的准确性，还可以对大规模文物进行自动化检测，提升工作效率。

目前，综合运用上述多种识别方法越来越受到重视。结合视觉检查、显微镜观察和化学分析等多种手段，可以对青铜器的病害进行全面、系统地评估。通过多种方法的结合，能够更准确地判断病害的类型及其成因，从而为后续的修复与保护提供科学依据。这种综合识别方法对于提高青铜器保护工作的科学性和有效性至关重要。

5.2 青铜器病害形貌分析

根据腐蚀产物微观形貌和腐蚀产物清除后的腐蚀微观形貌观察和拍摄的需求，通常选用普通光学显微镜、体视显微镜和超景深显微镜等进行观察。普通光学显微镜放大倍数范围在40～1600倍，可接数码照相装置或百万像素数码摄像装置便于更好地进行微观分析。

5.2.1 视觉检测和数码相机

脆弱青铜器在病害发展过程中其表面通常会出现色泽变化，如出现锈迹暗淡无光、扩展等情况，通过肉眼、数码相机对腐蚀产物的颜色形态、腐蚀产物分布位置、器身纹饰特征、制作工艺痕迹等细微变化进行观察，寻找青铜器表面异常变化的迹象，可初步判定腐蚀的基本状况。

5.2.2 体视显微镜

体视显微镜（Stereomicroscope），亦称实体显微镜或立体显微镜，是一种具有正像立体感的目视仪器，其一般由物镜、目镜、镜筒、载物台和一个附加的照明灯等部分构成。按照光学结构不同可分为两大类：一类其倍率的变化是通过转换使用不同放大倍率物镜与目镜组合而获得，由于其结构简单、价格便宜、实用性强、操作简单等特点，在多数博物馆的保护实验室中都有配备，但其放大倍率低且固定，受环境光线影响较大。另一类其单个共用的初级物镜，对物品成像后的两个光束被两组中间物镜亦称变焦镜分开，并组成必定的角度称为体视角一般为12°～15°，再经各自的目镜成像，它的倍率变化是由改变中间镜组之间的距离而获得的，因此又称为“连续变倍体视显微镜”，其利用双通道光路，双目镜筒中的左右两光束不是平行，而是具有一定的夹角，为左右两眼提供单个拥有立体感的图像，实质上是两个单镜筒显微镜并列放置，两个镜筒的光轴构成相当于人们用双目观察单个物品时所形成的视角，以此形成三维空间的立体视觉图像，其具有成像立体感强、清晰宽阔、长工作距离以及连续放大观看等特点。

体式显微镜在古代文物结构和工艺研究中，是一种不可或缺的方法和手段，它提供的显微结构信息，可以为人们提供直观的、细微的观察。在青铜文物保护修复中，被广泛地用于青铜文物表面锈蚀产物、纹饰、铭文和镶嵌、錾刻、错金银等表面工艺信息的微观形貌观察。

5.2.3 金相显微镜

金相显微镜（Metallographic microscope）是进行金相分析（金属显微组织）的最基本的仪器之一。所谓金相分析是指通过金相显微镜来观察金属和合金显微组织（如晶粒、包含物、夹杂物以及相变产物等）大小、形态、分布、数量和性质，以此判定金属中合金生成、冶炼、浇铸以及加工工艺等信息。金相显微镜的构造与偏光显微镜相似，所不同的是金相显微镜增加了入射光附件，可通过垂直的入射光束照射到样品表面，观察样品的微观形态，配置专业的金相分析软件，可以对金相组织进行量化分析。

金相分析开始于20世纪60年代，在考古学中主要是对古代金属文物的加工工艺、冶炼铸造工艺的研究。使用金相显微镜分析时，一般是用金属文物的残片，镶嵌研磨抛光后，置于金相显微镜下直接观察或浸蚀后观察并摄取照片，显微金相可揭示金属文物的金相结构，从而判定合金制作工艺和合金成分，作为研究古代金属遗物制作工艺研究的重要方法，对阐明中国古代青铜合金冶炼、铸造、加工技术具有重要意义。目前这方面的研究论著有大卫·斯考特（David A. Scott）的《古代和历史时期金属制品金相学与显微结构》、北京科技大学冶金与材料史研究所编撰的《中国古代金属材料显微组织图谱·有色金属卷》等。

5.2.4 偏光显微镜

偏光显微镜（polarizing microscope）是依据波动光学的原理，观察和精密测定样品细节或透明物体改变光束的物理参数，以此判别鉴定物质的一种显微镜。偏光显微镜的成像原理与常规光学显微镜基本相似，所不同的是在光路中插入两个偏光镜。一个在载物台下方，称为起偏镜，用来产生偏振光；另一个在载物台上方的镜筒内，常被用来检查偏光的存在，称为检偏镜。其可利用光的偏振特性进行单偏光、正交偏光等光学分析，对具有双折射性晶体进行研究鉴定。

双折射性是晶体基本特性。当光线通过某一物质时，如光的性质和进路不因照射方向而改变，这种物质在光学上就具有“各向同性”，称作单折射体，如普通气体、液体以及非结晶性固体；若光线通过另一物质时，光的速度、折射率、吸收性和偏振、振幅等因照射方向而有不同，这种物质在光学上则具有“各向异性”，称作双折射体。单偏光镜鉴定晶体光学性质时，仅利用起偏镜观察测定晶体光学性质。单偏光下观察的内容有：晶体形态、颗粒大小、百分含量、解理、突起，糙面、贝克线以及颜色和多色性等。

正交偏光分析时，联合利用起偏镜和检偏镜，并使两偏光镜振动面处于互相垂直位置，对具有双折射性物质进行研究鉴定。其工作原理是利用起偏镜和检偏镜，将普通光改变为偏振光进行镜检，当载物台上放入单折射的物质时，因为起偏镜所形成的线偏振光的振动方向不发生变化，仍然与检偏镜的振动方向互相垂直的缘故，无论如何旋转载物台，视场仍为黑暗。若被检物体具有双折射特性或含有具双折射特性的物质，则从起偏镜射出的直线偏振光进入双折射体后，产生振动方向不同的两种直线偏振光，当这两种光通过检偏镜时，由于另一束光并不与检偏镜偏振方向正交，可透过检偏镜，旋转载物台，则具双折射特性的地方视场变亮，由于晶体的性质和切片方向不同，将出现消光和干涉等光学现象从而达到物质鉴别目的。

偏光显微镜在青铜器保护研究方面主要用于对表面矿化腐蚀产物进行鉴定，使用偏光显微镜时，需先将文物样品制成可供观察用的薄片，薄片的厚度应以近似透光为宜。

在青铜文物腐蚀研究中，偏光显微镜也可与金相显微镜、红外显微镜配套使用，因为很多腐蚀产物，以及金属和非金属相在光学上都是有各向异性的，因此可用于观察金属和合金中的晶粒结构、孪晶和夹杂物。此外，由于许多矿物在可见光中不透明，而在红外线中是透明的，因此利用红外显微镜可以测定这些矿物的双折射率、消光角、轴性及光轴角等光学常数，或者也可在偏光显微镜上安装红外光附件，这样既可进行红外线照射下的矿物研究，又可进行普通的偏光观察。

5.2.5 扫描电子显微镜

电子显微镜是根据电子光学原理，用电子束和电子透镜代替光束和光学透镜，使物质的细微结构在非常高的放大倍数下成像的仪器。电子显微镜的分辨能力以它所能分辨的相邻两点的最小间距来表示。现代电子显微镜最大放大倍率超过300万倍，而光学显微镜的最大放大倍率约为2000倍，所以通过电子显微镜能直接观察腐蚀产物的微观形貌，根据对腐蚀产物形貌观察及更高放大倍数的需求，常用有扫描电子显微镜、透射电子显微镜和原子力显微镜等。

扫描电子显微镜（scanning electron microscope，SEM）是近代研究表面微观世界的一种全能电子光学仪器，其利用聚焦的、很窄的高能电子束来扫描样品，通过光束与物质间的相互作用，来激发各种物理信息，对这些信息收集、放大、再成像以达到对物质微观形貌表征的目的。它是介于透射电子显微镜和光学显微镜之间的一种微观性貌观察手段，新式的扫描电子显微镜的分辨率可以达到1纳米，放大倍数可以达到30万倍及以上连续可调，利用它可以观察任何不规则的原始表面，所观察到的图像比其他类型的显微镜更富有立体感，此外，扫描电子显微镜和其他分析仪器相结合，可以做到观察微观形貌的同时进行物质微区成分分析，例如将扫描电镜和X射线能谱仪（EDS）配合使用，可在观察微观结构的同时，分析样品的元素成分以及在相应视野内的元素分析。

扫描电镜成像主要是利用样品表面的微区特征，如形貌、原子序数、化学成分、晶体结构或位向等差异，在电子束作用下产生不同强度的物理信号，使阴极射线管荧光屏上不同的区域呈现出不同的亮度，从而获得具有一定衬度的图像，常用的包括主要由二次电子（secondary electron，SE）信号所形成的形貌衬度像和由背散射电子（back scattered electron，BSE）信号所形成的原子序数衬度像。二次电子成像是用被入射电子轰击出的样品外层电子成像，能量低，只能表征样品表面，分辨率比较高。背散射电子是入射电子被样品散射然后成像，能量很高，接近入射电子，可以反映样品内部比较深的信息，但分辨率相对较低。总体上看，二次电子像主要是反映样品表面10纳米左右的形貌特征，像的衬度是形貌衬度，衬度的形成主要取决于样品表面相对于入射电子束的倾角。如果样品表面光滑平整（无形貌特征），则不形成衬度；而对于表面有一定形貌的样品，其形貌可看成由许多不同倾斜程度的面构成的凸尖、台阶、凹坑等细节组成，这些细节的不同部位发射的二次电子数不同，从而产生衬度。二次电子像分辨率高、无明显阴影效应、场深大、立体感强，是扫描电镜的主要成像方式，特别适用于粗糙样品表面的形貌观察。背散射电子主要反映样品表面的成分特征，即样品平均原子序数大的部位产生较强的背散射电子信号，在荧光屏上形成较亮的区域；而平均原子序数较低的部位则产生较少的背散射电子，在荧光屏上形成较暗的区域，这样就形成原子序数衬度（成分衬度）。与二次电子像相比，背散射像的分辨率要低，主要应用于样品表面不同成分分布情况的观察，比如有机无机混合物、合金等。和光学显微镜及透射电镜相比，扫描电镜具有以下特点：①能够直接观察样品表面的结构。②样品制备过程简单，不用切成薄片。③样品可以在样品室中作三度空间的平移和旋转，因此，可以从各种角度对样品进行观察。④景深大，图像富有立体感。扫描电镜的景深较光学显微镜大几百倍，比透射电镜大几十倍，图像的放大范围广，分辨率也比较高，可放大十几倍到几十万倍，它基本上包括了从放大镜、光学显微镜直到透射电镜的放大范围，分辨率介于光学显微镜与透射电镜之间，可达纳米水平。⑤电子束对样品的损伤与污染程度较小。⑥在观察形貌的同时，可配合X射线能谱仪（EDS）作微区成分分析。

5.3 青铜器病害组分分析

5.3.1 元素分析技术

青铜器锈蚀物元素分析的主要目的是测定锈蚀物元素组成和百分含量，前者称为元素定性分析，后者称为元素定量分析。进行完整的锈蚀物元素分析后，再辅以其他方法，可推知其结构式。

（1）X射线荧光光谱法

X射线荧光光谱法（XRF）是利用原级X射线光子或其他微观粒子激发待测物质中的原子，使之产生次级的特征X射线而进行物质成分分析和化学态研究的方法。不同元素具有波长不同的特征X射线谱，而各谱线的荧光强度又与元素的浓度呈一定关系，测定待测元素特征X射线谱线的波长和强度就可以进行定性和定量分析。由于X射线荧光光谱法具有不破坏样品、操作简便、测定迅速等优点，因此其在文物考古样品分析领域得到广泛应用。

X射线荧光光谱法特点：一是分析迅速，自动化程度高。对于扫描型的X射线荧光光谱仪，只要3～4分钟就可定性出从钠11到铀92范围内的样品中所含的元素，测定一个样品中的一个元素含量需要10～100秒，用多道光谱仪能在10～100秒内测定样品中全部待测元素的含量。二是X射线荧光光谱不仅跟样品的化合结合状态无关，而且跟固体、粉末、液体及晶质、非晶质的状态也基本上没有关系，因此，测试分析对试样状态无特别要求。三是非破坏性分析也可称为无损分析，在测定中不会引起化学结合状态的改变，也不会出现试样破坏现象，同一试样可反复多次测定，结果重现性好，这一点对珍贵文物试样特别重要。

注意事项：X射线系表面分析，其作用深度有限，测定部位是深度在0.1毫米以上的表面层；同时在定量分析中，需要与标准试样比较，对轻元素的定量分析，误差较大；痕量元素分析误差较大，目前主要用于常量和某些元素的微量分析。在对青铜腐蚀产物的分析检测中，X射线荧光分析技术主要用作主次量元素的检测，经常作为XRD技术的辅助手段来判断产物的元素成分。

（2）能谱仪

各种元素具有自己的X射线特征波长，特征波长的大小则取决于能级跃迁过程中释放出的特征能量ΔE，能谱仪就是利用不同元素X射线光子特征能量不同这一特点来进行成分分析的。对于试样产生的特征X射线，有两种成谱的方法：X射线能量色散谱方法（EDS）和X射线波长色散谱方法（WDS）。能谱定量分析的准确性与样品的制样过程、样品的导电性、元素的含量以及元素的原子序数有关。目前，能谱分析仪能快速分析各种试样微区内Be-U的所有元素。EDS可以与SEM、TEM、XPS等组合使用，其中SEM-EDS组合是应用最广的“显微—成分”分析仪器，它与扫描电镜共用电子光学系统，在观察分析样品表面形貌或内部结构的同时，能谱仪可以探测到感兴趣的某一微区的化学成分，成为一种与扫描电镜结合起来的化学成分定量分析手段。其工作原理是利用电子显微镜的高能电子束与被观察试样相互作用产生特征X射线，能谱仪将这些信息捕获、处理及分析，从而能获得试样成分的定性、半定量甚至全定量结果。

由于电子显微镜具有很高的空间分辨率，使能谱分析可以在微米甚至纳尺度下进行。同时，通过线扫描和面分布等功能可以获得直观的成分分布特征，进行材料表面微区成分的定性和定量分析，实现材料表面元素的面、线、点分布分析。这些特点是其他成分分析手段无法替代的。值得注意的是，EDX、EDS实际上都是利用X射线进行的光谱分析，正规来说EDX指的是这种手段所涉及的学科，而EDS指的是分析手段，但一般在文章里面都不太区分。

在脆弱青铜器保护研究中，锈蚀物中的氯元素是引起病害发生发展的关键元素。针对锈蚀物中氯元素含量的测定从理论上讲可以采取多种方式，但考虑到文物保护基本原则及文物本体状态，目前较为常用的方法是X射线荧光光谱法和X射线能量色散谱方法。上述两种方法的优劣见表3-3。

表 3-3　元素分析方法优劣对比表

分析方法	样品	分析项目	主要优点	主要缺点	备注
XRF	固体/液体	元素定性分析；元素定量分析	方便快捷，可一次测定多个元素；制样简单	检出限不够低，不适用于分析轻元素，准确定量分析依赖标样	方便用于原位和现场的分析
EDX	固体	元素定性分析；半定量分析	灵敏度高；可同时测量所有元素，分析效率高；对样品损伤小	分辨率较差；谱峰重叠严重；定量分析准确度一般	可以与SEM结合使用，进行点、线、面扫描

5.3.2　物相分析技术

物相分析是指用化学或物理方法测定材料矿物组成及其存在状态的分析方法。青铜器腐蚀产物的性质取决于其矿物的化学组成和结构状况，即取决于其中的物相组成、分布及各相的特性，包括矿物种类、数量、晶型、分布状况、结合方式等。物相分析的方法分为两种。一种是基于化合物化学性质的不同，利用化学分析的手段研究物相的组成和含量的方法，称为物相分析的化学法；另一种是根据化合物的光性、电性等物理性质的差异，利用仪器设备，研究物相的组成和含量的方法，称为物相分析的物理法。物理方法用来测定被测物体的矿物种类、含量、形态及物相组成等，如X射线结构分析法、红外光谱法。

（1）X射线衍射分析

X 射线衍射分析（XRD）是根据X射线进入物质的晶格时所产生的衍射特征，鉴定物质成分与结构的方法。由于X射线的波长位于0.001～10纳米之间，与物质的结构单元尺寸（晶体中有序排列的原子间距）数量级相当，同时每一种结晶物质都有其特定的晶体结构，包括点阵类型、晶面间距等参数，用具有足够能量的X射线照射试样，试样中的物质受激发，便会产生二次荧光X射线（标识X射线），晶体的晶面反射遵循布拉格定律，通过测定衍射角位置（峰位）可以进行化合物的定性分析，测定谱线的积分强度（峰强度）可以进行定量分析，而测定谱线强度随角度的变化关系可进行晶粒的大小和形状的检测。X射线衍射技术广泛应用于材料学、物理学、化学、医学、药学、金属学、高分子科学、工程技术学、地质学、矿物学等领域，是现代分析材料内部结构的重要分析方法。目前，在文物保护和考古研究中，被广泛应用于壁画颜料、玉石、陶瓷和金属锈蚀产物等的物相定性分析。

对于常规X射线多晶粉末衍射仪，样品可以是均匀干燥的粉末，也可以是具有一个平整表面的块状物。目前X射线粉末衍射技术是较为常见的X射线衍射分析技术。X射线粉末衍射可以判断物质是否为晶体及其种类，并可以计算各组成的相对含量等。

样品制备要求：需将样品用玛瑙研钵研磨成320目的粒度，物相分析粒径1～5微米，定量分析粒径在0.1～2微米。对于粉末状试样，粒度过粗不利于测试样品制备，颗粒较大的晶体容易产生择优取向，引起某一方向晶面的衍射峰过高或者过低，峰形不好，分辨率低，不利于图谱分析；粒度过细，容易造成衍射峰宽化，降低分辨率。

研磨好的粉末样品要求在3克左右，均匀倒入试样架的刻槽内并垂直施力将其压实，试样框通常为玻璃或铝制品，大小约为20毫米×15毫米×2毫米。近年来，德国布鲁克公司生产的二维面探测器X射线衍射仪，可实现对样品的原位无损和微区物相分析，解决了珍贵文物不能取样检测的问题，大大方便了测试研究工作。

（2）拉曼光谱分析

拉曼光谱分析法（Raman spectrum）是基于拉曼散射效应，对与入射光频率不同的散射光谱进行分析以得到分子振动、转动方面信息，并应用于分子结构研究的一种分析方法。其基本原理是当光照射到物质上会发生弹性散射和非弹性散射，其中弹性散射的散射光是与激发光波长相同的成分，非弹性散射的散射光有比激发光波长长的和短的成分，统称为拉曼效应。由于拉曼效应起源于分子振动（和点阵振动）与转动，因此从拉曼光谱中可以得到分子振动能级（点阵振动能级）与转动能级结构的知识，以实现鉴别物质分子官能基团和结构解析。拉曼光谱的优点在于它的快速、准确，测量时通常不破坏样品（固体、半固体、液体或气体），样品制备简单甚至不需样品制备。此外，谱带信号通常处在可见或近红外光范围，可以有效地和光纤联用。

拉曼光谱和傅里叶变换红外光谱（FTIR）同属分子光谱，拉曼光谱测定的是样品的散射光谱，而傅里叶变换红外光谱测定的是样品分子对红外光的特征吸收，属透射光谱。分子振动时，如果分子偶极矩改变，则产生红外吸收光谱，如果分子极化率改变，则产生拉曼光谱。因此，两者在分子振动的分析检测中可互为补充。在文物分析方面，拉曼光谱与红外光谱分析相辅相成，广泛应用于古代陶器彩绘颜料、古代胶粘剂以及金属锈蚀产物等进行结构上的认定和鉴别。

一般情况下，拉曼光谱是不随激发波长的变化而变化的，但是不同样品对激光器具有一定的选择性，如一些含有强荧光的样品，为避免荧光对拉曼光谱的干扰，可选择波长较长的近红外光（如1064纳米激光器）；对于一些深色的样品，为避免激光引起的热效应，可选择波长较短的可见光区的激光。在青铜器锈蚀产物的检测方面，一般选用532纳米和780纳米就可满足分析需求，大部分锈蚀物均有很好的拉曼信号，主要锈蚀产物的拉曼光谱特征峰值参见（表3-4）。实际应用中，对于孔雀石、蓝铜矿、氯铜矿、胆矾等蓝绿色类的锈蚀物，532纳米激发的拉曼谱峰要优于780纳米，对于水白铅矿和白铅矿，两种激光器均能得到质量较好的谱图。需要注意的是，由于很多考古出土的样品是混合物或者含有一定的荧光干扰物，使部分锈蚀产物的拉曼信号较弱或无信号。此外，激光照射样品产生的热效应也使得部分金属锈蚀物，如Cu_2S发生热分解从而改变其物相组成。因此，实际检测中，研究者需要结合其他分析手段，如XRF、XRD等进行判断。

表 3-4　青铜主要锈蚀产物拉曼光谱特征峰值

矿物名称及分子式	拉曼波段（波数/cm^{-1}）
赤铜矿 Cu_2O	638*，495*，218，195，186，148，93，55
黑铜矿 CuO	297，345
斯羟铜矿 $Cu(OH)_2$	3555，3306，2905，1044，932，484，281，196
锡石 SnO_2	842，776，635，475
铅黄 α-PbO	426*，342，291，148，144，84
铜蓝 CuS	470，263，61
孔雀石 $Cu_2(OH)_2CO_3$	3378，3308，1493，1462，1367，1100，1067，753，721，538，434，355，270，219，180，154
蓝铜矿 $2CuCO_3 \cdot Cu(OH)_2$	3523，1578，1458，1424，1295，1098，938，839，764，739，543，402，334，283，267*，249，240*，177，155，139
蓝铜钠石 $Na_2Cu(CO_3)_2 \cdot 3H_2O$	3577，3400，3226，1706，1603，1525，1391，1344，1076，1058，768，702，332，278，189，166，147
水胆矾 $Cu_4SO_4(OH)_6$	3585，3563，3398，3369，3252，1125*，1098，1078，974，911，785*，769*，730*，621，611，597，506，483，449，429，389，366，319，243，233*，195，171

续表

矿物名称及分子式	拉曼波段（波数/cm^{-1}）
胆矾 $CuSO_4 \cdot 5H_2O$	3482，3345，3206，1143，1096，986，612，465，426，332*，281，202，135，124
羟铜矾 $Cu_3SO_4(OH)_4$	3579，3487，1171，1133，1078，989，785，750，629，603，501，483，469，444，417，339，297，266，249，231，172，146，125
磷铜矿 $Cu_2(PO_4)(OH)$	3469，1070*，1051*，1021，1011，975，870，627，587，557，388*，302，226，195，153
水白铅矿 $Pb_3(CO_3)_2(OH)_2$	3534，1362，1043，403，314，221
白铅矿 $PbCO_3$	1477，1370，1052，246，225，176，152
氯化亚铜 CuCl	3380，855，479，389，322，193
氯铜矿 $Cu_2(OH)_3Cl$	3433，3349，3329，974，911，843，820，595*，512，449，411，358，266，218，149，139*
副氯铜矿 $Cu_2(OH)_3Cl$	3442，3355，3310，930，911，896，842*，820*，804，590，511，450，420，364
羟氯铜矿 $Cu_2(OH)_3Cl$	3504，3420，897，857，678*，503，450，401，324，279，251，175，155，115
氯磷钠铜矿 $NaCaCu_5(PO_4)_4Cl \cdot 5H_2O$	1168，1083，995，923，643，602，555，453，354，287，195，166

注：*表示宽峰或肩峰；_表示强峰。

5.3.3 青铜器腐蚀结构分析

（1）X探伤

X探伤是利用射线穿透物质的程度不同，在穿透过程中具有一定的衰减规律，并能使用照相胶片发生感光作用或使某些化学元素和化合物发生荧光，来发现被检物体内部缺陷的一种探伤方法。X探伤具有无损检测的特性，能在不破坏文物效果的基础上对文物保存状况、修复前痕迹、相关历史信息、器物制作工艺特点等进行分析，在文物保护与研究工作中应用广泛。

（2）X射线CT成像技术

CT是亨斯菲尔德（G. N. Hounsfield）1969年设计成功，1972年问世的。CT不同于普通X射线成像，它是用X射线束对物体进行扫描取得信息，经计算机处理而获得的重建图像，是数字成像而不是模拟成像。它开创了数字成像的先河。CT所显示的断层图像，其密度分辨力优于X射线图像。

CT是用X射线束从多个方向对物体具有一定厚度的层面进行扫描，由探测器而不用胶片接收透过该层面的X射线，转变为可见光后，由光电转换器转变为电信号，再经模拟/数字转换器转为数字，输入计算机处理。图像处理时将选定层面分成若干个体积相同的立方体，称之为体素。扫描所得数据经计算而获得每个体素的X射线衰减系数或称吸收系数，再排列成矩阵，即构成数字矩阵。数字矩阵中的每个数字经模拟/数字转换器转为由黑到白不等灰度的小方块，称之为像素（pixel），并按原有矩阵顺序排列，即构成CT图像。所以，CT图像是由一定数目像素组成的灰阶图像，是数字图像，是重建的断层图像，每个体素X射线吸收系数可通过不同的数学方法算出。

（3）中子照相技术

与X射线照相技术一样，中子射线也可以用来对物体成像，并且由于中子束自身的特点，它拥有X射线照相技术所无可替代的特点和优势，在应用于考古研究时两种方法可以互为补充。

中子不带电荷，在通过物质时，它并不受到原子电场的作用，只有在靠近原子核很近时，才会与原子核发生相互作用，因此中子射线束穿透能力非常强，它可以轻易地穿透许多物质。而中子成像技术与X射线照相技术一样，是基于射线穿过物体时会发生衰减的基本原理，然而它又具有自己独特的特点，与X射线相比，中子束对原子序数低的元素材料更为灵敏，因此当物体中含有有机物质时，中子成像技术相对X射线照相就显出了自身的优势。

六、检测方案设计

根据青铜器的具体情况和病害特征，需要设计出一套系统、科学的检测方案。这个方案应该包括无损检测、显微观察、化学分析等多个环节，并结合专家经验和历史文献进行综合分析。通过这样一套全面的检测方案，实现对青铜器病害全面、深入地分析和评估，为后续的修复和保护工作提供科学依据和有力支持。检测方案设计应综合考虑青铜器病害特征、检测目标和所需的技术手段。首先，明确病害的类型和分布情况，采用非接触式无损检测方法作为基础，以确保对青铜器表面及内部结构的完整性进行评估。

在无损结构检测方案中，可选择CT检测技术，此技术适用于检测青铜器内部裂纹和空洞，能够高效识别潜在的结构性缺陷，较为准确地判断病害的深度和范围。在表面锈蚀物组分分析方面，红外热成像技术也表现出了较好的辨识性。通过分析表面温度分布，能够快速识别因腐蚀导致的热异常区域。此方法能够在不破坏文物的前提下，实现快速筛查，特别适合大型青铜器的初步检测。然而，无损检测技术虽然具有不破坏文物的优点，但也存在一定的局限性，难以全面反映青铜器的整体状况。因此，在无损检测的基础上，还需要结合其他技术手段进行综合分析。

在化学成分分析方案设计中，考虑到青铜器的腐蚀特性，采用X射线荧光（XRF）分析技术，可便捷地确定表面腐蚀层的成分组成。同时，结合能谱仪（EDS）进行微区元素分析，能够更精确地揭示腐蚀层中元素的分布及含量变化，进一步揭示腐蚀过程的细节。对于复杂或混合的腐蚀产物，采用X射线衍射（XRD）和拉曼光谱分析技术，可以鉴定出具体的化合物种类，为病害的精准诊断提供科学依据。

此外，应制定详细的取样和检测计划。选取不同病害类型的青铜器样本进行对比分析，建立标准化的检测流程。对于不同厚度和合金成分的青铜器，设计相应的检测参数，以确保检测结果的准确性和可重复性。

在数据处理和分析方面，利用计算机软件对检测数据进行存储、处理和可视化。通过建立数据库，对不同类型的病害进行分类，制定检测结果的评估标准，以便判断病害的严重程度和修复优先级。

随着科技的不断进步和发展，新的检测技术不断涌现并逐步应用于文物保护领域。如近年来兴起的机器学习、人工智能等技术已经开始在文物病害识别和分析中展现出巨大的潜力。这些技术能够通过学习大量的文物病害数据和图像信息，自动识别不同的病害，并将其分类，同时还可以预测其发展趋势。新技术、新方法的应用为青铜器病害分析的效率及精准度提供了有力支持。

七、数据分析与病害机理探讨

青铜器的病害成因是一个复杂的系统问题，与环境、材料特性、使用历史及生物等因素密切相关。结合检测数据开展病害成因分析，是做好青铜器保护与修复的首要工作。其中，数据分析与病害机理探讨环节至关重要。这一部分通过对收集到的实验数据进行系统整理和分析，揭示青铜器病害的成因及其特征。通过对数据的深入分析与讨论，不仅能够为青铜器的病害成因提供科学依据，同时也可为今后的研究和实际应用指明方向。具体来说，数据分析包括对青铜器病害的各项检测指标进行统计分析，如锈蚀产物的种类和分布、腐蚀形貌的定量分析、元素组成及比例等。这些数据通过图表、曲线等形式直观展示出来，便于研究人员理解和比较不同病害之间的异同点。在病害机理探讨方面，结合青铜器的历史背景、材料特性及环境因素，对病害的形成过程进行深入剖析。通过对比实验和理论模拟，揭示出病害发生的内在规律和外在条件。同时，针对不同类型的病害，探讨其独特的成因机制和影响因素，为后续的修复和保护工作提供理论支持。

此外，数据分析与病害机理探讨还注重跨学科的合作与交流。通过与材料科学、化学、环境科学等领域的专家合作，共同解决青铜器病害分析中的难题，这不仅有助于更准确地判断病害的严重程度和修复优先级，还能为后续的文物保护工作提供科学的依据和指导。

八、保存状态评估

金属类文物病害评估包括文物基本信息、修复历史信息和保存环境信息收集，通过直接观察和仪器检测进行病害识别、病害活动性质判定、文物病害综合评估、保护修复建议，并形成评估报告。

8.1 文物信息收集

文物信息收集包括基本信息收集、修复历史信息收集和保存环境信息收集三个部分。基本信息收集包括文物名称、入藏时间、收藏单位、文物登录号、文物来源、文物时代、文物材质、文物级别、文物尺寸和文物质量等项目。通过基本信息的收集，病害评估人员能够对拟进行病害评估的文物有较为全面的了解。修复历史信息收集需要记录以往历次修复的时间、内容、技术、材料及后期效果评价，通过修复历史信息的收集，病害评估人员在对文物病害进行检测分析时，能够做到心中有数、有的放矢，避免以往每次修复对病害检测造成干扰。保存环境信息收集为病害评估人员判断文物的保存状态提供参考依据，包括文物保存环境状态、温度、湿度及特征污染物等项目。

8.2 青铜器病害类型和特征分析

识别青铜器的病害类型和特征，对于制定有效的保护措施具有重要意义。

首先，青铜器的病害类型多种多样，主要包括锈蚀、裂纹、变形、残缺等。锈蚀是青铜器最常见的病害之一，由于青铜中含有铜和锡等金属元素，这些元素在潮湿、酸碱等环境下容易发生化学反应，形成锈蚀产物。锈蚀不仅破坏了文物的表面形态，还可能深入文物的内部，影响其稳定性。裂纹则是由于青铜在铸造、加工或埋藏过程中受到外力作用而产生的。这些裂纹不仅影响文物的完整性，还可能成为进一步侵蚀文物的通道。变形则是由于青铜在温度变化、应力集中等因素下发生的形状变化。残缺则是由于青铜器长期受到物理或化学侵蚀而导致的结构损伤。

其次，不同的病害类型具有不同的特征。锈蚀病害的特征是文物表面出现不同颜色的锈层，这些锈层可能呈现为绿色、红色、黑色等多种颜色。裂纹病害的特征是文物表面出现明显的裂缝或断裂痕迹，这些裂缝可能呈现为直线形、曲线形或网状等不同形态。变形病害的特征是文物形状发生改变，可能表现为扭曲、弯曲或凹陷等不同形态。磨损病害的特征则是文物表面出现光滑、平整或凹陷等痕迹，这些痕迹可能呈现为点状、线状或面状等不同形态。

此外，青铜器的病害特征还体现在其颜色、质地和形态上。锈蚀产物的颜色可能因化学反应的不同而有所差异，如常见的绿色锈蚀是铜的氧化物，而白色锈蚀则可能是锡的化合物。在质地上，锈蚀会使青铜器表面变得粗糙，甚至产生孔洞，影响其原有的光泽和质感。在形态上，受到病害侵蚀的青铜器可能呈现出凹凸不平、扭曲变形等特征，这将进一步严重破坏文物的艺术价值和历史信息。

在了解了青铜器的病害类型和特征后，就可以根据具体情况制定相应的保护措施。如对于锈蚀病害，可以采用除锈、防锈等方法进行处理；对于裂纹病害，可以采用加固、修补等方法进行修复；对于变形病害，可以采用矫形、支撑等方法进行恢复；对于残缺病害，可以采用补配等方法进行修复。这些措施的实施不仅可以有效保护青铜器的安全稳定，还可以延长其使用寿命。

8.3 病害评估

青铜文物的病害根据不同病害发展趋势及其对金属类文物稳定性的影响，将病害活动性质划分为：稳定病害、活动病害、可诱发病害。应根据上述三种病害的不同性质对青铜器的整体状态作出科学评估。

首先，稳定病害指的是那些已经停止发展，对青铜器本身不再产生显著影响的病害。这类病害虽然留下了痕迹，但不再继续恶化，因此对青铜器的保存状态影响较小。在评估时，可以着重记录其形态、分布及影响范围，为后续的保护工作提供参考。

其次，活动病害是指正在发展或有可能进一步恶化的病害。这类病害对青铜器构成直接威胁，可能导致其结构破坏、性能下降甚至完全损毁。在评估活动病害时，需要密切关注其发展趋势，评估其对青铜器的潜在影响，并制定相应的应急处理措施，以防止病害的进一步扩散和加剧。

最后，可诱发病害是指那些在某些特定条件下可能诱发或加速其他病害发展的病害。这类病害本身可能并不严重，但其存在为其他病害的发生提供了条件或可能性。因此，在评估可诱发病害时，需要综合考虑其可能引发的连锁反应和整体影响，制定相应的预防和干预措施。

此外，文物病害评估之前，应按照国家相关标准规定的图示符号和要求绘制文物病害图，明确标识文物各部位的病害类型。病害图图示的尺寸使用时可按比例适当扩大或缩小。符号为黑色图形，白色衬底。病害轻重程度可用文字描述，多种病害出现在同一部位时，可分别绘制病害图表示。病害评估人员根据文物病害图计算文物病害数量、病害面积和长度。结合上述结果，对金属类可移动文物的病害现状做出评估，完成文物病害综合评估表。评估意见应包括识别出的病害种类及活动性质。

综上所述，对青铜文物的病害进行科学评估是保护工作的关键步骤之一。通过准确判断病害的性质、发展趋势及其对青铜器稳定性的影响，可以为后续的保护措施提供有力支持。

8.4 青铜器评估报告撰写

评估报告的撰写是青铜器保护工作的总结与反馈环节。在报告中，应详细记录评估过程、方法、结果以及所依据的标准和规范。

首先，概述评估对象的基本信息，包括文物的名称、年代、材质、尺寸、来源等。详细描述评估过程中发现的病害类型、分布区域、严重程度及可能的原因。可通过图表、照片等形式直观展示病害情况，便于下一步保护修复中利用。在评估结果部分，应基于数据分析，对青铜器的整体保存状态进行综合评价。指出主要病害及其潜在威胁，评估其对文物稳定性的影响程度。同时，提出针对性的保护建议和措施，为后续的修复和保护工作提供科学依据。

其次，评估报告还应包括参考文献列表，注明评估过程中引用的相关文献、标准和技术资料，以确保评估工作的科学性和准确性。

再次，评估报告应由具有相应资质的专业人员审核并签字确认，确保其内容的真实性和可靠性。通过撰写青铜器评估报告，不仅可以总结保护工作的经验和教训，还可以为其他类似文物的保护提供借鉴和参考。

最后，评估报告由报告封面、正文和附件组成。报告封面包括文物名称、委托单位、评估负责人、评估审核人、评估单位、评估日期等项目。报告正文包括文物基本信息表、文物病害信息表、文物病害识别记录表、文物病害综合评估表。报告附件主要包括文物的分析检测数据、图片和检测报告等内容。评估报告的撰写是文物病害评估的重要环节，要准确、规范，严格按照国家的相关标准进行。

参考文献

[1] 冯绍彬，胡芳红，冯丽婷. 青铜器腐蚀研究现状[J]. 腐蚀与防护，2009, 30(1): 7-10, 45.

[2] 祝鸿范. 青铜病的发生与小孔腐蚀的关系[J]. 文物保护与考古科学，1998, 10(1): 7-14.

[3] 祝鸿范，周浩，蔡兰坤. 青铜病的闭塞孔穴腐蚀特征的研究[J]. 文物保护与考古科学，2002, 14(S1): 29-50.

[4] 黄宗玉，潘春旭，倪婉，等. 长江中游地区楚墓中出土的青铜箭镞的锈蚀现象及锈蚀机理研究[J]. 文物保护与考古科学，2008, 20(4): 16-25, 73-74.

[5] 刘煜，张晓梅，杨宪伟，等. 天马—曲村周代晋国墓地青铜器保存状况研究[J]. 考古，2000(9): 86-93.

[6] 张晓梅, 原思训, 刘煜, 等. 周原遗址及国墓地出土青铜器锈蚀研究[C]// 周光召. 面向21世纪的科技进步与社会经济发展(上册). 北京: 中国科学技术出版社, 1999: 285-286.
[7] 刘向春, 王志华, 郭一萍, 等. 材料现代研究与测试技术[M]. 北京: 中国建材工业出版社, 2022.
[8] 多树旺, 谢冬柏. 材料分析原理与应用[M]. 北京: 冶金工业出版社, 2021.
[9] Fink C G. Microscopic study of ancient bronze and copper [J]. Transactions of the American Institute of Mining and Metallurgical Engineers, 1936, 122(138): 90-117.
[10] Figueiredo E, Pereira M, Lopes F, et al. Investigating Early/Middle Bronze Age copper and bronze axes by micro X-ray fluorescence spectrometry and neutron imaging techniques [J]. Spectrochimica Acta, Part B. Atomic Spectroscopy, 2016, 122: 15-22.
[11] Tarbay J G, Maróti B, Kis Z, et al. Non-destructive analysis of a Late Bronze Age hoard from the Velem-Szent Vid hillfort [J]. Journal of Archaeological Science, 2021, 127: 105320-105345.
[12] Ingo G M, Calliari I, Dabala M, et al. Microchemical study of the corrosion products on ancient bronzes by means of glow discharge optical emission spectrometry [J]. Surface and Interface Analysis, 2000, 30(1): 264-268.
[13] 祝鸿范, 周浩. 青铜器文物腐蚀受损原因的研究[J]. 电化学, 1999, 5(3): 314-318.
[14] 张黎明, 王修园, 周和荣, 等. 仿古(高锡高铅)青铜材料在酸性土壤模拟溶液中的腐蚀行为[J]. 腐蚀与防护, 2022, 43(7): 44-51.
[15] Mazza B, Pedeferri P, Re G, et al. Behaviour of a galvanic cell simulating the atmospheric corrosion conditions of gold plated bronzes [J]. Corrosion Science, 1977, 17(6): 535-541.
[16] Stockle B, Pohlmann G, Snethlage R, et al. The atmospheric corrosion of copper and bronze within the UN/ECE exposure programme. Intermediate report after four years of exposure [J]. Werkstoffe und Korrosion (Germany), 1993, 44(2): 48-56.
[17] Wan S, Ma X Z, Miao C H, et al. Inhibition of 2-phenyl imidazoline on chloride-induced initial atmospheric corrosion of copper by quartz crystal microbalance and electrochemical impedance [J]. Corrosion Science, 2020, 170: 108692-108704.
[18] Saraiva A S, Figueiredo E, Águas H, et al. Characterisation of archaeological high-tin bronze corrosion structures [J]. Studies in Conservation, 2022, 67(4): 222-236.
[19] Pronti L, Felici A C, Alesiani M, et al. Characterisation of corrosion layers formed under burial environment of copper-based Greek and Roman coins from Pompeii [J]. Applied Physics A, 2015, 121(1): 59-68.
[20] Kapitanović A, Ćurković H O. The effect of corrosion conditions on aging of artificial patina on three bronzes [J]. Coatings, 2022, 12(7): 936-952.
[21] Oudbashi O. A methodological approach to estimate soil corrosivity for archaeological copper alloy

artefacts [J]. Heritage Science, 2018, 6(2): 1-15.

[22] 李磊，席晓琦，陈卓，等. 基于CT无损检测的脆弱青铜器腐蚀评估[J]. CT理论与应用研究（中英文），2024, 33(5): 585-593.

[23] 杨欣，吴伟，陈坤龙. 古代青铜器锈层的结构特征与分类初探[J]. 腐蚀与防护，2023, 44(1): 42-50.

[24] 刘薇，陈建立. 古代青铜器表面高锡锈层研究综述[J]. 中国国家博物馆馆刊，2019(5): 146-160.

[25] 钟家让. 现代检测仪器在中国古代青铜器鉴定中的应用方法研究[J]. 文物春秋，2016(Z1): 39-49.

[26] 贾腊江，金普军. 拉曼光谱分析青铜器本体中锈蚀产物[J]. 光谱学与光谱分析，2015, 35(1): 128-131.

[27] 李涛，秦颍，罗武干，等. 古代青铜器锈蚀产物的拉曼和红外光谱分析[J]. 有色金属，2008, 60(2): 146-152.

[28] 韩玉，李磊，席晓琦，等. X射线CT技术在青铜文物保护研究中的应用[J]. 中国体视学与图像分析，2022, 27(2): 130-136.

第四章
青铜器保护修复的理念演进及其基本原则

青铜器作为中国古代重要的文化遗产，其保护与修复已成为现代文物保护学的重要课题。青铜器受到的破坏威胁，来自自然和人为两大方面。自然因素除突发性灾害外，还包括气候变化、环境污染、阳光辐射、生物侵蚀等因素对文物造成的损害等，人为因素包括缺乏科学管理和保护措施。文物保护修复是指为保存文物及其历史信息进行的全部活动。在文物保护修复的具体实施过程中，要注重科学性和可持续性，这就要求在修复过程中，不仅要注重修复技术的创新和发展，还要遵循保护修复的基本原则，在先进保护理念的指导下充分考虑文物的历史、文化、科学价值以及其对环境的适应性，真正实现青铜器保护修复效果的科学性与历史价值性的统一。

一、青铜器保护修复的历史沿革

1.1 早期青铜器保护方法概述

从考古发现的青铜器来看，古代人们在青铜器的实际使用过程中，也会定期对器物进行保养。文化信仰同样影响着青铜器的保护方法，在中国古代，特别是夏商周时代，青铜器被视为神圣之物，相关的祭祀和礼仪活动使得这些器物得到了特别的关注。因此，青铜器在仪式结束后往往会被妥善收藏保管，避免随意的接触和损害。

在早期的青铜器保护中，人们主要通过物理手段来减缓青铜器的腐蚀速度，如将青铜器深埋于地下，利用土壤的湿度和温度条件来稳定青铜器的表面。此外，还有一些传统的防腐技术，如涂抹油脂或蜡层，这些方法虽然简单，但确实在一定程度上延长了青铜器的使用寿命。从历史的角度来看，早期青铜器的保护方法是相对简单朴素的，但这些方法反映了古代人对青铜器的珍视，也体现了他们在客观条件限制下的智慧与创造力。

1.2 近现代青铜器保护技术的发展

随着科学技术的进步，近现代青铜器保护技术经历了重大的发展，保护方法不断更新，形成了多样化的技术体系。19世纪末20世纪初，青铜器保护修复主要依赖于传统手工技艺，材料多为天然物质，如树脂和油脂。这种方法虽然能在一定程度上维持青铜器的外观，但对器物的长期保护效果有限，且存在损害青铜器材质的风险。

在20世纪中叶，随着化学和材料科学的发展，青铜器保护技术逐渐引入了现代化学剂和合成材料。例如，苯并三氮唑、丙烯酸树脂等合成高分子材料的使用，显著提高了青铜器的耐久性和防护能力。20世纪后半叶，X射线荧光光谱、电子显微镜、X射线探伤、CT等分析技术的引入，使得对青铜器成分的检测和损伤的分析变得更加精准，这些技术为制定科学有效的青铜器保护方案提供了重要支持。

进入21世纪，青铜器保护技术迈向数字化和智能化。3D扫描技术和数字建模的应用，使得青铜器的修复和保护不仅限于物理手段，还可以通过虚拟技术进行模拟和测试，减少对原物的实际干预。此外，人工智能在数据分析和修复方案优化中的应用，提升了保护修复的效率和科学性。

尽管近现代青铜器保护技术取得了显著进展，但仍面临诸多挑战。不同类型青铜器的材料特性和历史背景，使得保护技术的普适性受到限制。未来的研究需要更加关注个性化的保护方案，以适应多样化的青铜器特征，确保其文化和历史价值的完整传承。

1.3 当代青铜器保护的国际趋势

当代青铜器保护的国际趋势体现了全球范围内对文化遗产保护的重视，以及技术和理念的不断演进。许多国家和地区在青铜器保护领域的实践为我们提供了宝贵的经验。

在国际上，青铜器保护已逐渐从单纯的物理保护转向综合性的保护策略。这种转变不仅关注青铜器本身的物质形态，还强调其文化、历史和社会价值，在修复青铜器时，应结合历史文献和考古研究，确保修复方案能够反映出青铜器所承载的历史文化信息。

技术的进步也推动了青铜器保护理念的变革。现代科技，如3D成像、激光清洗和微细结构分析等，已被广泛应用于青铜器的保护与修复。这些技术可以精确评估青铜器的损伤程度，并制定更加科学的修复方案。基于材料科学的保护理念，也逐渐影响到全球范围内的青铜器修复实践，例如利用先进材料结合3D打印技术重建损坏的青铜器部件，使得修复工作更加精准且可逆，降低了传统修复中材料不兼容的风险。

同时，国际组织如联合国教科文组织（UNESCO）、欧美文化遗产保护先进国家在青铜器保护领域的倡导和标准制定，也在推动全球保护工作的规范化。通过制定一系列保护标准和指导方针，各国在青铜器保护的政策和实践上得以相互借鉴，形成了一种全球视野下的保护框架。

青铜器保护的国际趋势也面临着一些问题。如何应对不同文化背景下的保护理念差异，如何平衡现代技术与传统工艺的关系，以及如何保持青铜器的原真性与历史性，都是当前需进一步探讨的课题。

综上所述，当代青铜器保护的国际趋势不仅反映了技术的发展与理念的更新，更蕴含着全球文化遗产保护的共同责任与使命。这些趋势为未来青铜器的保护修复提供了新的思考方向和实践路径。

1.4 中国青铜器保护的历史进程

中国青铜器保护的历史进程经历了多个阶段，体现了文化遗产保护理念的演变与技术的不断进步。从20世纪初开始，随着考古学的兴起，考古学家在对出土青铜器的研究中，初步探索了防腐、清洗和保存的基本方法。此时期的代表性事件是殷墟遗址的发掘，许多青铜器的出土引发了对青铜器保护的重要讨论。

进入20世纪50年代，国家对文化遗产保护的重视逐渐加深，专业机构的成立，如故宫博物院、国家博物馆等，开始抢救性地开展了一些青铜器修复工作。此时，青铜器的保护更多地局限于物理性修复。随着时间的推移，20世纪60年代，人们逐渐意识到，仅仅依靠物理性修复是远远不够的。于是，化学、材料科学等多学科的知识被引入到青铜器的保护工作中。保护工作者开始研究青铜器的腐蚀机理，探索如何有效地防止其进一步劣化，实施青铜器的化学性保护方法研究，以延缓其腐蚀速度，延长其保存寿命。在这个过程中，一些新的保护技术被开发出来，如缓蚀剂的应用、电化学保护等，这些技术为青铜器的长期保存提供了有力保障。这些努力不仅使得许多珍贵的青铜器得到了有效的保护，也为后人留下了宝贵的研究资料和物质文化遗产。

20世纪80年代以后，随着改革开放的深入，国际文化遗产保护理念逐渐传入中国，推动了青铜器保护的现代化。此时，保护技术不断更新，科学分析与修复技术逐步引入，为青铜器的保护提供了新的思路。开始系统性地开展青铜器保护与修复的研究与实践。此时，青铜器的保护不再局限于物理性保护，开始从单纯的保护逐渐扩展到对其历史、文化、艺术价值的深入挖掘，使青铜器的保护与研究工作更加全面、深入。随着时代的进步，保护意识也逐渐从单纯的修复转向更为全面的保护与研究。专家们开始意识到，青铜器的价值不仅仅在于其外在的形态和工艺，更在于其背后的历史与文化内涵。因此，保护工作不再仅仅是对破损部位的修补，而是涉及到了对青铜器材质的深入研究、对其所承载历史信息的挖掘，以及对其所处环境的科学控制等多个方面。

近年来，随着全球化进程的推进，中国青铜器保护的国际合作日益增多。国际组织及各国专家的参与，促进了保护技术的交流与学习。保护方法也变得更加科学和精细。强调预防为主，综合治理，通过科学的方法分析青铜器的材质、结构和环境因素，制定有针对性的保护方案。在保护过程中，不仅注重青铜器的外观修复，更注重其内在结构和化学性质的稳定，以确保青铜器能够长期保存并传承下去。

总体而言，中国青铜器保护的历史进程呈现出一个从传统保护向科学化、系统化、国际化转变的发展轨迹。未来，随着技术的不断进步与保护理念的深化，中国青铜器的保护将更加注重其文化内涵与历史价值，注重与文化遗产保护理念的结合，强调在保护青铜器的同时，也要尊重其历史价值和文化内涵，让青铜器成为连接过去与未来的桥梁，确保青铜器这一珍贵文化遗产的可持续传承。

1.5 青铜器保护技术的未来展望

青铜器保护技术的发展涉及多个层面，包括技术创新、材料科学的进步，以及跨学科合作的必要性。随着科技的快速发展，青铜器保护修复领域面临着前所未有的机遇与挑战。

未来的技术创新将集中在智能材料和先进传感器的应用上。例如，智能自修复材料，可以在青铜器表面形成一层保护膜，增强其耐腐蚀性和机械强度。这种材料不仅能够有效防止环境因素造成的损害，还能在微观层面进行自我修复，延长青铜器的保存时间。新型粘接材料的应用，能够更好地适应青铜器的物理和化学特性。这些材料不仅具备良好的粘合性和稳定性，还能够在修复过程中减少对原有材料的损害，保持青铜器的历史真实性。在先进传感器方面，研究人员正在开发能够实时监测青铜器状态的高精度传感器。这些传感器能够捕捉青铜器表面的微小变化，如湿度、温度以及化学物质的微小波动，从而提供关于青铜器保存状态的实时数据。通过数据分析，我们可以更准确地预测青铜器的保存寿命，并提前采取必要的保护措施。此外，这些传感器还可以与智能系统相结合，实现青铜器的远程监控和自动化管理，提高文物保护的效率和准确性。随着技术的不断进步，智能材料和先进传感器将在青铜器保护领域发挥越来越重要的作用，为我们留下更多珍贵的历史文化遗产。

数字化技术的引入也是未来保护技术的重要方向。三维扫描和建模技术使得青铜器的状态可以在修复前进行精准评估，修复过程也能够全程记录，为后续的研究和保护提供数据支持。此外，虚拟现实技术可以使公众更直观地了解青铜器的历史和保护工作，从而增强文化遗产保护的意识。

跨学科合作在青铜器保护技术的发展中同样不可忽视。考古学、材料学、化学、环境科学等多领域的专家共同合作，将有助于形成更加全面和系统的保护策略，制定出更为精准的保护方案。这种多学科的合作模式，不仅能够提高修复技术的科学性，还能提升保护工作的效率。

展望未来，青铜器保护技术还需应对气候变化、环境污染等全球性挑战。研究人员需探索更加环保的材料与技术，寻求可持续发展的解决方案。通过技术创新、材料科学的进步及跨学科合作，这一领域将不断提升其保护技术水平，为青铜器的传承与保护开辟新的途径。

二、青铜器保护修复的目标

2.1 保护修复的主要目标

青铜器保护修复的主要目标是确保文物的历史、文化和艺术价值能够长久稳定保留，同时延长其使用寿命。首先，保护修复应以稳定青铜器的物理和化学状态为基础，避免材料的进一步腐蚀和劣化。例如，针对已出现锈蚀的青铜器，应用抑制腐蚀剂进行处理，从而减缓其损毁速度。

其次，修复工作需要尊重青铜器的原始状态和历史痕迹，尽量避免对其进行过度干预。通过采用可逆的修复材料和技术，确保未来研究和修复的可能性。同时，修复的目标还包括提升青铜器的展示效果，使其在文博场馆中的观赏性得到增强。通过合理的展陈方式，突出青铜器的艺术特征和历史价值，结合多媒体技术，展示青铜器的历史背景和制作技艺，使观众获得更为全面的信息。

保护修复的目标应与可持续发展相结合，寻求在保护与利用之间的平衡。通过建立长效的保护机制，确保青铜器能够在未来继续为社会服务，传递其独特的文化价值。在保护的基础上，积极探索青铜器的合理利用方式。这不仅可以充分发挥青铜器的文化价值，还可以为当地经济和社会发展带来新的动力。

此外，青铜器保护修复还需要考虑到社会教育功能，通过展览和讲解，引导公众认识和理解保护文物的意义。这一目标强调修复不仅是技术层面的工作，更是文化传播的行为。通过组织相关活动，比如专题讲座和互动体验，增强观众对青铜器的认同感和保护意识。

2.2 保护修复目标的设定原则

青铜器保护修复的目标设定需遵循一定的原则与依据，以确保保护工作的科学性、有效性和可持续性。以下是目标设定的主要原则与依据。

保护修复的首要原则是尊重文物的历史真实性。青铜器作为历史文化的重要载体，其保护修复过程中必须保持其原有的历史信息，避免对文物造成过度的干预。修复应以尽量保留原物质形态为目标，减少对其物理和化学性质的影响。实践中，适当采用低侵入性的技术手段，以确保文物本身的完整性和历史价值。

其次，科学性原则是目标设定的关键依据。保护修复工作应建立在充分的科学研究基础上，包括材料分析、结构评估和环境监测等。应充分利用现代科技手段提供的数据支持，科学评估青铜器的腐蚀状态，进而选择适宜的防护材料和方法。

可持续性原则也不可或缺。青铜器的保护修复工作不仅关注当下的修复效果，还需考虑其长期保存的可能性。目标设定时应评估所采用材料和技术的持久性，确保修复后文物在未来能够得到有效保护。

遵循社会责任原则是目标设定的另一重要依据。青铜器的保护不仅是对文物本身的关怀，更是对文化遗产及其背后所承载的历史和社会价值的重视。修复工作应充分考虑社会公众的参与和教育功能，通过展览和研讨等形式，提高公众对青铜器保护的认知和重视。这种参与不仅能推动保护工作的透明度，还能增加社会对文化遗产的认同感。

最后，目标设定还需结合法律法规和国际标准。各国对于文化遗产保护制订有不同的法律法规，也有一些多国遵守的国际公约，如《世界文化和自然遗产保护公约》等。在目标设定过程中，遵循这些法规与标准，能够确保保护工作符合法律要求，并与国际保护理念接轨，提升保护修复工作的专业性和权威性。

2.3 实现保护修复目标的技术路径

青铜器保护修复的目标实现涉及多种技术路径的选择与应用，这些技术路径不仅要针对不同的损伤类型，还需考虑到青铜器的材料特性及其历史文化价值。保护修复目标实现的技术路径主要包括以下几方面。

首先，科学检测技术是实现修复目标的重要基础。通过高分辨率的成像技术（如X射线荧光分析、CT分析等），可以对青铜器表面的成分和结构进行详细分析。这些技术能够帮助修复专家识别青铜器的具体损伤情况，制定针对性的修复方案。

其次，物理修复技术在目标实现中也扮演着重要角色。物理修复包括清洗、整形、拼接等方法。清洗是保护修复的第一步，采用超声波清洗、化学清洗、激光清洗等方式能够有效去除青铜器表面的污垢和腐蚀层，恢复其本色。整形技术则是在保持原有形态的基础上，对受到损伤的部分进行修复。针对断裂的青铜器，利用现代焊接技术和粘接材料，可以实现高强度的连接，使修复后的器物更为坚固。

另外，化学修复技术也是目标实现的至关重要的部分。对青铜器的化学成分进行调整，可以有效阻止其进一步腐蚀。采用缓蚀剂处理等化学方法，能够在青铜器表面形成保护膜，降低青铜器表面的氧化速率，使其在长时间内维持稳定状态。

在目标实现的过程中，还需强调修复材料的选择。修复材料需与青铜器的材质相匹配，确保其物理化学性质与青铜器本身相辅相成。近年来，许多新型材料被引入青铜器的修复中，如有机、无机复合而成的仿金属材料，这些材料不仅能够提供良好的物理支持，还能避免对青铜器造成二次损伤。

最后，评估与反馈机制也是实现修复目标的重要环节。在修复完成后，需对修复效果进行系统评估。可以通过长期监测、定期检查等方式，评估修复效果与青铜器状态的变化。这一过程不仅有助于及时发现潜在问题，也能为及时采取预防性保护措施提供支撑。

这些技术路径不仅涵盖了物理清洗、化学除锈、物理修复等常规步骤，还结合了先进的材料科学与文物保护理念，确保了修复过程对文物本身的最小干预和最大保护。同时，通过精确的数据监测与评估，能够实时掌握修复效果，及时调整修复方案，以达到最佳修复状态。通过上述技术路径的综合应用，青铜器保护修复的目标得以有效实现，更好的延续了其在历史文化传承中的价值与意义。

三、保护修复技术手段与基本程序

文物保护修复技术手段主要包括：分析检测技术、保护修复技术及预防性保护技术。分析检测技术主要用于对文物进行科学分析，确定文物的材质、年代、工艺、病害及保存状态等信息，为后续的保护修复工作提供科学依据。这包括但不限于化学分析、物理检测、微观观察等多种技术手段。保护修复技术则是对文物进行实质性的修复工作，旨在恢复文物的原貌和稳定性。这包括清洗、加固、补全、做色、封护等一系列步骤，需要修复师具备丰富的经验和精湛的技术。预防性保护技术则更加注重文物的长期保存，通过控制环境、预防损害等手段，减少文物受损的风险。这包括建立科学的保存环境、制定合理的管理制度、开展定期的监测与维护等工作。以上三种技术相互补充，共同构成了文物保护修复工作的重要组成部分。

保护修复的基本程序。青铜器保护修复是采用物理和化学的方法，通过特定的技能对腐蚀与残破的文物进行复原，从而达到长久保存与展示的目的。通常包括以下几个关键步骤：首先，进行全面的现场勘查，以了解文物的现状、受损程度及环境因素；其次，根据勘查结果，制定详细的保护修复方案，明确修复目标、方法和技术路线；接着，按照方案进行修复工作，包括清理、加固、修补、复原等步骤，确保修复过程科学、规范；最后，进行修复效果的评估与监测，确保文物得到妥善保护并长期保存。

青铜器现状调查。青铜器现状调查是对青铜器属性、保存状态的真实详细记录。应包括以下内容：文物名称、登记号、等级、时代、质地、尺寸、重量、来源、埋藏环境、腐蚀现状描述、修复历史调查、影像记录等。

青铜器检测分析。青铜器在实施修复方案前有条件的或较珍贵文物应进行系统的分析研究，它是青铜器修复的必要依据，主要检测分析青铜器组成成分、金相结构、保存状况、制作工艺、腐蚀产物、腐蚀机理等。目前采用的方法有：X射线无损探伤、

X射线荧光光谱分析法、原子吸收光谱法、原子发射光谱法、X射线电子能谱法、扫描电镜能谱法、拉曼光谱分析法、金相显微镜分析法等。

制定青铜器修复方案。确定修复项目的指导思想、修复的工艺路线、修复材料及实验，并对修复的主要程序、修复材料、方法，包括配方、浓度、用量做出具体规定。

最后，在方案实施及保护修复效果评估的基础上，再采用适宜的预防性保护手段以确保文物的长久稳定，并最终形成保护修复技术报告。

四、青铜器保护修复的理念探讨

4.1 传统保护修复理念的继承与发展

传统青铜器保护修复理念根植于对文物价值的深刻理解，经历时间的洗礼，其核心思想不断演变与发展。传统理念强调对青铜器的原貌和历史信息的尊重，重视文物的文化、艺术和历史价值。在这一理念的指导下，保护和修复不仅仅是对物质形态的恢复，更是对其背后文化内涵的传承。

早期的保护修复实践多侧重于物质的修复，常常采用简单的修补手段，缺乏对青铜器整体历史背景的考量。青铜器的碎片可通过简单焊接或嵌合的方式恢复形态，然而这种方法常常导致修复后物品的历史信息丧失，无法准确反映其原有的文化语境。近现代许多修复专家在保护过程中引入了更多的文化和社会因素，关注青铜器在不同历史时期的文化象征和社会功能。这种理念的转变促使修复工作不仅限于物理修复，更关注文物与其文化语境的关系。

当前，科技的进步为青铜器保护修复提供了强有力的支持。同时，随着考古学和文物保护学等多学科的融合发展，传统理念逐渐融入了科学的分析和研究之中，形成了更加系统化的保护修复方法。现代保护修复开始重视文物的整体性和多样性，强调在修复过程中应保持青铜器的真实性和完整性，确保修复工作符合其历史特征。

不同文化背景下的理念差异还体现在对青铜器修复过程中所采用的材料和技术。这些差异不仅反映了各文化对青铜器的不同理解与重视程度，也影响了修复技术的选择和实施方式。结合“跨文化保护”理念，邀请了来自不同文化背景的专家共同参与青铜器的修复工作，通过多方讨论和技术交流，在修复中融入了多种文化视角，使修复方案更加全面且具包容性。这一实例展示了不同文化理念的碰撞与融合，为青铜器保护修复提供了新的思路。

随着全球化的发展，各国在青铜器保护修复理念上也开始相互借鉴，形成了更加多元和包容的保护思路。这种跨文化的交流为青铜器的保护修复提供了新的视野和可能性，也促使各国在实践中不断调整和优化各自的保护策略。在全球化的背景下，不同国家和地区在青铜器保护方面的理念和方法各具特色，传统与现代的结合促使修复实践更加丰富多样。既强调科技与艺术的结合，推动修复工作向更高的专业化水平发展，也重视青铜器所承载的传统文化价值。

未来，保护修复理念将继续沿着继承与创新的道路发展，适应新的技术和文化环境。保护修复工作需要建立在对文物深刻理解的基础上，努力寻求科学技术与传统文化的有效结合，进一步推动青铜器保护的可持续发展。

4.2 现代保护修复理念的核心要素

现代青铜器保护修复理念的核心要素主要体现在以下几个方面：尊重历史真实性是现代青铜器保护修复理念的基石。保护修复的目标是，通过科学保护修复技术与有效的管理措施，防止自然和人为损伤的进一步发展，以真实、全面地保存文物并延续其历史信息及价值。首先，应保护文物的原真性。文物保护技术可以保护文物的结构完整性和物理稳定性。通过物理保护技术，可以提供适宜的环境和支撑条件，减少文物的损坏和破坏。化学保护技术可以防止文物的快速劣化和环境侵蚀。上述技术措施可以有效延长文物寿命，保护其原有形态的完整性及文物价值的恒定性。其次，实现文物保护的可持续性。文物保护技术可以延长文物的寿命，使其能够被后代继续欣赏和研究。通过环境控制和防护措施，可以减缓文物的老化和腐蚀过程。通过数字保护技术可以创建文物的虚拟模型和数据库，保存文物的信息和历史价值；可以创建文物的虚拟模型和数据库，方便研究和教育，这些技术手段可以还原文物的原貌和历史场景，加深对古代文明的理解和认识。最后，传承和弘扬文化遗产。文物保护技术有助于传承和弘扬文化遗产，通过保护文物的完整性和可持续性，可以让后代能够欣赏和研究古代文明的遗产，促进文化遗产的传承和弘扬。

五、青铜器保护的基本原则

5.1 基本原则的理论基础

青铜器保护修复的基本原则建立在多个理论基础之上，这些理论为保护修复实践提供了指导与支持。首先，文化遗产保护的理念强调对历史和文化的尊重，青铜器作为重要的文化符号，其保护不仅关乎物质形态，更涉及到文化意义的传承。因此，保护修复的基本原则必须尊重青铜器的历史价值和文化背景，确保修复过程不改变其原有的核心文化价值。

其次，保护修复的基本原则也必须以科学技术的进步为基础。一方面科技的不断发展能够不断地为青铜器的保护修复提供新思路和新方法；另一方面材料科学、化学分析与现代检测技术等跨学科的研究方法，也为青铜器保护修复的基本原则提供了物质支持。历史学、艺术学、考古学、化学、材料学等多个学科的交叉融合，使得修复工作能够综合运用多种理论和实践经验，从而在保护青铜器的同时，丰富和深化对其历史和文化的理解。

另外，伦理学在保护修复中的应用也不容忽视。修复过程中的伦理考量要求修复者在操作时应当充分考虑对青铜器真实性和完整性的保护。修复工作不应以个人主观意愿为主导，而应遵循专业的伦理标准，确保修复结果能够反映出青铜器的真实历史。

在可持续发展日益受到重视的背景下，青铜器保护修复的基本原则还需融入可持续理念。这种可持续发展的视角，促使修复者在选择材料和技术时，优先考虑其对环境的适应性上。

通过这些理论基础的支撑，青铜器保护修复的基本原则得以不断完善与发展，为实际保护修复操作提供了科学依据，确保修复工作的有效性与可持续性。

5.2 基本原则的具体内容

青铜器保护修复的基本原则涵盖多个方面，旨在确保青铜器在修复过程中既能保持其历史价值，又能延续其文化传承。基本原则主要包括以下几方面。

一是原真性原则。这是青铜器修复的首要原则。修复过程中必须优先考虑青铜器的整体完整性和历史真实性，避免对其原貌造成不可逆转的损害。不改变文物原状，强调保护文物的真实性。

所谓文物的“原真性”，可以从青铜器的有形信息和无形信息两方面来理解，有形信息主要指外观形貌及其基本结构，包括器物造型、纹饰、色彩、工艺、材料等，无形信息包括器物所蕴含的一切历史、艺术、科学、材料及工艺技术等原始信息。在修复过程中，应尊重青铜器所承载的文化背景和历史意义。确保修复工作不仅符合技术要求，还能反映青铜器的文化语境。

保持文物原真性通俗讲就是修旧如旧，也就是说保护修复工作不能随意改变文物原有的状态，如对于一件残缺的青铜器，已经无法知道残缺部位应有的状态，这时就不应该为了展览或者其他需求，人为地根据想象去补配。但保持文物的原状是相对的，不能机械地理解为文物最初的原始状态，而是应保持文物健康稳定的现状。再如一件出土的十分精美的青铜鼎，表面已形成一层致密的绿锈，经检测该锈蚀产物为无害的蓝铜矿和孔雀石，这时就不应该去除。布满铜锈的青铜鼎虽不是它的原始状态，但是绿锈一方面可起到保护青铜鼎不被进一步腐蚀的作用，另一方面增加了青铜鼎的历史感和美感，就应该保留下来。保护的目的是真实、全面地保存并延续其历史信息及全部价值，所以青铜器修复时，所用的保护材料和技术手段不能破坏或者掩盖器物本身的原始状态。

二是可再处理性原则。强调修复措施的可逆性，即所采取的修复技术和材料应能在未来的修复中被移除或替换。这一原则的实施确保了在技术和材料的不断发展中，青铜器能够接受更合适的修复方法。

青铜器在进行保护修复时，无论处理方法还是所用材料，都应该充分考虑到可重复操作性，即修补部位易于拆除，修复材料能够更换，并且重复操作时，基本不影响器物的原始材料，尽可能不影响以后的修复保护工作。

可再处理性原则要求一旦有新的更加适合的保护方法时，现在的保护材料不能影响新方法的实施。可再处理性原则要求随着青铜器保护技术的不断发展，未来出现更科学的修复技术和材料时，目前所使用的青铜器加固材料应当可以去除，不影响后人的再次保护处理。

三是最小干预原则。强调在修复过程中应尽量减少对青铜器本体的干预。修复工作应专注于保护和维持青铜器的原始形态，避免使用过多的修复材料和技术对其进行改造，以保持青铜器的历史感和真实感。

最小干预原则就是除日常的保养外，尽量不要添加保护材料于器物内部，以减少对文物的人为干预，严防任何“保护性”损害行为的发生。在器物上采取任何稳定及修补行为，都是对它的一种干预。任何干预都会对器物上原有信息产生直接或间接的威胁。在保证器物物理、化学、生物结构稳定的基础上，应尽可能的少添加人为的因素，任何保护材料的实施都不能影响文物的内涵信息和外观，如表面封护材料应无色、透明、无明显光泽，保持文物的历史真实性和艺术性。再如青铜器的修补要依据历史、考古学的证据，修补前应对文物的艺术风格进行研究，并与类似的同时代器物进行比对，确保修补后能体现该文物的原始风貌，绝不能凭主观想象去臆造或创造。

最小干预原则强调在达到特定目标的情况下，通过采取必要的措施和手段，将干预程度控制在最小限度进行修复。在对青铜器实施保护修复的操作中，不应以现时大众的审美观对文物进行过多的干预，干预的程度主要取决于文物自身的保存状况和保存环境，另外还要考虑干预程度是否影响器物本体结构的稳定性、是否有利于青铜器艺术价值的表现。选用的加固材料，应对文物无损、不残留有害物质；化学介入应做到少量高效。

四是可辨识性原则。修补后应做到“远看一致、近观有别”。同时不能因为这种识别而破坏整体艺术品的观赏性和完整性。所做修补应有全面的工作记录，尤其要有详细的照片记录。可识别性指修复部分应与器物本体有所区别，在整体协调的基础上，应能辨别出修复的痕迹。中国传统青铜器的修复工艺，往往通过做旧将修复痕迹隐藏，很难识别修复的部位。目前流行“内外有别”的修复方法，即在青铜器展示面做到与周边颜色浑然一体，看不出破绽，又在观众看不到的内侧部位保留可供识别的修复痕迹，这是中国青铜器传统修复理念与西方现代修复理念相互融合的结果。

五是兼容性原则。器物修补所使用的材料应与器物原来制作材料相兼容，即器物原制作材料与被选材料在物理、化学等性能上应尽量相近，不能因为修补材料改变或破坏器物的原制作材料。在青铜器的加固修复中，添加在青铜文物上的加固材料，需在色彩和亮度上同文物本体相协调，并在物理性能上与文物相适，不可对青铜器的安全保存造成威胁。

六是预防性保护原则。基于文物保存单位今后一段时期的运行管理条件，从建立文物保存环境监察保护机制，调控微环境湿度、污染物质量及其平稳性，配备必要的文物包装、保存、展示等方面设施，保证文物保护修复处理之后能够保存在一个较稳定的环境中，提高文物预防性保护能力。

七是安全耐久性原则。处理过程不应对器物及操作人员有任何伤害。溶剂等材料不能存留于器物体内。选用材料不应因为本身老化等原因对器物产生不良影响。应尽量选择无毒或低毒材料或试剂，并有必要的安全措施。任何保护材料本身都应具有良好的耐老化性能，并能与器物原有的材质长期稳定相处。

5.3 基本原则在不同情境下的适应性

青铜器的保护修复工作常常面临各种独特情境，这些情境包括历史文化背景、青铜器本身的状态以及修复环境等。根据这些不同的情境，基本原则的适应性表现为可以灵活调整修复策略和方法。

在历史文化背景较为丰富的地区，修复工作需要充分考虑当地的文化传承与历史脉络。在中国传统文化中，青铜器不仅是实用工具，更是礼器和权力的象征。在此情境下，修复工作应以尊重其文化意义为首要原则，避免对其形态和功能进行过度改动，确保修复后的青铜器能够继续传达其文化价值。

对于状态严重受损的青铜器，其保护修复的基本原则需要进行适度调整。在这种情况下，可能需要采用更为积极的修复手段，以确保其结构的完整性与安全性。这也意味着在修复过程中，可能会引入新的材料和技术，这与原则的适应性密切相关。如采用现代复合材料进行支撑或加固，以达到保护与修复的双重目标。

在修复环境方面，技术条件的限制也会影响基本原则的实施。在资源有限的情况下，修复工作需优先考虑保护工作的可持续性。例如，在某些地方，缺乏专业的修复设备和技术人员，修复原则可能需要侧重于简单有效的维护措施而非复杂的修复程序。这时，原则的适应性体现在对可行性和实用性的重视，确保在有限条件下实现青铜器的基本保护。

总体来看，基本原则在青铜器保护修复中的适用性是一个动态的、灵活的过程。通过充分了解具体情境，修复工作才能够更有效地制定相应的保护策略，确保青铜器的保护修复工作既遵循原则，又能应对实际挑战。

5.3.1 预防性保护的重要性

预防性保护在青铜器保护与修复中扮演着至关重要的角色，其核心在于通过采取积极的措施，避免青铜器在使用和存放过程中遭受损害。这种保护理念不仅能够延长青铜器的寿命，还能在一定程度上降低后续修复的难度和成本。

青铜器由于其历史悠久，往往承载了丰富的文化和历史信息，任何损伤都可能导致不可逆的文化遗产损失。因此，预防性保护的实施显得尤为必要。具体措施包括但不限于环境控制、定期检查与维护，以及使用适合的存放材料和方法。例如，适宜的温湿度控制能够有效减少青铜器表面的氧化与腐蚀，而定期的专业评估能够及时发现潜在的损害风险。

总体而言，预防性保护不仅是青铜器保护工作的基础，更是实现长效保护的关键。通过科学的管理和风险控制，把隐患消灭在萌芽状态，使青铜器始终处于良好的保存状态。

5.3.2 最小干预原则的应用

最小干预原则在青铜器保护中发挥着至关重要的作用，旨在尽量减少对文物本体的干扰，保护其原始状态和历史价值。该原则强调在修复和保护过程中，采取的措施应尽可能简单高效，确保对青铜器的干预不影响其完整性和真实性。

在实际应用中，最小干预原则要求修复工作者在面对青铜器损坏时，首先评估损坏的程度和影响。如针对轻微的表面污垢，往往采用物理清洁的方法就可达到清除的目的，那就不必采用更多的化学试剂进行清洗，以避免对青铜器的表面造成进一步伤害。在修复过程中，最小干预原则同样适用于结构性修复。当青铜器出现裂缝或破损时，应优先考虑使用可再处理性材料进行加固，确保在未来有可能进行更全面的修复时能够被移除而不损害原有材料，从而更好地保持青铜器的完整性。

5.3.3 可再处理性原则在实践中的体现

可再处理性原则在青铜器保护修复中的应用，强调在修复过程中采取的相关措施，使得在未来可能进行的干预时能够被撤回或恢复到原始状态。这一原则不仅适用于修复技术的选择，还涉及到材料的使用和修复方法的设计。

在实践中，许多修复工作采取了可再处理性的策略。例如，在对青铜器表面进行清洗时，采用非侵入性的方法，如微喷砂技术或超声波清洗，这些方法能够有效去除表面污垢而不损伤青铜器的原始材质，若未来需要进一步修复，也不会对青铜器造成不可逆的损害。此外，使用可逆性胶粘剂进行部件的重新连接，确保在未来需要拆解时，能够轻松去除而不留下痕迹，避免了对青铜器文物本体的损害。

总体而言，可再处理性原则在青铜器保护修复的实践中发挥了重要作用，不仅保护了文物的完整性与真实性，也为后续的研究和修复提供了必要的灵活性，确保了青铜器的长久保存。

5.3.4 兼容性原则及其应用

兼容性原则在青铜器保护修复中扮演着重要角色，其核心在于确保所用材料和方法与青铜器文物本体之间的相容性。这一原则的实施有助于维持青铜器的历史完整性和文化价值，避免因修复材料与青铜器本体不相容而导致的进一步损坏。

在实际应用中，兼容性原则首先体现在选择修复材料上。例如，在对青铜器进行修复时，需考虑所选用的填充材料是否与青铜的化学成分相似，确保在物理和化学性质上不会对青铜器本体材料造成负面影响。同时，修复过程中使用的胶粘剂、涂层等材料也需经过严格的测试，以确认其长期稳定性和安全性。在使用加固技术时，确保所用的加固剂不会对青铜器的金属产生影响。通过采用低氧化剂含量的加固剂，可以有效降低对青铜器的化学侵蚀，从而延长其使用寿命。

兼容性原则不仅仅是技术上的要求，更是一种对文化遗产负责的态度。在青铜器保护修复的过程中，遵循这一原则，将有助于实现历史文化的延续与保护，确保青铜器始终处于最佳稳定状态。

5.3.5 其他

记录保存原则强调在修复和保养过程中，必须详细记录每一个步骤和决策，以便追踪和评估修复效果。通过系统的记录，可以为今后的青铜器修复提供宝贵的参考资料，确保后续工作的科学性和准确性。

在青铜器修复的实际操作中，记录的内容应包括修复前的状态评估、修复材料的选择、修复过程中的技术细节以及修复后的效果评估。如在青铜器的修复中，记录使用的清洗剂种类、浓度及清洗时间，可以为后续相似案例提供重要的参考。

此外，记录保存原则还有助于维护修复的透明性。通过详细的记录，修复过程中的每一步都可以被审查和评估，这不仅增加了修复工作的可信度，还能方便检索，避免因人为因素导致的错误操作等。总体来说，记录保存原则不仅是青铜器保护修复的重要环节，更是确保文物保护科学性和持续性的基础。通过全面的记录与保存，文物修复的经验和教训能够得以传承，为青铜器的长久保存提供坚实的保障。

5.4 发展方向与挑战

青铜器保护修复的理念在不断发展演变，未来的发展方向主要体现在以下几个方面。

可持续性将成为未来青铜器保护修复理念的核心。传统的修复方法往往侧重于短期效果，而忽视了对文物长期保护的影响。未来的理念应强调在修复过程中采用可持续技术，确保修复后的青铜器能够在自然环境中得到充分的保护。

跨学科合作将是理念发展中的重要趋势。青铜器保护不仅涉及文物保护学，还需要材料科学、化学、物理学、信息学等领域的知识支持。多学科的交叉合作能够促进新技术的出现与应用。特别是随着人工智能、大数据等技术的迅速发展，未来青铜器保护修复将更加科学化、精细化。机器学习算法分析与数据驱动的修复决策能够提高修复的准确性与有效性，减少人为因素的干扰，为未来的修复提供更为精准的指导。

全球化背景下，文化多样性将对青铜器保护修复理念产生深远影响。不同文化背景下的保护理念各有特点，未来应重视不同文化之间的交流与学习，以形成更为包容的修复理念。通过借鉴国际经验，可以丰富中国青铜器保护修复的理论基础与实践方法。

面对这些发展的方向，挑战同样不可忽视。保护修复技术更新的快速发展可能导致专业修复人员的综合素质难以跟上，专业人才的短缺将影响理念的实施。此外，如何在全球化背景下保持本土文化的独特性与价值，也是青铜器保护修复必须面对的重要问题。不同文化间的理念碰撞与融合，也需要在实践中不断探索与调整。

总之，青铜器保护修复理念的未来发展将受到可持续性、跨学科合作、文化多样性和技术进步等多重因素的影响。针对青铜器保护修复的技术措施也各具特色，但其发展要始终做好传统与现代的结合、科学与人文的平衡，只有这样才能够为青铜器的保护修复提供更加全面的解决方案；才能在机遇与挑战并存的环境中，推动理念的创新与实践，为青铜器的保护与修复开辟新的路径。

参考文献

[1] 张晓梅. 对中国出土青铜器修复保护方法的思考[J]. 文物世界, 2001(1): 67-70.

[2] 李静生. 文物修复理念探讨与实践应用[J]. 中国文物科学研究, 2012(3): 31-34.

[3] 陈仲陶. 对青铜器保护修复理念、原则的探讨[J]. 文物保护与考古科学, 2010, 22(3): 87-91.

[4] 中华人民共和国国家文物局. WW/T 0058-2014可移动文物病害评估技术规程金属类文物[S]. 北京: 文物出版社, 2014.

[5] 潘路. 青铜器保护发展历程和相关问题的思考[C]// 王春法. 中国国家博物馆文物保护修复论文集. 北京: 北京时代华文书局, 2019: 9-19.

[6] 国际古迹遗址理事会中国国家委员会. 中国文物古迹保护准则[S]. 北京: 文物出版社, 2015.

[7] 刘彦琪. 江苏省东海县博物馆青铜甬钟的修复——兼论现代修复理念与中国青铜器传统修复的契合[J]. 中国科技史杂志, 2010, 31(3): 309-322.

第五章 考古出土脆弱青铜文物的现场保护

现场保护是指文物在考古发掘出土后暴露在自然环境中的一定时间内，因无法及时运往保护实验室而在考古现场对文物采取的临时性保护措施的总称。现场保护技术通常包括两大方面：一是保存环境控制；二是现场文物保护修复。这种现场保护措施具有“应急性”与“可再处理性”两大特点。

青铜文物在出土前与地下埋藏环境建立了一种动态平衡，使得青铜文物的腐蚀速率相对平缓。随着考古发掘的进行，这种动态平衡被打破，且当温湿度急剧变化、光线照射、环境中氧气含量、有害气体不断增加时，必将导致出土后青铜文物腐蚀速率的加速，进而使得那些严重劣化的脆弱青铜文物（如存在严重矿化、粉状锈）发生开裂、酥解等病害。因此，在考古现场适时开展“应急性”保护处理，用尽可能短的时间，全面快速完成出土脆弱文物的科学保护就具有非常重要的现实意义。

青铜器的现场保护研究具有重要的学术价值与现实意义。首先，保护出土青铜器有助于保留其历史信息，传承文化遗产。青铜器的形制、铭文及装饰等细节，均能为研究古代社会提供重要线索。其次，青铜器的现场保护对于考古学的整体发展起到促进作用。在考古发掘中，现场保护不仅是对文物的保护措施，更是对考古研究成果的延续与深化。研究青铜器现场保护的意义还体现在技术层面。当前，保护技术的不断进步为青铜器的保护提供了新的思路与方法。通过对出土青铜器的现场保护研究，可以总结出有效的保护策略，推动相关技术的创新与发展。同时，研究成果还可为其他类型文物的保护提供借鉴，形成一套系统的文物保护理论与实践框架。

一、现场因素对出土文物的影响

1.1 温湿度

对于青铜文物来说，一方面温度升高使阴极、阳极反应速度加快，从而加速金属的腐蚀速度；另一方面温度变化也会对出土文物的物理状态、组织结构产生影响，如热胀冷缩引起的内应力会引发严重矿化青铜器的崩解等病害。因此，在发掘现场保护中，应尽可能地保持和埋藏环境相近的低温状态，以最大程度地减缓外界温度波动对文物造成的不利影响。

湿度对青铜文物的影响也比较大，如高湿度情况下，青铜器表面会发生水蒸气“结露”现象，这是诱发青铜器锈蚀的一个重要原因。研究表明：金属文物的腐蚀速度与腐蚀程度是同其表面形成的水膜厚度相互关联的。如果保存环境相对湿度在35%以下时，金属文物表面形成的水膜不连续，此时发生干的大气腐蚀，这种腐蚀过程一般只影响文物表面美观和表面的导电性能，不会使文物发生明显的腐蚀破坏；当相对湿度上升到60%以上时，金属文物表面可形成连续的电解液薄膜层，此时金属文物就会发生电化学腐蚀，并随着湿度的增加腐蚀速度急剧增加。特别是当金属表面或表面水膜中有可溶性盐如Cl^-时，会增加水膜的导电性，使得金属文物腐蚀速度显著加快，如青铜器存在的典型腐蚀物之一的碱式氯化铜，就是氯化物在一定湿度下和铜发生作用的结果，这种以碱式氯化铜为主体的锈蚀物还具有较强的“活性”，其扩散发展会造成青铜文物的彻底损毁。

1.2 水分影响

根据文物埋藏环境水分含量的多少，其大体可以分为饱水环境、潮湿环境和干燥环境等三种类型，其中当文物处于饱水或潮湿埋藏环境中时，水分会不断地和文物发生反应，研究表明，水对任何材质的文物均能够产生危害作用，其危害主要表现在两个方面：一是水分通过和文物直接作用产生的危害；二是水分作为可溶盐载体对文物造成的破坏作用。通常而言，水分对质地比较致密的青铜文物的影响相对较小，但是如果青铜文物腐蚀严重或已矿化，在埋藏过程中也可造成携带着可溶盐的水分的大量渗入，出土后在地上保存环境中，随着水分的挥发使得可溶盐在器物表面结晶，造成器物的酥粉加剧。

1.3 空气污染

考古现场空气污染物主要分为气溶胶态污染物和气态污染物，气溶胶态污染物包括粉尘、降尘、飘尘、烟等，气态污染物包括含硫化合物和含氮化合物。空气污染物多种多样，性质复杂，在考古出土第一现场防止众多污染物突变、防止脆弱青铜文物老化变质速率加快是非常重要的保护步骤之一。

1.4 微生物

微生物种类种类繁多，形态各异，微生物对文物的威胁主要是其能够使文物材料变质，如脆弱青铜器处于矿化状态时，在微生物的有机酸代谢产物的影响下会发生电化学反应，这种电化学腐蚀与微生物腐蚀两者互相影响，极大地加快了青铜材料的劣化速度。

1.5 其他

光辐射是文物出土后突变最剧烈的环境因素，光辐射来自于太阳辐射和人工光源。研究表明：光辐射引起有机材料的老化变质具有累积效应，虽然光化学反应的速度一般比较缓慢，但累积效应却是十分严重，短时间的强光辐射与长时间的弱光辐射，对材料所造成的损坏程度是相同的。因此，在发掘现场出土的脆弱青铜文物，应尽量降低光照度、减少光照时间，通过合理确定文物表面光照度、限制光照度值与光照时间等手段减小光辐射对脆弱青铜器的影响。

二、脆弱青铜文物现状分析及其表现形式

青铜文物的脆弱性主要包含两层含义：一是文物材质强度的低劣性；二是所载信息的易损性。文物价值主要体现在两个方面：实物的稀有性和信息的珍贵性，其中信息是依附于文物实体而存在的，文物实体的消失自然使得其所载有的信息不复存在，文物的价值也就荡然无存了。青铜文物的脆弱化是一个长期发展变化的过程，腐蚀通常从金属表面局部开始，逐渐形成矿物质表层，即铜锈层。处于稳定状态的腐蚀物，可保护内部金属免遭腐蚀，不稳定的腐蚀物，在条件适宜情况下腐蚀会继续发展，最终引起青铜器劣化的不断加重。

2.1 外观形貌的改变

青铜器变得脆弱，往往首先表现在其表面结构的劣化，这种表面结构状态的改变，不仅影响着青铜文物的基本信息，而且随着表面病害的发展会导致青铜文物内部结构的失衡，使得青铜文物陷入病害的恶性循环。因此，青铜文物的外观形貌能够在一定程度上反映器物的病害程度，是考察青铜文物病害的首要分析要素（图5-1）。

图5-1 考古出土青铜器表面状态

腐蚀青铜器的表面锈蚀物覆盖层是复杂的铜化合物的混杂体，常见的腐蚀物有氧化铜、氧化亚铜、硫化铜、硫化亚铜、硫酸铜、碱式硫酸铜、碱式碳酸铜、氯化亚铜、碱式氯化铜和氧化锡等，其中大部分锈蚀物都是相对稳定的无害锈，而由青铜器腐蚀物中的氯化亚铜、碱式氯化铜等含氯锈蚀物形成的淡绿色“粉状锈”则是青铜器的大敌，它的危害性在于其腐蚀反应不仅在表层，还会在铜体内部反复进行，由此造成腐蚀的蔓延、扩散，致使器物纹饰剥落、铭文模糊，乃至整个器物粉化、断裂，最终导致器物的完全损坏。因此，在现场保护中，通过对出土青铜器表面锈层的外观状态进行分析，辨明锈蚀物的属性，是做好脆弱青铜器保护工作的重要方面。

2.2 内部结构的改变

青铜是一种合金，古代冶金技术有一定局限性，在显微镜下观察青铜器金相组织中含有许多杂质及未溶解的矿粒，青铜中的这些杂质在铸造过程中，一方面会造成金属内部组织产生应力及晶格缺陷，另一方面使金属的各部位各具不同的电位，即在金属内部组成无数个微电池，从而为电化学腐蚀的发生提供了充分条件，使得腐蚀速度加快。脆弱青铜器内部结构上的变化是同其保存环境密切相关的，即使是同种质地的文物，其病害形态也因保存环境的不同而存在本质差别。就具体脆弱青铜器的腐蚀而言，其埋藏环境中存在可溶性盐类以及酸性环境都是影响青铜器腐蚀加剧的重要诱因。图5-2为考古出土青铜器锈蚀微观形貌。

图5-2 考古出土青铜器锈蚀微观形貌

三、现场保护的基本原则与方法

青铜器现场保护的目的是，确保青铜器在出土后能够迅速得到妥善保护，防止其进一步受到环境因素的影响，如湿度、温度、光照等，从而避免腐蚀、氧化等问题的发生。现场保护旨在通过一系列科学合理的措施，如及时清理、妥善包装、稳定环境等，最大限度地保持青铜器的原始状态和完整性，为后续的科学研究、文物保护和文化传承提供坚实的基础。因此，开展现场保护时应尽量减少对出土青铜器及其周围环境的干扰，这意味着在实施任何保护措施时，必须优先考虑青铜器的原真性，避免保护措施对青铜器造成二次损伤。

3.1 现场保护的原则

在进行现场保护时，首先必须要严格遵守文物保护的基本原则，如“最小干预原则”“可再处理性原则”等。尊重青铜器的原始状态和历史信息，采用科学合理的保护手段，以确保青铜器的长期保存和传承。其次，根据现场出土文物的特殊性，在进行现场保护时，除了应符合文物保护的基本原则，还应注重以下几点保护原则。

一是因地制宜，因“病”施治。根据不同地区的特点，分析现有的相关器物病害状况以及潜在的病害，并在分析不同病害特点的基础上制定相应的应急保护措施。保护措施必须适应现场的环境条件，这包括考虑温度、湿度、光照等因素对青铜器的影响。同时也需要综合评估自然环境的特点，选择适宜的保护材料和技术。因地制宜原则不仅体现了对文物个体特性的尊重，也彰显了科学保护的针对性，在面对各具特色的青铜器时，需深入了解其出土现场所在地区的独特气候、地理及人文环境，这是制定保护方案的前提与基础。

二是先救命后治病原则。考古出土青铜器在温度、湿度、光照等方面的影响下，会加速劣化，常见的病害包括锈蚀、裂纹、色泽褪变等。一方面需要通过专业的检测与分析手段进行精准诊断。如利用X射线光谱仪分析锈蚀层的成分，判断其是否为有害锈；通过显微观察，了解裂纹的形态与走向，对潜在的病害进行预测与评估，防患于未然。另一方面，针对不同类型的病害及其特点，需制定个性化的应急保护措施，以有效遏制病害的进一步发展，为下一步的全面保护提供空间。同时，要重视前瞻性与现实性相结合，既要解决当前现场出土器物可能面临的病害侵蚀问题，又要立足于出土后文物保护的现实情形与发展趋势，兼顾当前与后期保护的协调性。

总体上讲，先救命后治病原则强调，在筹划保护策略时，不仅要迅速响应当前出土文物所面临的威胁，如腐蚀、解体等紧急侵害，更要具备深远的洞察力，预见并规划文物出土后长期保护的需求与趋势。

三是可操作性原则。在探讨保护预案的制定与实施过程中，可操作性原则占据着举足轻重的地位。保护预案制定和实施需要各个保护环节的密切合作，因此，制定的保护预案需具有较强的可操作性，从而保证保护预案的有效实施。可操作性原则不仅要求预案本身具备高度的实践性和可执行性，还强调了在预案执行过程中，要综合考虑考古、保护修复等各部门间建立紧密无间的合作机制，以确保预案的每一个环节都能得到有效落实，最终达到保护目标。

以上原则在出土青铜器的现场保护中相辅相成，是确保保护工作能够有效进行，最大限度地维护青铜器的保存现状与历史价值的重要保证。

3.2 现场保护的技术手段

青铜器现场保护的技术手段多种多样，主要包括物理保护、化学处理和环境控制等方法。物理保护手段常用的有支撑架、保护罩和围挡等。支撑架能够有效减轻青铜器自身重量对结构的影响，防止因重力造成的变形和损坏。保护罩可以防止外界环境因素，如雨水、灰尘及温度变化对青铜器的直接影响，保障青铜器保存环境的稳定性。围挡则用于隔离现场，避免人为因素造成的损害。

化学处理技术主要用于青铜器表面的临时清理和封护处理。常见的化学清洗剂包括去污剂和洗涤剂，这些化学品能够有效去除青铜器表面的污垢和腐蚀物质。封护处理则通常采用封闭剂和防锈剂，这些材料形成的保护膜可以有效隔绝空气和水分，从而减缓腐蚀过程。

在环境控制方面，温湿度的调节尤为重要。青铜器的保护需要在相对稳定的温湿度条件下进行，通常推荐的相对湿度为40%～50%，温度保持在18～22℃之间。使用恒温恒湿调控设备可以有效维持环境条件，避免温湿度骤变对青铜器造成的影响。

此外，现代信息技术的应用也在现场保护中发挥了重要作用。数字化监测技术可以实时监测青铜器的状态，通过数据分析及时发现潜在问题。

通过综合运用这些技术手段，可以对考古出土青铜器进行实时有效的现场保护，进而保证考古工作的顺利进行与出土青铜器的持续稳定，为青铜器的全面保护提供充裕的时间和空间。

3.3 现场保护的操作流程

青铜器现场保护的操作流程包括多个环节，旨在使出土青铜器在考古现场得到妥善保护。

第一步是现场勘查。保护人员需对出土青铜器的环境进行全面评估，记录周围的土壤、气候及其他环境因素。这一阶段的目标是了解青铜器的具体出土情况，为后续保护措施提供基础数据。

第二步进行现场清理。清理过程中应采用柔和的方法，以避免对青铜器本体造成物理损伤。使用专业工具时，需注意保持对文物的尊重，确保不会刮伤或破坏其表面。清理完成后，需对出土青铜器进行详细记录，包括拍照、测量和描述其状态。

第三步现场加固与临时修复。根据青铜器的具体病害情况，选择合适的加固材料与技术。如开裂部位，可以使用专用的临时胶粘剂进行固定，确保青铜器在后续处理过程中的稳定性。

第四步封护处理。根据青铜器的材质和出土环境，选择合适的封护剂进行涂覆，以防止其在空气中的氧化反应。封护处理后，需进行一段时间的观察，确保没有出现新的腐蚀迹象。

第五步包装与运输。选择适合的包装材料，如轻质薄膜材料与轻质刚性材料结合使用，以保证青铜器在提取及运输过程中的安全。包装时应考虑到青铜器的形状与脆弱性，采用多层保护措施，确保其在运输中的稳定性与安全性。

第六步保存与管理。临时保存与管理是现场保护流程的最后一步。将出土的青铜器转移至现场专门的保护场所，再进行更为系统的修复与研究。同时，记录其保护状态与修复历史，以便后续的管理与研究使用。

四、现场保护材料的选择与应用

保护材料的正确使用是出土青铜器现场保护中至关重要的一环。保护材料不仅需要具备良好的物理和化学性质，还要能够有效应对青铜器的特定需求及现场的使用条件。保护材料的基本特性直接影响到出土青铜器的保护效果。只有综合考虑耐腐蚀性、机械强度、透气性、化学稳定性及易操作性，才能选择出最合适的材料，为青铜器的现场保护及长期保存提供有力保障。

4.1 常用保护材料的种类

目前常用的考古现场保护加固材料以有机类和无机类材料为主。无机类材料通常以水或醇溶剂为主。有机类有两种形式：一种是溶剂型加固材料，另一种为水溶性加固材料。对加固剂种类的选择通常依据文物的材质及含水率。对出土文物进行现场加固保护时，应根据文物的具体情况选择相应的加固材料。一般而言，选择的现场加固材料在性能上要求能够对现场文物起到有效保护作用的同时，不会对文物的后期保护带来不良影响，即具有可再处理性，这是对现场保护材料的基本要求。此外加固材料还应具备较好的渗透性、稳定性以及加固强度和文物质地强度相匹配等性能。

（1）有机材料

在目前所使用的有机类保护材料中，主要是水溶性材料和溶剂性材料两类，其中大部分是溶剂性材料，如各种有机硅、丙烯酸酯类（如Paraloid B-72）、聚乙烯醇缩丁醛等；水溶性材料因其具有的环保优势，是近年来材料学的发展方向，目前应用于文物保护的水溶性材料的种类不多，主要有聚醋酸乙烯乳液、硅丙乳液、丙烯酸树脂类等。水溶性材料和溶剂性材料各有优缺点，但是，在选择应用于现场处于潮湿状态下的文物保护时，应考虑到大多溶剂性材料与在干燥环境条件下成膜相比，当在有水分存在的情况下，会发生成膜不致密造成的膜不透明现象，而这在一定程度上会造成文物的表面模糊，达不到文物保护的要求，如在使用文物保护中经常采用的聚乙烯醇缩丁醛、Paraloid B-72、丙烯酸酯等对现场潮湿文物进行保护处理时，有时就会出现文物表面发白现象，产生这种情况的原因，就是这些溶剂性材料在潮湿环境中成膜时，会产生成膜缺陷形成不透明膜。相比较而言水溶性材料在潮湿环境中，则可通过和文物中的水分的交换而进入到文物的组织中去，水分挥发成膜后不会产生成膜缺陷造成的不透明现象，能够满足文物保护的要求。因而，一般情况下，在潮湿环境下选择保护材料时，水溶性加固材料比溶剂性加固材料更具优势。

考古现场常用的有机化学加固材料主要包括两类。一类是丙烯酸酯类（如Paraloid B-72），另一类是聚醋酸乙烯（如PVAc）。其中Paraloid B-72材料被广泛的应用于考古现场保护中，其优点有：膜无色，透明度高，可再处理性强；缺点是耐紫外老化能力较弱。PVAc的优点有：膜无色，透明度高，透过水蒸气的能力强，耐老化能力较强；它的缺点有：具有较大的吸湿性，在水的作用下易发生溶胀现象；玻璃化转变温度过低，不宜在高温条件下使用。

总之，对加固材料的选择必须综合考察文物的现场环境及文物的自身特点，一般说来，乳液型加固剂多用于潮湿状态脆弱文物的加固保护，溶剂型加固剂则多用于干燥文物的加固保护。虽然乳液型加固剂对于含水率较高的文物比树脂/溶剂型加固剂具有更好的渗透及加固效果，但在青铜器的加固保护中应避免使用。这是因为青铜质文物对水都十分敏感，通常在水分存在的情况下会加速其锈蚀速率。因此当该类金属器物出土时含水率较高时，通常进行缓慢干燥后再用溶剂型加固剂进行加固处理，这种加固处理方法不包括完全矿化的该类器物。溶剂型加固剂存在的缺点主要是，当外部环境气温较高、湿度较低时，会导致溶剂挥发速率过快，加重溶质的返迁效应，容易在文物表层造成加固效果不均匀。此外，由于该类加固材料使用的溶剂是丙酮、乙醇等溶解能力较强的有机溶剂，加固过程中可能会造成一些有机质文物的脱水、溶解等，因此采用该类加固剂对有机质文物进行加固保护时应慎用。

此外，常用的物理防护材料有：聚氯乙烯（PVC）、聚乙烯（PE）、聚丙烯（PP）以及用作支撑材料的聚氨酯绷带等。这些材料具备优良的耐候性和化学稳定性，适用于青铜器的物理防护。PVC在考古现场常用作保护膜，能够有效隔绝空气和水分，防止青铜器表面氧化。此外，PE作为一种轻质材料，常用于包装，能够提供良好的物理保护。薄荷醇也常被用作临时加固材料用于脆弱青铜器的辅助增强。

（2）无机材料

无机材料。常用的如石膏，其具有良好的流动性和成型能力，价格低廉，施工方便等。其缺点主要是：加固强度较低、脆性高、重量大。

4.2 材料选择的原则与依据

在出土青铜器的现场保护中，材料的选择至关重要。选择适合的保护材料不仅能够有效延缓青铜器的腐蚀和劣化，还能确保其历史文化信息的完整性。材料选择的原则主要包括相容性、持久性、可操作性和经济性。

相容性是指保护材料与青铜器本身的化学和物理性质的匹配程度。选择的材料在使用过程中不能释放对青铜器有害的化学物质，以避免与青铜器产生不良反应，如酸碱腐蚀、化学降解等。对于青铜器的保护，常用的材料如聚乙烯醇、聚氨酯等，都表现出良好的相容性。这些材料在与青铜器接触时，不会释放出对其有害的物质，可以确保不会与青铜器发生反应，从而保护其物质和形态的完整性。

持久性原则要求材料在长期保存过程中的稳定性。保护材料应具备优良的耐候性、耐紫外线及抗氧化能力。青铜器在出土后常面临湿度、盐分及其他环境因素的侵蚀，因此，在实际应用中，选择的材料需经过长期测试，以评估其在不同环境条件下的表现。选择的材料必须能够抵抗这些腐蚀性介质，以保证能够提供持续稳定的性能来延长青铜器的保存时间。

可操作性强调在现场保护过程中，材料的易用性和适应性。现场保护工作通常需要在时间紧迫的情况下进行，材料的便捷使用能够提高工作效率。保护材料应便于施工，能够在现场进行快速处理。如使用喷涂或浸泡的保护材料，可以有效缩短施工时间，同时确保保护层的均匀性；预制的保护套件或易于切割的材料可以减少现场准备时间，确保保护措施及时到位。

经济性则是指材料成本与保护效果之间的平衡。在保护过程中，需考虑到预算限制。高效的保护材料虽然初期投资可能较高，但从长期保存和维护成本来看，可能更为经济。

在材料选择的实际操作中，需结合青铜器的具体情况，包括出土环境、保存状态及预期的保护期限等因素。对不同类型的青铜器，材料的选择应有所不同。如对于表面腐蚀严重的青铜器，可能需要选择具有更强渗透性和粘附力的保护材料，以确保其能够深入到腐蚀层，从而提供更有效的保护。为了在操作和运输过程中提供足够的支撑力，避免青铜器受到震动或冲击而发生损坏，需要使用高强度的复合材料才能保证在各种条件下维持青铜器的稳定。

通过对上述原则的综合考量，可以确保在出土青铜器的现场保护中，所选材料能够有效应对各种挑战，延长青铜器的保存寿命，保护其作为文化遗产的价值。

4.3 保护材料的效果评估

保护材料的效果评估是确保出土青铜器在现场保护过程中能够有效延长其保存时间的重要环节。评估的主要目标在于判断所选材料对青铜器的保护能力及其在实际应用中的表现。

评估过程中，首先需考虑保护材料的物理和化学性质。例如，材料的透气性、耐腐蚀性以及与青铜器表面反应的可能性等因素，将直接影响保护效果。通过实验室模拟环境，观察不同材料在模拟湿度、温度及污染物存在下的表现，可以初步建立材料与青铜器之间的相互作用模型。

实际应用中，可以采用多种实验室与考古发掘现场应用相结合的方式进行综合评估。在实验室可以使用扫描电子显微镜（SEM）观察保护材料与青铜器表面的结合情况，评估其附着力及防护效果；利用X射线衍射（XRD）技术分析材料在使用过程中的物理变化，确保其不对青铜器产生二次伤害；使用傅里叶变换红外光谱（FTIR）对保护材料的化学稳定性进行分析；通过老化分析验证材料在长期使用中的可靠性等。在开展现场应用效果评估的过程中，实时监测也是不可或缺的环节。定期对出土青铜器进行状态检查，观察保护材料的磨损情况、剥落程度及其对青铜器表面状态的影响，能够及时发现潜在问题并进行修正。

最终，评估结果应结合实地数据和实验室分析，形成一套完整的保护材料效果评估体系。通过对比不同材料的应用效果，获取最佳实践经验，为今后的出土青铜器保护提供科学依据。

五、考古现场保护的基本程序

考古现场青铜器文物保护程序包括保存环境勘察与文物保存状态评估、样品采集、劣化状态及病害机理分析、保护预案的制定、现场保护处理实施、提取与运输、档案记录等几方面。

脆弱青铜文物暴露在环境中后，应及时开展文物赋存环境勘察与保存状态评估、样品采集、应急性保护等工作。通过前期调查、制定保护预案、建立临时保护实验室、实施现场应急性保护、提取运输等保护措施，以实现出土脆弱青铜文物性状的基本稳定。

5.1 前期调查

现场文物保护前期调查主要是指对考古工地的历史信息、周围环境、埋藏环境等进行调查研究。历史信息调查主要是查阅文献和勘探结果分析，了解文物历史时期及埋藏情况；周围环境调查主要包括温湿度、降雨量、日照时间及空气污染物等信息；埋藏环境调查包括埋藏环境中土壤的含水率、酸碱度、孔隙率、可溶盐等信息。从前期调查结果分析可以推测文物的保存状况，以及后续文物出土后应采取的保护措施，为更有效地制定现场保护预案提供科学支撑。

5.2 信息提取与记录

在出土现场文物保护中，通过对脆弱青铜器保存状态及埋藏环境数据、土壤、有害气体、水分等进行测定，从而掌握青铜器劣化的影响因素，开展分析损害机理、制定保护方案与筛选科学的保护措施等具有重要意义。文物信息记录要涉及提取文物的位置、编号、出土时的保存状况等。信息记录内容要全面翔实，不仅要包括文字描述，还应配有相应的照片及图表。

对青铜器的信息采集提取包括两方面内容：一是文物本体状况信息提取；二是遗址、墓葬所处区域大气环境及器物埋藏环境介质状况信息提取。文物本体状况信息提取包括：青铜器本体的尺寸、结构、颜色、纹饰等直接信息以及内部与周围残留物等的提取；遗址、墓葬所处区域大气环境是指空气的物理、化学特性。物理特性主要包括空气的温度、湿度、风速、气压和降水，这一切均由太阳辐射这一原动力引起。化学特性则主要为空气的化学组成：大气对流层中氮、氧、氢三种气体占99.96%，二氧化碳约占0.03%，还有一些微量杂质及含量变化较大的水汽。埋藏环境介质信息提取包括：埋藏土壤成分、地质水文环境、含水量、酸碱度、可溶盐，埋藏环境中的温湿度、紫外线等周围环境因素的提取记录。

信息提取可利用多种技术手段，如采用气象站、环境感应探测器等对脆弱青铜器出土遗址进行大环境监测，同时对埋藏微环境空气成分、现场环境等进行实时监测；采用三维扫描及高清照相技术对出土青铜器进行外观形貌信息采集，获取高像素图像、三维模型及视频等；采用土壤理化分析手段开展遗址土体酸碱度、盐分及组分构成测定等。在设备、环境、时间等条件允许的情况下，可采用多种设备和手段交叉对文物信息进行提取记录（表5-1）。

表 5-1 出土青铜文物信息提取记录

文物基本信息	名称		编号	
	材质		尺寸	
	出土位置		保存状况	
遗址/墓葬大环境信息	温度		湿度	
	光照时间		风速	
	气压		降水	
	地质水文环境		空气污染物	
埋藏环境信息	温度		湿度	
	酸碱度		含水率	
	周围残留物		土壤成分	
	土壤可溶盐		土壤微生物	

5.3 样品采集

考古现场样品采集主要包括环境样品和文物样品，环境样品包括出土环境中的水质、土质、气体等，文物样品包括本体、附着物、残留物、腐蚀产物及包含物等。采样应当在文物出土的第一时间开展为最佳，以尽可能地减小环境污染及人为干预造成的不利影响。采样应遵循无损或微损采样原则，此外，采样时尽量选择残损或缺损部位、对器物纹饰等不造成重要损伤，尽可能选用微型采样工具；采样前进行拍照、绘图记录采样位置、采样方法及采样量，采集后的样品立即装入密封样品袋中，并做好标记（表5-2）。

表 5-2 出土青铜文物样品采集信息

样品采集	埋藏环境样品	样品编号	采样位置	采样方法	采样量	采样照片
	文物样品	样品编号	采样部位	采样工具	采样量	采样照片

脆弱青铜文物由于埋藏环境的差异，会造成不同的侵蚀方式及侵蚀程度，因此采样部位的选择会直接影响后续分析结果的准确性及代表性。在文物条件允许的范围内，尽可能在有代表性的位置采样，如青铜戈最好在刀尖、刀刃、刀柄处分别采样。

5.4 病害机理分析

开展现场出土脆弱文物机理分析的主要目的，是针对脆弱文物存在的病害类型及相关特征，结合其赋存环境条件，理清造成文物劣化的主要影响因素，进而结合现代科学技术手段，采用切实可行的方法对脆弱文物进行干预处理，以减缓或克服不良因素对文物造成的破坏作用。

研究表明，造成青铜器脆弱化的诱发因素主要包括内外因两方面，内因是青铜器中的金属元素发生化学反应，导致其组织结构和性质发生改变。这种变质主要由于氧化、硫化、水解等因素引起，导致青铜器表面出现锈斑。青铜器的锈蚀有很多种，氧化铜、硫化铜、硫酸铜等，其中危害最大的是碱式氯化铜，可以导致青铜器粉状锈的产生。青铜器发生病害的外因主要是指赋存环境中的湿度、酸碱度、气候等环境因素，如当青铜器暴露在潮湿的环境中时，水分中存在的氧和二氧化碳会在青铜表面形成氧化层，进而导致腐蚀。在某些极端条件下，比如酸性、潮湿环境中，粉状锈的扩散蔓延会由点及面地加速扩散，最终导致青铜器出现穿孔、大面积粉状乃至溃散等问题。此外，在特定条件下生物学作用、电化学作用、化学作用等也会导致青铜器粉末化锈蚀病害的产生。

5.5 保护预案的制定

保护预案是指为了减轻各种危害对考古出土器物的破坏而预先制定的不同于正常工作程序的紧急保护方案和行动措施。在前期调查的基础上，将周围环境、历史及埋藏环境信息进行分析，预计文物出土后会面临的问题，针对相应的问题制定保护预案。

5.5.1 预案内容

（1）应急领导小组的组成

按照不同分工，各司其职、各负其责的原则，在考古领队的统一领导下可成立考古现场应急保护小组，主要履行信息汇总和综合协调职能，发挥运转枢纽作用。

（2）病害评估

病害评估是应急预案的一个重要组成部分，由评估专家对现场出土文物当前面临的病害和潜在病害作出评估。明确病害类型及危险程度，为制定操作性强的应急预案提供依据。

（3）应急保护预案

应急预案按照因“病”施治的原则，制定多种针对不同器物病害的应急保护方案，以应对复杂多变的实际情况。制定方案的过程中，要确保其高效可行性，并在此基础上寻求最高效的保护方案。

（4）应急保障措施

应急保障措施应包括：依据相关政策制定相关支持办法，配备相应的应急装备及资金，为应急保护人员顺利开展工作提供支持条件。

5.5.2 制定应急预案

在研究应急预案组成内容的基础上，按照文物保护原则并遵循一定的流程制定应急预案，具体的制定流程如下：组建应急保护小组并明确其职责—对文物核心价值等方面开展分析，评估文物面临的或即将面临的侵蚀病害—形成应急实施方案—保护人员的组织和培训—应急保护预案实施—实施成果评估—改进应急保护预案的制定过程，以提高应急预案的科学保护水平。

同时准备需要用的工具及材料。现场保护预案内容主要包括：遗址概况，制定目的、制定依据、工作基础、工作范围、应对方案、使用材料、工具、设备及人员安排等方面。

5.6 现场应急性保护基本步骤

青铜器现场应急性保护目的，就是第一时间遏制青铜器出土后发生的突变，阻止其病害进一步地发生、发展。首先，现场应急保护应以控制环境为本，面对出土时不良环境对文物造成的冲击，可在第一时间内建立起缓冲环境，尽可能地减缓环境突变对文物造成的危害，并使青铜文物能够逐渐适应出土后的新环境；其次，应提升脆弱青铜器文物的本体强度，通过提高青铜器本体强度，提高脆弱青铜器本体抗侵蚀能力。应急性保护仅能解决脆弱青铜器在短期内的相对稳定，为实施进一步的保护措施赢得时间。因此，在做好脆弱青铜器应急保护的基础上，为更好地做好后期保护工作，通常也需要对脆弱青铜文物进行异地保护处理，此时就需要对脆弱青铜器进行现场提取，以便把脆弱青铜器提取到实验室进行深度保护处理。

总之，考古发掘现场的环境控制其作用主要是通过改善出土文物的赋存环境，以减小环境因素对出土文物的影响。出土文物具有脆弱性，特别是长时期埋藏于地下，骤然发掘出土，在适应新环境的平衡中必然存在着文物和环境的物质互动，这种物质互动通常会伴随着文物本体物质形态的改变，这种改变对脆弱文物最直接的影响就是文物外观形貌的改变：如粉化、开裂、崩解等。现场保护处理是一套系统工程，特别是对于那些本体强度过低的青铜器，往往需要采取更多的综合调控措施，其中最基本的应急性保护处理应包括现场环境控制和文物本体临时加固两种方式。

5.6.1 环境控制

针对出土青铜器的现场环境的控制，首先应调查青铜器的保存状态，评估其环境耐受性；其次是根据青铜器的保存状态确定适宜的环境控制技术手段。在青铜器保存状态调查评估方面可重点查明以下几点：青铜器的劣化状态、锈蚀层的疏密程度，以及基体的劣化程度，采用的调查方法可结合经验与设备来进一步确定。

控制环境温湿度是实施现场脆弱文物保护的基础，对于脆弱青铜文物应保存在尽可能干燥的环境中。在现场环境不满足要求的情况下，环境控制通常分两步走：首先对青铜器出土地的外部空间环境进行控制，如搭建保护棚、采取覆膜隔离等；其次，对文物出土的内部空间环境进行控制，这个步骤通常较为繁琐，应根据文物本体的保存状况，采用空调设备对空间内进行热湿处理，使温湿度稳定在文物最佳保存环境内。

现场环境的控制手段的选择应依据以下几个因素：现场的温湿度、水文条件、气象条件以及空间条件。如在冬季应考虑保温措施、在夏季应注意紫外线危害、雨季应做好排水措施等。此外，由于受发掘现场空间条件限制，采取的保护控制措施应尽可能紧凑，以进一步提高环境控制效果。

5.6.2 现场清理

现场清理是出土青铜器保护的重要步骤，旨在为后续的修复和保护打下基础。现场清理的目标是去除青铜器表面的污垢、残留物及其他污染物，确保其在保护过程中不受到进一步的损害。

清理工作通常需要先评估出土青铜器的状态，包括观察其表面是否有明显的腐蚀及其他损伤。根据评估结果，选择合适的清理方法。对于青铜器表面附着的泥土和砂石，可以使用软毛刷轻轻刷洗，避免对器物表面造成损伤。在某些情况下，湿润的纱布也可用于清理，以减少摩擦。

在清理过程中，化学清洗剂的使用要谨慎。针对特定类型的污垢，采用适当的化学品进行清洗，化学清洗剂的浓度和接触时间必须严格控制，以防止对青铜器造成不可逆的损伤。

初步处理阶段还包括对器物的干燥和保护措施。清理完成后，如有必要可使用封护剂进行表面处理，以形成一层保护膜，降低后续腐蚀的风险。同时，应避免阳光直射和高温。

5.6.3 临时加固

临时加固是为了提高脆弱青铜器的耐受强度而采用的一种保护手段。临时加固保护通常包括物理加固和化学加固，所谓的物理加固就是采用外在辅助材料通过物理作用提高青铜器强度的方法，如采用石膏绷带对有解体危险的脆弱青铜器的临时固形等；化学加固则是采用化学材料通过化学作用提高青铜器强度的方法，如采用Paraloid B-72对表面严重粉化的濒危青铜器的加固等。加固保护的目的是恢复或改善青铜器组分之间的结合力，增加脆弱青铜器物的机械强度，从而提高脆弱青铜器的整体稳定性。

临时性加固实施的基本原则：首先，应不会对脆弱青铜器文物外观产生明显的影响；其次，临时性加固处理不会对后续实验室处理产生不良影响，具有可再处理性、环境友好性，符合生态要求，对人体、环境无害等。脆弱青铜器的加固保护步骤主要包括五方面内容：①文物保存状态的调查研究，对各种相关文献资料进行研究，对文物的出土环境、保存状况进行分析和检测。②相关资料的收集、分析，对文物的基本病害信息、加固保护信息以及保护建议进行详细记录、分析。③实施加固保护工艺试验，在实施保护方案前，可选局部相对不重要部位进行实验，并做出可行性评估和论证。④根据前期试验情况确定加固保护方案。⑤建立加固保护档案，为日后的再次保护及推进保护技术进步提供参考。

目前，现场保护中常用的物理加固措施主要有：石膏绷带法和树脂绷带法。①石膏绷带法：在普通的纱布绷带中注入干的熟石膏，把纱布绷带和熟石膏与水混合后，包裹在脆弱器物的表面，石膏凝固后就成为具有一定强度的、能够对脆弱器物起到保护作用的加固层。石膏绷带法主要针对本体保存状况较差、表面有裂隙的脆弱器物，为防止器物在提取过程中裂隙的进一步发展，使用绷带包裹进行物理加固后，就可将整个器物提取出来。石膏绷带法提取脆弱文物具有强度高、无毒、价格低廉等特点，其缺点是重量大，固化慢等。②树脂绷带法：是将热塑性树脂涂抹于网状织物上形成的绷带，具有重量轻、强度高、使用便利等特点。使用前先在文物表面设置隔离层，然后将树脂绷带软化，之后缠绕在需要加固的文物表面，待固化后，就可起到临时加固的作用。

化学加固是使用具有良好黏结性的化学材料，将其渗透进脆弱文物本体内部，通过与脆弱文物本体组分的化学结合来实现文物的强度的提升。化学加固保护是提高脆弱文物强度及其稳定性的有效手段，因而在脆弱文物的保护研究及保护工程实践中得到了广泛应用。

为保证脆弱文物化学加固保护的科学进行，经过长期的加固保护研究和实践，形成了加固保护材料遴选、实施工艺及加固保护效果评价等方面的举措。

一是在加固材料选择方面，首先应考虑加固材料的合理性，即：①加固材料能够深层渗透，不是仅在表面形成坚硬的外壳；②加固后强度的提高应和文物本体材料相近或稍强；③符合使用过程和使用后不损害文物、不产生副作用、不改变颜色与外观、加固剂强度形成梯度等要求；④耐老化；⑤可逆或具有再处理性等。

二是在加固材料适用性方面，对加固材料的选择必须综合考察文物的保存环境及文物的自身特点。一般说来，乳液型加固剂多用于潮湿状态脆弱文物的加固保护，溶剂型加固剂则多用于干燥文物的加固保护。虽然乳液型加固剂对于含水率较高的文物比溶剂型树脂加固剂具有更好的渗透及加固效果，但在金属文物的加固保护中应避免使用，因为青铜质文物对水比较敏感，通常在水分存在的情况下会加速其锈蚀速率。因此当该类出土金属器物含水率较高时，通常进行缓慢干燥后再用溶剂型加固剂进行加固处理，这种加固处理方法不包括完全矿化的该类器物。溶剂型加固剂存在的缺点主要是，当外部环境气温较高、湿度较低时，会导致溶剂挥发速率过快，加重溶质的返迁效应，容易在文物表层造成加固效果不均匀。

三是在加固工艺研究方面，加固保护材料的保护效果不仅与材料有关，还与加固工艺有关，选择的加固方式应和加固材料的性能、加固对象的保存状况及保护要求结合起来。脆弱文物常用的加固方式主要有四种：①滴注：采用滴管将加固材料滴加到文物需加固的部位；②喷涂：采用喷雾装置对文物加固部位反复喷涂直至饱和，喷涂过程中应避免发生挂流或者材料在文物表面集聚；③刷涂：采用软毛刷对加固部位进行涂刷，涂刷间隔时间的长短视加固材料的性能及加固部位的渗透情况而定；④贴敷：通过在文物表面贴敷包含加固材料的物体如棉纱布等，同时外加塑料膜以减少溶液挥发，通过延长加固材料和文物的作用时间，来提高保护材料的渗透深度。敷贴渗透也可采用加压的方式进行。加固剂的施加方法很多，在保护中使用应根据文物保存状况和保存环境实际情况加以选择。如喷涂法一般应用于大面积加固，喷涂法不会和文物表面发生直接接触，对文物表面的影响较小，是对脆弱文物表面干扰最小的加固方法。但喷涂法也存在缺点，不太适用于溶剂型加固剂的使用，因为该类加固剂一旦采用喷涂工艺，其雾化效应会造成溶剂大量挥发，造成加固剂渗透效果的降低，特别是在气温较高时大量有机溶剂在空气中的蒸发也容易造成安全事故的发生。另外，在对文物进行加固时，为保证加固剂达到最佳的渗透深度和减少加固剂的施加次数，提高加固效果，配制的加固材料通常采用梯度浓度，即在加固的初始阶段采用低浓度加固剂进行施加，然后使用中等浓度进行渗透加固，最后以正常浓度进行加固的方法来达到预期的保护目的。

四是在加固效果评价研究方面，加固材料的渗透深度和加固强度是评价加固保护效果性能指标中两个重要的参数，加固材料只有充分地渗透才能起到有效的加固保护作用。研究表明，加固材料的渗透深度越大越好。加固材料的渗透深度不够，会使加固材料附着在加固对象的表面，导致加固材料和加固对象之间出现的界面应力集中，这种界面应力集中通常会造成文物表面形成鳞片状的剥落。反之，足够深的渗透则可使脆弱文物的加固区域至文物的本体之间形成一定的加固梯度，一定的加固梯度可以有效避免加固应力形成的表面脱落。加固强度并不是越强越好，研究认为，脆弱文物加固后的强度以接近或者略高于文物本体材料的强度为宜。

除此之外，可以根据加固对象的不同而建立不同的加固评价体系。总体的加固效果评价可根据加固保护原则、保护目标和任务进行综合评价，评价指标主要有以下两点：①加固保护处理后的脆弱文物能够满足“保持文物原貌”的原则，同时通过加固处理，使得处理后的脆弱文物的病害得到有效控制，基本恢复文物原有性能。②加固后的脆弱文物具备较强的保存环境适应能力、抗腐蚀能力、自我调节能力以及再次进行被保护处理的能力。

5.7 现场提取保护

对于脆弱青铜器而言，由于考古现场环境限制，很难对其进行完整的清理、保护和资料提取，极易造成文物本体的损毁与考古资料的遗失。因此，将脆弱青铜器连同周边一定范围内的土体一起提取并转移到实验室，利用室内良好的环境状态与丰富的信息提取手段开展对脆弱青铜器的多学科研究，是当前考古发掘现场保护文物的常用手段。

使用整体提取技术，将文物与周边土体一同提取，然后转移到实验室内进行更加专业的处理，以便于尽可能详细地获取文物的历史信息，以及最大程度上复原文物。目前常用的几种整体提取方法包括套箱法、石膏提取法、聚氨酯泡沫提取法等，选择合适的整体提取方法对保护文物安全和提高发掘效率有积极帮助。

（1）文物破碎严重，碎片零散分布

一些材质比较特殊或者是埋藏年限较久的文物，在出土时已经存在较为严重的腐蚀、破损，并且多件文物的碎片互相掺杂，考古挖掘现场的工作人员在短时间内无法分辨这些碎片到底属于哪件文物。这种情况下为了后续考古发掘工作的顺利开展，以及出于文物保护的需要，必须要用整体提取技术，将文物及周边一定范围内的土体一同提取并转移到实验室，再由专业人员使用专业工具，完成文物与土体的剥离，以及碎片的分类，最大程度上复原文物。由此可见，整体提取技术适用于那些文物极易破碎，或者是文物已经破碎、碎片难以单独提取的情况。

（2）文物极易破碎，不能单独提取

文物单独提取适用于文物体积不大、保存较为完整的情况，为了避免文物破坏，也需要借助于整体提取技术。例如，在文物考古发掘现场，由于土壤含水量较高，一些青铜文物出现了严重锈蚀，土垢、铜锈与文物本身相互粘连，给文物的发掘工作带来了很大难度。如果单独提取文物，采用物理方法强行剔除文物表面的土垢、锈蚀物，容易对文物本身造成严重破坏。这种情况下就需要使用整体提取方法，将文物及土体转移到实验室后，由专业人士使用专业工具，完成青铜文物的清洗，最大程度上复原和保护文物。

（3）文物周边环境存在丰富历史信息

对于规模较大的文物遗址，文物周边的土体中也可能埋藏着其他文物，或者是保留了其他有助于考古研究的历史信息。但是要想获取这些历史信息，并且搞清楚它们之间的关联，需要考古人员查阅大量的史料、花费大量的时间，在考古发掘现场无法完成这项工作。这种情况下也会应用到整体提取技术，将文物与周边的土体一同提取出来，让考古人员能够在实验室内有足够的时间和良好的条件展开研究，梳理其中的历史信息，支持考古事业的发展。当然，相比于文物的单独提取技术，整体提取法不仅花费更多的时间，而且成本更高，对人力、技术等都提出了更高的要求。因此，考古人员要结合现场实际情况决定是否选择整体提取技术，在保护文物安全和保证发掘效率上争取做到统筹兼顾。

5.7.1 打包提取技术

（1）清理文物周围泥土

考古人员以文物为中心，从文物边缘再向外侧延伸适当距离，画出开挖的边界线。然后垂直向下开挖，开挖深度根据文物的高度来确定，底部土体可适当多保留一些，得到一个承载文物的土质台基。如果考古挖掘现场的土壤强度较好，也可以改变土质台基的形状，如上宽下窄的倒立梯形，能大幅度减轻后续文物与土体分离的工作量。需要注意的是，梯形斜边与台基水平面之间的夹角要大于60°，避免出现上部土体坍塌而损坏文物的情况。

（2）文物的周边加固

对土质台基进行临时加固，可以有效避免文物整体提取时发生土壤散落的现象，也是保护文物的一种必要措施。常用的加固方式有三种：①纱布绷带加固。对于体积较小、重量不大的土质台基，可选择纱布绷带加固。按照自上而下的顺序，从土体台基的上部开始包裹，用力缠绕，直到土质台基的6个面全都被包裹加固。②石膏绷带加固。对于体积较大、质量较重的土质台基，纱布绷带起到的加固效果十分有限，这种情况下可以换成石膏绷带进行加固，裹缠方法与纱布绷带类似。考虑到石膏可能会对露出文物造成污染，因此需要提前使用聚乙烯薄膜覆盖文物，起到隔离作用，然后再使用石膏绷带进行缠绕、加固。③树脂绷带加固。将热熔状态的树脂材料均匀涂刷在土质台基的外侧，等到树脂硬化后，可以对土体产生包裹、加固效果。同时，树脂材料无毒、无污染，不会对文物造成破坏。

（3）文物的底切处理

该步骤是文物整体提取中的关键，底切处理效果不仅直接决定了后续文物与土体分离的工作量，而且也会对文物的完整性产生影响。事实上，在考古挖掘现场提取文物时，由于底切处理不规范，导致提取过程中发生土质台基掉落，进而造成文物破损的情况时有发生。因此，考古人员在整体提取文物时要重点做好底切处理。挑选一块一侧带刃的金属板，以水平方向切割土质台基的底部，让土质台基与原土体分离。判断该区域土体自身的强度，如果强度不够，或者是文物尺寸较大，那么在底切处理后还需要提供刚性支撑，防止提取过程中因为自重太大而发生应力变形的情况。

（4）文物的刚性支撑

选择四块体积相同的木方，分别放置在土质台基的四个角上。注意木方距离土质台基边缘的距离要适宜，保证受力均匀，形成刚性支撑，然后再完成整体提取。

5.7.2 石膏提取法

（1）去除文物周围泥土

提取人员以文物的外边缘为界限，向外侧延伸适当距离后按照斜向下方向开挖，超过文物底部5～10厘米后停止开挖，形成一个倒梯形的土质台基，可以避免台基倒塌致使文物受损的情况。

（2）文物的周边加固

选择2块尺寸合适的木块，垫在土质台基的底部，木块放置位置为土质台基底部边缘向内3厘米处。木块撑起的缝隙用于灌注石膏，起到隔离和保护文物的效果，为下一步进行整体提取创造有利条件。根据土质台基的尺寸，另外选择几块大小合适的木板，固定在土质台基的外侧，形成一个简易框架。在梯形土质台基的顶部使用石膏绷带覆盖，这样可以保证下一步灌注石膏后，避免石膏与文物直接接触。

（3）灌注石膏

准备好足够分量的熟石膏，按照自上而下的顺序，从梯形两侧的木板边缘处进行浇注，保证石膏能够填满整个土质台基与木板之间的全部空隙。在进行此操作时，考古人员应注意观察土质台基的边、角等部位，如果发现有个别区域未充满石膏，还需要使用细铁丝进行疏通，排出空气，让梯形土体可以被完整地包裹起来。然后等待一段时间，让石膏开始固化后，选择一个平整的木板或金属板，放置在梯形土体的顶部，并用力向下按压，进一步提高石膏的密度，反复按压3～5次后，让石膏完成固化。

（4）底切处理与翻转

等到石膏完全固化后，开始进行梯形土体的底切处理。将梯形土体进行180°翻转，让有文物的一面朝下，让土质台基朝上，此时两侧木板以及金属板可以起到支撑和保护文物的作用。提取人员用金属铲子沿着木质框架的内部，将石膏与木质框架分离开来。等到完全分离后，即可得到被石膏包裹的文物，从而完成对文物的整体提取。

5.7.3 套箱提取技术

该方法的前两步与石膏提取法类似，首先是清理文物周边泥土，得到一个规整的矩形土质台基，其次是选用2块木板分别固定在土体两侧，使用绷带进行绑扎、固定。最后为底切处理，由于文物的尺寸不一、土体的重量不同，因此选用的底切处理方式也各有差别。对于尺寸较小，土体重量较轻的土质台基，提取人员可使用一侧带刃的薄金属板，以水平方向切割土质台基的底部，让台基与原土体分离，从而完成提取；对于尺寸较大、土体较重的土质台基，如果底切处理后直接提取，容易因为挤压变形破坏文物，或者是土体散落损坏文物，此时需要使用“掏空插板法”进行提取。具体操作方法为：首先使用工具从木质边框的下方掏槽，得到若干高度为3厘米、贯穿土质台基的细长空隙。然后选择一个尺寸略小于空隙的长木块，插入到空隙中，并使木块的两端超出土质台基的边缘3～5厘米。使用铁丝将木块连接、固定，最后对木块施加作用力完成整体提取。通过发挥木块的支撑和加固作用，让土质台基的重力得到均匀分担，从而避免因为受力过于集中而挤压破坏文物的情况。

5.7.4 聚氨酯泡沫

随着新技术、新材料的日益成熟，考古发掘现场文物保护中的整体提取法也得到了创新发展，聚氨酯泡沫提取法就是近年来兴起的一种新型文物提取技术。在提取过程中会使用到两种基本材料：一种是“白料”，主要成分是聚醚多元醇；另一种是“黑料”，主要成分为异氰酸酯。使用前需要将两种材料按照1∶1的比例充分拌匀，一段时间后两种材料产生化学反应并生成大量泡沫，将文物包裹起来。在泡沫固化后，提取人员只需要取出聚氨酯泡沫，就可以实现文物的整体提取，最后在实验室内小心地分离泡沫和文物。

聚氨酯泡沫提取法在操作步骤上与上文介绍的两种方法类似，大体可分为四步：第一步仍然是清理文物周边的泥土，操作方法同上；第二步是简单加固文物，方便材料发泡，加固方法与石膏提取法中的加固处理基本相同，不同点在于增加木质框架与土质台基之间的缝隙宽度，通常要达到15厘米左右，预留出足够的发泡空间，保证泡沫能够完全包裹文物；第三步是进行双层隔离，内层为聚乙烯薄膜，外层为铝箔，经检查确认密封良好后，将准备好的材料混合后倒入预留的缝隙中，合理控制材料的量，在25℃环境下只需要10分钟即可完成发泡固化；第四步是由提取人员用金属铲沿着木质框架的内侧，分离木质框架和聚氨酯泡沫，注意保证泡沫边缘部位平齐，在完全分离后整体提取文物。

5.7.5 薄荷醇提取法

薄荷醇因其出色的挥发性和较低的毒性，被广泛应用于考古现场，作为一种临时的加固材料。这种材料特别适用于对那些脆弱的青铜器进行初步的加固处理。薄荷醇能够在不改变文物表面化学性质的情况下，提供必要的物理支撑，从而帮助保护这些珍贵的文物在搬运和进一步处理过程中保持其完整性。此外，薄荷醇的挥发性特点使得它在后续的保护处理过程中，无须进行额外的去除步骤，便能自然挥发，从而大大减少了对文物可能产生的潜在影响。

然而，值得注意的是，尽管薄荷醇具有上述优点，但其加固强度相对有限。因此，薄荷醇通常只被用作辅助材料。在实际的文物保护工作中，为了确保文物提取过程中的安全和稳定，通常还需要加强同其他加固材料的协同，确保文物在提取过程中不会因外界不利因素影响而受到损害。

5.8 常用整体提取方法的综合对比

考古发掘现场文物保护中常用的四种整体提取方法，每一种方法的操作要点、适用范围各不相同。考古人员只有熟悉每一种方法，才能根据现场文物保护的需要灵活选择，在保护文物完整性的前提下实现高效作业。

（1）基本提取法

基本提取法是现阶段考古发掘现场文物提取中最为常用、操作也最为简单的技术，适用于土体强度较好，文物尺寸不是太大的情况。相反，如果考古挖掘区域的土壤含水量较高，土壤刚度较差，或者是文物本身的尺寸较大，则不宜选择基本提取法。另外，该方法除了操作简便外，不需要借助于其他提取材料（如石膏、树脂等），间接地降低了技术应用成本。

（2）石膏提取法

石膏提取法的操作步骤相比于基本提取法较为繁琐，适用于土壤结构较差或土壤强度不高的情况。利用石膏加固可以对文物及其周围土体起到更好的保护作用，确保文物能够顺利完成整体提取。但是该方法也有一定的缺陷，例如，需要使用石膏作为辅助材料，增加了成本；同时，石膏的填充效果也会对整体提取产生影响，对操作技术有着更为严格的要求；另外，该方法适合尺寸较小的文物的整体提取，如果是尺寸较大的文物，则不适合选用该方法。

（3）套箱提取法

套箱提取法的操作难度不高，同时还能利用木板组成的套箱对土质台基进行侧向加固，避免土质台基提取过程中出现土壤掉落的情况，对文物形成了有效的保护。该方法适用于尺寸较大、土体重量较大的文物。套箱提取法没有明显的缺陷，但是对套箱的连接处理有着严格的要求。两侧加固板和底部刚性支撑板必须要连接牢固，经检查确认不存在问题后方可整体提取。

（4）聚氨酯泡沫提取法

聚氨酯泡沫提取法作为一种新型的整体提取技术具有诸多优点，例如，适用范围广，既可用于正常土体的文物提取，也可适用于不良土质下文物的提取；同时还具有安全性高，自重轻等特点，无论是大型还是小型文物，均可使用该方法完成整体提取。该方法没有明显缺陷，唯一需要注意的是聚氨酯可能会对文物造成污损，因此在添加材料之前必须要使用聚乙烯薄膜和铝箔对文物进行双层隔离。

5.9 包装运输

在对考古现场脆弱文物现场打包提取后，应及时搬迁运输至实验室内进行后续的保护处理。同时在搬迁运输过程中吊装和搬迁均存在一定的风险，因此搬迁运输前要确保文物整体的稳定性，提前规划好各项工作，统筹安排，确保整体工作的顺利开展。

5.9.1 前期准备

在搬迁运输之前应该科学、合理地规划打包件的搬迁、运输工作，包括发生各种特殊情况时的应急预案。提前勘察同时确定好搬迁运输路线，如有需要修筑临时道路，同时提前准备好需要的工具，并安排好相关的民工等。打包件的搬迁、运输工作应该做到严格保密，严禁非工作人员进入文物的包装场地，文物的包装工作人员也不允许相互之间讨论所包装的文物内容、运输方式、运输时间以及运输路线等，最大限度地避免相关情况泄露。打包件的清单也应该由专门的工作人员保管，在打包件的出库以及装车的过程中，要保证有两人以上的工作人员进行操作，相互监督、约束。在文物藏品搬迁、运输的过程中，相关工作人员应该认真履行自己的岗位职责，确保运输途中文物藏品的安全。在打包件出库之前，应由相关工作人员核对需要搬迁的打包件，核对无误之后才能装车、运输。最后，需要清点所运输的文物总箱数。在打包件运输前，需要相关工作人员登记，到达新库存仓库时，也需要相关的工作人员进行核查、清点。打包件的摆放也应按照相关规定进行，分类进行摆放、清点，保障文物藏品在搬迁、运输的过程中不会遗漏。

5.9.2 文物包装

对文物藏品进行包装，就是对其进行相应的保护，以有效避免文物藏品受到外界因素的影响。同时有效地包装文物还能够保障文物在搬迁、运输过程中的便捷性。如果对文物藏品的包装形式以及包装材料的选择不正确，不仅无法起到良好的保护文物藏品的作用，还可能会给文物藏品带来不可逆的损害。

文物包装包括外包装、内包装、接触面包装及填充物，主要材料有木材、包装纸、衬垫、防潮材料、密封材料等。易受损文物藏品的包装选择用囊匣来对其进行包装。囊匣不仅能够有效地使文物藏品免受灰尘以及潮湿的影响，并且能够避免人为以及外界因素造成的震动对其产生的影响，更能够方便博物馆的日常使用。纸类文物最怕在运输过程中折叠、摩擦，或者是受潮产生霉菌以及虫蛀。因此，在将纸类藏品放入画套后，还应放入木匣中防潮、防折，并在木匣中放入泡沫塑料作为垫层，这样就能够在运输过程中很好地固定纸类藏品，避免在运输过程中因为摩擦而对纸类藏品造成不可逆的损伤。

5.9.3 装箱

文物装箱是文物搬迁、运输工作中最为重要的环节，所选用的包装箱必须非常坚固，箱角应该使用金属材料加固，箱盖可以用螺丝进行紧固，而箱底可从箱子外面钉上一些木板条，使箱底与地面之间形成一定空隙，最后在文物箱的外壁上安装一些把手，方便工作人员对打包件进行搬迁、运输。而在文物装箱之前，可以在箱内放置一些软纸或者泡沫，并在包装好的文物囊匣之间用专业的泡沫塑料垫分隔，保证文物在装入文物箱之后，器物之间的缝隙都能够被填满，从而有效地增强打包件在搬迁、运输过程当中的安全性。打包件在堆放时，应该注意在下面放置较重的文物箱，在上面放置一些重量较轻的木箱，箱子与箱子之间的连接处可以用一些较软的材料进行固定以及填缝。木箱外也应该醒目地标识防潮、防震、防颠倒等标志。

5.9.4 运输

在打包件的运输过程中，打包件的包装箱之间应该用一些较为松软的材料铺垫，并在文物箱与车厢之间放置一些铺垫，这样可以有效减轻文物箱的晃动以及相互之间的碰撞。在文物的包装过程中，一个囊匣之中只能放置一件文物，并且要在包装外部做相应的标注说明，方便运输时核对。在进行装车搬运的时候，制作每一辆车上所搬运的文物名单，包括所搬运文物箱的序号以及藏品内容、数量，在打包件运输到交接单位时，双方应清点、核实之后，再进行打包件的移交工作。

文物的科学包装与运输是文物保护工作的一部分，其重要性越来越得到人们的重视，其中包装材料化学性能的研究已经在文物保护领域开展了较长时间，无酸化和低污染物释放的要求已经得到了普遍认可。随着文物保护理念和科技的不断进步，文物包装和运输中的力学分析、缓冲材料的匹配、箱内环境的控制与监测等方面的科学研究水平也一定会得到长足的发展。

六、展望

出土青铜器的现场保护研究面临众多挑战，未来的研究方向应聚焦于以下几个方面。

一方面，加强对新材料的研发和应用显得尤为重要。随着科技的进步，传统的保护材料越来越无法满足出土青铜器多样化的需求。因此，合成新型封护涂层和保护剂，提升其对青铜器的适应性和有效性，将是未来研究的重点。同时，探索生物防腐技术在青铜器保护中的应用，可能带来更具革命性的突破。

另一方面，环境监测技术的提升也应成为研究的关键。不同的环境因素如湿度、温度、空气成分等，都会对青铜器的腐蚀产生显著影响。未来可以通过建立智能监测系统，对这些因素进行实时监控，从而提供精准的保护方案，延长青铜器的保存期限。

再者，现场保护技术的规范化与标准化亟待加强。制定一套系统的操作流程和评价标准，有助于提高保护工作的效率和质量。通过对国内外成功案例的总结，构建适合本土实际的保护规范，将有效指导未来的保护实践。

此外，加强跨学科合作也将为出土青铜器的保护提供新的视角。考古学、材料学、化学、环境科学等多个领域的专家共同参与，可以为青铜器的现场保护开辟新的研究途径。

综上所述，未来的研究方向应涵盖新材料研发、环境监测技术、保护标准化、跨学科合作等方面，旨在为出土青铜器的现场保护提供更为全面和有效的解决方案。

参考文献

[1] 赵西晨，邵安定．试论“及时性”在考古现场保护中的重要意义：以张家川战国墓地现场保护实践为例[J]. 文物保护与考古科学，2009, 21(4): 84-88.

[2] 杨军昌，王啸啸，宋俊荣，等．陕西墓葬壁画现场保护与搬迁技术的最新发展[C]// 中国文化遗产研究院．文物科技研究・第七辑．北京：科学出版社，2010: 48-58.

[3] 杨璐，黄建华．考古发掘现场文物保护技术[M]. 北京：科学出版社，2012.

[4] 国家质量监督检验检疫总局，国家标准化管理委员会．GB/T 23862-2009 文物运输包装规范[S]. 北京：中国标准出版社，2009.

[5] 李正军．国宝皿方罍的物流包装整体解决方案探究[J]. 物流工程与管理，2014, 36(10): 68-70.

[6] 姜涛．馆藏文物在利用中的保护——文物包装[C]// 北京博物馆学会．博物馆藏品保管学术论文集．北京：中国林业出版社，2009: 399-404.

[7] 王芳．考古发掘文物保护技术研究[M]. 哈尔滨：哈尔滨出版社，2021.

[8] 李玲. 随州叶家山西周墓地田野考古发掘中的文物保护技术[J]. 江汉考古, 2012(2): 98-104.

[9] 王春燕, 罗晓艳, 容波, 等. 薄荷醇及其衍生物在考古现场脆弱遗迹加固中的应用[J]. 北方文物, 2013(4): 43-45.

[10] 艾玛包装材料(上海)有限公司INTERCEPT China. 新型防锈抗老化包装材料INTERCEPT®在我国博物馆文物存储方面的应用[J]. 绿色包装, 2016, (10): 75-76.

第六章
脆弱青铜器锈蚀物清除与稳定化处理

考古出土青铜器由于时代久远，在埋藏环境中受到不利因素侵蚀后，大多数青铜器都会出现腐蚀现象，在表面呈现出锈蚀斑斑的状态，其不仅覆盖了精美的青铜纹饰，不利于进一步地研究展示，而且如果锈蚀物是具有活性的“有害锈”，则其进一步发展就会使得青铜器本体不断劣化乃至溃散瓦解。因此，青铜器有害锈的清除与稳定化处理是开展青铜器保护的重要工作。

一、青铜器锈蚀物的基本特征

古代青铜器由于铜质不同，埋藏环境中受到酸、碱、盐、氧气、氯气和二氧化碳等影响，古青铜器表面会出现许多锈蚀现象，人们往往将金属器物所生成的锈蚀产物根据其不同的化学组成成分分成稳定锈、激发锈和有害锈三类。一类为稳定锈，它是对文物无害的锈蚀物，这类锈蚀物的主要成分为碱式碳酸铜。凡属无害锈的锈体一般是质地坚硬，化学性质比较稳定，在一定的条件下可以起到延缓青铜器进一步遭受腐蚀的作用，同时亦增添了器物本身古香古色的艺术效果。另一类为有害锈，其典型代表就是会损害文物的“粉状锈”，粉状锈的主要成分为碱式氯化铜，其锈体疏松呈浅绿色粉末状，这类锈蚀物对青铜器的危害极大。而激发锈就是在外部环境影响下，青铜器上原本相对稳定的锈蚀物被激活，可能转化为不稳定的锈蚀，从而导致青铜器的腐蚀现象更加明显。

一般来说，稳定锈对青铜器本体是无害的，也可为青铜器增添历史的厚重感，如其不影响展示、研究，在文物保护实践中无需特别处理。而激发锈、有害锈则会对青铜器的长期保护造成极为不利的影响。如图6-1所示，在显微镜下观察，出土的青铜器残片中可以看到青铜器腐蚀产生了明显的分层结构。青铜器复杂锈蚀的横断面可以分辨出的锈蚀层大致包括有：绿色锈层［孔雀石为主：$CuCO_3 \cdot Cu(OH)_2$］、红色锈层（赤铜矿为主Cu_2O）、蓝色锈层（胆矾为主：$CuSO_4 \cdot 5H_2O$），这些因严重腐蚀而分层明显的锈蚀物，尽管从其组分属性上看属于无害锈范畴，但其结构特征也决定了这种锈蚀物存在不稳定性的趋势，在不利因素影响下该锈蚀物具有一定的继发性（表6-1）。

图6-1 出土状态的青铜器及其微观锈蚀结构

表6-1 青铜器典型锈蚀物的主体成分及性状

名称	化学符号	相应矿物名	颜色	性质
氧化铜	CuO	黑铜矿	黑色	稳定锈
氧化亚铜	Cu_2O	赤铜矿	红色	激发锈
硫化铜	CuS	方蓝铜矿	黑褐色	稳定锈
硫化亚铜	Cu_2S	辉铜矿	黑色	稳定锈
碱式碳酸铜	$CuCO_3 \cdot Cu(OH)_2$ $2CuCO_3 \cdot Cu(OH)_2$	孔雀石、石绿、蓝铜矿、石青	暗绿色 蓝色	稳定锈
碱式氯化铜	$Cu_2(OH)_3Cl$	氯铜矿	黑绿	激发锈
硫酸铜	$CuSO_4 \cdot 5H_2O$	胆矾	蓝色	稳定锈
碱式硫酸铜	$CuSO_4 \cdot 3Cu(OH)_2$	水硫酸铜矿	绿色	稳定锈
氯化亚铜	$CuCl$	氯化亚铜矿	白色	有害锈
氧化锡	SnO_2	锡石	白色	稳定锈

从出土青铜器的保存状态来看，以下两种具有脆弱性的青铜器的保护需要格外重视：一是考古出土时青铜器锈蚀严重，导致器物通体矿化，已无铜质存在，成为有形无强度的脆弱青铜器；二是青铜器在地下埋藏过程中受到了氯化物的侵蚀，出土后氯化物在潮湿环境下形成“粉状锈”。含氯“粉状锈”的发生可使青铜器的腐蚀不断加剧、扩展、深入，直至引起青铜器物的溃烂、穿孔，上述腐蚀现象被称为“青铜病”（图6-2、图6-3）。

受到“粉状锈”侵蚀的青铜文物本体一般分为三至四层，但由于影响青铜器腐蚀的因素不同，不同地区的样片腐蚀程度也存在差异，这些都会导致锈层结构出现变化。从图6-4、图6-5粉状锈的超景深显微结构照片及电镜照片中可以看出：“粉状锈”表

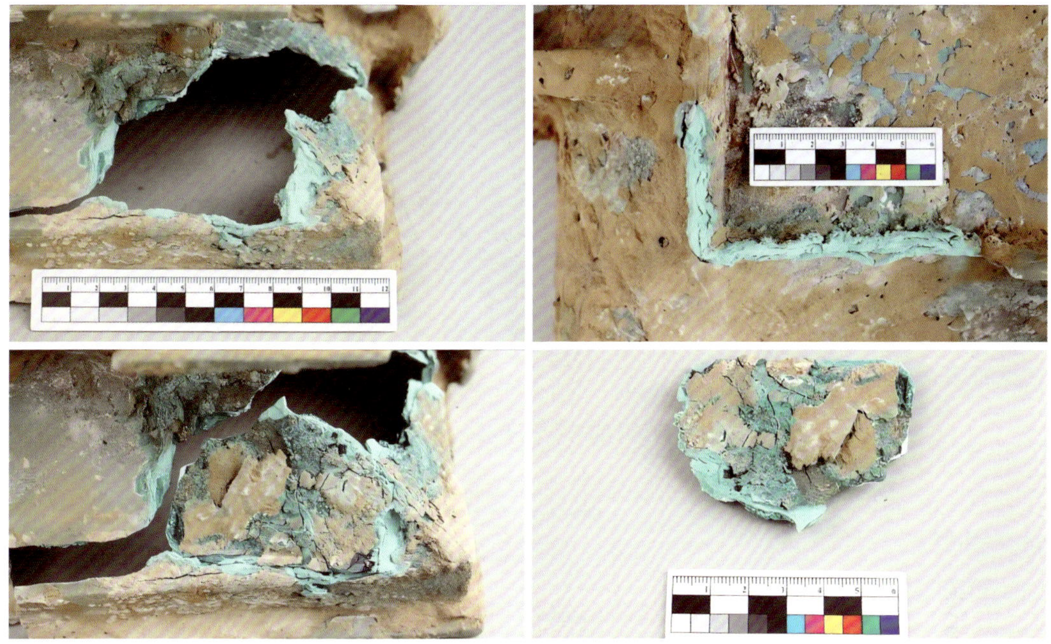

图 6-2　青铜器粉状锈的表观状态

图 6-3　粉状锈的体式结构照片

图 6-4　粉状锈的超景深显微结构照片

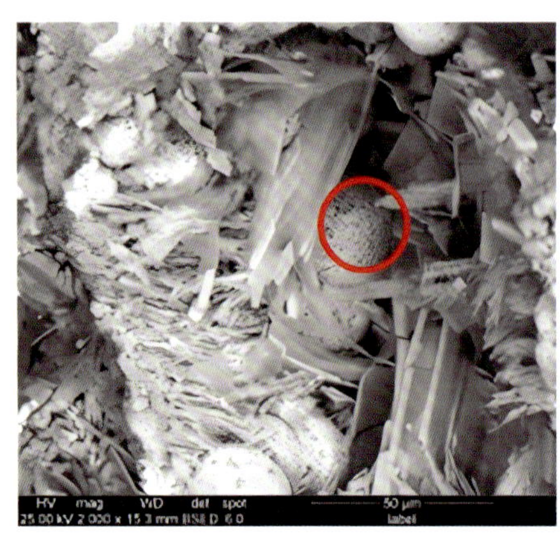

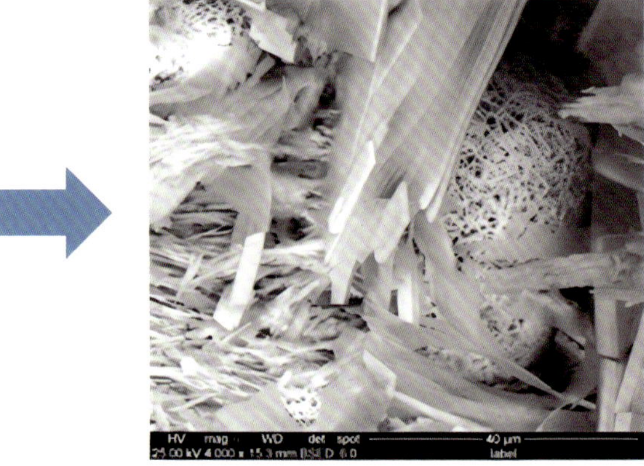

图6-5 粉状锈的电子显微镜结构照片

层外观多呈绿白色，结构较为疏松，组分多为二价铜的各种碱式矿化物；第二层为颜色较暗的褐红色锈层，这层物质通常是氧化亚铜层，其组织比较致密，晶形比较完整；第三层为灰白色的蜡状物层，晶形为较规则的立方体，许多细小的颗粒状聚集在一起，该物质主要是氯化亚铜；第四层则为青铜器基体组织，基本保留了原有的形貌。

由于“粉状锈”疏松多孔，其具有一定的吸湿性，水分、氯离子和氧气不断进入会进一步加剧青铜器的腐蚀进程。研究表明“粉状锈”在形成初期，会形成极度微小的颗粒，这些颗粒几乎可以摆脱重力场的影响而随着空气的流动迁移，如果带有“粉状锈”的青铜器与其他青铜器放在同一空间，“粉状锈”颗粒会因空气的流动而黏附到其他青铜器上，并且发生化学反应：

$$2Cu_2(OH)_3Cl+Cu+6H^+ \rightarrow 2CuCl+3Cu^{2+}+6H_2O$$（酸性环境）

$$4CuCl+O_2+4H_2O \rightarrow 2Cu_2(OH)_3Cl+2H^++2Cl^-$$（碱性或中性环境）

这种恶性循环不断进行，被认为是“粉状锈”可以传染到其他青铜器上的原因。从“粉状锈”的形成、扩散途径可以看出，水和氧气的存在是青铜器发生腐蚀的重要诱因。因此，充分隔绝水和氧气对青铜器的影响，是保证青铜器稳定的重要前提。

二、除锈及稳定化处理原则

如上所述，青铜器在埋藏过程中，依据埋藏环境状态的不同，青铜器表面会自然形成各种不同色彩的腐蚀覆盖层，如黑色的氧化铜（CuO）、红色的氧化亚铜（Cu_2O）、靛蓝色的硫酸铜（$CuSO_4$）、蓝色的硫酸铜（$CuSO_4 \cdot 5H_2O$）、绿色的碱式硫酸铜［$Cu_4(OH)_6SO_4$］、白色的氯化亚铜矿（$CuCl$）、白色的氧化锡（SnO_2）等不同色彩。其中绝大多数属腐蚀产物形成的锈蚀层，铜的锈蚀产物，大多被称为红斑绿锈，红斑主要为氧化亚铜，最常见的绿锈主要为碱式碳酸铜等，不仅不会破坏青铜器的艺术价值，反而增添了青铜器艺术效果。色彩斑斓性能稳定的腐蚀层，成为青铜器庄严古朴、年代久远的象征，同时其对阻止青铜器的进一步腐蚀也有一定的保护作用，所以这类腐蚀层应保留。但鉴于大多数出土青铜器基本上都沉积有土锈等附着物，在一定程度上会影响青铜器的研究价值，如当附着物覆盖在青铜器的关键纹饰、铭文部位，严重影响了青铜器的研究价值与艺术价值，则需要进行除锈处理。

青铜器除锈要遵循文物保护的原则，除去覆盖铭文和花纹的各种锈层，同时保存美丽的古斑皮壳等无害锈，使文物的特征颜色基本不变，修旧如旧，保留文物上面的历史和考古信息。“稳定化”处理指的是通过一定的技术措施，使得文物存在的病害得到有效控制或不再继续恶化，从而实现其保持“健康状态”并长期稳定的目的。

脆弱青铜器的稳定化处理包含三层含义：一是指文物本体的稳定化，文物本体的稳定化包含物质交换的稳定、力学性能的稳定和能量交换的稳定。二是指文物保存环境的稳定化，环境的变化时刻影响着文物的稳定。当氧含量、氯离子浓度、温湿度、微生物、光照等方面发生变化时，文物本体也会随之发生变化。三是控制文物腐蚀劣化过程中产生的次生物质组分的稳定，同时去除有害组分。从青铜器锈蚀机理的探讨可以得知，较长时间以来，人们多认为氯离子的存在对青铜器的锈蚀影响最大，是青铜器文物遭到破坏的主要原因，要保护好青铜器，关键在于如何处理氯离子。怎样将氯离子从器物中除去，或是将氯离子稳定密封在器物内部，使之与氧气和水分隔开，免受外界环境因素的影响，是青铜器保护的关键。采取何种方法除去“粉状锈”，要视具体情况而定，但总的原则是必须保持器物的原貌，特别是不能伤害器物的铭文、纹饰及色泽。

对于严重腐蚀的青铜器企图彻底去除其表面的腐蚀产物是不明智的，但是也有不少青铜器需要并允许清除其表面的部分腐蚀产物。例如，有的严重腐蚀的青铜器表面被厚厚的锈层覆盖着，造成一些精美的雕刻、镶嵌、纹饰或铭文被锈蚀物所掩盖，为了尽可能完整地体现青铜器的历史艺术价值，应秉持尽量少去锈或不去锈的原则，根据锈蚀特征和去锈的要求进行严格的选择。

三、青铜器有害锈清除方法

3.1 物理清除法的应用及优缺点

物理清除法是青铜器锈蚀物除去的重要手段之一，其主要通过机械力和物理方式去除表面锈蚀层。这种方法在实际应用中，因其相对简单、操作方便而受到广泛关注。

在物理清除法中，常用的技术包括刷洗、喷砂和超声波清洗等。刷洗是一种传统的清除方法，通常使用软毛刷或钢丝刷结合清洗剂，能够有效去除表面浮锈。但在处理较为脆弱的青铜器时，需谨慎操作，以免对器物表面造成划伤或损害。

喷砂技术利用高压气体将细小的砂粒喷射到青铜器表面，通过高速撞击以去除锈蚀物。该方法适用于大面积清除，但对于细节处理和精细工艺的保护则有一定的局限性，易造成表面损伤。

超声波清洗则是利用超声波在清洗液中产生的气泡爆裂现象，形成微小的冲击波，达到清除锈蚀物的效果。这种方法可以深入到复杂的形状和细小的缝隙中，清洗效果显著。然而，超声波清洗操作过程也需控制参数，以避免对青铜器造成意外损伤。

物理清除法的优点在于其操作技术简单高效、对环境影响小。特别是在不涉及化学药剂的情况下，更加符合对文物保护的要求。然而，其缺点同样明显，物理方法往往难以完全去除锈蚀，同时，处理不当可能导致青铜器表面出现划痕、失去光泽或导致部分结构强度的弱化。此外，对于某些特殊青铜器，物理清除法可能无法达到理想效果。

在物理清除法的应用中，选择合适的方法和技术至关重要。应根据青铜器的材质、锈蚀程度以及保护需求，综合评估不同物理清除技术的优缺点，以制定科学合理的清除方案。

3.2 化学清洗技术及其效果评估

化学清洗技术主要通过化学反应去除锈蚀物及其他污染物，以恢复青铜器的外观和结构完整性。

常见的化学清洗剂包括酸、碱、盐等试剂，如氨水、醋酸、柠檬酸、草酸、六偏磷酸钠、EDTA二钠盐。这些清洗剂能够有效溶解锈蚀产物。氨水的使用通常适用于较轻的锈蚀情况，通过与锈蚀物反应，形成可溶性化合物。醋酸和柠檬酸则因其较强的酸性，适用于较重的锈蚀处理。在实际应用中，根据锈蚀程度的不同，清洗剂的浓度和作用时间也需相应调整。

化学清洗的效果评估可以通过多种方法进行，最常用的是目测评估和表面分析技术。目测评估主要依赖于专业人员的经验，通过观察清洗后的青铜器表面状态，判断清洗效果的好坏。常用显微镜观察来评估锈蚀物的去除率。

虽然化学清洗技术具有良好的去污效果，但其也存在高腐蚀性等缺点。由于化学清洗剂的腐蚀性，可能对青铜器本体造成二次损伤。此外，清洗剂的选择不当或操作不规范，亦可能导致清洗效果不理想甚至损害文物。因此，在实际操作中，需要综合考虑青铜器的材质、锈蚀程度及文化价值，制定合理的化学清洗方案，以确保达到去污与保护的双重目标。

3.3 激光清洗技术

激光清洗技术凭借其高效、环保的特性逐渐受到关注。激光具有高能量密度，可以精准地作用于目标表面，以去除锈蚀层而不损伤基材。其主要优点包括可选择性强、非接触性和适应性强。

可选择性强体现在激光能够精确调节波长和输出功率，从而针对不同类型的锈蚀物质进行清除。例如，针对铜锈，选择合适波长的激光可以有效破坏其结构，而对青铜器基材的影响降到最低。激光清洗的非接触性使得其在清除过程中不会引入机械应力，降低了对文物的物理损害风险。

激光清洗技术的适应性也使其能够处理形状复杂的青铜器。某些雕刻精细的青铜器在传统清洗方法中难以处理，而激光清洗能够灵活调整焦距与角度，确保各个细节均能得到妥善清理。通过与其他清洗手段结合，形成综合清理方案，激光清洗能够在较短时间内完成高质量的清理工作。

激光清洗技术的研究仍在不断深入，目前的挑战包括优化激光参数和提高清洗效率。未来，随着激光技术的进步和设备成本的降低，激光清洗有望在青铜器保护领域得到更广泛的应用，推动文物保护的现代化进程。

3.4 生物清洗法的研究进展

生物清洗法作为青铜器保护中的一种新兴技术，近年来受到越来越多的关注。这种方法利用生物体及其代谢产物，在清除青铜器表面有害锈蚀物的同时，最大程度地保护基材。生物清洗法的研究进展较快，研究者已确定了微生物在青铜器清洗中的有效性。例如，某些细菌和真菌能够通过其产生的酶降解金属表面的腐蚀产物。具体而言，利用嗜盐细菌和某些真菌的生物降解能力，能够显著降低青铜器表面锈蚀层的厚度。实验表明，这些微生物在适宜的环境条件下，能够对青铜器表面污染物起到清除作用。

生物清洗法的研究也面临一些挑战。微生物的选择性和清洗效率在不同青铜器表面状态下可能存在差异，如何找到最佳的微生物组合和处理条件是当前研究的重点之一。同时，生物清洗法的时间成本和经济性也需要进一步评估，以便在实际应用中实现更高的性价比。

总之，生物清洗法作为一种绿色环保的清洗技术，展现了良好的发展前景。未来的研究应着重于微生物的筛选与培养、清洗效果的量化评估以及与其他清洗技术的结合应用，以推动其在青铜器保护领域的广泛应用。

3.5 综合清理方案的设计与实施

综合清理方案的设计与实施需要从多个角度进行考虑，以确保青铜器表面有害锈的有效清除。此方案包括前期准备、实施过程及后期评估三个关键阶段。

首先，前期准备阶段应进行详细的青铜器状况评估。通过对青铜器的材质、锈蚀程度及其历史背景的研究，制定出适合的清理方案。根据不同的锈蚀类型，选择最适合的清理方法，如物理、化学或生物清洗法，并进行风险评估，确保选用的清理方法不会对青铜器造成进一步损害。

在实施阶段，清理方案应采用分阶段的方式进行。初始阶段可以使用物理清除法，例如，使用软毛刷和超声波清洗，去除表层的松散锈蚀物。接下来，依据评估结果，若发现锈蚀较为严重，可以引入化学清洗技术，选择适当的清洗剂进行处理。在这一过程中，操作人员需严格控制温度、时间及药剂浓度，以避免对青铜器造成二次损害。

激光清洗技术则可以作为清理方案的补充，针对难以去除的局部锈蚀进行精确处理。所有清理方法的组合应用，需要根据实际情况灵活调整，以达到最佳效果。

后期评估同样不可忽视。在清理完成后，需对青铜器进行全面的检查，确保锈蚀物已被有效去除，并对清理效果进行科学评估。可采用显微镜观察、化学成分分析等手段，确认清理后的表面状态。同时，记录清理过程中的数据，为今后的保护工作提供参考。

通过以上设计与实施的综合清理方案，不仅能够有效清除青铜器表面的有害锈蚀物，还能在清理过程中最大限度地保护青铜器的原貌和完整性，为青铜器的后续保护和稳定化处理奠定基础。

四、除锈方法与基本步骤

青铜器除锈常用的处理方式主要有三种：一是物理除锈法，包括手工除锈、机械除锈、激光物理除锈等；二是化学湿法除锈，包括乙二胺四乙酸钠（EDTA）溶液除锈、倍半碳酸钠溶液除锈等；三是凝胶贴敷除锈，包括卡波姆（carbomer）及卡波姆和聚乙烯醇复合凝胶等。

4.1 沉积物的清洗

出土的青铜器表面常覆盖有各种沉积物，对于表面黏附的土壤颗粒和污渍来说，可使用75%的酒精溶液、纯酒精和丙酮溶液清洁，也可选用去离子水添加表面活性剂进行清洗。对于青铜器局部的沉积物形成的垢层，可用络合能力较强的EDTA敷在垢层表面，待其软化后，再结合手工机械方法进行去除；若垢层较厚时，可多次反复操作，直至将污垢完全洗净为止，大部分的垢层用上述方法处理都可得到理想的效果，但对少量较为坚实的垢层，可用低浓度的弱酸，如5%的乙酸、柠檬酸溶液等进行清除，需要注意的是，经过清洗剂处理的器物，要用去离子水进行多次漂洗，以免残留物对青铜器造成损坏。

需要特别注意的是，对于那些质地脆弱的青铜器，在进行上述清洗操作时，应结合CT扫描探伤，选择开展局部实验，若器物整体强度较低，则应避免液体浸泡，以免造成器物的溃散；另外在操作工艺上，可选择局部循序渐进的方式进行，也可进行局部辅助加固后再进行清洗除垢处理。

4.2 物理除锈法

4.2.1 手工与机械除锈

机械方法包括挖剔、削切、刮磨、锯解、扫刷、吹扫、打磨等。可以用各种工具，如不锈钢针、锤子、雕刻刀、凿子、錾子、不锈钢手术刀、多功能刻字笔、洁牙机等，直接在器物上操作，细心地将粉状锈剔除。主要是靠手锤、锉刀、刀、刷子、粗砂纸等来处理生锈的金属表面，到达除锈要求的一种方法。其中手工除锈操作简便灵活，使用范围广。手工除锈主要是使用金属工具凿、刀、锤或特制的电钻等，依靠手工进行剔磨处理，使得锈体从器物表面脱离。其特点是操作简单、易于掌握，适用一般锈层较厚或除锈面积较小的器物。但对粘连非常牢固的硬结物难以直接去除，且会留下明显划痕。图6-6为手工除锈操作图。

图6-6 手工除锈操作图

4.2.2 超声波除锈

超声波清洗机的除锈功能还得从超声波清洗机工作的原理说起：频率高于20000赫兹的声波称之为“超声波”。超声波利用空化效应可以将渗透进锈斑氧化皮与物体接触缝隙间的气泡破裂，用破裂时的冲击波将锈斑和氧化层剥离下来。能有效去除隐蔽处的污垢，清洗效果极佳。环保型的超声波除锈工艺，超声波发生器发出的高频振动信号，通过换能器转换成高频机械振动而传播到介质（工业超声波除锈剂）中，从而达到快速除锈的效果。

超声波清洗机主要是通过换能器，将电能转化为机械动能，通过清洗槽将超声波辐射于槽内的液体，再通过液体介质产生的空化作用对文物表面进行高频率的冲击，这种冲击对于物体内部基本是不会造成损害的，在高频率的持续冲击中，文物表面的污垢（如铜锈）在清洗剂的辅助作用下完全脱落。超声波清洗不仅能除去铜锈还能让文物表面焕然一新。因此，在采用超声波除锈时，应把握好除锈程度，避免除锈过度造成文物外观改变过大不符合“修旧如旧”保护原则。此外，针对具有脆弱性表面的文物，如鎏金器除锈，也应慎重处理，因为超声波处理过程中，可能会使器物表面产生微小针孔，造成鎏金层剥落。

4.2.3 激光除锈

采用激光对青铜器孔洞状深部病灶中氯化物的去除具有准确、易行的特点。主要利用激发出的巨大光能，瞬时作用在表面锈层上，利用激光束同物质相互作用时产生的光热、光化、光压等光学效应，使表面锈层的温度迅速上升，进而促使锈层同基体脱落、挥发，达到除锈目的。

由于锈层结构疏松，对激光能量的吸收能力强，因而将锈蚀层迅速烧熔，汽化与本体分离，它能够快速、高效、无污染地清除掉青铜器表面的绿色有害粉状锈，从而达到延长青铜器寿命、有效保护文物的目的，但这种方法不适用于大面积有害锈的去除。

激光除锈主要利用高能激光束照射在金属表面，使其表面层的污垢、锈蚀物等瞬间蒸发、分解，从而实现除锈的目的。激光束的能量密度高、照射时间短，可以迅速将污垢和锈蚀物去除，而且不会对金属表面造成明显的损伤。

激光除锈的特点和优势：一是高效率。激光除锈可以在短时间内迅速去除大量金属表面的污垢和氧化物，大大提高了工作效率。二是高精度。激光束的能量密度高，可以精确地控制照射范围，实现高精度的除锈。三是对环境友好。激光除锈不会产生废气、废水等有害物质，对环境友好。

4.3 化学除锈

化学清理法泛指使用各种化学试剂来完成清除工作，当使用物理方法清除锈层困难时，可以使用化学清理法。传统的化学除锈是利用弱酸性或中性化学物质组成的除锈剂，喷洒、浸泡生锈的金属，通过化学反应去除锈斑。根据青铜器的锈蚀形成原理，化学除锈保护主要目的是尽可能除去青铜器锈层中的氯元素。

或者采用适当的化学试剂浸泡或敷贴，使锈体溶解脱落。目前除锈使用的化学试剂和配方很多，作用亦不尽相同，使用时应根据器物的锈质、锈层、除锈面积的大小，以及器物本身制作工艺等具体情况酌情选择。

4.3.1 倍半碳酸钠浸泡法

采用倍半碳酸钠溶液浸泡是控制与遏止“粉状锈”蔓延的最安全的方法之一。倍半碳酸钠（$Na_2CO_3 \cdot NaHCO_3 \cdot 2H_2O$）溶液是一种弱碱性的缓冲溶液，一般用5%的浸泡液浸泡，其CO_3^{2-}可以使$CuCl_2$转化为碱式碳酸铜，而碱式碳酸铜是一种稳定的铜锈。化学反应方程式如下：

$$2CuCl + CO_3^{2-} + 2H_2O \longrightarrow CuCO_3 \cdot Cu(OH)_2 + 2H^+ + 2Cl^-$$

具体实施步骤是将锈蚀青铜器放入1%或5%的倍半碳酸钠（$Na_2CO_3 \cdot NaHCO_3 \cdot 2H_2O$）40℃的热溶液中浸泡。开始每周换一次溶液，几周后可半个月或更长时间换一次，浸泡至少三个月。

最好在加热的状态下浸泡，通过定期更换溶液，使Cl^-逐步被置换，形成稳定的碳酸铜盐，最后用蒸馏水洗干净。这种方法，通过腐蚀产物与倍半碳酸钠发生作用，而使氯离子进入溶液中，对保存绿色的铜锈有利。因此，当需要保留铭文、花纹和古斑时，用此法比较合适。

但是从除去氯离子的效率来看，倍半碳酸钠浸泡法不是特别好，这是因为青铜器表面腐蚀层受许多因素的影响，锈层反应过程较慢。只有多次更换浸泡液，才能使氯离子扩散出来。因此，为了提高除锈的效果，需要延长浸泡的时间。

4.3.2 过氧化氢法

采用过氧化氢将氯离子除去，所用浓度视锈蚀情况而定。此法可清除面积大小不同、深浅不同的粉状锈，处理时间短、清除彻底。应用此法除去氯离子，要注意过氧化氢的氧化性很强和其遇见重金离子很快分解的特点。

使用5%～10%的过氧化氢水溶液清洗青铜器，达到去除氯化亚铜的目的。由于过量的过氧化氢遇热分解，因此，对青铜器的主体和表面没有损害。

用过氧化氢作为氧化剂将氯离子氧化除去，所用的浓度视锈蚀情况而定，剩余的过氧化氢稍为加热即可全部分解，对器物不会产生任何影响。

本法与倍半碳酸钠浸泡法比较：处理的时间短，除去氯离子比较彻底。与局部电蚀法、氧化银封闭法比较，过氧化氢法对面积大小不同的粉状锈，对深浅不同的粉状锈都可清除，使用面宽而且处理比较简便。

4.3.3 络合法除锈

利用酒石酸钾钠、柠檬酸、乙二胺四乙酸钠（EDTA）等混合溶液的络合作用去锈，也可以达到去除粉状锈的目的。络合法中与铜离子反应最快的络合剂是氨水，它能够迅速产生铜氨络合物，用浓度10%的氨水可以快速地络合掉绿锈，而且能够保证剩余的绿锈不发生太大的色变，相对比较理想，特别是氨水和柠檬酸三氨配合使用，效果会更好，但是在有些情况下，这个反应容易造成绿锈迅速大块剥落。

另一种更加安全的方法就是用乙二胺四乙酸二钠盐（EDTA二钠盐）在pH＝9的条件下进行络合。EDTA是一种广泛使用的金属阳离子络合剂，虽然它和铜绿的反应速度不如氨水那么快，但是它与铜绿的络合反应更加稳定安全。方法是配制10%浓度的EDTA二钠溶液，用氢氧化钠溶液滴入EDTA溶液中，当用pH试纸观察溶液pH值为8～9的时候，即为乙二胺四乙酸二钠盐除锈液。较之单纯的酸碱反应除锈法，采用乙二胺四乙酸二钠盐除锈的主要优点是它的全部反应产物都是可溶的，并且不会对其基体部分造成损害。在众多配位试剂中，半胱氨酸也表现出较为理想的配位能力。然而，半胱氨酸在加热条件下易发生氧化，转化为含有两个硫原子的胱氨酸，从而影响其配位效率。鉴于此，可在pH值为9的条件下，采用相对稳定的半胱氨酸盐酸盐溶液进行配位反应。通过设置恒温水浴锅至60℃，并采用隔水加热的方式处理铜器，可以有效提升反应速率。值得注意的是，过期的半胱氨酸盐酸盐试剂中部分已转化为胱氨酸，其硫原子间的键合作用会导致铜表面形成难以配位的硫化铜和硫化亚铜。因此，在采购半胱氨酸盐酸盐试剂时，必须严格检查其生产日期，以确保试剂的有效性和反应的顺利进行。

4.4 凝胶除锈

基于凝胶材料具有的保水性、缓释性和黏附性等特点，凝胶除锈剂能够克服目前常用除锈方法所产生的弊端，除锈效果显著，操作方便，能够大量地节约人力和物力，有效提高文物修复保护效率和修复效果。

常见的凝胶有卡波姆，具有生物友好和价格低廉的优势，但在文物清洗方面存在黏度高和易残留的缺点。因此常采用卡波姆和聚乙烯醇作为复合凝胶载体，三乙醇胺作为调节凝胶黏度的中和剂，分别添加不同的有效清洗组分，制备凝胶清洗剂。

以鎏金青铜器除锈为例，其除锈操作步骤为：第一步，对鎏金青铜器表面锈蚀采用涂覆或者细纱网贴敷方法进行去除，控制凝胶作用时间不超过20分钟，温度稍高时，注意缩短作用时间；第二步，鎏金层表面完成锈蚀去除后，用棉签蘸取乙醇反复清洗鎏金层表面的凝胶残留物，确保凝胶无残留，然后在室温下自然干燥；第三步，用0.5%、1.0%和2.0% Paraloid B-72丙酮溶液对清理出来的鎏金层进行梯度渗透、封护保护。使用柔软性较好的毛刷依次蘸取不同浓度的Paraloid B-72丙酮溶液。朝一个方向均匀涂刷，涂3～5遍，放置一昼夜使其干燥固化（图6-7）。

图6-7　凝胶除锈操作及其除锈效果对比图

五、青铜器稳定化处理技术

5.1　稳定化处理的目的与原则

稳定化处理的目的主要在于延缓青铜器的腐蚀过程，确保其在长期的保存和展示中保持较好的状态。腐蚀不仅会影响青铜器的外观，还会导致结构的脆弱，严重时甚至可能导致文物的损毁。因此，稳定化处理是保护青铜器的重要措施。

稳定化处理的原则主要包括三个方面。首先，处理材料和方法必须与青铜器的化学和物理性质相容，避免引发二次反应或损伤原材料。选择合适的稳定化材料是核心环节，这些材料应具备良好的附着力、耐候性和抗腐蚀性，能够有效形成保护层。其次，处理过程应尽量减少对青铜器原有表面和特征的影响，处理后形成的稳定层应具备透气性，允许青铜器自然呼吸，防止水分和气体的聚集。最后，稳定化处理应具有可逆性，确保在未来需要时能够恢复青铜器的原始状态。这一原则的实施，有助于保护文物的完整性与文化价值。

在实际应用中，稳定化处理还需结合青铜器的环境条件和保存环境进行综合考虑。例如，在潮湿的环境中，可能需要采用防潮材料或控制技术，以降低腐蚀的风险。

综上所述，稳定化处理不仅是保护青铜器的重要步骤，更是文物保护领域中的一项复杂而系统的工作，需从多个方面进行综合考虑与实施。

5.2 常用稳定化材料的选择依据

常用稳定化材料的选择依据涉及多个方面，包括材料的化学稳定性、物理性能、与青铜器相容性以及环境适应性。

化学稳定性是评估稳定化材料的重要标准。优良的稳定化材料需在不同环境条件下表现出低反应性，避免与青铜器的成分发生不良反应。物理性能方面，稳定化材料需要具备良好的结合性与附着力。与青铜器的相容性也是选择材料的关键。理想的稳定化材料需与青铜器的化学成分相兼容，避免因材料本身的成分导致青铜器的进一步腐蚀。环境适应性考量则包括对温度、湿度及光照等因素的耐受能力。某些稳定化材料在高湿度环境中可能会失去其保护效果，因此在选择材料时需考虑青铜器存放的具体环境条件。

综上所述，常用稳定化材料的选择需综合考虑化学稳定性、物理性能、相容性及环境适应性，以确保青铜器的长期保护和有效性。

5.3 涂层技术

涂层技术在青铜器的稳定化处理中扮演着重要角色，主要用于防止进一步的腐蚀和物理损伤。涂层可以通过形成保护膜来隔离金属与环境中的腐蚀性介质，确保青铜器的长期保存。常用的涂层材料包括丙烯酸树脂、有机硅树脂等，这些材料具有较强的防水性和附着性，适合用于青铜器的表面保护。研究表明，丙烯酸树脂（如Paraloid B-72等）涂层在防止水分渗透和化学侵蚀方面表现出色。通过对不同厚度的涂层进行实验，发现适中的涂层厚度能够有效延长青铜器的使用寿命，但过厚的涂层则可能导致起泡和脱落。

耐久性测试是评估涂层有效性的关键环节。通常采用加速老化测试、盐雾试验和水蒸气透过率测试等方法。加速老化测试通过模拟极端气候条件，能够快速评估涂层在长期使用中的表现。盐雾试验则用于评估涂层在高盐环境中的耐腐蚀性能，结果显示，经过处理的青铜器表面与未处理样品相比，腐蚀率明显降低。

水蒸气透过率测试用于评估涂层的防水性能，涂层应能有效阻挡水分的渗透，以避免青铜器内部湿度过高造成的腐蚀。在实际应用中，涂层的选择和测试应根据青铜器的具体环境和使用条件进行综合考虑，以确保最佳的保护效果。

综上所述，涂层技术通过合理选择材料及其厚度进行科学的耐久性测试，可以显著提高青铜器的稳定性与保护效果，为其长期保存提供了有效的解决方案。

5.4 微环境控制技术

微环境控制技术旨在通过优化环境条件来减缓或阻止腐蚀过程，确保青铜器的长期保存。此技术主要涵盖温度、湿度、气体成分等环境因素的精确调控，以创造出适宜青铜器保存的微环境。

在实际应用中，温度和湿度的控制是微环境管理的核心。在青铜器的保存空间中，温度通常设定在18～22℃，湿度则维持在40%～50%。这一范围的选择是基于青铜器在此环境下的腐蚀速率显著降低。气体成分的控制同样至关重要，尤其是对氧气和二氧化碳含量的调节。过高的氧气浓度会加速青铜器的氧化反应，因此在保存环境中，常采用氮气或惰性气体替代空气，降低氧气浓度。

此外，微环境控制技术还包括对气态污染物、尘埃的管理，通过使用过滤系统，可以有效降低减轻尘埃及气态污染物对青铜器的损害。

总之，微环境控制技术为青铜器的稳定化处理提供了一种有效的手段，通过综合调控环境因素，显著提升了青铜器的保护效果。随着技术的发展，微环境控制将在青铜器保护中发挥越来越重要的作用。

5.5 新型稳定化方法探索

新型稳定化方法的探索在青铜器保护领域具有重要的意义，随着材料科学和技术的不断发展，研究者们逐渐提出了一些创新的稳定化手段。这些方法不仅提升了青铜器的耐久性，还降低了对环境的影响。

一种新型的稳定化方法是利用纳米材料。这些纳米材料因其高比表面积和独特的物理化学性质，能够同青铜器“粉状锈”形成有效结合，阻止外界环境对金属的侵蚀。如应用氧化银法、锌粉法能够显著提高青铜器的抗腐蚀能力。

另一种探索方向是等离子体原位转化法，选择不同气体氛围的低温等离子体对物体表面进行处理，通过改变其物理和化学结构，从而实现青铜器表面性能的提高。

新型稳定化方法的探索不仅丰富了青铜器保护的技术手段，也为未来的保护工作提供了更多的可能性。随着研究的深入，这些方法有望在实际应用中取得更好的效果，从而为青铜器的长期保存和文化传承提供重要保障。

5.5.1 化学转化法

化学转化法是一种较为有效的青铜器锈蚀处理方法，常用的方法包括氧化银法、锌粉法等。氧化银法是利用潮湿环境下Ag^+通过反应能够使CuCl转化为Cu_2O，Ag_2O虽能转化一部分有害锈，但并不彻底。锌粉转化法是利用锌的活泼性，在一定湿度下同氯化亚铜发生反应可生成$Zn(OH)_2$，$Zn(OH)_2$作为一种胶体状物质，能够对锈蚀部位起到一定的封闭作用。总体而言，化学除锈所需的处理时间较长，也存在青铜器外观颜色改变大等缺陷。近年来，低温等离子技术发展迅速，也有学者采用不同氛围下的等离子体对锈蚀层中不稳定的铜锈进行转化，但低温等离子体技术在转化效率及稳定性方面有待于进一步发展。

这种方法对于那些出现斑点状、粉状锈的青铜器的处理效果较好，其外观呈棕褐色与其他铜锈颜色和谐一致。它是用乙醇将氧化银调制成糊状，涂抹在锈蚀的器物上，氧化银在潮湿的条件下遇氯化物，形成氯化银的棕褐色角银膜，从而将含有氯化亚铜的病区封闭起来。它利用氧化银接触到氯化亚铜后，经空气中湿气的作用，形成角银膜的办法将氯化亚铜封闭起来。但是，它不适合大面积处理，不能根除有害锈。

氧化银保护法具体实施步骤是：首先用机械方法剔除“粉状锈”，直到看见新鲜铜质为止，用丙酮将腐蚀区擦干净。然后用浓度为100%的乙醇溶液将精制氧化银调成糊状，填充剔除部分，使未除净的氧化亚铜与氧化银充分接触反应，形成角银膜而阻止氯离子的作用，使铜器处于稳定。

锌粉与粉状锈反应形成ZnO或$Zn(OH)_2$或碱式碳酸锌膜，这层膜牢固、稳定、不易溶解，可起到保护和封闭的作用。除去锈蚀后，用90%的乙醇将锌粉湿润涂于锈蚀部位，并压实。在以后的三天注意经常加水，每天要至少加水10次保持湿润。这样，处理部位就形成灰色的锌化合物。但是，由于锌化合物颜色灰暗，需要进行随色处理。

5.5.2 低温等离子体转化法

等离子体原位转化法是一种采用低温等离子技术对“粉状锈”稳定化处理的新方法。借助于低温等离子体能够有效提高化学反应活性的特性，选择不同气体氛围的低温等离子体对物体表面进行处理，通过改变其物理和化学结构，从而实现提高物体表面性能的目的。

目前实验表明，经过氨气射频等离子体和氮气射频等离子体处理后的样品表面颜色会发生变化，而且可以把原来酥松多孔的“粉状锈”变得更加致密。表面致密可以在一定程度上隔绝水、氧气以及氯离子进入青铜器内部加深侵蚀。经氨气射频等离子体和氮气射频等离子体处理过后的实验样块吸水性降低了26%，较好地起到了隔绝水分的保护作用。

六、除锈效果评价

除锈效果评估是青铜器保护项目中至关重要的一环，旨在确保所采取的措施有效并能长期维持青铜器的稳定状态。评估工具包括定性和定量分析方法，具体可通过视觉检查、物理性能测试、化学分析以及长期监测等手段进行。

视觉检查是最直接的方法，通过对青铜器表面的观察，可以初步判断锈蚀情况的变化。定量方法则涉及使用仪器对青铜器的表面状况、厚度变化、化学成分等进行系统分析。

长期监测数据的收集与分析在青铜器保护中具有重要意义。监测的重点是通过定期检查和记录青铜器的状态变化，评估其保护措施的有效性。数据收集的方法通常包括视觉检查、表面分析、环境监测等，旨在全面了解青铜器在不同环境条件下的腐蚀速度和状态。

数据收集阶段，使用高精度仪器进行定量分析，例如，使用X射线荧光光谱技术测定表面元素组成，获取锈蚀层的成分信息。环境监测则包括温度、湿度和污染物浓度的测量，以评估外部因素对青铜器的影响。

在数据分析方面，应用统计学方法对收集到的数据进行处理，确定青铜器状况和环境因素之间的关系。时间序列分析则能够揭示青铜器腐蚀的趋势和周期性变化，帮助制定更为有效的保护策略。通过对比不同保护方法的监测结果，可以评估各个方法的效果，遴选出最优的保护方案。

反馈机制的建立需综合考虑多方因素，包括科学数据分析及专家评估。定期组织专家评审会议，结合监测数据，分析保护措施的有效性与不足之处，从而为后续保护提供依据。保护效果评估与反馈机制的建立不仅能够确保青铜器的保护效果，还能为今后的研究与实践提供重要的指导。通过系统的评估和灵活的反馈，形成闭环管理，能够有效延长青铜器的保存寿命。

参考文献

[1] 张晓梅. 对中国出土青铜器修复保护方法的思考[J]. 文物世界, 2001, (1): 67-70.

［2］ 胡星明, 毕建洪. 青铜文物腐蚀与保护研究[J]. 安徽大学学报(自然科学版), 2007, 31(4): 77-80.

［3］ 钟家让. 出土青铜器的锈蚀因素及其防护研究[J]. 山西大学学报(自然科学版), 2004, 27(1): 44-47.

［4］ 贾文忠. 浅谈青铜器修复[J]. 中国文物科学研究, 2008, (2): 57-65.

［5］ 刘岿. 青铜器的化学除锈和保护方法探讨[J]. 晋城职业技术学院学报, 2008, 1(2): 67-69.

［6］ 陈家昌, 尚泽雅, 陈利纬, 等. 低温等离子体对青铜器粉状锈的原位转化作用[J]. 华夏考古, 2023, (6): 149-153.

［7］ 毕江元, 宋述鹏, 丁兴, 等. 酒石酸钾钠和EDTA对青铜表面锈蚀的清洗效果对比研究[J]. 材料导报, 2023, 37(19): 186-191.

［8］ 孙福维, 焦冉冉, 李家星. 等离子体在文物保护领域的应用[J]. 材料保护, 2023, 56(11): 149-153.

第七章
脆弱青铜器加固保护技术

严重腐蚀的矿化青铜器虽然在外观上可能看起来还保持着完整的形态，但实际上，器物的本体金属已经遭受了严重的腐蚀。这种腐蚀导致了青铜器的结构变得疏松，力学强度显著下降，使得这些珍贵的文物在受到外力作用时极易发生折断或破损。为了保护这些具有重要历史价值的青铜器，在处理严重矿化的青铜器时，通常会使用特定的化学溶液或胶粘剂，以确保它们既能与青铜器的锈蚀层发生反应，又不会对青铜器的原始材质造成额外的损害。从这一角度出发，采用易于和锈蚀层化合的化学溶液或胶粘剂注入青铜器的锈蚀层中，使它们能够与锈蚀物质发生胶凝作用，从而增强锈蚀层的强度，减少因锈蚀导致的结构疏松问题，有效防止锈蚀的进一步扩散。这种加固方法不仅有助于稳定青铜器的结构，还能有效提高其力学性能，使得青铜器在承受外力时更加坚固，不易断裂。

此外，为了确保加固效果的持久性和安全性，还需要进行一系列的测试和评估，以监控青铜器在加固过程中的变化。这些测试包括但不限于对青铜器的化学成分分析、物理性能测试以及长期稳定性评估。通过这些综合性的测试，判断加固材料是否与青铜器的原始材质发生不良反应，以及加固后的青铜器是否能够在不同的环境条件下保持其结构和外观的稳定性。通过这些细致的评估和测试，可以最大限度地延长青铜器的保存时间，同时保证其历史和艺术价值不受影响。

一、脆弱青铜器的基本特性

青铜器腐蚀结构复杂，阿诺拉（L. Robbiola）认为腐蚀结构可分为基体层、中间层和过渡层，基体层指合金基体，中间层指各种致密腐蚀产物，过渡层指含有土壤成分的腐蚀产物。他将青铜器腐蚀结构细分为两类：一类表面平整，为双层结构，外层铜含量相对金属合金低，锡含量高；另一类表面粗糙，多为三层结构，外层多为二价铜化合物，中间层为氧化亚铜，内层铜含量比合金低，锡含量比合金高。王菊琳等则将青铜腐蚀结构大致分为三层：最外层为完全矿化层，中间层为部分腐蚀区，内层为完全未受腐蚀的金属基体。

1.1 样品信息

矿化青铜器分析检测样品来自合金基体几乎完全腐蚀的典型矿化青铜器，共7件，其中样品Z1、Z2、Z3来自河南新乡获嘉县陈孝村汉代墓葬，样品X4来自河南新郑市鼎坛路M22墓，样品G5、G6、G7来自广州动物园及铸铁厂遗址。样品的腐蚀矿化产物及结构较为丰富，具有一定的代表性（表7-1）。

表 7-1 矿化青铜器分析检测样品信息表

序号	实验室编号	器名	时代	原始编号
1	Z1	铜钱残片	汉代	2020XHCBT0202M23：7
2	Z2	铜钱残片	汉代	2020XHCBT0201M10：1
3	Z3	铜钱残片	汉代	2020XHCCT0201M29：62
4	X4	铜簠残片	战国	2021T1521M22：2
5	G5	铜斧残片	战国	2019GHLM13：1
6	G6	温酒樽残片	东汉早期	2010GXZM6：25
7	G7	铜矛残片	东汉晚期	2010GXZM84：38

1.2 微观结构分析

采用美国FEI公司QUANTA-650型环境扫描电子显微镜与德国莱卡公司VHX-2000C型超景深显微镜进行青铜器微观结构分析。扫描电子显微镜实验条件：高真空模式，工作电压为25kV，二次电子像及背散射像。超景深显微镜实验条件：观察倍数50～1000倍。将Z1、Z2、Z3、X4、G5、G6、G7样品先后置于超景深显微镜、扫描电镜下，观察其表面及断面的具体特征。

（1）Z1样品

在超景深显微镜下，观察到表面密布绿色腐蚀矿化产物，其间夹杂有红褐色及蓝色腐蚀矿化产物（图7-1）。断面观察到明显的分层结构，可分为两层，表层为蓝绿色矿化产物层，内层为红色矿化产物层，内层局部夹杂有淡黄色物质（图7-2）。电镜下观察到表层腐蚀矿化产物较为松散（图7-3）。断面孔洞较少，相对致密（图7-4）。

（2）Z2样品

Z2样品在超景深显微镜下，观察到表面主要为绿色腐蚀矿化产物，其间夹杂有少量黄色及深绿色物质（图7-5）。断面观察到明显的分层结构，主要分为两层，表层为绿色矿化层，内层为红色矿化层（图7-6）。电镜下表面腐蚀矿化产物较为松散，存在大量孔隙（图7-7）。断面孔隙较少，相对致密（图7-8）。

图 7-1　Z1 样品表面腐蚀状态（超景深）

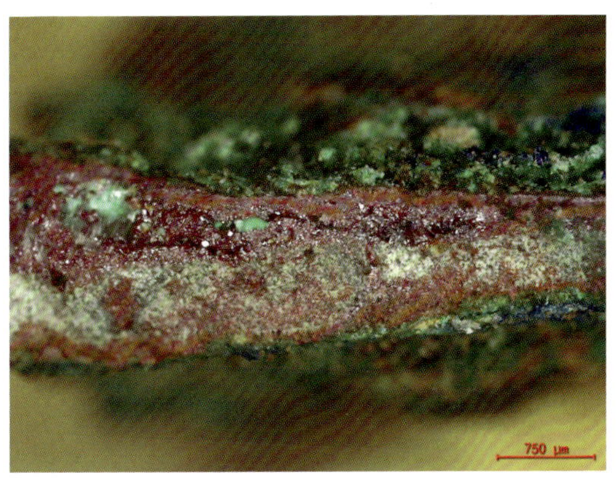

图 7-2　Z1 样品断面腐蚀结构（超景深）

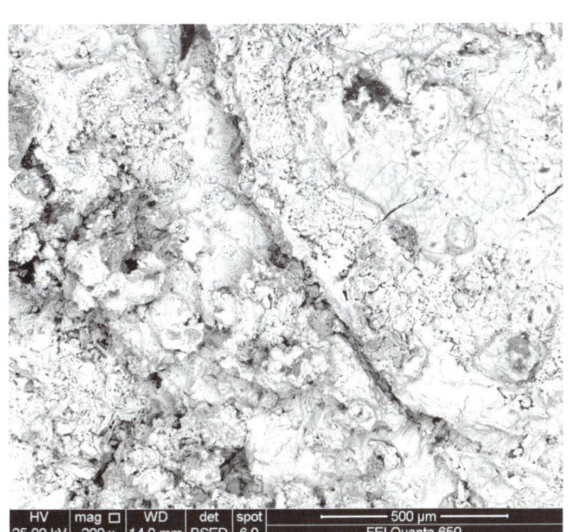

图 7-3　Z1 样品表面腐蚀状态（电镜）

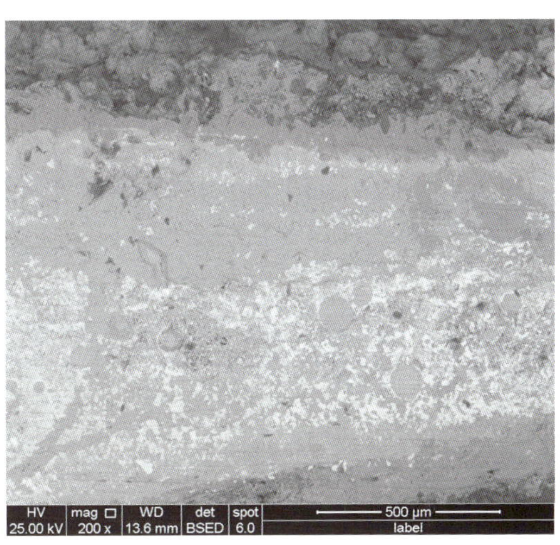

图 7-4　Z1 样品断面腐蚀结构（电镜）

图 7-5　Z2 样品表面腐蚀状态（超景深）

图 7-6　Z2 样品断面腐蚀结构（超景深）

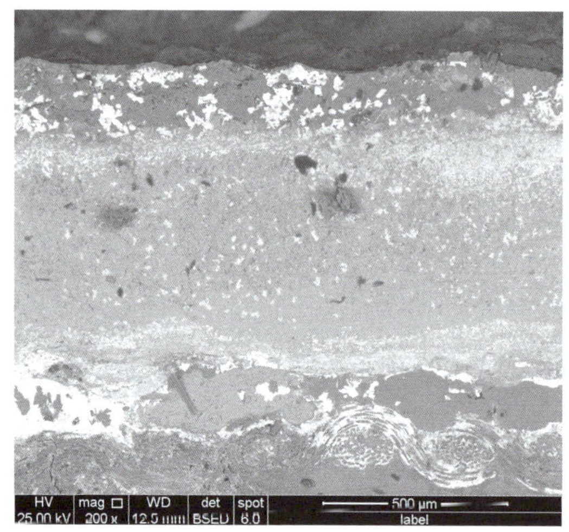

图 7-7　Z2 样品表面腐蚀状态（电镜）

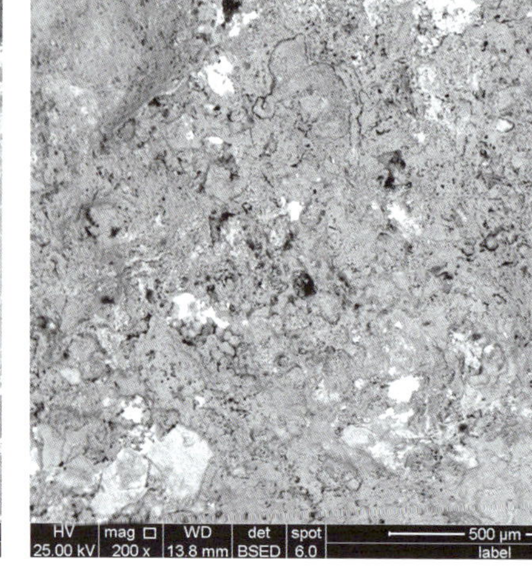

图 7-8　Z2 样品断面腐蚀结构（电镜）

（3）Z3 样品

Z3 样品在超景深显微镜下，可以比较清楚地观察到表面主要为绿色腐蚀矿化产物，密布大量孔洞和裂隙（图 7-9）。断面观察到明显的分层结构，主要分为两层，表层为绿色矿化产物层，内层为红色矿化产物层，可明显观察到腐蚀矿化层分界（图 7-10）。电镜下观察到表面腐蚀矿化产物结构较为松散，存在大量裂隙（图 7-11）。断面存在大量细小孔洞（图 7-12）。

图 7-9　Z3 样品表面腐蚀状态（超景深）

图 7-10　Z3 样品断面腐蚀结构（超景深）

（4）X4 样品

X4 样品腐蚀结构复杂。超景深显微镜下，表面观察到主要为绿色腐蚀矿化产物，其间夹杂有少量黄色和白色颗粒物质（图 7-13）。从样品的局部表层剥落处观察，呈现明显的分层结构，表面绿色矿化产物层下为红色矿化产物层，其下为酥松的淡绿色腐蚀矿化产物（图 7-14）。局部表层剥落处还可观察到，红色腐蚀产物层下存在淡绿色和

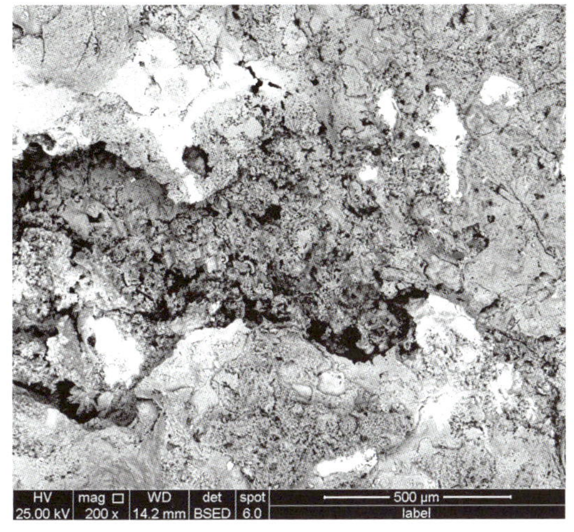

图 7-11　Z3 样品表面腐蚀状态（电镜）

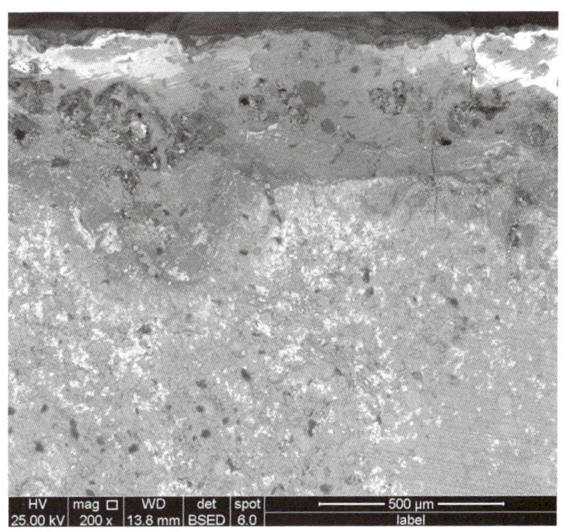

图 7-12　Z3 样品断面腐蚀结构（电镜）

图 7-13　X4 样品表面腐蚀状态（超景深）

图 7-14　X4 样品表层剥落处结构（超景深）

白色腐蚀矿化产物混杂过渡的现象（图 7-15）。超景深显微镜下，断面腐蚀矿化结构复杂，主要可以分为四层结构（图 7-16、图 7-17），表层为绿色矿化产物层；中间层为红色矿化产物层，局部可观察到红色与绿色矿化产物层交替相叠的现象；内层呈白色，较为酥松，其间夹杂有少量绿色或红色颗粒，并存在较多孔洞；中间层与内层之间存在淡绿色矿化产物夹层（图 7-18）。电镜下可观察到表面矿化产物较为松散，存在大量颗粒及裂隙（图 7-19）；断面结构复杂，分界明显，存在各层交接处开裂现象，外层夹杂有大量颗粒物质，内层酥松，存在裂隙和孔洞，内外层之间夹杂有松散的矿化产物（图 7-20）。

（5）G5 样品

G5 样品在超景深显微镜下，可以比较清楚地观察到表面存在较为致密的黄褐色腐蚀矿化产物，黄褐色矿化层部分开裂脱落，其下为绿色腐蚀矿化产物（图 7-21）。断

图7-15　X4样品腐蚀产物混杂（超景深）

图7-16　X4样品断面1腐蚀结构（超景深）

图7-17　X4样品断面2腐蚀结构（超景深）

图7-18　X4样品淡绿色夹层（超景深）

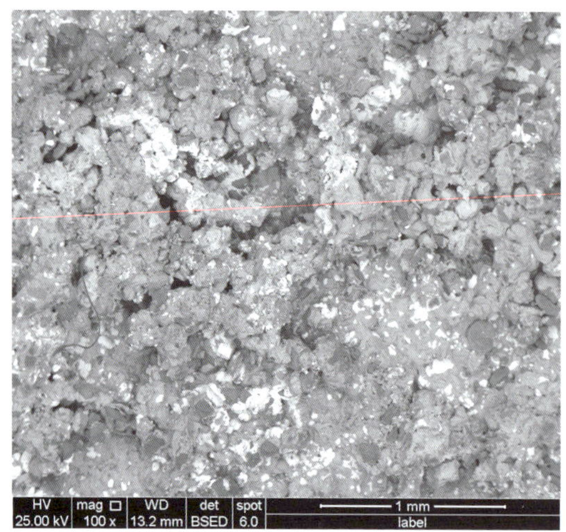

图7-19　X4样品表面腐蚀状态（电镜）

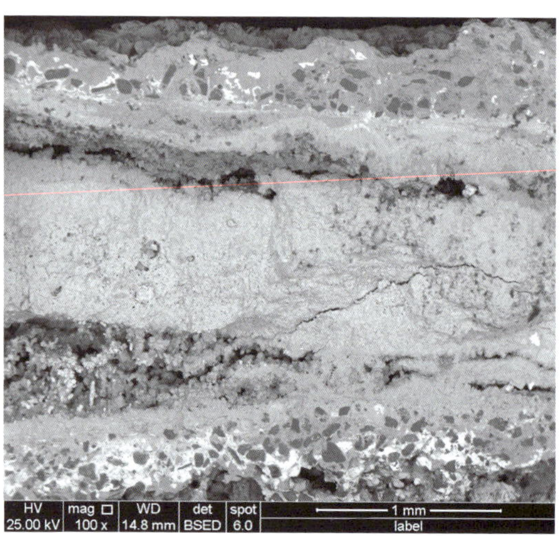

图7-20　X4样品断面2腐蚀结构（电镜）

面腐蚀矿化结构主要分为三层，表面为黄褐色矿化产物层，中间层为绿色矿化产物层，内层为红色矿化产物层（图7-22）。电镜下可观察到表面腐蚀矿化产物较为致密（图7-23）；断面则存在较多孔洞和裂隙（图7-24）。

图7-21　G5样品表面腐蚀状态（超景深）

图7-22　G5样品断面腐蚀结构（超景深）

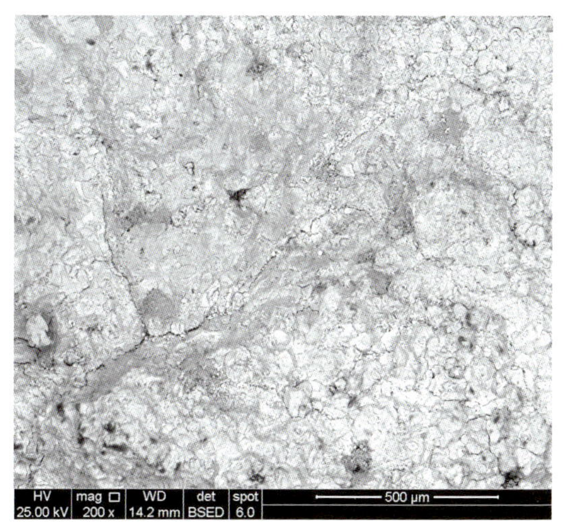

图7-23　G5样品表面腐蚀状态（电镜）

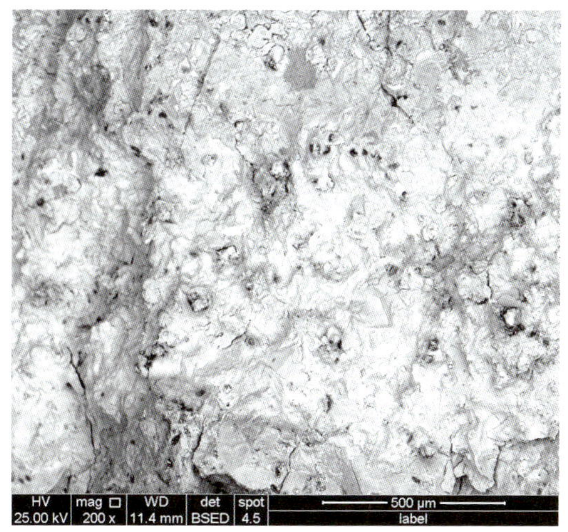

图7-24　G5样品断面腐蚀结构（电镜）

（6）G6样品

G6样品在超景深显微镜下，可以观察到表面为光滑、致密的黄色腐蚀矿化产物，存在一些细小孔洞，部分孔洞内夹杂有红色物质（图7-25）。断面可观察到明显的分层现象，主要分为三层，表层为黄色矿化产物层，中间层为绿色矿化产物层，内层为深绿色矿化产物层，各层结合较为紧密（图7-26）。电镜下可观察到表面腐蚀矿化产物较为致密平整，表面密布大量细小孔洞（图7-27）；断面存在较多裂隙和孔洞，部分裂缝贯穿整个断面（图7-28）。

图7-25　G6样品表面腐蚀状态（超景深）

图7-26　G6样品断面腐蚀结构（超景深）

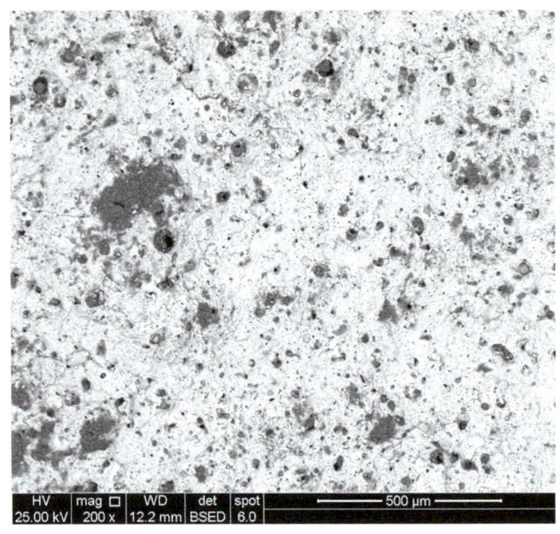

图7-27　G6样品表面腐蚀状态（电镜）

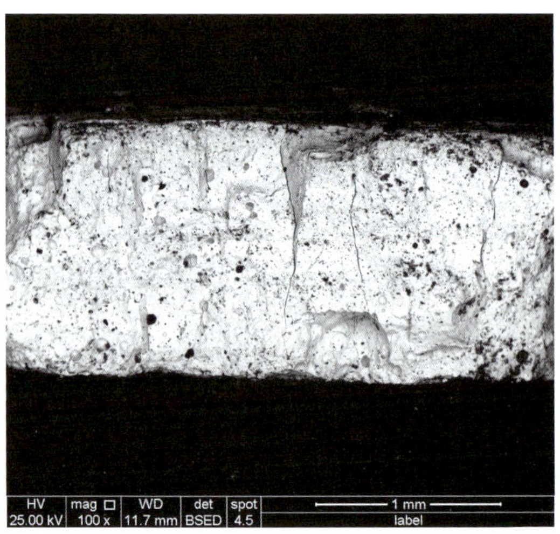

图7-28　G6样品断面腐蚀结构（电镜）

（7）G7样品

G7样品在超景深显微镜下，可以比较清楚地观察到表面为致密的黄白色腐蚀矿化产物，锈蚀层部分开裂脱落，其下为白色腐蚀矿化产物（图7-29）；断面可观察到几乎全为酥松多孔的白色腐蚀矿化产物，仅表面存在一层极薄的黄色物质，断面细小孔洞内夹杂有少量黑色物质（图7-30）。电镜下可观察到表面腐蚀矿化产物较为平整致密，存在少量裂隙和孔洞（图7-31）；断面则较为酥松（图7-32）。

1.3　元素成分及物相分析

采用美国EDAX公司Apollo-X型能谱仪与英国雷尼绍公司Invia-REFLEX型激光拉曼光谱仪对矿化青铜器试样进行元素成分及物相组分分析。能谱仪实验条件：点扫、面扫。拉曼光谱仪实验条件：光栅1200L/mm目镜20倍，功率0.5～50W，激发光源

图 7-29　G7样品表面腐蚀状态（超景深）

图 7-30　G7样品断面腐蚀结构（超景深）

图 7-31　G7样品表面腐蚀状态（电镜）

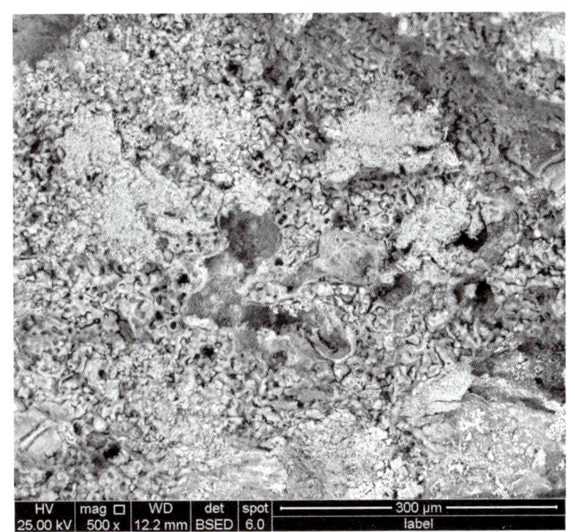

图 7-32　G7样品断面腐蚀状态（电镜）

532纳米、633纳米。在形貌观察信息的基础上，利用能谱分析深入了解不同形貌特征的矿化青铜器样品的表面和断面的元素组成及占比差异。

1.3.1　元素成分分析

（1）Z1样品

Z1样品，表面成分分析结果表明，绿色表层富含铜的化合物，未检出锡和铅元素，存在少量硅、铝、铁等土壤元素（图7-33）。断面成分分析结果表明，内层红色区域铜元素含量极高，未检出锡元素，存在少量铅元素；内层红色混淡黄色区域铜、铅元素含量较高，检出少量锡元素（图7-34）。表层及断面成分分析均未检出氯元素。表面及断面能谱分析结果见表7-2。

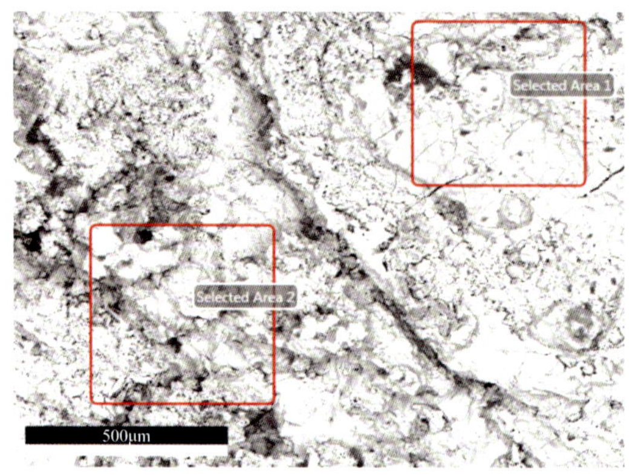

图7-33 Z1样品表面能谱分析区域

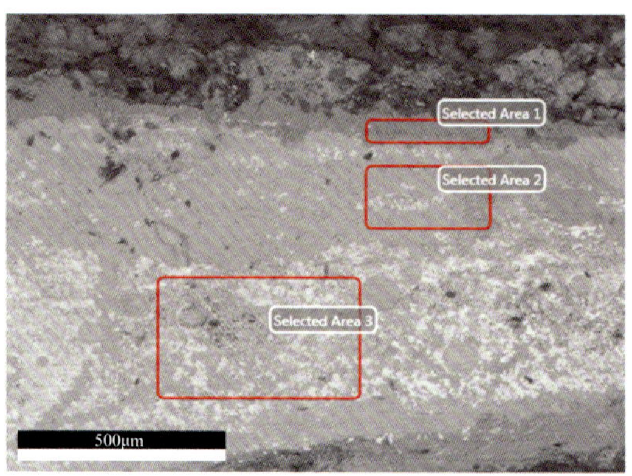

图7-34 Z1样品断面能谱分析区域

表7-2 Z1样品能谱分析结果

分析位置	成分（wt%）								
	铜Cu	锡Sn	铅Pb	碳C	氧O	硅Si	铝Al	硫S	铁Fe
表面1区	48.21	—	—	9.36	33.74	2.40	1.24	3.66	1.39
表面2区	37.61	—	—	18.67	37.31	2.51	—	1.40	2.49
断面1区（表层绿色）	41.00	1.05	—	14.87	33.50	2.39	—	4.27	2.92
断面2区（内层红色）	80.14	—	6.03	—	13.83	—	—	—	—
断面3区（内层红色混淡黄色）	31.40	6.02	28.25	14.10	20.03	—	—	—	—

（2）Z2样品

Z2样品，表面成分分析结果表明，绿色表层富含铜的化合物，存在较多铜元素及少量铅元素，未检出锡元素（图7-35）。断面成分分析结果表明，红色内层铜元素含量较高，检出较多铅元素及少量锡元素（图7-36）。近表层和过渡区铅元素含量较高，铜元素占比内层高于过渡区和近表层，锡元素主要分布于内部。表层及断面均未检出氯元素。表面及断面能谱分析结果见表7-3。

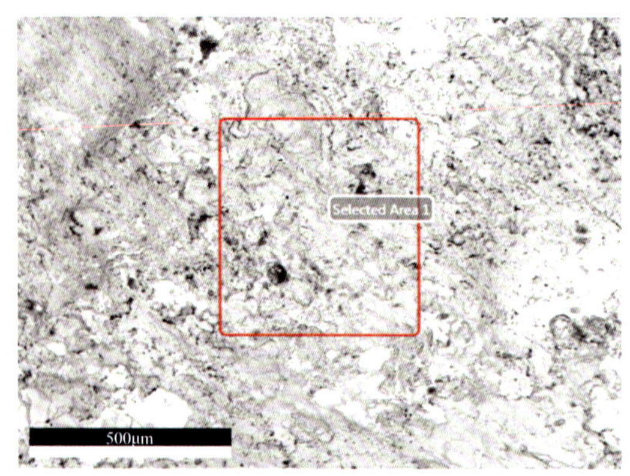

图7-35 Z2样品表面能谱分析区域

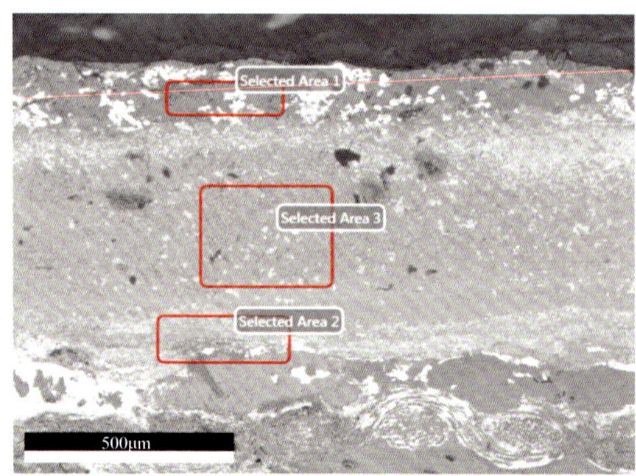

图7-36 Z2样品断面能谱分析区域

表 7-3　Z2 样品能谱分析结果

分析位置	成分（wt%）				
	铜 Cu	锡 Sn	铅 Pb	碳 C	氧 O
表面 1 区	42.43	—	2.57	20.44	34.11
断面（近表层）1 区	45.27	0.60	13.76	13.92	26.45
断面（过渡区）2 区	44.29	4.57	19.27	10.80	21.07
断面（内层）3 区	62.77	5.74	7.58	12.43	11.48

（3）Z3样品

Z3样品，表面成分分析结果表明，绿色表层富含铜元素，未检出锡、铅元素，含有少量土壤元素（图7-37）。断面成分分析结果表明，红色内层铜元素含量较高，检出较多铅元素及少量锡元素，铅元素在过渡区含量最高，锡元素主要分布于内部，表层及断面均未检出氯元素（图7-38）。表面及断面能谱分析结果见表7-4。

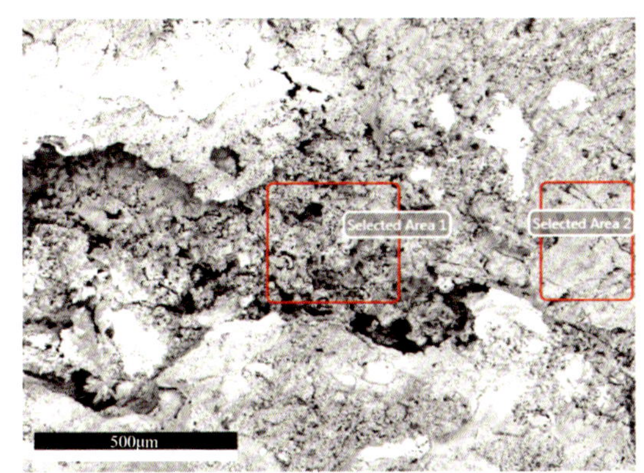

图 7-37　Z3 样品表面能谱分析区域

图 7-38　Z3 样品断面能谱分析区域

表 7-4　Z3 样品能谱分析结果

分析位置	成分（wt%）					
	铜 Cu	锡 Sn	铅 Pb	碳 C	氧 O	硅 Si
表面 1 区	61.96	—	—	9.44	26.09	2.51
表面 2 区	49.96	—	—	17.06	32.98	—
断面（表层）1 区	37.37	—	0.34	19.89	39.53	2.87
断面（过渡区）2 区	25.58	5.23	17.07	14.08	34.49	3.55
断面（内层）3 区	52.35	5.11	11.66	15.15	15.73	—

（4）X4样品

X4样品，表面成分分析结果表明，绿色表层富含铜的化合物，检出较多氯元素和铅元素，未检出锡元素，存在少量硅、铝、钠等土壤元素（图7-39）。表面局部剥落区成分分析结果表明，绿色表层、红色中间层和淡绿色夹层均富含铜元素，以红色中间层铜元素占比最高；绿色表层及淡绿色夹层的氯元素含量较高，红色中间层氯元素含量较少（图7-40）。

图7-39　X4样品表面能谱分析区域

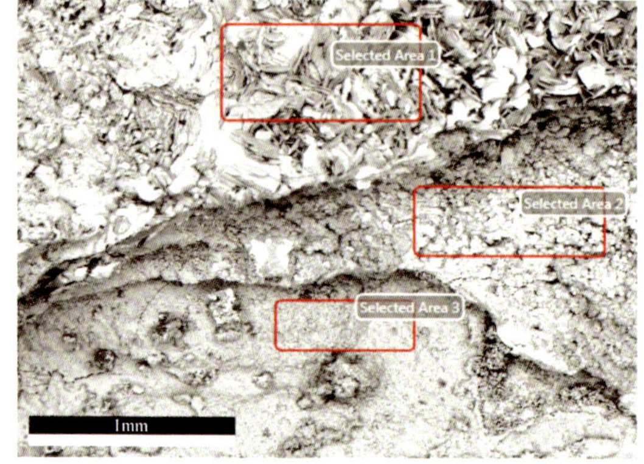

图7-40　X4样品表层剥落处能谱分析区域

X4样品，断面成分分析结果表明，白色内层铜、锡元素含量较高，未检出氯及铅元素，存在少量硅、硫、钙等元素（图7-41）。绿色表层检出较多铜元素，未检出锡元素，上下表面均有较多氯元素，表面局部存在铅元素富集现象。断面无法区分红色中间层及淡绿色夹层，以过渡区表示内层与表层之间的区域。过渡区富含铜元素，测得较多氯元素，存在少量锡元素。断面腐蚀结构较为复杂，进一步对断面局部进行成分分析，结果表明，内层富含铜元素和锡元素，检出少量铅元素，未检出氯元素；过渡区除铜元素外，还存在较多氯元素，未见锡、铅元素；表层富含铜元素，存在较多氯元素及铅元素；此外还对外层中夹杂的黑色斑块成分进行了分析，结果表明主要含硅、钾、铝元素（图7-42）。

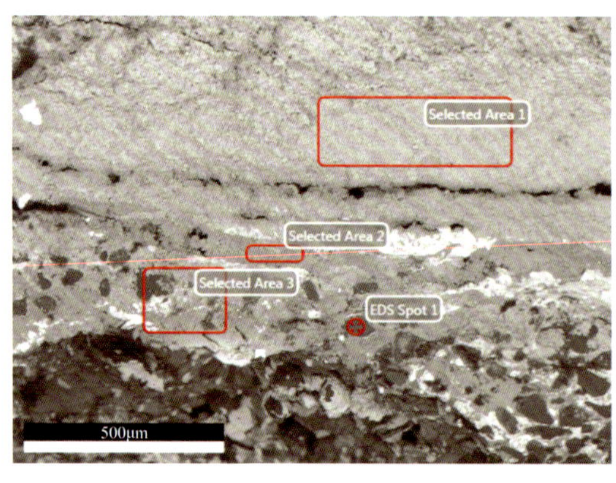

图7-41　X4样品断面能谱分析区域

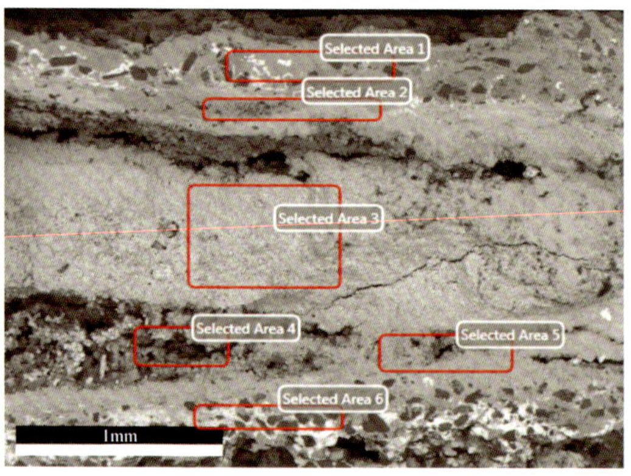

图7-42　X4样品局部断面能谱分析区域

总体而言，X4样品腐蚀结构复杂，综合表面及断面的能谱分析结果（表7-5）。铜元素在各层均有分布，过渡区含量大于内层与表层；锡元素主要分布于白色内层，其余部分锡元素含量均较少；铅元素主要分布于表层，内层与过渡区含量均较低。白色内层主要为铜、锡元素，铜锡比达到0.66～1.25，另检出少量铅和土壤元素。红色中间层成分较为单一，含有极高的铜元素，未检出锡、铅元素。断面过渡区1-4、断面过渡区1-5与红色中间层成分分析结果较为接近，相较后者增加少量氯、锡元素。断面过渡区1-2、断面过渡区2-2除铜元素外，含有较多的氯元素，不含或含有极少的锡、铅元素，与淡绿色腐蚀矿化产物层成分分析结果较为接近。绿色表层富含铜元素，不同区域六次分析均未检出锡元素，局部富含铅、氯元素，另检出少量硅、铝等土壤元素。

表 7-5 X4 样品能谱分析结果

分析位置	成分（wt%）											
	铜 Cu	锡 Sn	铅 Pb	碳 C	氧 O	氯 Cl	硅 Si	铝 Al	钙 Ca	硫 S	钠 Na	钾 K
表面 1-1 区	20.78	—	12.20	10.23	39.33	7.91	3.56	—	—	—	—	—
表面 1-2 区	39.16	—	—	15.15	32.68	9.74	1.96	1.31	—	—	—	—
表面 2-1 区（绿色外层）	62.90	—	—	—	21.20	15.89	—	—	—	—	—	—
表面 2-2 区（红色中间层）	80.26	—	—	4.11	13.77	1.86	—	—	—	—	—	—
表面 2-3 区（淡绿色夹层）	57.51	—	—	—	25.41	17.08	—	—	—	—	—	—
断面 1-1 区（表层）	27.83	—	—	19.15	37.38	8.28	7.36	—	—	—	—	—
断面 1-2 区（过渡区）	44.05	1.17	1.44	21.21	21.75	8.32	2.05	—	—	—	—	—
断面 1-3 区（内层）	30.42	46.35	—	—	17.13	—	1.07	—	1.14	3.89	—	—
断面 1-4 区（过渡区）	70.39	1.60	—	5.98	19.94	2.09	—	—	—	—	—	—
断面 1-5 区（过渡区）	74.43	1.92	—	6.19	13.31	4.14	—	—	—	—	—	—
断面 1-6 区（表层）	31.66	—	18.31	7.62	26.00	2.39	12.67	1.35	—	—	—	—
断面 2-1 区（内层）	44.45	35.54	4.74	—	15.26	—	—	—	—	—	—	—
断面 2-2 区（过渡区）	63.03	—	—	—	24.11	12.58	—	—	—	—	—	—
断面 2-3 区（表层）	33.33	—	7.26	19.84	27.40	5.17	6.99	—	—	—	—	—
断面 2-1 点（表层黑色斑块）	1.01	—	—	4.73	40.72	—	29.14	10.67	—	—	1.14	12.60

（5）G5样品

G5样品，表面成分分析结果表明，黄褐色表层富含锡元素，铜锡比为0.31；局部铜含量高于锡含量，铜锡比达到8.69～11.32（图7-43）。断面成分分析结果表明，绿色中间层检测出较多铜及锡元素，存在少量铅元素；红色内层铜元素含量极高，检出较多锡元素；表层及断面均未检出氯元素（图7-44）。表面及断面能谱分析结果见表7-6。

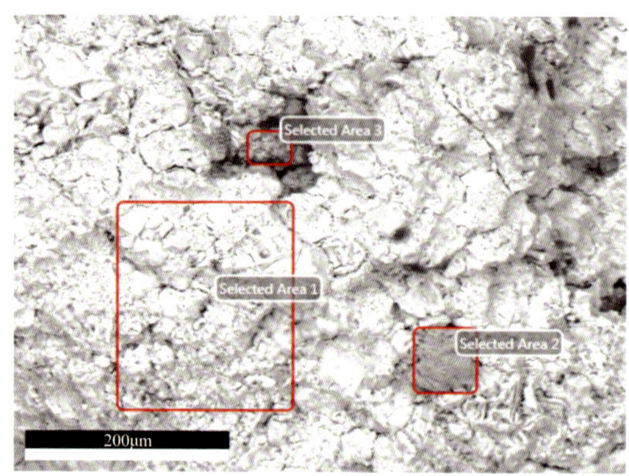

图 7-43　G5样品表面能谱分析区域

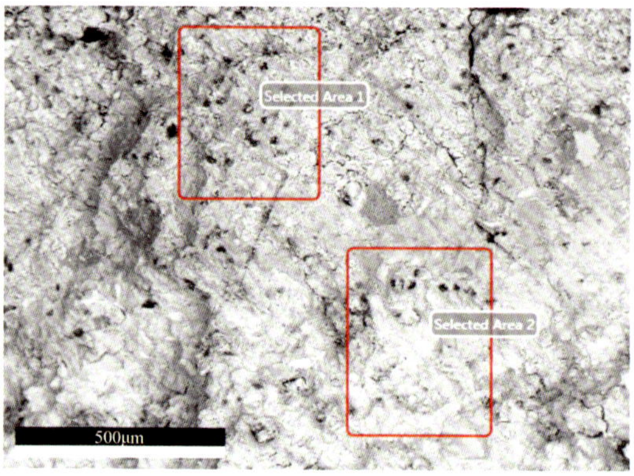

图 7-44　G5样品断面能谱分析区域

表 7-6　G5 样品能谱分析结果

分析位置	成分（wt%）					
	铜 Cu	锡 Sn	铅 Pb	碳 C	氧 O	钙 Ca
表面 1 区	22.91	74.02	—	—	—	3.07
表面 2 区	56.72	6.53	—	8.58	28.16	—
表面 3 区	55.58	4.91	—	9.09	30.39	—
断面 1 区（中间层）	20.30	34.25	4.90	15.92	24.63	—
断面 2 区（内层）	74.82	15.30	—	—	9.87	—

（6）G6样品

G6样品，表面成分分析结果表明，黄色表层富含锡元素，铜元素含量较少，铅元素含量较多（图7-45）。因断面无法准确区分绿色腐蚀产物中间层和深绿色腐蚀产物内层，分别在断面近表层、中间层、近内层区域进行检测分析。断面成分分析结果表明，G6样品锡元素含量整体高于铜元素，铜锡比在0.15～0.16（图7-46）。断面近表层、中

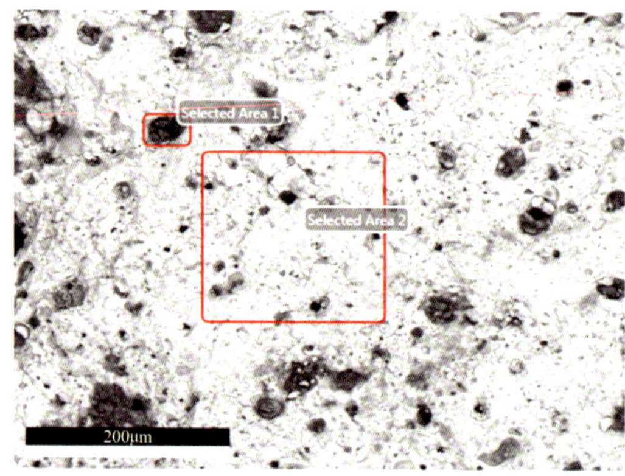

图 7-45　G6样品表面能谱分析区域

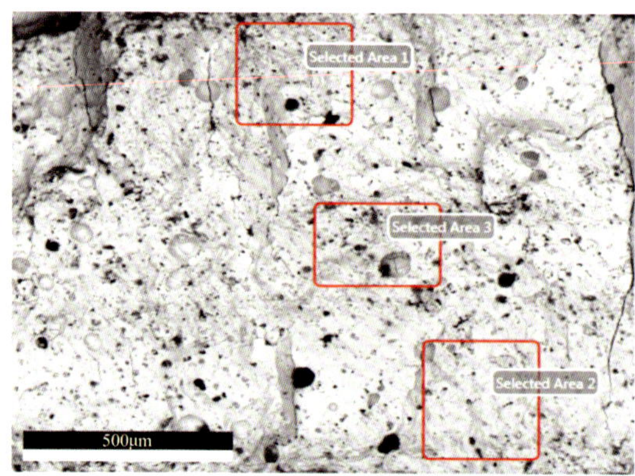

图 7-46　G6样品断面能谱分析区域

间层、近内层区域均富含锡元素，另检出较多铅元素及铜元素，未检测出氯元素。断面近表层和中间层存在少量硅、钙等土壤元素。表面及断面能谱分析结果见表7-7。

表 7-7　G6 样品能谱分析结果

分析位置	成分（wt%）						
	铜 Cu	锡 Sn	铅 Pb	碳 C	氧 O	钙 Ca	硅 Si
表面 1 区	5.04	31.28	8.96	8.17	46.55	—	—
表面 2 区	6.49	50.23	11.53	9.20	22.54	—	—
断面 1 区（近表层）	6.83	46.88	9.33	23.58	10.24	1.32	1.83
断面 2 区（近内层）	8.84	53.99	13.58	7.85	15.74	—	—
断面 3 区（中间层）	7.52	47.48	9.78	10.99	19.71	3.02	1.50

（7）G7样品

G7样品，表面成分分析结果表明，黄白色表层富含锡元素，检出较高含量的铅元素，铜元素含量极低，存在少量铁、硅元素等土壤元素（图7-47）。断面成分分析结果表明，白色内层锡、铅元素含量较高，检出少量铜元素（图7-48）。整体而言，G7样品表层及断面均未检出氯元素，铜元素含量远低于锡元素含量，铜锡比低至0～0.06。表面及断面能谱分析结果见表7-8。

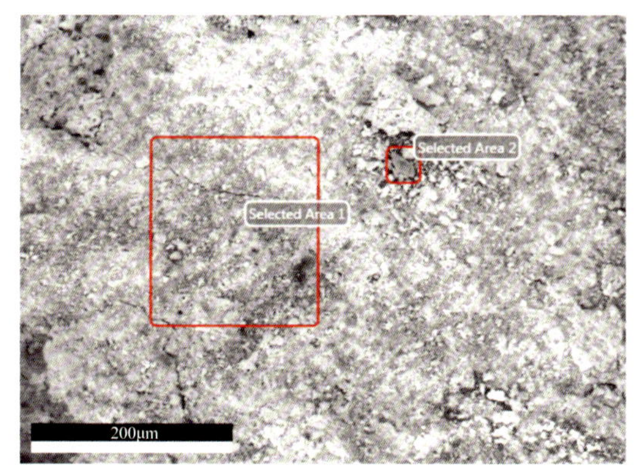

图 7-47　G7 样品表面能谱分析区域

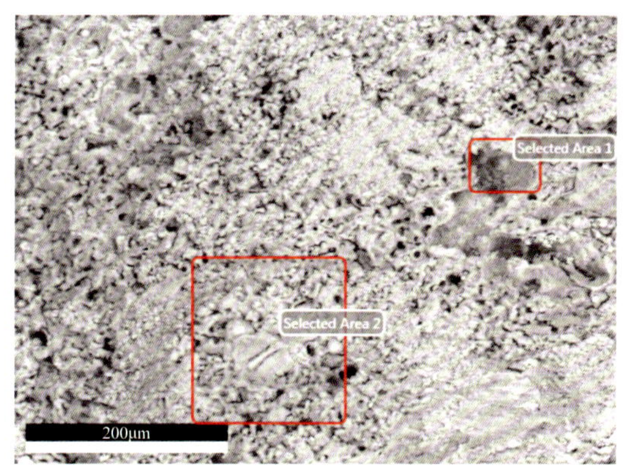

图 7-48　G7 样品断面能谱分析区域

表 7-8　G7 样品能谱分析结果

分析位置	成分（wt%）						
	铜 Cu	锡 Sn	铅 Pb	碳 C	氧 O	铁 Fe	硅 Si
表面 1 区	1.32	22.80	11.85	19.56	36.61	2.25	5.61
表面 2 区	—	15.76	8.37	27.35	40.16	1.87	6.50
断面 1 区	—	48.21	38.98	3.43	9.34	—	—
断面 2 区	2.48	48.89	20.33	6.60	21.69	—	—

1.3.2 物相分析

利用激光拉曼光谱仪（Raman），对各样品的不同腐蚀矿化层进行检测，在能谱成分分析结果的基础上，进一步判明结构中各矿化产物层的物相成分，物相分析结果见表7-9。

表 7-9 矿化青铜器样品物相分析结果

样品编号	检测部位	检测结论	分析设备
X4	淡绿色夹层	氯铜矿、副氯铜矿	Raman
G5	绿色中间层	孔雀石	Raman
	红色内层	赤铜矿	Raman
G6	绿色中间层	孔雀石	Raman
G7	白色内层	二氧化锡	Raman

X4样品淡绿色夹层的拉曼光谱峰有：118、140、361、420、447、511、817、845、894、913、930、970、3313、3353、3440cm^{-1}（图7-49）。其中拉曼峰361、420、447、817、845、894、913、930、3313、3353、3440cm^{-1}与副氯铜矿拉曼特征峰值364、420、450、820、842、896、911、930、3310、3355、3442cm^{-1}极为相似，应当含有副氯铜矿；拉曼峰140、447、511、817、845、913、970cm^{-1}与氯铜矿拉曼特征峰值139、449、512、820、843、911、974cm^{-1}极为相似，应当含有氯铜矿。

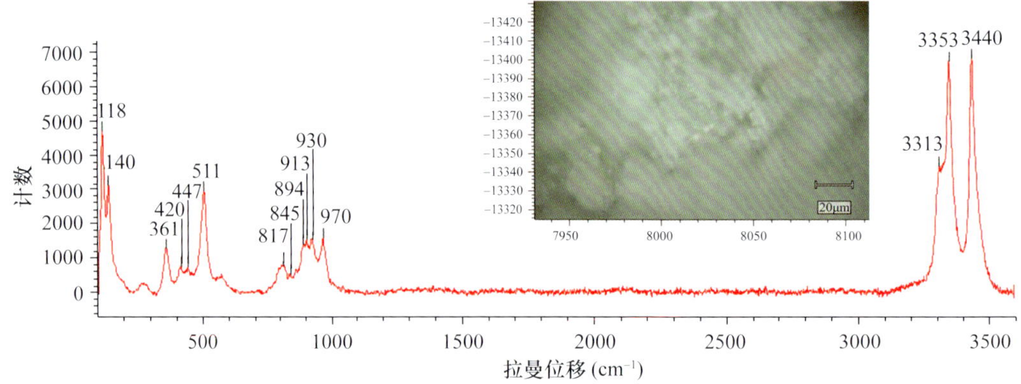

图7-49 X4样品淡绿色夹层的Raman分析结果

G5样品绿色中间层的拉曼光谱峰有：155、181、222、270、354、433、535、1054、1099、1366、1493、2937、3380cm^{-1}（图7-50）。孔雀石的拉曼特征峰值为154、180、219、270、355、434、538、721、753、1067、1100、1367、1462、1493、3308、3378cm^{-1}，其中154、180、434cm^{-1}为强峰。该区域样品拉曼光谱的分析结果与孔雀石极为吻合，应当含有孔雀石。

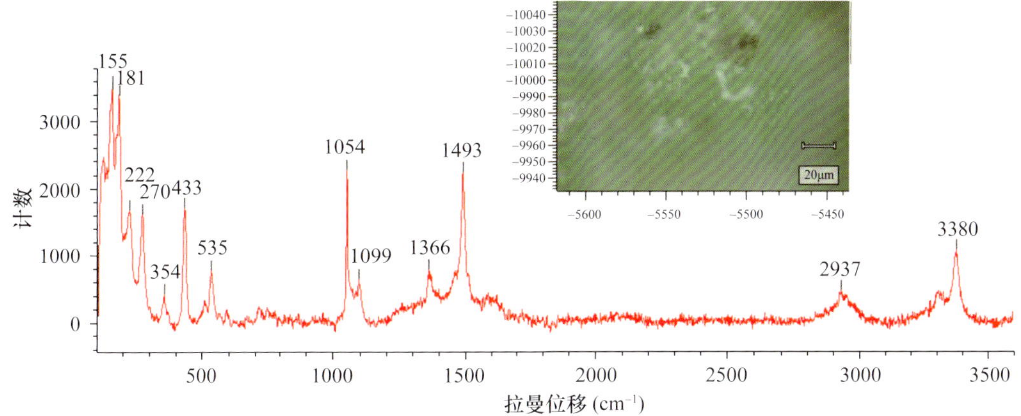

图7-50 G5样品绿色中间层的Raman分析结果

G5样品红色内层的拉曼光谱峰有：150、219、631cm^{-1}（图7-51）。赤铜矿的拉曼特征峰值为148、186、195、218、495、638cm^{-1}，其中218cm^{-1}为强峰，495、638cm^{-1}为宽峰或肩峰。该区域样品拉曼光谱的分析结果与赤铜矿较为一致，应当含有赤铜矿。

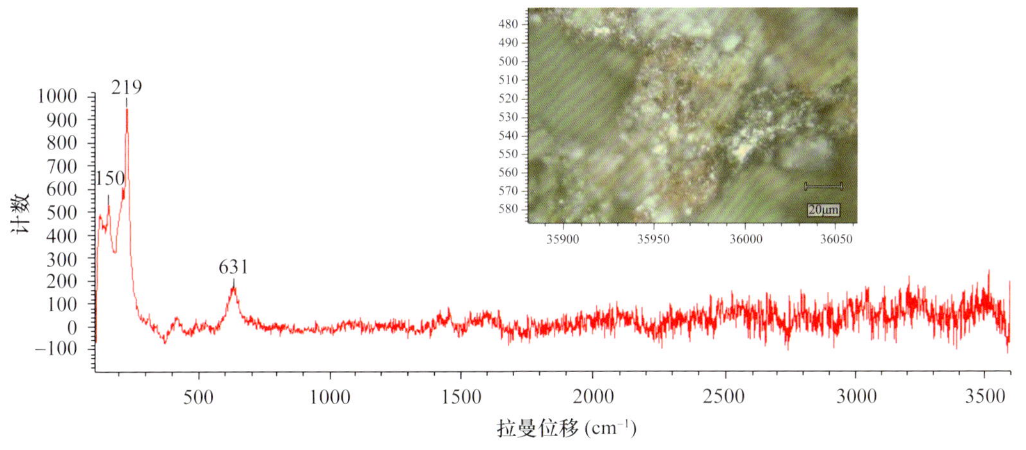

图7-51 G5样品红色内层的Raman分析结果

G6样品绿色中间层的拉曼光谱峰有：158、175、222、270、353、434、529、719、751、1092、1370、1495、3377cm^{-1}（图7-52）。孔雀石的拉曼特征峰值为154、180、219、270、355、434、538、721、753、1067、1100、1367、1462、1493、3308、3378cm^{-1}，其中154、180、434cm^{-1}为强峰。该区域样品拉曼光谱的分析结果与孔雀石极为吻合，应当含有孔雀石。

G7样品白色内层的拉曼光谱峰有：474、633、775cm^{-1}（图7-53）。二氧化锡的拉曼特征峰值为475、635、776、842cm^{-1}，其中635cm^{-1}为强峰。该区域样品拉曼光谱的分析结果与二氧化锡比较一致，应当含有二氧化锡。

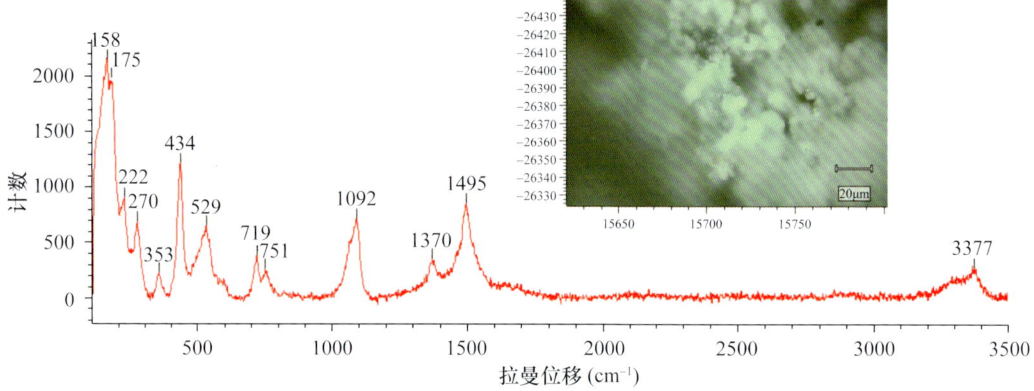

图 7-52 G6样品绿色中间层的Raman分析结果

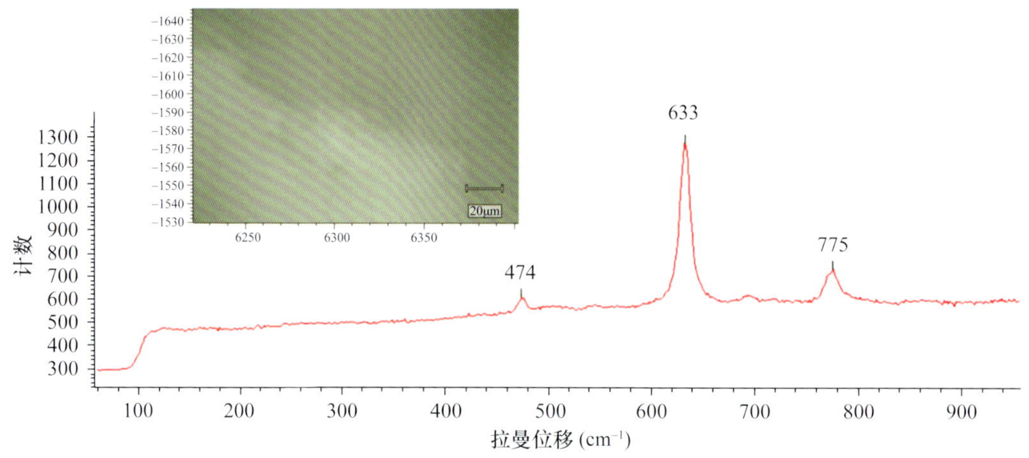

图 7-53 G7样品白色内层的Raman分析结果

综上分析可知，矿化青铜器样品物相分析结果主要包括氯铜矿、副氯铜矿、孔雀石、赤铜矿二氧化锡等（表7-9）。青铜器的主要腐蚀矿化产物有铜的氧化物、锡的氧化物、铅的氧化物、碱式碳酸盐、氯化物及碱式氯化物等。

1.4 密度

使用电子密度计对各矿化青铜器样品的密度进行测量，结果见表7-10。七件矿化青铜器样品的密度均小于5g/cm³，以G7样品密度最小，低至2.183g/cm³；Z2、X4、G6样品比较接近，分别为3.266、3.111、3.161g/cm³；Z1、Z3、G5样品密度相对较大，分别为3.883、4.121、4.286g/cm³。

表 7-10 矿化青铜器样品密度分析结果

编号	Z1	Z2	Z3	X4	G5	G6	G7
密度（g/cm³）	3.883	3.266	4.121	3.111	4.286	3.161	2.183

1.5 硬度

使用显微硬度计对各样品的断面各区域的维氏硬度进行测量，检测结果见图7-54～图7-60、表7-11。硬度最小值11.1hv，最大值280.8hv。断面各区域硬度差异较大，但仍可通过硬度平均值反映样品的致密程度。G6、G7样品硬度平均值较低，分别为34.10、60.10hv；Z3、X4、G5样品比较接近，分别为152.80、110.45、124.85hv；Z1、Z2样品硬度平均值相对较高，分别为168.75、190.85hv。

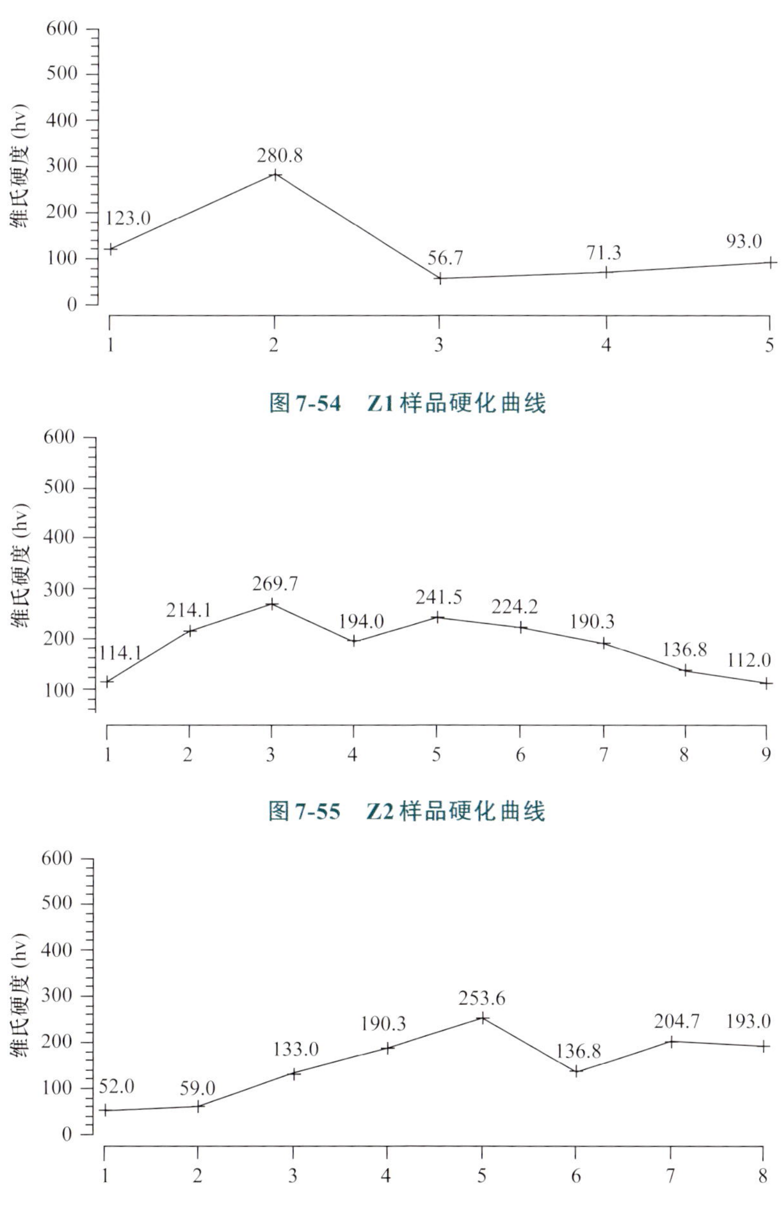

图7-54　Z1样品硬化曲线

图7-55　Z2样品硬化曲线

图7-56　Z3样品硬化曲线

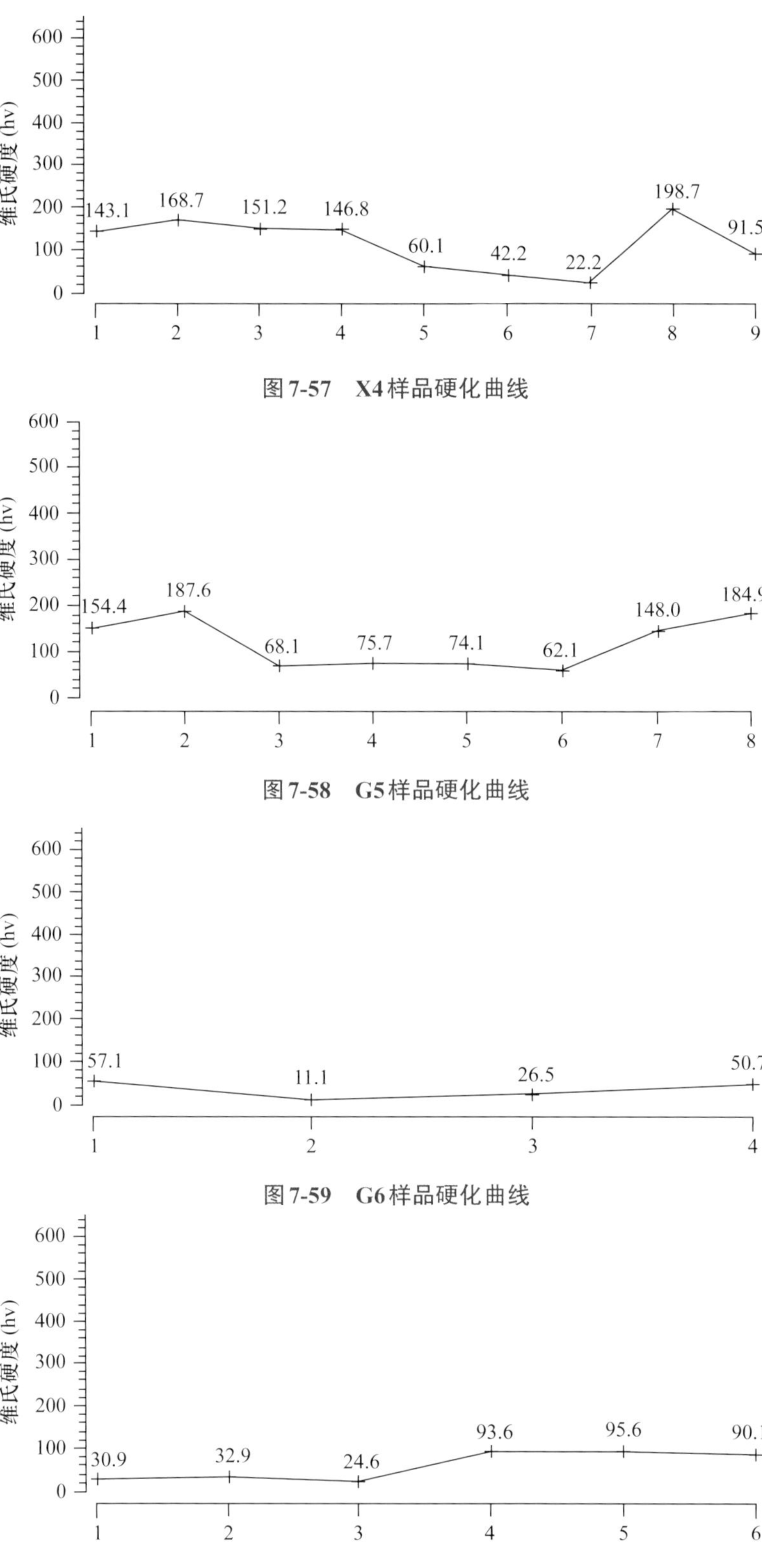

图7-57　X4样品硬化曲线

图7-58　G5样品硬化曲线

图7-59　G6样品硬化曲线

图7-60　G7样品硬化曲线

表 7-11 矿化青铜器样品硬度分析结果

样品编号	最大值（hv）	最小值（hv）	平均值（hv）	采集点
Z1	280.8	56.7	168.75	5
Z2	269.7	112.0	190.85	9
Z3	253.6	52.0	152.80	8
X4	198.7	22.2	110.45	9
G5	187.6	62.1	124.85	8
G6	57.1	11.1	34.10	4
G7	95.6	24.6	60.10	6

二、脆弱青铜器腐蚀模式及矿化机制

2.1 腐蚀模式

由考古出土的矿化青铜器主要特征的对比分析，青铜器的腐蚀模式及矿化结构主要可以分为Ⅰ、Ⅱ两种类型。Ⅰ型，也可称为表面富锡型，结构如图7-61，主要特征为器物表面多保存完好，致密平整；腐蚀矿化产物多生于原始界面内部，原有合金的铜元素大量流失，但未能在表面形成明显的富铜腐蚀矿化产物层，腐蚀层相较基体合金含锡量高，含铜量低。

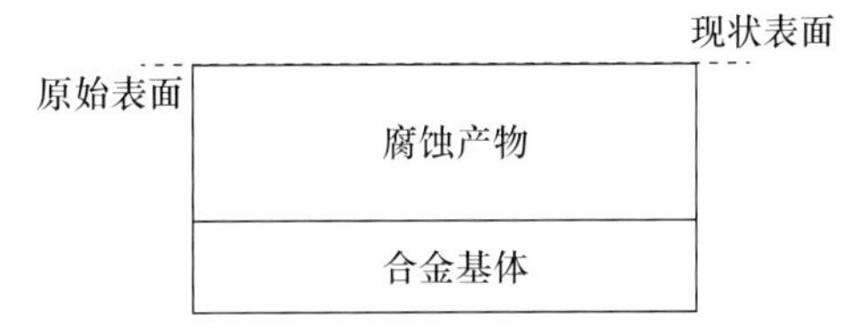

图7-61 青铜器Ⅰ型腐蚀状态

Ⅰ型腐蚀矿化产物主要为锡的氧化物、铜的氧化物及碱式碳酸盐等。根据铜流失情况以及含铜腐蚀矿化产物的不同，断面各区颜色差异较大。表层常见碱式碳酸铜、二氧化锡，颜色多为黄褐色至绿色。内部有的存在赤铜矿，以赤铜矿的多寡，颜色多呈深、浅红色；有的几乎不含赤铜矿，呈绿色或蓝绿色。青铜器的Ⅰ型腐蚀发展至严重状态，合金基体腐蚀殆尽，铜元素严重流失，即形成Ⅰ型矿化青铜器，样品G5、G6、G7、K1～K14、K16、K17、K19、K20属于这一类型。以G5、G6、G7为例，Ⅰ型矿化青铜器至少可细分为三种亚型，即Ⅰ1型、Ⅰ2型、Ⅰ3型，腐蚀结构如图7-62。Ⅰ1型以样品G5为典型，腐蚀结构分三层，表层富含锡的氧化物，呈黄褐色，较为致密；中间层富含碱式碳酸铜和锡的氧化物，呈绿色；内层富含赤铜矿和锡的氧化物，呈红色。Ⅰ2型以样品G6为典型，腐蚀结构分三层，表层富含锡的氧化物，呈黄褐色，较为致密；中间层富含碱式碳酸铜和锡的氧化物，呈绿色；内层富含碱式碳酸铜和锡的氧化物，铜元素含量更高，因此颜色更深一些，呈深绿色。Ⅰ3型以样品G7为典型，

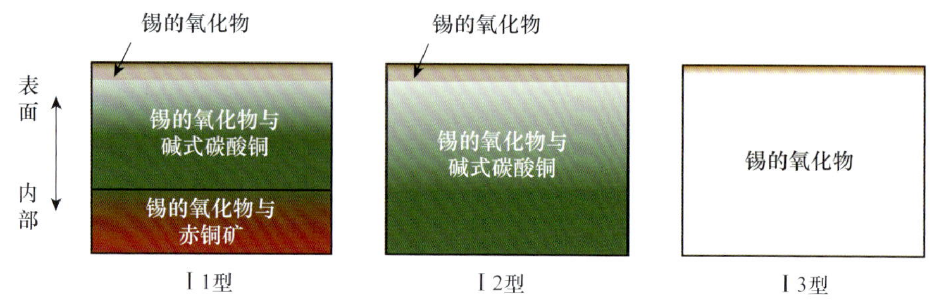

图 7-62　Ⅰ型矿化青铜器腐蚀结构

腐蚀结构分两层，表层较薄，富含锡的氧化物呈黄色；内层富含锡的氧化物，铜素含量极低，因此呈白色。

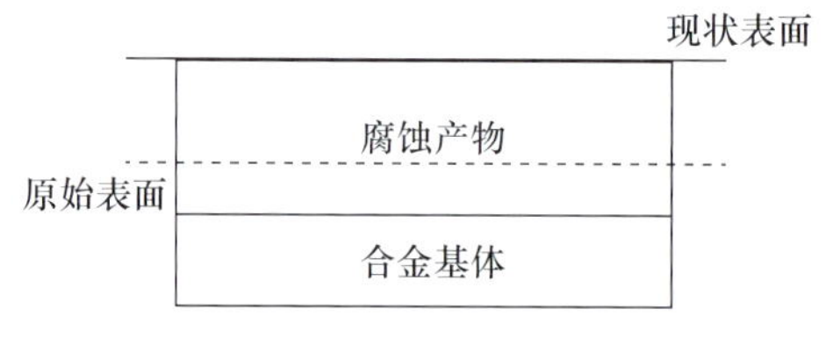

图 7-63　青铜器Ⅱ型腐蚀状态

Ⅱ型，也可称为表面富铜型，特征是表面粗糙，原始表面几乎不存；含铜腐蚀矿化产物在原始表面外附着生成，因而造成表面富含铜的腐蚀矿化产物；表面锡含量较少或不含锡；腐蚀矿化结构多存在明显的赤铜矿层，结构如图 7-63。

按腐蚀矿化产物是否含有铜的氯化物可将Ⅱ型分为ⅡA、ⅡB两亚型。ⅡA型腐蚀矿化产物主要为铜的氧化物及碱式碳酸盐，另含有少量锡的氧化物等，腐蚀结构分层较为复杂，又可细分为ⅡA1、ⅡA2、ⅡA3型，腐蚀结构如图 7-64。ⅡA1型，外观呈铁锈色，合金整体结构为两层，合金层上为赤铜矿层，有的还含有少许黑铜矿。ⅡA2型，在断面上可以观察到明显的分层结构，主要分为三层，内层为合金层，中间层为红色赤铜矿，外层常见碱式碳酸铜，如孔雀石、蓝铜矿等。ⅡA3型，腐蚀结构与ⅡA2型相似，主要特征是其断面上存在赤铜矿层与碱式碳酸铜层交替相叠的现象，腐蚀结构达到三层以上。

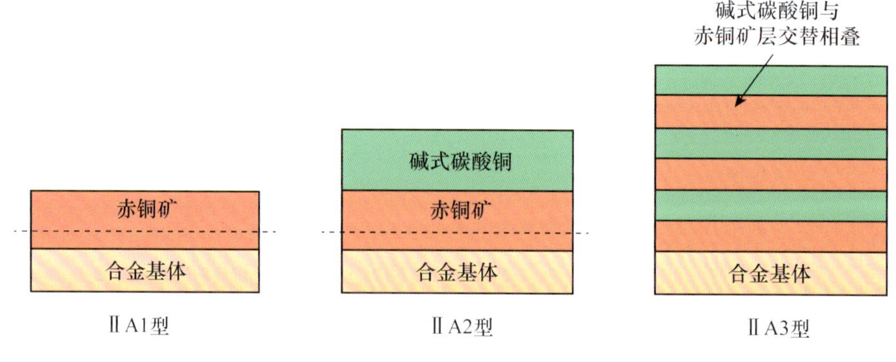

图 7-64　青铜器ⅡA型腐蚀结构

青铜器的Ⅱ A型腐蚀发展至严重状态，合金基体腐蚀殆尽，即形成Ⅱ A型矿化青铜器。因此，Ⅱ A型矿化青铜器腐蚀结构亦可分为Ⅱ A1、Ⅱ A2、Ⅱ A3型。考古出土的Ⅱ A型矿化青铜器，以Ⅱ A2型最为常见，腐蚀结构为两层，表层主要为碱式碳酸铜，呈绿色；内层主要为赤铜矿，呈红色。样品Z1、Z2、Z3、K15、K18、K21、K23、K26、K27、K35、K37即呈现Ⅱ A2型腐蚀的矿化青铜器状态。Ⅱ A1型比较少见，腐蚀矿化产物以赤铜矿为主，K28即呈现这种腐蚀结构状态。Ⅱ A3型在考古出土青铜器中时有发现，K22、K24、K33即呈现这种碱式碳酸铜与赤铜矿交替叠加的腐蚀结构状态。

Ⅱ B型腐蚀结构的主要特征是其腐蚀矿化产物中存在铜的氯化物，如氯化亚铜、氯铜矿、副氯铜矿等。其余腐蚀矿化产物与Ⅱ A型类似，常见锡的氧化物、铜的氧化物及碱式碳酸盐等。Ⅱ B型也可分为三型，如图7-65。Ⅱ B1型与Ⅱ B2型在断面上均可以观察到明显的分层结构，内层为红色赤铜矿层，外层常见碱式碳酸铜，如孔雀石、蓝铜矿等。不同之处在于，Ⅱ B2型表面腐蚀矿化产物存在较多碱式氯化铜，呈典型的粉状锈形态，Ⅱ B1型内含铜的氯化物，粉状锈处于“休眠”状态。Ⅱ B3型主要特征是其断面上存在赤铜矿层、铜的氯化物层与碱式碳酸铜层交替相叠的现象。

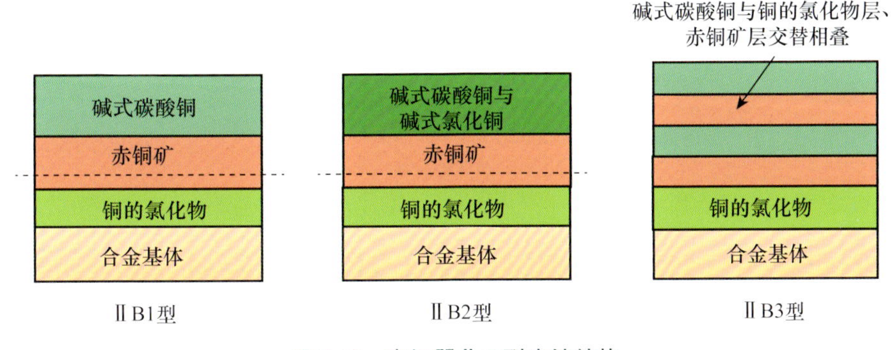

图7-65 青铜器Ⅱ B型腐蚀结构

青铜器的Ⅱ B型腐蚀发展至严重状态，合金基体腐蚀殆尽，即形成Ⅱ B型矿化青铜器。因此，Ⅱ B型矿化青铜器腐蚀结构亦可分为Ⅱ B1、Ⅱ B2、Ⅱ B3三型。考古出土的Ⅱ B型矿化青铜器，以Ⅱ B2型和Ⅱ B3型腐蚀结构较为常见。

2.2 矿化机制

根据阿诺拉（L. Robbiola）等人对青铜合金的腐蚀模型研究，可将腐蚀过程细分为三个阶段（图7-66）。第一阶段，合金表面快速溶解，形成钝化层或非钝化层。第二阶段，各类离子的迁移控制着腐蚀扩散进程。腐蚀率随时间推移而减少，直至趋近于零，腐蚀过程达到稳定状态。第三阶段，腐蚀矿化产物变化或腐蚀重新开始。腐蚀层结构在漫长时间中老化或环境介质的变化，将引发腐蚀矿化产物变化，新的局部腐蚀甚至是周期性腐蚀的形成。矿化青铜器在腐蚀的第二阶段或第三阶段随着腐蚀的进程而产生，与埋藏环境的含氧量、含水率、酸碱度、腐殖酸及合金成分及制作工艺等因素有关，是多因素耦合造成的腐蚀现象。

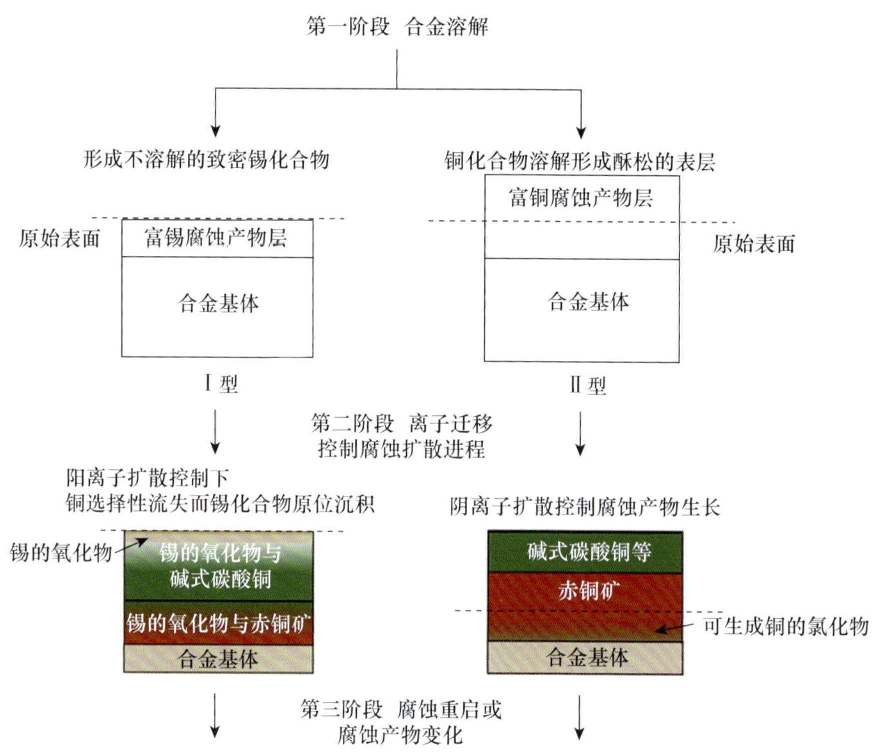

图7-66 矿化青铜器腐蚀结构形成机制

三、矿化脆弱青铜器加固保护的基本程序

3.1 青铜器加固保护理念

关于文物保护修复，《中国文物古迹保护准则》规定：“保护的目的是通过技术和管理措施真实、完整地保存其历史信息及其价值”。应用在青铜文物的修复上，就是要最大限度地保存其历史、艺术、科学价值。我国青铜器保护修复理念经过多年的发展和完善，在结合传统青铜器修复理念与国际文物保护修复理念的基础上，形成了“不改变原状修复原则”“最小干预修复原则”“可识别性修复原则”“兼容性修复原

则”及“可再处理性修复原则”等原则，这也是青铜器加固保护工作所要遵守的基本原则。

3.2 加固材料

矿化青铜器保护修复的重点在于加固材料和工艺的选择，了解脆弱青铜器现状性能特征，是对矿化青铜器进行有针对性的保护修复工作的前提。20世纪60年代，罗伯特·奥根（Robert Organ）总结了几种大英博物馆实验室使用的青铜器加固材料，如Cosmolloid 80H、Bondafiller、Tensol等，可以反映当时西方文物保护工作者针对脆弱青铜文物所使用的加固材料的情况。Cosmolloid 80H为一种微晶石蜡，可在较低温度下熔化和固化，常作为封护材料或加固材料使用。Bondafiller主要成分为聚酯纤维，可黏附在矿化的易碎青铜器内壁，起到支撑和补强的作用。Tensol主要成分为甲基丙烯酸甲酯、过氧化苯甲酰及邻苯二甲酸二丁酯，可用于矿化青铜器的渗透加固。可以看出早期针对矿化青铜器开发的加固材料作用方式主要有三种，一是能够渗入文物内部的渗透加固型材料，二是表面涂抹固化的表面加固型材料，三是黏附于器物内壁的结构补强型材料。20世纪70年代后，各类合成高分子材料被应用于青铜文物的保护中，如丙烯酸树脂、聚乙烯醇缩丁醛树脂等，渗透加固逐渐成为酥松脆弱文物加固最常使用的方法。

国内对青铜器加固材料的探索起步较晚。20世纪80年代末，湖北省博物馆胡家喜等使用502胶水、白乳胶和三甲树脂对比研究其加固效果，反映了当时我国针对矿化青铜器加固保护所使用的加固材料的情况。由此可以看出，当时我国针对矿化青铜器的加固修复主要有两种思路，一是使用各类胶接材料涂抹于酥松破碎的矿化青铜文物表面进行黏合，二是使用高分子材料进行渗透加固。事实上这三种加固材料的加固效果均不甚理想，502胶水容易出现“白化”现象，影响外观，固化后脆性大；白乳胶易受潮剥落，对矿化青铜器结构强度的提升作用有限；三甲树脂曾在我国文物保护领域中大量使用，但其易老化变黄，易造成文物外观的改变。

通过对材料基本性能、使用文物对象及其在文物保护领域的应用案例的总结，目前，文物保护领域可用于矿化青铜器加固处理的材料，主要有丙烯酸树脂、有机硅树脂、含氟树脂及金属配合物材料等几类。

3.2.1 丙烯酸树脂

丙烯酸树脂是丙烯酸、甲基丙烯酸及其衍生物聚合物的总称，具有良好的成膜性、耐老化性和部分可再处理能力。从20世纪60年代起，丙烯酸树脂就被用于金属文物的保护，日本学者内田俊秀于《文化遗产的原材料和技法》一书中介绍了一种以丙酮和二甲苯为溶剂的丙烯酸树脂浸渗青铜器的保护方法。文物保护领域使用的丙烯酸酯类聚合物，主要有热固性丙烯酸树脂和热塑性丙烯酸树脂两种。根据分散介质不同又可分为水分散介质与非水分散介质，即溶剂型丙烯酸材料和乳液型丙烯酸酯类材料。目前文物保护领域使用的溶剂型丙烯酸材料主要有Paraloid B-72、Paraloid B-67、Paraloid B-44等；乳液型丙烯酸材料主要有Primal AC-33、Primal SF-016、Primal WS-24、Primal B-60A等。以罗门哈斯公司（Rohm and Hrrs）的Paraloid B-72应用最广，其耐水性、黏结性能优异，可作为加固剂、胶粘剂、封护剂等，被广泛用于文物保护领域。国内外许多文保工作者使用Paraloid B-72对矿化青铜器进行加固，如苏东晓选用Paraloid B-72对保山市博物馆藏矿化青铜器进行了渗透加固保护；H. Jedrzejewska使用Paraloid B-72对一尊埃及青铜阿蒙雕像进行渗透加固；丙烯酸树脂类材料在文物保护行业近半个世纪的使用，也逐渐暴露出了一些问题，如Paraloid B-72在紫外线等环境下发生高分子链的断裂交联，致其可逆性降低；Primal AC-33随时间推移老化，会导致封护膜的开裂、剥落等。

3.2.2 有机硅树脂

有机硅树脂是以有机硅聚合物为主要成分的材料。20世纪70年代起，商品化的有机硅材料开始在文保行业应用，如瓦克公司的BS OH 100、普罗索公司的Conservare OH 100、雷默斯公司的KSE OH 300等。有机硅材料憎水防潮，稳定性高，其耐老化性能也十分优异，在文物保护领域被广泛使用。刘成等人选用GR1320有机硅树脂甲苯溶液，对四川广汉三星堆博物馆的一批锈蚀疏松青铜器进行了渗透加固保护。但有机硅材料在文物保护领域的应用也存在一些问题，例如，有相关研究指出有机硅加固剂在石质文物内部干燥过程中出现明显收缩，形成脆性凝胶，可能造成文物本体组织的破裂。

3.2.3 氟碳树脂

氟碳树脂主要由氟原子与碳原子组成的高分子材料，也称为含氟聚合物。氟碳材料不仅有碳和氟组成的全氟聚合物，还有含氟硅化物、含氟丙烯酸类聚合物、含氟聚醚（酮）类聚合物等几类。自1938年含氟聚合物问世以来，由于其分子结构中具有F-C化学键，耐化学性能优异，使氟碳材料具有非常广阔的应用前景。在文物保护领域，李国清等使用氟碳材料处理了一批泉州海外交通史博物馆的金属兵器文物，包含铜炮、刀剑和枪支等，万俐使用溶剂型氟树脂减压渗透加固了战国青铜剑，结果表明含氟材料可以显著地提升文物的自身强度。

3.2.4 有机－无机复合材料

通过有机–无机复配等方法对现有的有机材料进行改性，以达到更好的加固效果是常用的加固材料制备手段。李朝阳等通过高剪切分散和催化剂的催化相结合的方式，使用纳米SiO_2增韧改性环氧树脂，使环氧树脂柔韧性增强；马立治等在氟碳材料中添加纳米SiO_2并采用复合涂层法保护室外金属文物；万俐根据铜器矿化程度的不同，有针对性地配制了三种以氟橡胶2311为主体的加固剂，保护了一批南京博物院的矿化青铜器；陈家昌等研发的丙烯酸盐金属配合物材料，在矿化青铜器的加固处理上也取得了优良效果。

3.3 加固处理工艺

鉴于矿化青铜器的结构特点及文物保护原则要求，矿化青铜器的加固工艺，主要应当选取滴加法、喷淋法及敷贴法等。

加固材料作用方式主要有溶剂挥发固化法和原位反应固化法两种。所谓的溶剂挥发固化法就是将聚合物溶解在水或有机溶剂中，使其更易渗入文物内部，溶质随着溶剂的挥发逐渐固结而产生加固作用；原位固化反应法是使用液体材料渗入多孔文物内部后，在引发剂作用下发生聚合反应而产生加固作用的方式。无论是溶剂挥发固化型还是原位反应固化型材料，都应当具有较好的渗透能力、匹配性及黏聚性。原位固化型加固材料应用很广，但值得注意的是，在文物内部发生化学反应实现加固存在一定风险，如聚合反应的速度很难随渗透深度控制；加固反应过程存在放热现象影响酥脆文物的安全性等。矿化青铜器的加固保护，应当充分考虑加固材料的作用机理，选择合适的加固材料进行对比评价，筛选出目前比较适用于矿化青铜器加固修复的保护加固材料。

3.4 加固处理程序

矿化青铜器加固保护的主要目的是提升文物本体的结构强度。矿化青铜器的结构特点要求加固剂应具有良好的渗透能力，其能够渗入矿化青铜器的孔隙结构中，在矿物颗粒界面处与聚合物形成新的连接点，以提升脆弱青铜器的稳定性及强度。因此，为有效获得加固效果，制定科学的加固程序是关键环节。脆弱青铜器的加固处理程序通常包括以下五步：第一，对存在脆弱隐患的部位及保存现状进行详细勘察，确定加固处理的重点及相关注意事项；第二，根据现状勘察结果及检测情况制定加固方案；第三，开展加固操作设计及开展相关试验工作；第四，在上述工作基础上，组织实施真实文物试验并进行总结，确定最终的加固设计方案及审核；第五，加固保护实施及验收。

3.5 加固保护效果评价

根据目前青铜器加固材料及技术的应用现状，结合青铜器矿化机理研究及加固保护修复理念的指导，遴选出适用于矿化青铜器加固材料评价体系的十项基本评价二级指标，分别隶属于能力保障性、技术成熟性、性能适用性和经济可承受性四项主因素一级指标。制定出的综合评价指标体系基本框架见图7-67。

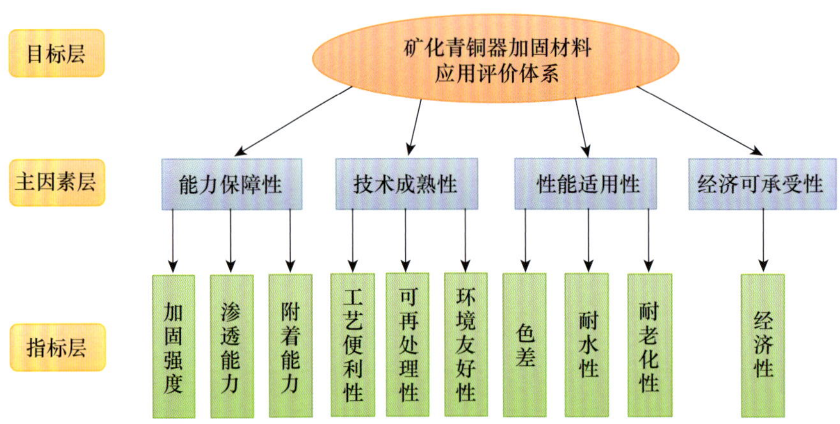

图7-67　矿化青铜器加固材料应用评价体系结构图

3.5.1　能力保障性指标

能力保障性指标包含加固强度、渗透能力、附着能力三项二级指标，主要评价矿化青铜器加固材料能否满足提升文物本体力学强度的加固效果。加固强度直接反映加固材料提升文物本体强度的能力；渗透能力主要衡量加固材料在矿化青铜器孔隙中渗透的性能；附着能力主要考量文物保护材料与文物结合的坚固程度。矿化青铜器加固材料应具有较好的加固强度、渗透能力、附着能力，使得材料能够渗入矿化青铜器内部，与文物本体结合紧密，使得加固后的整体强度得以提升。

3.5.2　技术成熟性指标

技术成熟性指标包含工艺便利性、环境友好性、可再处理性三项指标，主要评价矿化青铜器加固材料能否满足便捷、环保、可再处理等要求。工艺便利性是指加固保护材料在实际修复工艺操作中的适应能力；环境友好性主要考察材料在使用过程中对人体和自然环境造成的影响；可再处理性衡量加固保护材料在不需要的时候被彻底去除的能力。技术成熟的文物加固保护材料，应当操作简单方便，对文物、人体、环境无毒无害，可以在未来性能更优异的材料面世后进行更换。

3.5.3　性能适用性指标

性能适用性指标包含色差、耐水性、耐老化性三项指标，主要评价保护加固材料的性能特征是否适用于矿化青铜器。色差是反映加固保护材料对文物外观影响的重要指标；耐水性可以衡量加固材料对矿化青铜器劣化重要因素的影响；耐老化性可以了解文物保护材料的老化规律，反映材料的长期保护效果。适用于矿化青铜器的保护加固材料，应当不明显改变文物的外观，具有一定的耐水性以及良好的耐候性。

3.5.4 经济可承受性指标

经济可承受性指标包含经济性一项指标，主要评价加固材料在满足保护加固效果之余，是否经济实惠。经济性主要指材料的价格及成本等为材料获取而花费的一切支出，能够普遍性推广的矿化青铜器加固材料应当具有较高的性价比。

总体上讲，以青铜器矿化机理、特征结合保护加固需求为基础，设计的综合评价指标基本可以满足定向选材的客观要求，具有较好系统性和科学性，符合“全面性、统一性、兼容性、先进性”的文物保护材料评价理念，能够为遴选适宜的加固材料提供依据，使青铜器加固材料的选择和应用更有针对性和规范性。未来可以进一步推进矿化青铜器加固材料应用评价体系的研究，优化评价体系设计，细化评价方法步骤，增加具有适用性的评价指标，规范评价指标的测定及分级方法，使矿化青铜器加固材料应用评价方法的使用更为便捷、科学，能够更好地反映矿化青铜器加固材料真实的应用效果。

参考文献

[1] 陈家昌，陈胤臻，谈金龙，等. 脆弱青铜器保护修复材料性能及其应用技术研究[J]. 华夏考古，2023(3): 114-121.

[2] 吕良波. 广州地区出土脆弱青铜器加固材料筛选研究[J]. 材料导报，2016, 30(S1): 458-462, 473.

[3] 吕良波. 考古出土脆弱青铜器加固技术研究[J]. 丝绸之路，2012(10): 19-20.

[4] 陈家昌，买莹，尚泽雅，等. 古代青铜器“粉状锈”的研究现状与展望[J]. 腐蚀与防护，2023, 44(1): 51-57.

第八章 脆弱青铜器的连接修复

出土脆弱青铜器因埋藏导致的严重腐蚀、矿化等病害，以及因长时间的埋藏和存放而产生脆化、裂纹和断裂等问题，使青铜器本体处于岌岌可危状态。因此，做好残破断裂青铜器连接修复对恢复青铜器原有价值具有重要作用。青铜器的连接修复主要包括整形、拼接、焊接与粘接、补配和做色等步骤，旨在连接修复恢复文物的原始形态和历史信息。

一、青铜器连接修复的基本原则

在青铜器连接修复的过程中，除了严格遵循文物保护修复的基本原则外，还需根据青铜器连接修复的特殊要求，从修复对象的现状评估、修复材料的合理选择、修复方法的科学应用以及对修复效果的综合评估等多个维度进行深入探讨与实践。

修复对象的现状评估：在进行青铜器连接修复之前，对修复对象的现状进行全面、细致的评估是至关重要的。这包括对青铜器破损程度的评估、腐蚀情况的分析，以及可能存在的历史修复痕迹的考察。通过高清摄像、三维扫描等现代科技手段，我们可以获取青铜器表面的高精度图像数据，进而对其损伤类型、分布范围及严重程度进行量化分析。同时，结合历史文献、考古资料及专家经验，对青铜器的年代、文化背景及艺术价值进行深入研究，为后续的修复工作提供科学依据。

修复材料的合理选择：修复材料的选择直接关系到青铜器连接修复的质量与效果。在选择修复材料时，需充分考虑材料的稳定性、兼容性及可逆性。稳定性是指材料在长时间内能够保持其物理、化学性质不变，避免因材料老化而导致青铜器再次受损；兼容性则要求修复材料与青铜器本体在色泽、质感等方面相协调，以达到“修旧如旧”的效果；可逆性则是指修复过程应具有可逆性，以便在未来必要时能够轻松去除修复材料，恢复青铜器的原始状态。目前，市场上常用的青铜器修复材料包括环氧树脂、铜粉混合物，以及一些新型的纳米材料等。这些材料各有优缺点，需根据具体情况进行选择。

修复方法的科学应用：青铜器连接修复的方法多种多样，包括机械连接、焊接、粘接等多种方式。在选择修复方法时，需根据青铜器的破损类型、材质特性及修复目标进行科学决策。例如，对于断裂的青铜器部件，可采用焊接或粘接的方式进行连接；而对于细微的裂纹或孔洞，则可采用填充或镶嵌的方法进行修复。在修复过程中，还需注意控制温度、湿度等环境因素对修复效果的影响。同时，借助先进的计算机模拟技术，可以对修复方案进行预演与优化，提高修复工作的精准度与效率。

对修复效果的综合评估：青铜器连接修复完成后，还需对修复效果进行全面、客观的综合评估。这包括修复部位的稳定性测试、外观效果的评估以及文物信息的保留程度等多个方面。稳定性测试主要检查修复部位是否牢固可靠，能否承受一定的外力作用；外观效果的评估则关注修复部位与青铜器本体的协调性、色泽的匹配度以及纹理的还原度等方面；文物信息的保留程度则是对修复工作是否尊重并保留了青铜器的历史文化内涵进行评判。通过综合评估，可以及时发现并纠正修复过程中存在的问题与不足，确保青铜器连接修复工作的质量与效果。

综上所述，青铜器连接修复是一项复杂而精细的工作，需要遵循文物保护修复的基本原则与青铜器连接修复的特殊要求。在修复过程中，需全面评估修复对象的现状、合理选择修复材料、科学应用修复方法并对修复效果进行综合评估。

二、连接修复的主要方法

连接修复的主要方法包括多种技术手段，具体方法主要有以下几种。

焊接法是连接修复中常用的技术，通过加热使金属熔化，并在冷却后形成牢固的结合。焊接的优点在于连接强度高，能够承受较大外力。青铜作为一种特殊的合金材料，其熔点、热导率、膨胀系数等物理性能与常规金属存在显著差异，这就要求焊接时应深入了解青铜材料的特性，并根据实际情况选择合适的焊接方法和工艺参数。例如，在选择焊接材料时，需考虑其与青铜母材的相容性，以确保焊接接头的化学成分和力学性能达到最佳状态；在控制焊接温度时，既要保证金属能够充分熔化，又要避免过高的温度导致青铜器本体材料组织性能改变或产生裂纹等缺陷。总体而言，焊接法作为一种高效、可靠的连接修复技术，在青铜器修复领域中发挥着不可替代的作用。然而，要实现高质量的焊接效果，还需不断深入研究材料特性、优化焊接工艺、引入新技术和新材料。只有这样，才能更好地发挥焊接技术的优势，使得青铜器通过焊接修复展现出良好的结构稳定性。

拼接法是将多个青铜器破碎部件通过机械连接或粘接的方式组合在一起的方法，在青铜器文物修复中，它多是一种临时处理手段。这种方法适用于损坏较为严重的青铜器。在进行拼接时，需注意接缝的对应关系，确保拼接部位的准确性。

粘接法是利用高强度的胶粘剂，将碎片部分重新固定的一种修复方法。该方法的优势在于操作简单、环境影响小，且修复部位后期处理相对简单。然而，选择合适的粘接材料和确保粘接表面的清洁是关键。在脆弱青铜器实际修复工作中通常会遇到腐蚀严重的碎片，其断口边缘的铜质存在整体或局部矿化问题，如果采用传统焊接的方法进行连接修复，则会造成虚焊的现象，进而造成器物修复后整体强度较差。另外，当青铜器物为薄壁状态时，也会存在焊接难度。为解决以上脆弱青铜器存在的修复问题，此时多采用粘接的方法进行处理。通过对文物缺失部位的补配，重建文物本体的结构稳定性，以及外观的完整性，最大限度恢复文物原状，有效保留和延续文物的历史价值、艺术价值、科学价值等。

补配工艺是针对青铜器缺失部分进行材料的填补与修复，补配可采用与原材料相似的青铜合金，通过焊接或粘接的方式进行补配，也可采用树脂材料通过粘接的方式进行补配。在补配过程中，特别需要关注材料的热膨胀系数和化学成分，以避免因材质不匹配导致的后续问题。目前在实际工作中，现代技术的引入，如3D打印和激光焊接技术，为青铜器的连接修复提供了新的可能性。3D打印可以精确复制缺失部分的形状，此方法不仅能恢复青铜器的外观，还能确保其物理性能的相似性，使得青铜器的修复过程更为精细化和高效。

补配后的做色是根据青铜器的原始色泽和锈蚀情况，选用合适的颜料和技法进行上色和做旧处理。为了使修复后的青铜器更加逼真自然，通常需要对其进行做色处理，使修复后的青铜器在外观上更加接近原物，从而增强其历史感和真实感。

三、青铜器连接修复技术研究

3.1 整形技术

青铜器的整形过程通常基于塑性变形原理，主要包括材料的物理特性、力学行为以及整形过程中的应力和变形机制。整形技术的另一个重要原理是应力分布。青铜器的整形过程中，施加的外力会在材料内部产生复杂的应力场，合理的力的施加方式和方向能够有效地改变青铜器的形状，同时减少材料的损伤。通过对应力分布的分析，修复工作者可以选择合适的工具和方法，以达到最佳的整形效果。

在整形过程中，工具的选择也极其重要。常用的整形工具包括锤、钳和模具等，这些工具的设计和使用直接影响整形的精度与效率。应变的控制也是整形技术中的一个关键因素。青铜器在整形时，过大的应变可能导致材料的疲劳和破裂。因此，在整形过程中，应根据材料的实际情况，控制施加的应力和变形速度，确保材料在可塑性范围内进行变形。

总之，整形技术不仅依赖于对青铜材料物理特性和力学行为的深入理解，还需要在实际操作中灵活运用各种工具和方法，以实现对青铜器的有效修复。

3.1.1 常用整形工具与设备

整形技术的实施离不开适当的工具与设备。常用的整形工具和设备主要包括手工工具和机械设备两大类。

手工工具方面，主要有锤子、凿子、钳子等。首先是锤子，锤子通常用于对青铜器进行初步的形状调整。根据青铜器的材质和厚度，选择合适重量的锤子可以有效避免损伤器物。其次是凿子，凿子在整形过程中发挥着重要作用，能够帮助工匠细致入微地处理青铜器表面的细节。此外，钳子和夹具也是必不可少的工具，钳子用于固定器物，确保在整形过程中器物的稳定性，夹具则可以在施加力量时防止青铜器的变形。

机械设备方面，万向压力设备是青铜器整形的重要工具。压力设备通过均匀施加压力，能够在不损伤青铜器的情况下，进行大范围的形状调整。在整形过程中，温控装置也起着关键作用。对于较厚的青铜器，适当加热可以增加其塑性，降低裂纹发生的风险。通过温控设备，能够在整形前对青铜器进行预热，以便在后续的处理过程中更好地塑形（图8-1）。

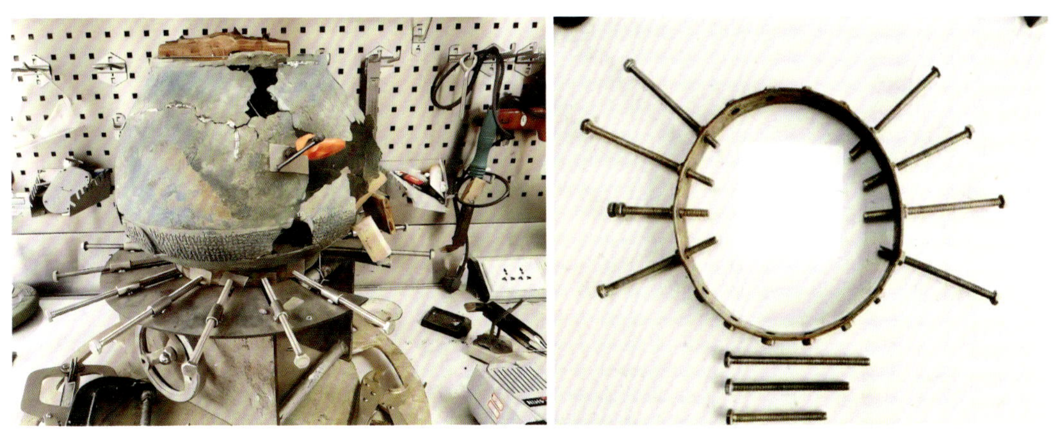

图8-1 自制的整形设备

整形工具和设备的选择应考虑青铜器的具体特性，包括材质、形状和损坏程度等。在实际操作中，通常会结合多种工具和设备，以达到最佳的整形效果。例如，在对一件具有复杂纹饰的青铜器进行整形时，工匠可能会先使用锤子和凿子进行初步整形，随后运用压力机进行细致的调整。通过合理使用这些工具与设备，可以有效提高青铜器整形的效率与质量，确保修复后的文物保持其历史价值与艺术性。

3.1.2 整形过程中的注意事项

整形过程中的注意事项涉及以下三方面：第一，应充分了解青铜器本体材料的特性，青铜的铸造工艺和成分不同导致其物理和化学性质存在差异。在整形过程中，应避免对青铜器本体材料造成不可逆的损伤。第二，温度控制至关重要，采用热整形方法时，控制温度是关键。温度过高可能导致青铜氧化或失去原有的机械性能，过低则可能无法有效整形。因此，需根据具体青铜器的类型，制定适当的加热温度和时间。第三，工具的选择和使用也不容忽视，整形工具应符合青铜器的特性，避免使用升降幅度过大的矫形工具，以免在操作过程中对青铜器造成损伤。对原有的纹饰和形状应尽量保留，对局部的整形应采取微调的方式，以体现青铜器的独特性。工具的形状和大小应与整形部位相匹配，以保证整形的精确度和安全性。

3.2 粘接技术

粘接是借助胶粘剂在固体表面上所产生的粘合力，将同种或不同种材料牢固地连接在一起的方法。粘接的主要形式有两种：结构型粘接和非结构型粘接。非结构粘接主要是指表面粘接；而结构型粘接是将结构单元用胶粘剂牢固地固定在一起的粘接现象。脆弱青铜器的粘接通常属于结构性粘接，要求所用的胶粘剂及其粘接点必须能传递结构应力，且应力分布均匀，从而达到提高粘接整体强度的目的。

3.2.1 影响粘接强度的因素

胶接是通过物理的或化学的作用而实现的，影响粘接强度的因素包括物理因素和化学因素。其中物理因素主要包括：胶粘剂本身的强度、胶粘剂的弱边界层、胶层厚度、表面粗糙度、被粘物的强度与粘接器物受力情况和环境情况等。化学因素主要包括：胶粘剂和被粘物的化学性质，接头使用环境的化学因素决定了胶粘剂和被粘物内聚力和它们相互作用的界面，这些化学因素强烈地影响着粘接强度。

相关理论研究和实验证明，接触角随着表面能的降低而增加，随着表面粗糙度的增加而增大，而表面微观结构对浸润性具有重要的影响。当粘接接头两端材料平整、对称时，胶膜在固化时受力较为均匀；当粘接接头两端材料不对称时，胶膜来自两端受压不对称，内部受力不均匀，固化时容易有气泡产生，最终导致缺陷，拉低粘接强度。

因此，欲提高粘接效力，粘接前的表面预处理就十分重要。表面处理的常用手段包括：一是采用机械或化学手段去除表面污染物、增强材料表面活性、降低接触角等，当胶粘剂能良好地浸润被粘物表面时，可减少胶接区域的缺陷和赶走气泡；二是提高表面粗糙度，粗糙度的提高可有效增加粘接面积，因此，粗糙度有利于提高胶接强度。

此外，粘接过程中施加压力，减小对接头胶层的厚度也有利于提高粘接强度。粘接过程中对接头胶接层的厚度，原则上在不缺胶的前提下应使胶层尽可能薄一些，以获得较高的粘接强度。同时，在粘接材料选择方面，尽可能选择粘接剂胶凝时内应力相对较小的材料，胶凝过程中产生的应力包括收缩应力和热应力，当胶粘剂固化时，因挥发、冷却和化学反应而使胶粘剂体积发生收缩，胶粘剂收缩时产生收缩应力，收缩应力超过粘附力时粘接强度就会下降。

3.2.2 常用胶粘剂及其特性

常用胶粘剂在青铜器修复中扮演着至关重要的角色，其选择直接影响到修复效果的持久性和美观性。根据不同的应用需求，现有的胶粘剂主要可以分为以下三类。

第一类是环氧树脂胶粘剂：环氧树脂是青铜器修复中常用的一种胶粘剂。环氧树脂胶粘剂（简称环氧胶粘剂或环氧胶）由主剂（环氧树脂组分）和固化剂两大部分组成，为改善某些性能、满足不同用途，还可以加入增韧剂、稀释剂、促进剂、偶联剂等辅助材料。环氧胶具有粘接力强、收缩小、稳定性高、耐化学腐蚀、耐水、耐油等特点以及不含挥发性溶剂，不须加压即可固化，且固化收缩率低，耐久性好等优点。其固化后形成的坚硬结构，能够有效抵抗环境因素的侵蚀。此外，环氧树脂的流动性较好，适合于复杂形状部位构件的填充与粘合。环氧树脂胶粘剂的缺点是耐热性不高，耐候性尤其是耐紫外线性能差。

第二类是聚氨酯胶粘剂：聚氨酯具有良好的柔韧性和耐候性，适用于需要一定弹性的修复场合。与环氧树脂相比，聚氨酯的耐温性能和抗老化性能较强，其独特的弹性可以有效避免因温度变化导致的应力集中，减少修复部位的开裂风险。

第三类是丙烯酸酯胶粘剂：丙烯酸酯胶粘剂在20世纪70年代被推出，由于丙烯酸酯聚合物是饱和化合物，所以对热、光化学、氧化分解具有良好的耐受性，即稳定性好。另外，丙烯酸酯胶粘剂耐久性好、低温性能好、粘接性能好、粘附力强、耐紫外光、耐老化、保色性能好、基本无毒无污染。其主要优势为：室温快速固化，一般为几分钟至几十分钟；可以低温固化，甚至可以在0℃以下固化；适用于大多数金属和非金属材料的粘接；对于被粘接材料的表面处理要求不严格，甚至可以油面粘接；对双组分的混合比例要求不严格；粘接强度高。其中，因其具有快速固化的特点，能够在短时间内达到初步粘接强度，因此，特别适合于对固化时间要求较高的修复工作。

在实际应用中，选择合适的胶粘剂还需考虑添加必要的填料以进一步改善其与青铜器本体的相容性。填料通常是一些不含水、中性、不与物料组分起不良作用的有机物、无机物、金属或非金属粉末等。常用填料包括滑石粉、玻璃粉、石英粉、碳纤维等。

3.2.3 粘接工艺流程

胶粘剂在青铜器修复中各具特点，使用中应结合具体的修复需求、环境条件以及历史文物的特性进行综合考虑。其中，不仅要对胶粘剂的基本性能进行深入理解，而且还要对使用工艺进行精心设计，才能达到青铜器修复质量持久稳定的目的。粘接工艺流程通常包括以下方面：①根据脆弱青铜器破碎状况及保护修复目标，设计粘接方法，选择适宜的粘接材料，制定粘接方案。②表面处理：青铜器被粘接部位的表面处理很重要，表面处理是粘接成败的关键。首先应检测评估青铜器粘接部位的表面状态及理化特征，针对具体情况选择物理处理和化学处理的方法进行表面处理；如当被粘物表面存在污垢、锈斑不适合胶粘时，可选用砂磨机或木锉先粗化表面，再用棉纱蘸丙酮擦拭表面，反复清洗直至将各类油污、锈斑等污染物、沉积物去除干净，以增加表面粗糙度和提高表面吸附性。③选胶：根据青铜器粘接部位状态、粘接区域大小等情况，可选用能满足工艺要求的胶粘剂。例如：大型青铜器粘接应考虑选用室温固化、无需加压固化的胶粘剂；胶接垂直方向的胶接面时，应考虑选用起始黏度高、流动度小的胶粘剂等。④配胶：首先在配胶时，应根据胶粘剂类型及胶粘剂品种的不同，选择适宜的调胶工具及温湿度环境，添加的不同组分要充分搅拌混合均匀。⑤涂胶：在被粘物双方表面均匀涂胶，使胶接面全部润湿，避免出现气泡。如用溶剂型胶粘剂，涂胶后应晾干，使溶剂挥发，以减少胶层中的气孔和缺陷所造成的应力集中。胶层厚度不宜太厚，具体厚度可根据接头形状、胶粘剂类型及粘接部位受力状态的不同，经试验后确定。⑥固化修整：胶层完全固化才能发挥胶粘剂的最佳胶接强度。青铜器修复常用的胶粘剂固化时间长短不一，应严格按照粘接剂使用说明进行固化处理。

注意事项：确保青铜器修复过程中粘接效果的稳定性和持久性，材料的选择至关重要，必须依据青铜器的具体特性和损坏程度选择合适的粘接材料。不同的粘接剂在粘接强度、耐温性、耐腐蚀性等方面存在差异，选择不当可能导致修复效果不佳。在脆弱青铜器修复胶接工艺中，涂胶与固化为主要环节，温度和湿度是影响粘接效果的重要因素。温度过高或过低均可能导致胶粘剂性能的下降，因此应在胶粘剂推荐的环境条件下进行操作。同时，湿度过高也可能导致胶粘剂固化不完全，影响粘接强度。加热有利于胶接固化，并有利于界面扩散达到提高活化能、形成化学键，以达到提高内聚强度与胶接强度的目的。加热固化的方式有电加热，高频加热及超声波加热等，可根据接头的需要和具体条件而定。此外，胶层加压对胶粘剂的固化也有很大影响，加压有助于胶膜的均匀化及微孔渗透，加压对胶粘剂的缩聚反应更为重要，能够有效排出固化后残余的水分、溶剂、气泡等，可达到更优良的胶接强度。胶粘剂的涂布厚度和均匀性也直接关系到粘接质量。涂布过厚可能导致粘接面之间的应力集中，造成局部失效；而涂布过薄则可能无法达到理想的粘接效果。因此，需严格控制涂布工艺，确保胶粘剂均匀覆盖在预处理好的粘接面上。在粘接过程中，避免交叉污染，确保不同类型胶粘剂不混用，以免降低粘接效果。此外，对于修复后的青铜器，定期检查粘接处的状况，及时发现并处理潜在问题，确保修复的持久性。

3.2.4 粘接效果评价

评估粘接效果的标准主要包括粘接强度、耐久性、附着力、抗腐蚀性和修复后的外观。具体如下：

粘接强度是评估粘接效果的首要标准。通过拉伸试验、剪切试验等方法可以测量粘接接头在不同载荷下的承载能力。对于青铜器的修复，粘接强度必须满足特定的安全系数，以确保在使用过程中的稳定性。

耐久性评估涉及对粘接材料在不同环境条件下（如高温、高湿、酸碱等）长期使用后的性能变化进行测试。通过加速老化试验，可以模拟实际使用环境，判断粘接材料的老化速率及其对青铜器的长期影响。

附着力是另一个重要指标，通常采用剥离试验来评估。粘接界面与青铜器表面的相容性、表面处理的质量等都会直接影响附着力。高附着力能够有效防止粘接层在外力作用下的剥离，确保修复的持久性。

抗腐蚀性主要针对粘接材料与青铜器的相互作用进行评估。应选择能够抵抗腐蚀性介质侵蚀的胶粘剂，以避免修复后因化学反应导致的进一步损坏。此项评估可以通过浸泡试验和盐雾试验来完成，模拟实际环境对粘接材料的影响。

修复后的外观也是评估标准之一。粘接材料的色泽、透明度及与青铜器本体的匹配度直接影响修复效果的美观性。专业的目视评估和光学检测可以帮助判断粘接处的外观质量。

综合以上标准，通过系统的评估方法，可以全面了解粘接效果，为青铜器的修复提供科学依据，确保修复工作的顺利进行与长远效果。

由于胶粘剂完成修复操作后，其粘合面通常不太容易观察，并且胶粘剂的粘接强度检验是破坏性试验，对其粘接强度的检验就有较大的难度。因此在实施前就必须对胶粘剂的性能加以确认，加强使用前的实验室分析检测与相关试验，确保其粘度、固化时间、剪切强度等关键性能指标符合文物保护修复的使用要求，是保证粘接效果的一个重要的方法。

3.3 补配技术

补缺与配件（以下简称“补配”）是青铜器修复工艺过程中的重要环节之一。在青铜器的修复过程中，当一些缺失的部分无法找回或无法修复时就需要进行补配工作，即根据青铜器的原有形态和风格特点，制作出与缺失部分相匹配的新构件进行填补，使器物恢复到原有的完整面貌。补配技术在青铜器修复中扮演着至关重要的角色，补配修复后的器物既能恢复其原有形态，又能保持艺术和历史价值。

补配工作并非简单的“填空”行为，而是一项复杂而精细的修复活动。首先，修复师需要深入研究青铜器的历史背景、制作工艺以及风格特点，力求对器物的整体风貌有一个全面而准确的认识。随后，他们会根据青铜器的原有形态和风格特征，精心设计出缺失部分的图纸或模型。这一过程不仅要求修复师具备深厚的艺术功底，还需要他们具备敏锐的观察力和丰富的想象力，以确保新构件与原有部分在形态、色彩、质感等方面达到高度的和谐统一。

3.3.1 补配原则及流程

除遵循青铜器保护修复的通用原则外，补配应遵循的基本原则是：尊重历史原状与保存现状，对文物补配前要根据现存部分的形制和纹饰，遵循对称性和连贯性等规律，对文物整体结构进行有据补缺，或充分调查历史资料，依据文字或影像资料进行补缺，做到有据可依，去伪存真最大限度确保补配工作做到准确无误。根据文物的现状特点及保护修复目标，通过对文物缺失部位的补配，重建文物本体的结构稳定性以及外观的完整性，最大限度恢复文物原状，保留和延续文物的核心价值。在外观效果方面，要根据现存部分的形制和纹饰，遵循对称性和连贯性等规律，对文物形貌进行有据补缺，不能随意臆造、凭空捏造。在补配工艺方面，使用的方法与材料要依据补配原则，不影响和损坏文物现有原始材料，不对后期再处理工作造成干扰。补配部位做到与文物本体衔接平整、牢固，确保补配修复结果符合文物的真实性、完整性及长期稳定性要求。

进行补配时，关键步骤与流程主要包括以下几个方面：一是选择合适的补配材料。一般来说，补配材料应与原青铜器的成分、色泽及物理特性相匹配。对于青铜器，通常选用合金材料，确保其机械性能及化学稳定性。经过化学分析和材料测试，才能有效地选择适合的补配材料。二是设计补配方案。对缺失部分进行仔细测量和定位，确保补配材料的形状和尺寸准确无误。此阶段可借助3D建模技术，模拟补配效果，确保其与原器物和谐统一。三是进行补配操作。补配修复前，需对青铜器补配部位进行彻底清洁，去除氧化层、污垢和旧胶粘剂残留，以提高补配材料的附着力。随后，将准备好的补配材料精确地填充到缺失部分，确保连接牢固。此过程中，需控制好材料的流动性，避免产生气泡或缝隙。同时，确保各层材料之间的结合良好，以保证整体的结构强度。

整体而言，补配技术的关键步骤要求细致周到，任何环节的疏漏都可能影响青铜器的修复效果和使用寿命。只有通过科学的方法和严谨的态度，才能有效提升青铜器的补配修复质量。

3.3.2 补配材料

对于补配材料的评价标准有可塑性、相容性、硬度、稳定性、可再处理性、经济性等。目前，在青铜文物中常用的补配材料有铜板、锡焊、铅锡合金、环氧树脂、环氧玻璃钢、原子灰、速成铜、树脂等。如原器物变形不严重，素胎（无花纹），或器体虽有花纹，但补配处无纹饰不需刻花的，可用锡、铅、锑的合金片做补配原料；如原器物变形较严重，且有花纹，而在补配处不需刻花纹者，可用红铜或黄铜板来补配，这样做可以增加残破处的支撑力量。不论器物变形严重与否，只要它的造型和花纹具有其时代的代表性，富有科学技术的研究价值，就应采用铜锡合金。

3.3.3 补配工艺

（1）孔洞粘补

一般性小孔洞的粘补在内壁层粘牢后，直接用稠胶泥粘接或在胶液中加入适量的玻璃纤维碎丝涂抹粘补，并在表面包覆1～2层浸透胶泥的玻璃丝布，做旧；较大破损孔洞的粘补——“移植块填补”，可按破损孔洞尺寸剪切而成补块，然后将移植块与新制内壁同时涂上稠胶泥，待溶剂挥发后粘合、压实，1～2小时后去压，外观处理方法同上。

（2）铜板补配

采用传统捶打工艺，依据原器物残缺处的厚度，选取与原器物厚度相近的铜板，利用铜板特有的延展性和可塑性，剪裁、火烧后锻打成器物补配处的形状，将补配件粘接到残缺处。在实际操作中，所选铜板的厚度都会比修复器物的厚度要薄一些，全部补配完整后，再用原子灰、树脂胶把所有补配的位置反复地涂抹后打磨平整。平面处的缺失用铜板补配操作起来相对简单一些，而那些同一处缺失面积大，且带有弧度的补缺位置则需要一些专业的工具和具体的操作经验。

铜板补配的优点：能够较好地修复破损文物，既适用于一般破损青铜文物的修复，又在严重变形、矿化和残缺器物的修复中起到事半功倍的效果，是一套行之有效的修复方法。采用铜板补配法，对文物本身介入和干预较少，能够满足脆弱青铜文物的修复要求，也符合青铜文物修复的可再处理性和最小干预的原则。不足：补配一件文物需花大量的时间，并需精湛的修复技艺，由于需要拥有很高水平的文物修复技术及消耗大量的时间，因而极大地限制了该工艺的广泛应用（图8-2）。

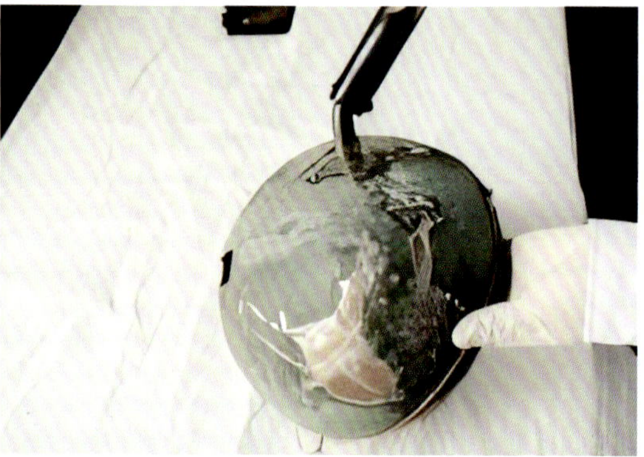

图8-2 脆弱青铜器铜板补配效果图

（3）铅锡合金补配

采用铅锡合金原位补配能够最大限度地复原青铜器原有质感，铅锡合金熔点低，补配相对容易操作。铅锡补配流程大致分为翻模、合金熔合、浇铸、打磨、做色等步骤。具体操作工艺有以下三种。第一种方法是原位翻制模具，即用石膏在选择可套用的器物位置或配件（器物的腿、耳等）处直接翻制模具，然后把翻制完整的模具放置烘干箱内加热，使石膏模具中的水分完全蒸发，烘干处理后的石膏模具就可以直接拿来用铅锡这种低熔点的合金进行浇铸。第二种方法是失蜡法翻制模具，即用硅橡胶材料在可套用的器物位置或配件（器物的腿、耳等）处翻制模具，为提高硅胶模具的强度，可在硅橡胶模具外再用石膏包裹一层，然后把熬制好的石蜡灌入制作好的硅胶模具中，待石蜡完全冷却后，把石蜡模型从硅胶模具中取出后，再用石膏把石蜡模型通体裹住，并在合适的位置预留出浇口，把整合一体的石蜡模型和石膏模具放入烘干箱内烘烤加热，清除石蜡模型形成型腔之后，石膏模具就可以直接浇铸使用。第三种方法是先塑型再制模，如果缺失的位置或配件无法直接用来翻制模型，需要视器物缺失的情况用传统的陶泥或者橡皮泥、雕塑泥塑型，当然运用现在比较先进的3D打印技术塑型也可以，然后再通过前两种方法完成工作。

铅锡合金补配的优点：①铅锡合金性能稳定，熔点低，流动性好，收缩性小，韧性良好，软硬适宜，无砂洞，无疵点，无裂纹，表面光滑，磨光效果好。②铅锡合金铸造性能好，韧性强，可以铸造形状复杂、薄壁的精密件，铸件表面光滑。③铅锡合金补配部位表面处理效果好，适宜于喷涂做旧。

注意事项：①翻制模具的过程比较繁琐，对修复人员的翻模技术有一定的要求。②锡铅合金熔合配制过程中要注意：制备锡铅焊料合金时应先投铅，升温350℃时再投锡，当升温至规定温度后开始搅拌，搅拌速度应均匀一致。合金混合搅拌均匀后应去掉渣质，经检验分析合格后，方可作为补配材料备用。图8-3为脆弱青铜器铅锡原位补配流程图。

图8-3 脆弱青铜器铅锡原位补配流程图

图8-3 （续）

（4）原子灰补配

原子灰是一种新型嵌填的高分子材料，因其附着力强且在干燥过程中不产生裂纹而被广泛使用。原子灰由主体灰和固化剂两部分构成，主体灰的成分多为不饱和聚酯树脂和填料。固化剂的成分一般为增塑剂和引发剂，与主体灰混合引发聚合作用增加材料的强度并快速固化附着在物体表面。

采用原子灰补配脆弱青铜器相对容易操作，特别是对存在凹坑、针缩孔、裂纹等缺陷的填平与修饰方面优势突出。其使用要点主要包括以下几方面：①原子灰填涂之前应用溶剂及打磨器从表面彻底除去补配部位的油污、锈蚀物及水分等。②主剂及硬化剂的标准，混合率应按其重量计算的比例计算。③主剂及硬化剂混合要充分搅拌均匀，使其颜色一致方可。④配制之后，要在7～10分钟可用时间范围内使用。⑤原子灰的可用时间受到温度和湿度的影响，所以要控制好使用时间。⑥嵌油灰，不得有泡沫渗入，必须用刮刀彻底捋平才行。⑦腻子彻底硬化后才可以打磨，室温20℃时，约需1小时以上才硬化。⑧当雨季及湿度较高时，原子灰硬化时间要稍延长些。

优点：原子灰的灰质细腻，作为青铜器补配修复材料，具有易打磨、硬度高、操作便利等特点。缺点：粘接强度太小，应用范围只适合缺失面积较小，且不需要起到支撑力作用的缺失位置。

（5）速成铜补配

速成铜是一种胶泥状铜加固型修补材料，对铜、铜合金及其他有色金属材料具有很强的亲和力，其外观是一种固状体胶棒，呈紫红色，胶棒外层为固态环氧树脂，内层为浅灰色固化剂。

使用方法：使用速成铜，除制模外其他工序都将一次完成。只需将制好的模紧密地压在补缺处，切下所需速成铜的用量，用手揉匀填压在补缺处几分钟后，残缺就会被固化速生铜所填补完全。着色，用事先准备好的颜料把器物里面的颜色进行随色处理，等取下模后，利用速成铜未完全固化时可直接着色的特点，一次完成。

优点：速成铜可以在短时间内完成对铜或铜合金等有色金属材质制品快速粘接与补配，具有固化时间短、固化物硬度高、机械性能强等特点。速成铜补配可提高数倍的工作效率，若补配一些小饰件，如器物的耳、足、小兽等都将一次完成，而且可简化模具，提高效率更多。缺点：粘接强度太小，应用范围只适合缺失面积较小，且不需要起到支撑力作用的缺失位置。图8-4为脆弱青铜器速成铜原位补配流程图。

图8-4 脆弱青铜器速成铜原位补配流程图

（6）树脂补配

常用于青铜文物修复的树脂有3A合众胶、E44型环氧树脂等。根据脆弱青铜器胎体的特点，运用最广泛的是环氧树脂补配法。素面的器物，可在残缺处的内壁粘贴纸胶带作为内衬，然后在外部填补环氧树脂，待凝固后，用打磨机和砂纸进行打磨使其表面光滑，与器物整体保持一致。对于有纹饰且纹饰较复杂的器物，如一侧的纹饰缺失了，可根据对称性原则在另一侧完整的部位找到参照，因为青铜器的纹饰一般都具有对称性。也可直接用印模材料翻模浇铸树脂成型后，补配到残缺处。补配时应立足于树脂的固化时间、强度和硬度，选择与脆弱青铜器本体材质匹配度最高的，并加入矿物颜料粉调出跟器物相接近的颜色，以方便后续的做旧工作。

目前，随着科技手段的进步特别是3D扫描及打印技术的飞速发展，通过原位扫描后直接打印出所需的补配件，直接补配在青铜器缺失处已经越来越普遍。该工艺的优势是能够在不损伤文物的前提下，可以完成对文物复制以及文物所需补缺件的精细制造。由于现有的打印材料主要为ABS塑料、PLA聚乳酸树脂及光敏树脂等高分子材料，打印出的补配件在质感和力学性能上都达不到青铜器补配材料的要求，所以打印出的补配件尽可能填补于器物缺失处，可以将其当作模具再翻模制造出新的补配件，再通过粘接的方式将其填补于补缺处。图8-5为脆弱青铜器树脂材料原位补配流程图。

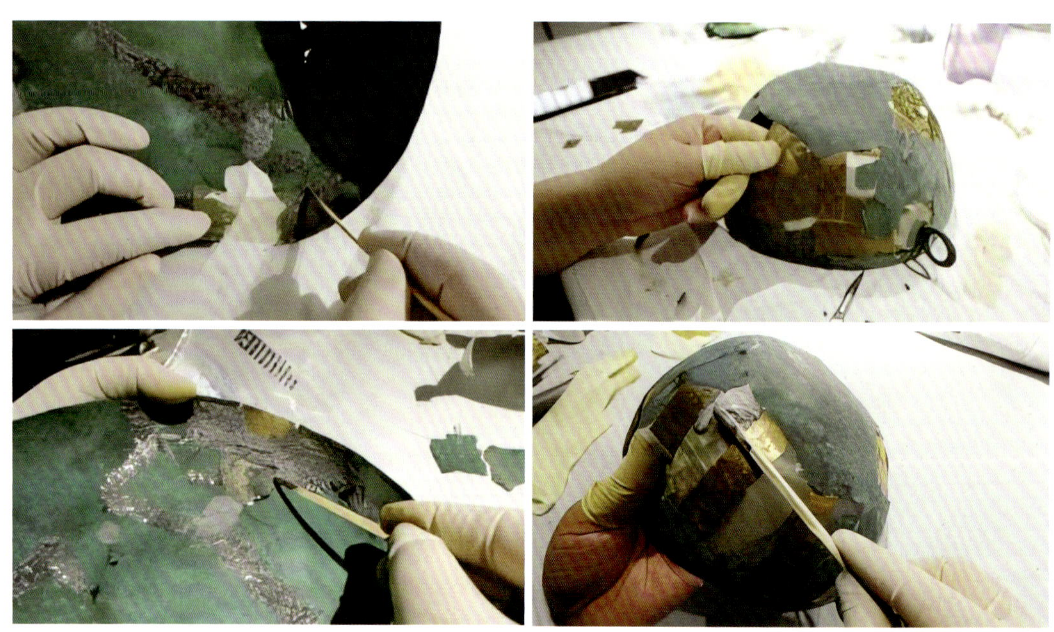

图8-5　脆弱青铜器树脂材料原位补配流程图

3.4　做色

3.4.1　做色的目的与作用

做色工艺在青铜器修复与保护中占据重要地位，主要目的不仅是为了恢复青铜器的外观，更在于增强青铜器的美观性、历史真实性以及保护其材质完整性。首先，青铜器的做色可以有效恢复其原有的色泽与光泽，提升器物外观协调性。古代青铜器经过长时间的氧化与腐蚀，表面常常出现锈蚀、变色等现象，做色工艺能够通过科学的方法使其恢复到接近原始状态，从而使青铜器更具吸引力。其次，做色的过程可以为青铜器的历史文化价值提供更多的诠释。青铜器作为历史文物，其外观色彩往往与其文化背景、制作时期科技水平密切相关。通过对做色的研究与应用，可以帮助考古学家与历史学者更好地理解青铜器的历史意义与文化内涵。在保护方面，做色工艺可以起到一定的防护作用。采用合适的做色材料不仅能够提升青铜器的视觉效果，还能在一定程度上阻隔外界环境对青铜器的侵害。此外，做色工艺还涉及对色彩的控制与调配。对于青铜器而言，色彩的准确性与和谐性直接影响其修复效果。通过科学的调色方法，能够实现多种色彩的层次感与渐变效果，使得修复后的青铜器在色彩上更具自然感与历史感。

3.4.2 常见的做色方法

常见的青铜器做色方法主要包括氧化法、涂层法等。这些方法各有特点，适用于不同的青铜器修复需求。

氧化法是通过控制青铜器表面氧化的环境来达到上色的效果。氧化膜的厚度和颜色与氧化时间、温度和气氛的成分密切相关。例如，在加热条件下，铜合金表面会生成不同厚度的氧化膜，形成从暗褐色到蓝绿色的多种色彩。这种方法不仅能提高青铜器的美观度，还能有效地增强其表面防腐能力。

涂层法则是利用各种涂料对青铜器表面进行处理。常用的涂料包括丙烯酸树脂、聚氨酯等。这些涂层可以提供丰富的色彩选择，并且具备良好的耐久性和防护性。例如，丙烯酸树脂涂层具有优异的附着力和耐紫外线性能，适合用于户外展览的青铜器修复。每种做色方法在实际应用中均需考虑青铜器的材质、历史价值及美学要求。通过对比不同方法的特点与应用效果，为青铜器修复提供更为科学和合理的选择依据。

3.4.3 做色工艺对青铜器外观的影响

做色工艺在青铜器修复中具有重要作用，其对青铜器外观的影响体现在多个方面。在修复过程中，确保做色效果与青铜器的整体风格相协调，避免造成视觉上的违和感。首先，做色工艺能够使其更符合历史时期或文化背景的特征，提升青铜器的历史感，增强青铜器的文化价值。其次，做色工艺可提升青铜器质感。通过不同的做色材料和工艺可以改变青铜器表面色泽，使之更符合青铜器的原始状态。做色工艺还能够提升青铜器表面的协调性。经过恰当的着色处理，裂缝、磨损或其他物理缺陷可被有效遮掩，使得青铜器外观恢复得更加完好。此外，做色工艺对青铜器外观的长期稳定性也有显著影响。不同的做色材料在耐候性、抗氧化性等方面存在差异，选择合适的材料可以确保青铜器的外观在长期保存中不易褪色，不仅能提供良好的色彩效果，同时也能防止氧化对青铜器的侵害。

3.4.4 做色工艺中的颜料及配色技术

在青铜器的做色工艺中，色彩控制技术起着至关重要的作用。色彩控制技术主要涉及色彩的选择、配比、应用和后期处理等多个环节。首先，色彩选择需要根据青铜器的历史背景和艺术风格进行精准匹配。例如，古代青铜器常用的颜色如青绿色、铜红色等，具有特定的文化象征意义。因此，在做色前，研究青铜器的历史文献和考古资料，有助于选择合适的颜料及配色方案。

颜料是一种有色的细颗粒粉状物质，一般不溶于水，能分散于各种油、溶剂和树脂等介质中。颜料具有遮盖力、着色力，对光相对稳定，常用于配制涂料、油墨以及着色塑料和橡胶，因此又可称是着色剂。颜料从化学组成来分，可分为无机颜料和有机颜料两大类，就其来源又可分为天然颜料和合成颜料。天然颜料以矿物为来源，如：朱砂、红土、雄黄、孔雀绿以及重质碳酸钙、硅灰石、重晶石粉、滑石粉、云母粉、高岭土等。以生物为来源的，如来自动物的胭脂虫红、天然鱼鳞粉等；来自植物的有藤黄、茜素红、靛青等。合成颜料通过人工合成，如钛白、锌钡白、铅铬黄、铁蓝等无机颜料，以及大红粉、偶淡黄、酞菁蓝、喹吖啶酮等有机颜料。

配色是色彩控制的重要环节。针对不同材质的青铜器，配色技术的应用也有所不同。例如，对于表面光滑的青铜器，色彩的附着力和光泽度要求较高，而对于表面粗糙的青铜器，可能需要更强的色彩渗透性和覆盖力。通过对材质特性的分析，能够更好地制定相应的色彩控制策略。使用不同的颜料和材料进行调配时，需确保色彩的一致性与稳定性。采用分步调色法，可以在每一步中进行颜色的微调，从而得到理想的色彩效果。此过程中，颜料的质量和来源也至关重要，优质颜料能更好地保持色彩的饱和度和持久性。

在实际应用中，配色技术还需考虑光泽度、透明度等因素，这些都会直接影响最终效果。不同的做色方法（如喷涂、浸泡、涂刷等）对颜色的呈现有不同的影响。以喷涂为例，喷涂可以实现均匀的色彩覆盖，但需掌握喷涂的角度和距离，以避免色彩不均或出现流挂现象。

3.4.5 做色后的保护措施

在青铜器做色工艺完成后，后期处理也不可忽视。做色完成后，需对青铜器进行保护处理，以防止色彩褪色或氧化。常用的保护剂包括透明的防护涂层和封护剂，这些材料可以有效隔绝外界环境水分、氧气和污染物对青铜器表面颜色的影响，防止色彩褪色、剥落，同时抵御环境因素的侵蚀，确保所做色彩的持久性和青铜器的整体完好性。

四、总结

青铜器的连接修复是一项复杂而精细的工程，它主要包括整形、拼接、焊接与粘接、补配和做色等关键步骤。首先，整形是修复工作的基础，需要运用专业的工具和技术手段，对青铜器的变形部位进行校正和恢复。这一步骤不仅需要高超的技艺，更需要对青铜器的材质、结构有着深入的了解和把握。其次是拼接环节，它要求修复师根据青铜器的残损情况，将断裂的碎片逐一找出并进行精准的拼接。在这个过程中，耐心和细心是必不可少的品质，因为任何一个微小的疏忽都可能导致整个修复工作的失败。同时，修复师还需要借助显微镜等精密仪器，对拼接的缝隙进行细致的观察和调整，确保拼接的准确性和完美性。对于青铜器的断裂部位，焊接与粘接是修复工作中的重要环节。在选择焊接材料和方法时，需要充分考虑青铜器的材质特性和历史价值，以确保焊接后的效果既牢固又美观。而粘接则需要选用合适的胶粘剂，并严格控制粘接的温度和湿度条件，以避免粘接失败对青铜器造成二次损害。在青铜器的修复过程中，有时会发现一些缺失的部分无法找回或无法修复。这时就需要进行补配工作，即根据青铜器的原有形态和风格特点，制作出与缺失部分相匹配的新构件进行填补，确保补配后的青铜器在形态和风格上与原物保持一致。为了使修复后的青铜器更加逼真自然，还需要对其进行做色处理。做色需要根据青铜器的原始色泽和锈蚀情况，选用合适的颜料和技法进行上色和做旧处理。通过精细的做色处理，可以使修复后的青铜器在外观上更加接近原物，从而增强其历史感和真实感。

在总结青铜器连接修复的整个过程时，我们还必须强调保护措施的重要性。修复完成后的青铜器需要妥善保存，避免再次受到损害。这包括控制环境湿度和温度，防止青铜器受到腐蚀或变形。同时，对于已经修复的青铜器，应定期进行检查和维护，确保其长期稳定。另外，青铜器的连接修复工作是一个不断进步和发展的领域，随着新材料、新技术的不断涌现，修复方法也在不断更新。因此，持续的研究和技术创新对于青铜器连接修复领域至关重要，修复专家也需要不断学习和掌握这些新技术，以提高修复工作的质量和效率。

参考文献

[1] 韦江胜. 中国青铜器传统修复技术流派及工艺特点研究[J]. 文物鉴定与鉴赏, 2016, 78(2): 94-97.

[2] 黄智杰. 青铜器的拼接修复研究[J]. 文博学刊, 2019(4): 59-66.

[3] 尹海洁, 黄鹰航. 中国古代青铜器焊接技术的历史演进[J]. 自然辩证法通讯, 2019, 41(8): 57-61.

[4] 赵璐, 李谦, 赵天亮. 青铜器腐蚀行为与封护技术[J]. 中国腐蚀与防护学报, 2023, 43(6): 1165-1177.

第九章 脆弱青铜器封护材料与工艺

封护技术作为青铜器保护的重要手段，其应用范围广泛，涵盖了多种保护材料和工艺。首先，封护技术能够有效阻隔外部环境对青铜器的侵害，尤其是在潮湿和污染严重的环境中。通过在青铜器表面形成一层保护膜，封护材料可以减少空气中水分和污染物的直接接触，从而降低氧化和腐蚀的风险。影响封护层有效性的因素包括：文物表面状况、封护层连续性以及文物和封护层之间的附着力等。因此，青铜器封护要注意保护方法与青铜器实际状况相结合，采用的方法和材料选择必须基于科学试验和分析。

一、封护材料应用原则与基本要求

1.1 封护材料的应用原则

根据脆弱青铜器保护的特点和保护工艺操作的基本程序，经过多年的保护实践，对脆弱青铜器进行封护除应满足文物保护修复的基本原则外，还应满足以下几点要求：一是不改变文物原貌。文物封护材料要求颜色透明，不改变文物的原有外观形貌，对文物的一些重要特征不能产生不良影响，如颜色、质感等。二是封护材料强度适中。封护层必须与文物本体具有较为紧密的附着力及均匀性，不会在表面产生结壳、起翘等现象。三是环境适应性强。对文物有着长期有效且稳定的封护效果，耐老化、耐温湿度变化等，有利于文物的长期稳定。四是绿色环保。在选择封护材料时，必须考虑到对保护修复条件和周围环境的影响，新材料的运用必须符合对人无害、对环境无污染等原则。

1.2 封护材料的基本要求

封护材料在脆弱青铜器保护中扮演着至关重要的角色，其基本要求必须综合考虑多个方面，以确保青铜器的安全性与稳定性。

第一，封护材料应具备良好的物理和化学稳定性。材料在使用过程中需能够抵抗环境变化，如温湿度的波动，以及化学物质的侵蚀，避免因自身劣化而对青铜器产生二次损伤。此外，材料的耐候性也极为关键，尤其是在户外环境条件下，封护材料需能够长时间保持其性能，避免因风吹雨淋而导致的失效。

第二，封护材料的透气性是另一项重要要求。脆弱青铜器在封护后仍需保持一定的空气流通，以防止内部湿气的积聚，形成腐蚀环境。透气性不仅能有效排除封护过程中可能产生的潮气，还有助于维持青铜器的自然状态，减少材料与器物之间的不良反应。

第三，封护材料应具备良好的粘附性。无论是对青铜器表面的附着，还是对其他材料的结合能力，都直接影响封护效果。粘附性不足，可能导致封护材料的脱落，进而失去保护作用。因此，选择能够与青铜器表面紧密结合的材料显得尤为重要。

第四，材料的透明性也是一个不可忽视的要求。青铜器作为文化遗产，其外观和纹饰承载了丰富的历史信息。封护材料应尽量透明，以保持青铜器的原貌，避免遮挡其美观和价值。同时，透明材料在光照下应不会引起黄变或其他色变，以保持其原有的视觉效果。

第五，环保性和可再处理性也是封护材料的基本要求之一。使用的材料应无毒、无害，符合现代环保标准，避免对人类和环境造成影响。在进行封护时，材料的可再处理性使得未来的修复和保养工作得以顺利进行，不会对青铜器造成不可逆的损害。

综合以上要求，选择适合的封护材料不仅需要考虑其物理化学性质，还应结合青铜器的具体情况，确保对文化遗产的有效保护。

二、封护材料的应用现状

目前，适宜于青铜器的封护材料主要包括：天然材料和人工合成材料。天然材料有虫胶、蜡、油等；合成材料包括丙烯酸树脂、聚乙烯醇缩丁醛树脂、有机硅树脂、氟碳树脂等。天然材料通常具有良好的粘附性，能够与青铜器表面形成稳定的结合。例如，采用植物油封护后的青铜器表面，不仅能够提供一定的防潮性能，还能维持青铜器的自然光泽。此外，天然材料与青铜器的相容性优良，可有效减少材料封护对青铜器本身带来的潜在损伤。合成材料的应用一直在不断发展中，如常用的丙烯酸树脂类材料因其优良的封护性能，能够满足不同类型青铜器的保护需求（表9-1）。近年来，纳米等智能材料逐渐被引入到青铜器保护中。纳米涂层能够在微观层面上提供更强的防护效果，具备自修复能力的智能材料则使得青铜器在遭受轻微损伤后能够自动恢复。这些新材料的应用为青铜器的封护保护提供了更多可能性。

总的来说，封护技术在青铜器保护中的应用不仅有效地延长了文物的保存时间，而且也为文物的展示利用提供了基础支撑。通过不断探索和优化封护材料及工艺，可以预见未来的青铜器封护保护工作将更加科学和高效。

图9-1 精炼后的天然虫白蜡

2.1 天然材料

2.1.1 虫白蜡

虫白蜡，与普通蜡质截然不同，是雄性白蜡虫幼虫在生长过程中所分泌的珍贵物质，其本质是一种珍贵的生物蜡。它不仅是中华大地独有的瑰宝，更因其独特的生物特性和广泛的应用价值，赢得了“虫蜡”“川蜡”“中国蜡”等诸多美誉（图9-1）。虫白蜡的主要化学成分是脂肪族一价酸的酯类混合物，这一独特的化学结构赋予了它诸多非凡的物理和化学性质。它在空气中展现出卓越的稳定性，不易变质，且难以被皂化，这意味着虫白蜡在长时间的使用和保存过程中，能够保持其原有的优良性能。

虫白蜡的理化性能稳定，熔点高达80～83℃，这一特性使其在高温环境下仍能保持稳定的性能。同时，虫白蜡还具有无色无臭、凝结力强、不溶于水、无毒害等诸多优点。这些特性使得虫白蜡在防潮、防锈、防腐和密封等方面具有广泛的应用前景。在文物保护领域，虫白蜡常被用作青铜器的封护材料，其致密的膜层能够有效隔绝空气和水分，从而延缓文物的腐蚀和老化过程。此外，在室外文物保护中，虫白蜡也可作为牺牲层涂于文物表面，以抵御风雨的侵蚀和紫外线的辐射。

虫白蜡的应用方法多样且简便。由于其微溶于醇和醚，全溶于苯、异丙醚、甲苯、二甲苯、三氯乙烷、松节油等有机溶剂，因此可以根据需要选择合适的溶剂进行溶解处理。在实际应用中，热熔涂刷是一种常用的方法。将虫白蜡置于待处理的器物表面，然后使用热喷枪进行吹扫加热，使其熔融并渗入器物表面。这种方法不仅操作简便快捷，而且能够确保虫白蜡与器物表面紧密结合形成致密的防护层。

2.1.2 漆片

漆片是南方虫胶片在北方地区的俗称，是由生活在寄主植物上的紫胶虫分泌的纯天然树脂（图9-2）。漆片的主要成分是树脂，其中还含有蜡质、色素和其他水溶物等，各组分的含量随寄主树、产地、季节的不同而有所变化。在青铜器保护修复中，漆片广泛

图9-2 精炼后的天然漆片

应用于青铜器表面做旧中。

漆片具有无毒、无味、粘接性强、涂膜光滑、透亮等特征。漆片的基本性能有：①成膜性好、粘接性高。漆片在常温下稳定不溶于水，却能轻松溶解于酒精等有机溶剂中。这一特性使得它在涂布过程中能够迅速干燥，形成一层光泽亮丽、装饰性强且耐久度高的薄膜。这层薄膜对各种材质的表面展现出惊人的粘着性，无论是金属、木材还是塑料，都能紧密贴合，形成坚固且富有弹性的保护层。因此，漆片在防水、防潮、防锈、耐腐等方面表现出色，为物体提供了全面的保护。②抗紫外线能力强。漆片具有出色的紫外线抵抗能力。在户外环境中，长时间的紫外线照射会对物体表面造成严重的损害，导致褪色、老化甚至破裂。而漆片能够有效吸收和反射紫外线，保护物体免受其害。这一特性使得漆片在户外雕塑等艺术品领域得到了广泛应用。③耐油、耐碱能力强。在碱性溶液中，漆片能够形成具有良好胶片效果的涂层，展现出其卓越的高粘着力。此外，漆片还能抗碳化氢溶剂如汽油等的侵蚀，具有出色的耐油性能。

值得一提的是，近年来随着技术的不断进步和创新发展，利用特有的技术和精选的原料加工生产的紫胶片产品已经具备有透明度高、耐磨擦性好的特点，还具备涂膜干燥快、耐油耐酸等优异性能。同时其可塑性强、固色性能好等特点也使得它在文物保护等领域得到了广泛应用和好评。

总之，漆片作为一种历史悠久的涂料材料，在文物保护修复中仍然发挥着重要作用。通过技术创新和跨领域融合，漆片的性能不断得到提升和完善，应用领域也在不断拓展，朝着更加环保、功能化、智能化的方向迈进。目前，通过纳米技术、复合材料技术等创新手段，开发出的具有高透明性、耐候性、耐刮擦性、抗菌性、自洁性等特殊功能的漆片产品，将会在文物保护修复领域展现出更大的独特魅力和价值。

2.2 合成材料

2.2.1 微晶石蜡

微晶石蜡，从原油蒸馏所得的润滑油馏分经溶剂精制、溶剂脱蜡或经蜡冷冻结晶、压榨脱蜡制得蜡膏，再经溶剂脱油或发汗脱油，并补充精制制得的片状或针状结晶。其主要成分为正构烷烃，主要由C30-70的环烷烃和少量的正、异构烷烃组成，也有少量带个别支链的烷烃和带长侧链的环烷烃。微晶石蜡具有较高的熔点和粘度，通常在54.4～90.6℃，这一范围确保了微晶石蜡在不同环境条件下的稳定性与可靠性。与常见的石蜡相比，微晶石蜡展现出更为坚韧的特性，不易破碎，即便在极端条件下也能保持其结构的完整性。此外，大多数品级的微晶石蜡还具有良好的可塑性。微晶石蜡在青铜器封护中的作用主要体现在以下几个方面：微晶石蜡通过在青铜器表面形成一层保护膜，可以有效隔绝外界环境中的水分、氧气和其他有害成分，从而减缓青铜器文物的腐蚀过程。

2.2.2 丙烯酸类树脂

丙烯酸类树脂是丙烯酸、甲基丙烯酸及其酯或其衍生物的均聚物和共聚物的总称。丙烯酸树脂是由丙烯酸酯类和甲基丙烯酸酯类及其他烯属单体共聚制成的树脂，以其为主要成膜物质，通过溶剂挥发固化成膜即为丙烯酸类封护剂。这种封护剂无色透明，常温固化迅速，使用较为方便，形成的封护膜具有一定的室外耐久性和抗蚀性，并且破坏后可重新涂刷。三甲树脂与Paraloid B-72是文物保护使用较多的丙烯酸类封护剂。

三甲树脂：三甲树脂即甲基丙烯酸甲酯（MMA）、甲基丙烯酸丁酯（BMA）和甲基丙烯酸（MAA）的共聚体。溶于甲苯、丙酮等有机溶剂。一般制成品含固体量为50%，颜色呈淡黄或白色。三甲树脂丙酮溶液性能稳定、渗透性强、透明度好、耐老化，在文物保护领域有较多应用，常用封护浓度为1%～3%。其结构式为：

$$\left[-CH_2-\underset{COOCH_3}{\overset{CH_3}{C}}-CH_2-\underset{COOC_4H_9}{\overset{CH_3}{C}}-\underset{COOH}{\overset{CH_3}{C}}-CH_2- \right]_n$$

Paraloid B-72树脂：Paraloid B-72（以下简称B-72）是文物保护使用最多的一种丙烯酸树脂，它是丙烯酸甲酯与甲基丙烯酸乙酯共聚物，为一种白色玻璃状结构，由美国罗门哈斯公司生产。玻璃化温度为40℃，溶于丁醇、甲苯、二甲苯、醋酸乙酯和丙酮等，B-72的缺点是成膜较脆，抗碱性和抗UV光的照射较弱。其结构式为：

$$\left[-CH_2-\underset{COOCH_3}{CH}- \right]_m \left[-CH_2-\underset{COOC_2H_5}{\overset{CH_3}{C}}- \right]_n$$

注意事项：已有研究证明，并非所有的丙烯酸类产品都能应用于金属文物的表面保护。一些丙烯酸类材料老化后会产生酸性基团，会促进文物的腐蚀。并且丙烯酸类封护层会产生炫光，需要采取一些消光的措施。目前，为改善丙烯酸树脂的封护性能，将纳米二氧化硅或二氧化钛粒子添加于封护材料当中，可提高常规力学性能如附着力、抗冲击、柔韧性等，同时还可提高其耐老化、耐腐蚀、憎水性和耐紫外老化性能。

2.2.3 聚乙烯醇缩丁醛

聚乙烯醇缩丁醛（Polyvinyl Butyral，PVB），是由聚乙烯醇与丁醛在酸催化下缩合的产物。由于PVB分子含有较长支链，具有良好的柔顺性，玻璃化温度低，有很高的拉伸强度和抗冲击强度。PVB具有优良的透明度，良好的溶解性，很好的耐光、耐水、耐热、耐寒和成膜性，与金属材料有很高的粘接力。老化后性能变化较小。在文物保护领域中，作为文物封护材料具有高透明度、挠曲性、耐磨、耐无机酸和脂肪烃等优势。同时，聚乙烯醇缩丁醛也经常用作胶粘剂被广泛使用。其结构式为：

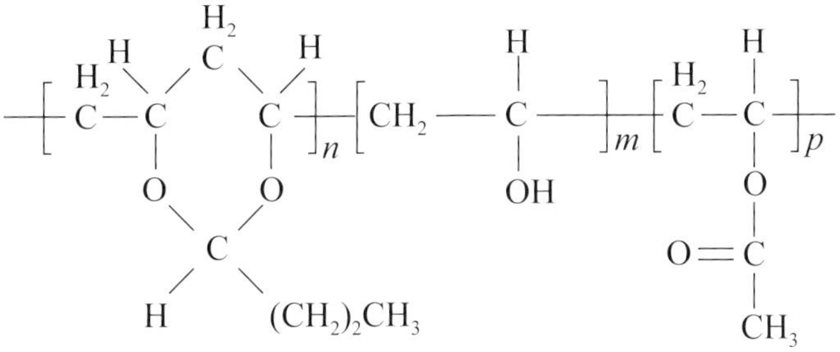

表 9-1　青铜器常用封护材料基本属性

封护材料		使用说明	备注
天然材料	虫白蜡	热熔涂刷或喷涂，使其渗入器物表面	注意控制封护层产生的蜡质感
	漆片	溶解于乙醇、丙酮等有机溶剂中喷涂使用	使用浓度不易过高
合成材料	微晶石蜡	热熔涂刷或喷涂，使其渗入器物表面	需定期进行封护层检查和维护
	丙烯酸类树脂	溶解于丙酮等有机溶剂中喷涂使用	注意控制封护层产生的眩光，使用浓度不宜过高
	聚乙烯醇缩丁醛	溶解于乙醇等有机溶剂中喷涂使用	注意控制封护层产生的眩光，使用浓度不宜过高

三、常用封护材料的性能分析

3.1 丙烯酸树脂

3.1.1 试样制备

铜合金试样制备：封护试验的试样分为带锈试样和无锈试样。无锈试样选择由金属铜、锡和铅以仿古工艺浇铸而成3毫米厚的铜合金板材。带锈试样为无锈试样人工发锈得到的表面覆盖锈层的试样。封护剂的制备：通过直接溶解制备，将称量好的树脂放入烧杯，制备成质量分数为5%的B-72丙酮溶液作为本试验的封护剂。封护试样的制备：试验采用刷涂的方式制备封护试样，将铜合金试样平放在桌面上，用刷子蘸取封护剂，涂抹在合金表面，晾干后制成封护试样。薄膜试样的制备：刷涂质量分数为5% B-72丙酮溶液于载玻片上，待丙酮挥发后，用手术刀将薄膜揭下，作为傅里叶变换红外光谱测量的样品。

3.1.2 测试方法

（1）外观变化

高分子文物保护材料老化后，一般均会发生颜色、光泽等外观变化。依据“不改变文物原貌”的基本原则，要求所施加的保护材料对文物不应该产生明显的外观改变。本试验将封护好的试样放置在自然环境下，每隔7天测量一次试样的颜色和光泽度指标，通过与放入前的数据对比获得颜色变化指标ΔE和光泽度变化来表征试样在自然环境下的外观变化。

（2）耐酸碱性

参照《日用陶瓷材料耐酸、耐碱性能测定方法》（GB/T 4738—2015），挑选2组共8个试验样品（每组分别为无锈封护、无锈空白、带锈封护、带锈空白），置于烘箱内干燥至恒重称重M_1。试样编号后分别浸泡于40% HCl溶液和40% NaOH溶液中，其中40%HCl浸泡30分钟，40% NaOH浸泡 9 天。浸泡后取出干燥称重M_2。耐酸性和耐碱性计算公式分别为：$R_H=M_2/M_1\times100\%$，$R_{OH}=M_2/M_1\times100\%$。$R_H$、$R_{OH}$分别为耐酸度、耐碱度。试验期间要持续观察试样的变化并做好记录。

（3）耐水性

参照《日用陶瓷器吸水率测定方法》（GB/T 3299—2011），挑选4个样品（无锈封护、无锈空白、带锈封护、带锈空白），编号后置于80～90℃烘箱中干燥至恒重称重M_1，放入浸没试样的去离子水烧杯中，放置10天后饱水称重M_2，计算出试样的吸水率$W=(M_2-M_1)/M_1\times100\%$。

（4）紫外光老化

将制备好的封护试样和薄膜试样放置在UVB紫外灯下，于室温下照射紫外光老化。照射一段时间后，每隔7天测量封护样品的外观变化，以此判断试样的宏观变化，同时对薄膜试样进行傅里叶变换红外光谱分析，从而研究封护膜在紫外光照射下的老化机理。

（5）成膜性

配制好封护材料的溶液，使用玻璃棒分别将其缓慢地倾倒在水平放置的载玻片上，使封护材料溶液充盈于载玻片上，且无气泡、无流淌。待溶剂在室温下挥发，计算固化时间，并观察材料的成膜性。同时，制作封护试样，用扫描电子显微镜（BSE模式）观察试样封护前后的微观形貌。

（6）接触角测量

将制备好的封护试样，在接触角测量仪上测量其接触角，侧面反映其疏水能力。

3.1.3 试验结果与分析

（1）外观变化

外观检测试样7/14/21天的ΔE都是和0天的数据对比得出来的，由结果可以看出：ΔE随试样在常温下放置时间的增大而增大，但变化幅度很小，而且涨幅随时间的增大而减小。光泽度的变化规律是随试样在常温下放置的时间增大而增大（表9-2、表9-3）。

表 9-2 试样光泽度变化

项目		L	a	b	光泽度
0天	带锈试样	36.64	−8.01	6.00	0.6
	无锈试样	66.45	7.37	17.85	17.7
7天	带锈试样	36.73	−7.99	5.83	0.7
	无锈试样	66.55	6.91	17.65	19.1
14天	带锈试样	36.81	−7.72	6.37	0.7
	无锈试样	66.95	6.79	17.63	20.0
21天	带锈试样	36.56	−8.37	6.48	0.7
	无锈试样	67.01	6.69	17.70	20.7

表 9-3 试样光泽差变化

项目		ΔL	Δa	Δb	ΔE	光泽差
7天	带锈试样	0.09	0.02	−0.17	0.19	0.1
	无锈试样	0.10	−0.46	−0.2	0.51	1.4
14天	带锈试样	0.17	0.29	0.37	0.50	0.1
	无锈试样	0.50	−0.58	−0.22	0.80	2.3
21天	带锈试样	−0.08	−0.36	0.48	0.60	0.1
	无锈试样	0.56	−0.68	−0.15	0.84	3

（2）耐酸性

带锈无封护试样的锈蚀立刻与盐酸反应，冒出大量的气泡，溶液也由无色变为黄绿色。在210秒时，表面的碱式碳酸铜几乎完全反应，试样表面已没有绿色，只有微量气泡冒出，在13分钟时，气泡停止。带锈封护试样在放入前期短时间内（10秒）没有发生反应，之后也看到微量的气泡从基体上冒出。之后一直到试验结束，试样一直有气泡冒出，但气泡的量较为微弱。无锈试样无论是封护试样还是无封护试样，在放入时均无明显现象。值得注意的是，在7分钟时，在无封护试样上也开始有微量的气泡冒出，实验结果如表9-4所示。

表 9-4 耐酸性试验结果

	M_1（g）	M_2（g）	R_H
无锈封护（5）	5.81	5.79	99.7%
无锈空白（6）	6.26	6.25	99.8%
带锈封护（7）	4.12	3.97	96.4%
带锈空白（8）	3.91	3.74	95.7%

试样在经过30分钟的高浓度酸性介质中浸泡过后，在带锈试样上的封护膜已经起皮，但在无锈试样上的封护膜还完好无损。由于试样表面的铜锈主要成分是$Cu_2(OH)_2CO_3$，根据方程式$Cu_2(OH)_2CO_3+4HCl=2CuCl_2+3H_2O+CO_2\uparrow$可知，带锈试样在试验过程中产生的气泡为$CO_2$气体。而封护试样晚于未封护试样产生气泡且产生的量较小，是由于封护膜的保护作用。因此带锈试样的封护膜应该是由于试样表面的铜绿，在高浓度的盐酸环境下，与之发生反应，生成了大量CO_2气体，导致试样表面的封护膜附着力下降，变得不再紧密，最终导致起皮脱落。无锈试样在实验过程中，未封护试样的表面也有气泡产生，经查阅文献可知：当盐酸的质量分数过高时，铜和盐酸是可以发生反应的，反应方程式为$2Cu+8HCl(浓)=2H_3[CuCl_4]+H_2\uparrow$；该反应会生成一种铜的配合物，并释放出氢气，因此观察到的试验现象中无锈试样表面的气泡应为H_2气体。但由于该反应是在加热条件下才会充分发生，因此在本实验条件下，反应程度极其有限。而根据无锈试样表面封护膜完好无损的结果来看，封护膜的附着力很好，且对盐酸有很好的阻碍作用（图9-3）。

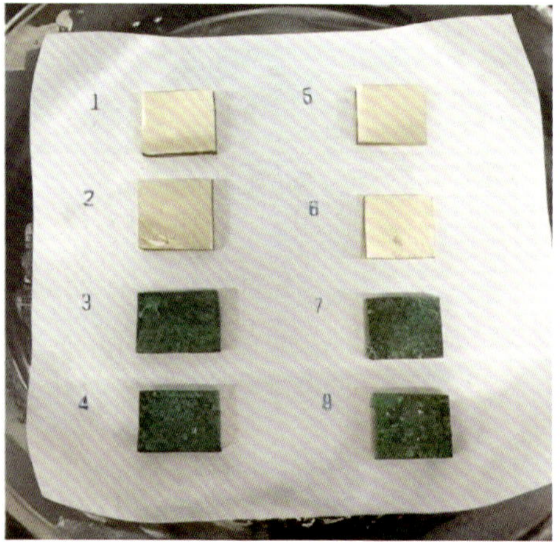

图9-3 盐酸浸泡试验

（3）耐碱性

封护试样放入过量的氢氧化钠溶液中时，短时间内没有现象发生。未封护的带锈试样在放入溶液中很短时间内（10秒），表面的铜绿就变成了蓝色，在静置3天后，带锈试样表面的蓝色物质脱落，生成一种蓝色沉淀物，沉积在溶液底部。在静置5天后，带锈封护试样表面的部分锈层也发生反应并脱落，只有封护位置较厚的地方的铜锈没有被反应掉，还有一部分铜锈并未脱落，但颜色由绿色变成黑色。无锈试样组如照片所示，也可以明显地观察到封护试样还保留着试样本来的铜金属光泽，而未封护的试样就变成褐色，并有变成黑色的趋势（图9-4）。试验结果如表9-5所示。

图9-4 耐碱性试验

表9-5 耐碱性试验结果

	M_1（g）	M_2（g）	R_{OH}
无锈封护（1）	5.06	5.07	100.2%
无锈空白（2）	5.21	5.21	100%
带锈封护（3）	4.01	4.00	99.8%
带锈空白（4）	4.12	4.10	99.5%

有文献指出，B-72封护膜在高浓度的氢氧化钠溶液中，氢氧化钠会与封护膜发生反应，导致试验结束时试样质量反而变高的情况。本试验的带锈封护试样产生了封护膜脱落的现象，放入前期试样变蓝的具体变化机理：过量的氢氧根与$Cu_2(OH)_2CO_3$电离出的Cu^{2+}间发生配位，形成稳定配离子，而之后产生的蓝色沉淀应该为$Cu(OH)_2$沉淀。分析认为，试样在高浓度的氢氧化钠溶液中，由于浸泡时间长，试样表面的铜锈和氢氧化钠发生了反应然后脱落，导致了封护膜的脱落，而试验条件完全一样的无锈试样，其封护膜完好无损，因此可以推测封护膜的脱落是锈层的酥松导致的，并非膜性能差。

（4）耐水性

试样在放入去离子水烧杯中10天后，封护膜依旧保持原有状态，未出现起皮、起泡、脱落等现象。试验结果如表9-6所示。

表9-6 耐水性试验结果

	M_1（g）	M_2（g）
带锈空白试样	4.18	4.20
带锈封护试样	4.38	4.39
无锈空白试样	5.94	5.94
无锈封护试样	5.75	5.75

对比试样试验前后质量数据，无锈试样质量没有发生变化，带锈封护和未封护试样的吸水率分别为0.23%和0.48%。首先，铜是不具有吸水性的，无锈试样试验前后的数据也印证了这一点；其次，带锈试样由于有锈层存在，表面酥松有大量孔隙存在，因此会有一定的吸水性，在称量饱水状态下的试样中可以看出，质量均出现了增大，但有封护的试样增量小于未封护的试样，因此可以判断封护膜的防水性能是很好的。

（5）紫外光老化

L值的变化：在光老化过程中，B-72材料的L值变化相较于色品坐标a和b的变化较大。这说明紫外光老化过程对材料表面的亮度改变较大。色品坐标的变化：光老化过程中，B-72材料的a值变化很小，这说明紫外光的老化过程对材料的红绿颜色影响很小，而b值的变化幅度大于a值，紫外光对材料的黄蓝颜色影响较大。ΔE的变化：14天的紫外光老化试样的ΔE变化小于1.5，属于轻微变化，说明试样在紫外光老化过程中，颜色变化很小（表9-7）。

表9-7 紫外光老化材料外观变化

项目		ΔL	Δa	Δb	ΔE
7天	试样1	−0.12	−0.04	0.45	0.45
	试样2	−0.66	−0.01	0.40	0.77
	试样3	−0.57	−0.06	−0.05	0.57
	试样4	−0.08	−0.26	−0.44	0.52
14天	试样1	−0.65	0.05	−0.03	0.65
	试样2	−1.21	−0.01	−0.26	1.21
	试样3	−0.91	−0.06	0.03	0.91
	试样4	−0.30	−0.07	−0.39	0.56

（6）可再处理性

B-72是丙烯酸甲酯和甲基丙烯酸甲酯的共聚物，可溶于丙酮，因此经过封护处理的试样，通过丙酮的浸泡可以去除试样表面的B-72薄膜，因此是可再处理的。

（7）成膜性

封护剂B-72丙酮溶液为完全透明的溶液，在载玻片上固化成膜后，显示为透明薄膜，膜的表面为哑光，可以看到膜表面有细小的圆形小坑，成膜性较好。

（8）接触角测量

由接触角测量结果可知，B-72封护膜下的试样接触角为66°左右（图9-5）。

图9-5　接触角测量

左图为不带锈试样：66.6°；右图为带锈试样：65.9°

3.2　聚乙烯醇缩丁醛

3.2.1　试样制备

聚乙烯醇缩丁醛PVB封护试验的试样分为带锈试样和无锈试样。无锈试样选择由金属铜、锡和铅以仿古工艺浇铸而成3毫米厚的铜合金板材。带锈试样为无锈试样人工发锈得到的表面覆盖锈层的试样。

聚乙烯醇缩丁醛PVB封护剂的制备：通过直接溶解制备，将称量好的PVB粉末放入烧杯，加入过量的乙醇，用玻璃棒搅拌使其充分溶解，然后放在通风橱内静置，等待乙醇挥发，每隔一个小时称量一次，直到重量达到所需要的质量分数为止。由于丙酮的挥发会使封护剂的质量分数随放置时间的增大而增大，因此配置好的封护剂选用棕色玻璃螺口试剂瓶密封保存，以便多次使用。有文献指出，质量分数为10%的PVB乙醇溶液在国内外文物保护实践中广泛应用，因此选用质量分数为10%的PVB乙醇溶液作为本试验的封护剂。

铜合金试样制备：利用砂轮切割机，分别将无锈和带锈试样切割成合适的大小备用。封护试样的制备：试验采用刷涂的方式制备封护试样，将铜合金试样平放在桌面上，用刷子蘸取封护剂，涂抹在合金表面，晾干后制成封护试样。薄膜试样的制备：刷涂质量分数为10%的PVB乙醇溶液于载玻片上，待乙醇挥发后，用手术刀将薄膜揭下，作为傅里叶变换红外光谱测量的样品。

3.2.2 试验结果与分析

（1）外观变化

试验环境为室内避光避尘环境，将制备好的试样放置在室内，每隔7天测量一次数据。试样封护前、后数据如表9-8所示。

表9-8 试样封护前、后数据

项目	试样	L	a	b	光泽度	厚度（mm）
封护前	带锈试样	33.95	−4.70	4.57	0.4	3.87
	无锈试样	69.85	8.04	21.81	16.8	3.33
封护后	带锈试样	33.15	−4.09	4.47	1.2	3.90
	无锈试样	70.54	7.28	20.29	24.9	3.36

由此可见，试样在经过PVB封护后，形成的封护膜大约0.03毫米厚，光泽度会增大，而且ΔE也达到了轻微变化的程度（表9-9）。

表9-9 试样封护后光泽度变化

	ΔL	Δa	Δb	ΔE	光泽度	厚度（mm）
带锈试样	0.8	−0.61	0.1	1.01	增大	0.03
无锈试样	−0.69	0.76	1.52	1.83	增大	0.03

从数据中可以看出，试样在避光避尘环境下放置21天后，试样的外观几乎没有发生变化，与封护一天的试样数据对比，无论是ΔE还是光泽度，都几乎没有变化，而且ΔE的数据很小。说明封护膜本身的防护作用是很好的，在室内避光避尘环境下不会受到影响而导致试样外观发生变化。综合封护试样数据如表9-10所示。

表9-10 试样封护后外观变化综合数据

项目		L	a	b	ΔE	光泽度
7天	带锈试样	33.25	−4.20	4.62	<0.01	1.4
	无锈试样	70.79	7.24	20.16	0.28	24.9
14天	带锈试样	33.22	−4.08	4.62	0.16	1.2
	无锈试样	70.64	7.23	20.10	0.22	24.9
21天	带锈试样	33.19	−4.13	4.64	0.18	1.2
	无锈试样	70.68	7.24	20.11	0.23	25.1

（2）耐酸性

参照《日用陶瓷材料耐酸、耐碱性能测定方法》（GB/T 4738—2015），挑选2组共8个实验样品（每组分别为无锈封护、无锈空白、带锈封护、带锈空白），置于烘箱内

干燥至恒重称重 M_1。试样编号后浸泡于40% HCl溶液中30分钟。浸泡后取出干燥称重 M_2。耐酸性计算公式分别为：$R_H = M_2/M_1 \times 100\%$。$R_H$ 为耐酸度。试验期间要持续观察试样的变化并做好记录。

试验结果如下。对于封护试样：无锈试样没有反应，5分钟时，试样表面同样被微小气泡包附。20分钟时，部分封护层被产生的气体鼓起，但并未因为反应而脱落，面积占比＜5%。试样在取出烘干后，鼓起的封护膜干燥脱落。带锈试样表面产生较大的气泡，包附在试样表面。7分钟时，气泡量增加。20分钟时，封护层被产生的气体鼓起，面积占比大约70%，但封护膜并未因为锈层的反应而脱落。试样从产生气泡到取出，一直有气体产生。试样在取出烘干后，表面的封护膜有一部分发生脱落。

对于空白试样：无锈试样表面有微小的气泡产生。10分钟时，试样与封护试样明显变暗。带锈试样立刻产生大量气泡，在2分45秒时，气泡明显减小，只有少量气泡冒出，与无锈试样相似。试样在取出干燥后，可以看出试样表面的锈层已经完全反应，只剩下暗色的氧化铜存在。

结合失重试验数据，可以看出：封护试样的耐酸性相比于空白试样有一定的提升，但是并不太明显，试样的试验现象也可以证明这一点，带锈封护试样即使封护膜存在，试验结束时试样表面的铜绿也几乎完全反应，试样表面已几乎没有绿色存在；无锈封护试样由于有一部分膜脱落导致耐酸性还小于空白试样的反常现象（图9-6，表9-11）。

图9-6 耐酸性试验

表9-11 耐酸性试验结果

	M_1（g）	M_2（g）	R_H
无锈封护	4.6858	4.6835	99.95%
带锈封护	4.7419	4.5398	95.74%

续表

	M_1（g）	M_2（g）	R_H
无锈空白	5.1501	5.1480	99.96%
带锈空白	4.9528	4.7237	95.37%

（3）耐碱性

刚放入时，无锈试样均无现象发生；带锈空白试样表面的锈层迅速变成蓝色，并且有蓝色沉淀物生成，封护试样没有变化，大约1小时后，带锈封护试样表面的锈层也变成蓝色。

24小时后，碱溶液变成蓝色。48小时后，PVB带锈空白试样部分锈层被溶解，而封护试样表面锈层完整。无锈空白颜色变暗，封护试样无现象。7天后，PVB封护试样，无锈试样表面几乎无变化，带锈试样表面锈层变黑，但未脱落。空白试样，无锈试样变为暗红色，带锈试样表面锈层大面积反应，大约占带锈试样锈层表面积的70%。试样取出后，经过9天的碱性溶液浸泡，空白试样和封护试样的区别非常明显。无锈封护试样依旧保持原有的铜黄色，空白试样则失去金属光泽，表面则变成灰色。带锈封护试样表面的锈层已经变为黑色，有少部分锈层反应，大约占带锈试样锈层表面积的10%。带锈空白试样表面的铜锈已经完全被反应，大约占90%，只有很少一部分的黑色锈层依旧保留。封护膜：从无锈试样可以看出，表面的封护膜变暗，表面有一定的空洞存在，但整体保存完整。

结合失重试验数据，可以看出：封护试样相比于空白试样，其耐碱性的差距是可以明显看到的，首先无锈试样本来就难以和氢氧化钠反应，因此耐碱性的数据差距不大，但相比于无锈试样，带锈试样的数据对比更加明显，封护试样损失的质量明显比空白试样要多。试验现象也很好地印证了数据的变化，带锈试样和高浓度的氢氧化钠反应后，锈层脱落溶解，生成氢氧化铜使溶液变蓝（图9-7，表9-12）。

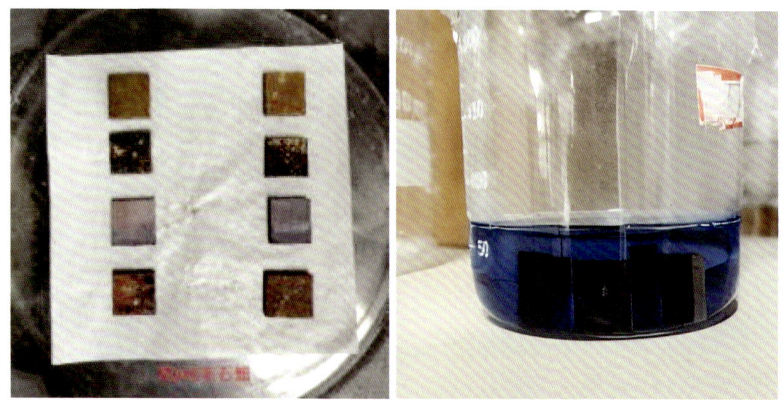

图 9-7　耐碱性试验

表 9-12　耐碱性试验结果

	M_1（g）	M_2（g）	R_{OH}
无锈封护	5.2477	5.2475	99.996%
带锈封护	4.9656	4.9281	99.245%
无锈空白	5.4890	5.4882	99.998%
带锈空白	5.0034	4.9290	98.513%

（4）耐水性

参照《日用陶瓷器吸水率测定方法》（GB/T 3299—2011），挑选4个样品（无锈封护、无锈空白、带锈封护、带锈空白），编号后置于80～90℃烘箱中干燥至恒重称重M_1，放入浸没试样的去离子水烧杯中，放置10天后饱水称重M_2，计算出试样的吸水率$W=(M_2-M_1)/M_1\times100\%$（表9-13）。

表 9-13　耐水性试验结果

	M_1（g）	M_2（g）	W
无锈封护	5.0025	5.0030	0.009995%
带锈封护	4.7522	4.7577	0.116%
无锈空白	5.7584	5.7597	0.023%
带锈空白	4.6834	4.6909	0.160%

从试验的数据可以看出，PVB封护膜的防水性能一般，试样在浸泡10天后，封护试样的吸水率和未封护试样数据相差较小。

（5）紫外光老化

紫外光老化条件为：选择UVB-340灯管，功率40W，环境温度为35℃，进行紫外老化，每隔7天取出一次测量数据。试样封护前数据如表9-14所示。

表 9-14　封护前紫外光老化外观光泽度

	L	a	b	光泽度	厚度（mm）
带锈试样	36.55	−11.46	4.58	0.5	3.62
无锈试样	70.03	7.46	21.54	14.3	3.37

试样封护后数据如表9-15所示。

表 9-15　封护后紫外光老化外观光泽度

	ΔL	Δa	Δb	ΔE	光泽度	厚度（mm）
带锈试样	0.5	1.05	0.18	1.18	增大	0.03
无锈试样	0.02	0.6	1.23	1.37	增大	0.02

因此可得到以下结果：试样在经过PVB封护后，形成的封护膜大约0.03毫米厚，光泽度会增大很多，而且ΔE的数据属于轻微变化的范围。从肉眼观察可以看出，封护后的试样表面可以明显看到一层光亮的涂层，即使是带锈试样，表面也有肉眼可见的光泽。

从封护试样数据表9-16中可以看出，试样在21天的紫外光老化后，试样与室内环境比有一定的差别，但是ΔE的变化依然在轻微变化范围内。但不能忽视的是，ΔE的变化随着老化时间的增加而增大，这和室内紫外光老化的实验结果是不同的，说明紫外光的照射对试样表面的封护膜产生了老化作用，因此可以确定的是，紫外光的照射会对封护膜产生一定的理化作用，导致试样外观有一定的变化。后期将通过显微观察、红外光谱等手段进行表征分析以探讨其老化机理。

表 9-16　紫外光老化材料外观光泽度综合变化数据

项目		L	a	b	ΔE	光泽度
7天	带锈试样	36.09	−10.43	4.98	0.48	1.4
	无锈试样	69.31	6.95	20.73	0.86	24.9
14天	带锈试样	36.16	−10.47	5.01	0.52	1.4
	无锈试样	69.15	6.98	20.72	0.99	25.3
21天	带锈试样	36.08	−10.45	5.26	0.76	1.4
	无锈试样	69.04	6.97	20.73	1.08	25.2

（6）可再处理性

聚乙烯醇缩丁醛是由聚乙烯醇和丁醛在酸催化下缩合的产物，可溶于乙醇，因此经过封护处理的试样，通过乙醇的浸泡可以去除试样表面的PVB薄膜，是可再处理的。

（7）接触角测量

接触角测量：PVB试样的接触角测量，经过测量发现，无锈和带锈试样的数据均在80°左右（图9-8）。

图9-8　接触角测量

左图为无锈试样：80.2°；右图为带锈试样：80.9°

3.3 微晶石蜡

3.3.1 试样制备

微晶石蜡封护试验的试样分为带锈试样和无锈试样。无锈试样选择由金属铜、锡和铅以仿古工艺浇铸而成3毫米厚的铜合金板材。带锈试样为无锈试样人工发锈得到的表面覆盖锈层的试样。

微晶石蜡封护剂的制备：通过查阅文献，参考文献中升温融化的方式制备石蜡封护剂，将适量的微晶石蜡放入小坩埚中，然后将小坩埚放入烘箱内，设置温度为175℃，待烘箱温度升温到指定温度时保温一段时间，石蜡全部融化为液体即可开始封护。

铜合金试样制备：利用砂轮切割机，分别将无锈和带锈试样切割成合适的大小备用。封护试样的制备：试验采用浸泡的方式制备封护试样，在烘箱将石蜡封护剂融化后，将铜合金试样放入小坩埚中浸泡，然后在烘箱中保温一段时间，因为石蜡的熔点高于水的沸点，因此在试样放入后可以明显看到在试样表面有气泡冒出，等到试样表面完全没有气泡冒出时，即为封护完成，这时将试样用镊子取出，用脱脂棉擦去表面多余的液态石蜡，放置待试样表面的石蜡凝固，试样即制作完成。

3.3.2 实验结果与分析

（1）外观变化

试验环境为室内避光避尘环境，将制备好的试样放置在室内，每隔7天测量一次数据。试样封护前、后数据见表9-17所示。

表 9-17 试样封护前、后数据

项目	试样	L	a	b	光泽度	厚度（mm）
封护前	带锈试样	40.05	−7.20	5.24	0.4	3.62
	无锈试样	68.79	7.39	21.46	11.2	3.01
封护后	带锈试样	30.56	−2.86	3.86	0.5	3.82
	无锈试样	65.09	7.39	22.27	3.9	3.09

根据以上数据可以看出，微晶石蜡封护后，在表面形成一层0.04～0.05毫米厚的封护膜，且封护膜为哑光，因此对光泽度本来较小的带锈试样来说，会提高一定的光泽度，而对光泽度很大的无锈试样，封护膜会导致其光泽度快速下降。从ΔE的数据上可以看出来，封护膜会使试样的外观产生很大的变化。从肉眼分辨来看，试样在经过封护后，无锈试样表面有一层哑光的浅白色涂层，阻挡了原有的金属光泽，而带锈试样则明显变暗，试样从铜绿色变成暗绿色。

表 9-18　试样封护后光泽度变化

	ΔL	Δa	Δb	ΔE	光泽度	厚度（mm）
带锈试样	−9.49	−4.34	0.1	10.4	增大	0.05
无锈试样	3.7	0	−0.81	3.79	减小	0.04

试样在室内环境放置21天后（表9-18），从外观变化综合数据可以看出，试样的外观变化属于轻微变化，光泽度变化也很小。以上数据均是与封护1天的试样数据对比计算出的，可以看到其结果基本相同，因此可以确定在室内避光避尘环境下，石蜡的封护试样外观几乎是没有发生颜色变化的，其封护效果很好（表9-19）。

表 9-19　试样封护后外观变化综合数据

时间	试样	L	a	b	ΔE	光泽度
7天	带锈试样	30.74	−3.58	3.94	0.74	0.5
	无锈试样	65.39	7.30	22.13	0.34	4.2
14天	带锈试样	30.91	−3.36	4.06	0.64	0.5
	无锈试样	65.28	7.32	22.06	0.29	4.3
21天	带锈试样	30.74	−3.50	4.09	0.70	0.5
	无锈试样	65.28	7.32	22.07	0.28	4.3

（2）耐酸性

参照《日用陶瓷材料耐酸、耐碱性能测定方法》（GB/T 4738—2015），挑选2组共8个实验样品（每组分别为无锈封护、无锈空白、带锈封护、带锈空白），置于烘箱内干燥至恒重称重M_1。试样编号后浸泡于40% HCl溶液中30分钟。浸泡后取出干燥称重M_2。耐酸性计算公式为：$R_H=M_2/M_1\times100\%$。R_H为耐酸度。试验期间要持续观察试样的变化并做好记录。

试验结果如下。封护试样：刚放入时没有任何现象，在1分25秒左右，带锈试样表面开始出现气泡，带锈试样为大气泡包附在试样表面，有很少量的气泡向外冒出。无锈试样表面只有极其微量的气泡，而且不向外冒。试样取出后，无锈试样表面可以看到石蜡封护膜轻微发黑，面积占比大约为试样表面积的80%。带锈试样还有未反应的锈层存在，大约为试样表面积的50%。空白试样：带锈试样放入后立即产生大量气泡，溶液也变成黄绿色，在1分40秒左右，试样表面的铜绿几乎完全被盐酸反应，气泡由大量变成少量。7分钟左右，试样几乎不再产生气泡。无锈试样表面包附一层体积微小的气泡，很少量向外冒出。

结合失重试验（表9-20）可以直观看出，带锈空白试样由于没有封护膜，试样的质量损失百分数大约为有封护膜的带锈试样的2倍，因此可以看出石蜡封护带锈试样的效果是很明显的，而无锈试样本来与盐酸反应程度就有限，又有封护膜的存在，试样质量损失非常小，但封护试样的数据依旧是小于空白试样的，也可以证明石蜡封护膜对无锈试样有一定的保护能力（图9-9）。

表 9-20　失重试验

	M_1（g）	M_2（g）	R_H
无锈封护	4.3552	4.3543	99.98%
带锈封护	3.5131	3.4370	97.83%
无锈空白	5.3237	5.3221	99.97%
带锈空白	5.9557	5.7074	95.83%

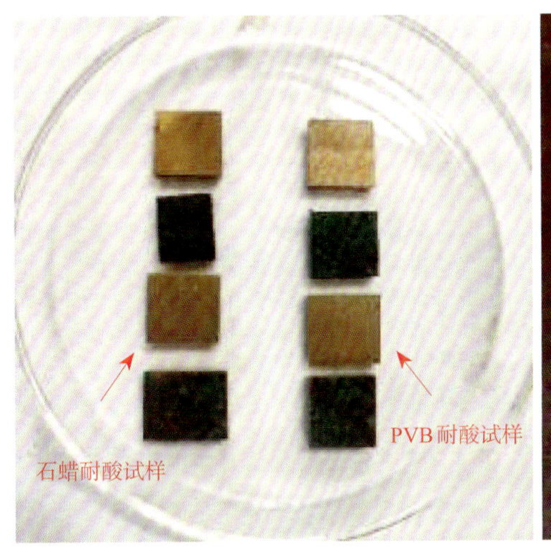

图 9-9　耐酸性试验

（3）耐碱性

参照《日用陶瓷材料耐酸、耐碱性能测定方法》（GB/T 4738—2015），挑选2组共8个试验样品（每组分别为无锈封护、无锈空白、带锈封护、带锈空白），置于烘箱内干燥至恒重称重M_1。试样编号后浸泡于40% NaOH溶液中 9 天。浸泡后取出干燥称重M_2。耐碱性计算公式为：$R_{OH}=M_2/M_1\times100\%$。$R_{OH}$为耐碱度。试验期间要持续观察试样的变化并做好记录。

刚放入时，无锈试样均无现象发生；带锈空白试样表面的锈层迅速变成蓝色，并且有蓝色沉淀物生成，封护试样没有变化，大约1小时后，带锈封护试样表面的锈层也变成蓝色。24小时后，碱溶液变成蓝色，48小时后，带锈空白试样部分锈层被溶解，而封护试样表面锈层完整。无锈空白试样颜色变暗，封护试样无现象。

7天后，无锈封护试样有部分变黄，带锈封护试样表面有部分锈层脱落，脱落面积占比约10%，未脱落锈层也变黑。空白试样，无锈试样变为暗红色，带锈试样表面锈层几乎完全反应，反应面积占比>90%，只有很少部分未脱落的锈层，试样已露出下层的氧化铜。

试样取出后，经过9天的碱性溶液浸泡，空白试样和封护试样的区别非常明显。无锈封护试样依旧保持原有的铜黄色，空白试样则失去金属光泽表面变成了灰色。带锈封护试样表面的锈层变为黑色，锈层有脱落的现象，脱落面积占比约30%。带锈空白试样表面的锈层已经完全反应，表面变成红棕色。

封护膜：从无锈试样可以看出，表面的封护膜变暗，表面有一定的空洞存在，但整体保存完整。

结合失重试验（表9-21）可以直接看出，封护试样相比于空白试样，其耐碱性的差距是可以明显看到的，首先无锈试样本来就难以和氢氧化钠反应，因此耐碱性的数据差距不大，甚至出现耐碱性超过100%的情况。相比于无锈试样，带锈试样的数据对比更加明显，封护试样损失的质量明显比空白试样要多。试验现象也很好地印证了数据的变化，带锈试样和高浓度的氢氧化钠反应后，锈层脱落溶解，生成氢氧化铜使溶液变蓝（图9-10）。

表9-21 失重试验

	M_1（g）	M_2（g）	R_{OH}
无锈封护	4.9371	4.9378	100.014%
带锈封护	4.4208	4.3860	99.213%
无锈空白	5.1800	5.1815	100.029%
带锈空白	5.5924	5.5055	98.446%

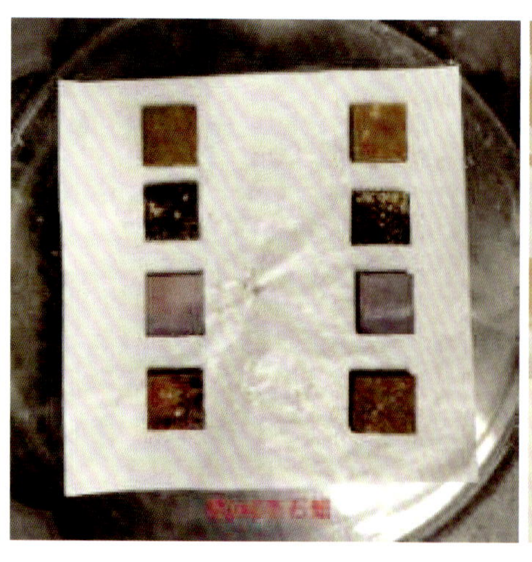
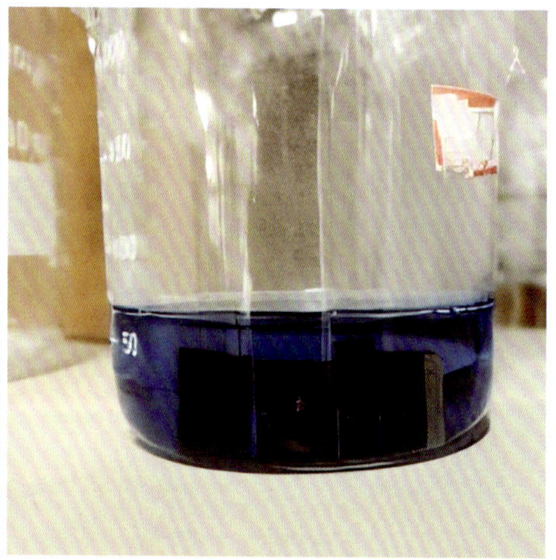

图9-10 耐碱性试验

（4）耐水性

参照《日用陶瓷器吸水率测定方法》（GB/T 3299—2011），挑选4个样品（无锈封护、无锈空白、带锈封护、带锈空白），编号后置于80～90℃烘箱中干燥至恒重称重M_1，放入浸没试样的去离子水烧杯中，放置10天后饱水称重M_2，计算出试样的吸水率$W=(M_2-M_1)/M_1\times100\%$。

从表9-22的数据可以看出，试样在经过10天的浸泡后，石蜡表现出很好的疏水性，由于带锈试样表面疏松多孔，吸水性强，因而试验数据明显证明未经过石蜡封护的带锈试样吸水率比带锈封护试样大了近20倍。

表 9-22 耐水性试验

	M_1（g）	M_2（g）	W
无锈封护	4.9210	4.9208	0.004%
带锈封护	5.1347	5.1350	0.006%
无锈空白	4.4298	4.4300	0.005%
带锈空白	4.8040	4.8094	0.112%

（5）紫外光老化

紫外光老化条件为：选择UVB-340灯管，功率40W，环境温度为35℃，进行紫外老化，每隔7天取出一次测量数据。试样封护前数据见表9-23。

表 9-23 封护前、后紫外光老化外观光泽度

项目	样品	L	a	b	光泽度	厚度（mm）
封护前	带锈试样	42.08	−5.74	6.37	0.5	3.45
	无锈试样	71.27	7.65	20.02	11.2	3.04
封护后	带锈试样	32.76	−9.95	6.49	0.6	3.55
	无锈试样	66.97	6.97	19.83	3.5	3.16

因此，紫外光老化后材料外观光泽度总体变化情况如表9-24所示。

表 9-24 紫外光老化后材料外观光泽度总体变化

	ΔL	Δa	Δb	ΔE	光泽度	厚度（mm）
带锈试样	−9.32	−4.21	0.12	10.23	增大	0.05
无锈试样	4.3	0.68	0.19	4.36	减小	0.06

试样在经过石蜡封护后，外观变化很大，试样的ΔE数据可以看出，无锈试样达到了可感变化范围，带锈试样达到了明显变化范围。从肉眼分辨来看，试样在经过封护

后，无锈试样表面有一层哑光的浅白色涂层，阻挡了原有的金属光泽，而带锈试样则明显变暗，试样从铜绿色变成暗绿色。封护试样数据如表9-25所示。

表9-25 不同时间紫外光老化材料外观光泽度综合变化

时间	试样	L	a	b	ΔE	光泽度
7天	带锈试样	32.64	−9.18	6.10	0.87	1.2
	无锈试样	68.35	6.72	19.44	1.46	6.5
14天	带锈试样	32.80	−9.48	6.30	0.51	0.9
	无锈试样	68.82	6.76	19.48	1.89	8.9
21天	带锈试样	32.79	−9.33	6.14	0.71	0.9
	无锈试样	68.81	6.76	19.47	1.89	8.9

从无锈试样的变化数据来看，试样在经过21天的紫外光老化后，光泽度增大，试样的外观变化ΔE大于室内外观变化数据，因此可以判断紫外光老化对封护膜产生了一定的理化作用，导致封护膜发生变化，从而影响了试样的外观变化，具体的机理还有待研究。

（6）接触角测量

石蜡试样的接触角测量可以看到，其接触角已经超过了110°（图9-11），因此可以确定其疏水性是三种材料里最强的。

图9-11 接触角测量
左图为无锈试样：110.5°；右图为带锈试样：116.2°

3.4 封护材料性能对比

3.4.1 成膜性能

由相关的数据可知，B-72的膜厚度是三者之中最小的，这和封护剂的浓度有一定关系，而石蜡由于是浸泡冷却法得到的封护膜，其膜厚度明显比较大。而接触角可以看出，石蜡的疏水性是最好的，远大于另外两种材料。表9-26为封护材料的成膜厚度对比。

表 9-26 封护材料的成膜厚度对比

材料名称	膜厚度（mm）	接触角
B-72	0.02	66°左右
PVB	0.03	80°左右
微晶石蜡	0.04～0.05	＞110°

3.4.2 样品外观变化

由表9-27数据可以看出，三种材料在颜色变化上都非常小，而PVB的两项数据都比较突出，因此可以得出PVB在封护文物时具有良好的不改变样品外观的能力。

表 9-27 封护材料对样品外观影响对比

	ΔE	光泽度变化
B-72	0.5～0.8	＜1
PVB	＜0.3	＜0.1
微晶石蜡	0.3～0.8	＜0.1

3.4.3 可再处理性

可再处理性指的是已经涂覆封护剂的样品能否在无损坏且无新生成物的情况下，将封护膜去除。由前文可知，三种材料都可以通过溶解或者加热的方法进行去除，因此三种材料都具有可再处理性。

3.4.4 耐紫外光老化

由表9-28数据可以看出，三种材料里PVB的耐紫外光老化性能最好。

表 9-28 封护材料耐紫外光老化对比

	ΔE	光泽度变化
B-72	0.5～1	＜1
PVB	0.5～1	＜0.1
微晶石蜡	0.5～2	＜1

3.4.5 耐酸碱性

从表9-29数据可以看出，三种材料耐酸性最好的是微晶石蜡，耐碱性最好的是B-72，综合两项数据考虑的话，B-72的耐酸碱性优于其他两种材料。

表 9-29　封护材料耐酸碱性对比

	耐酸性	耐碱性
B-72	96.4%	99.8%
PVB	95.74%	99.24%
微晶石蜡	97.83%	99.21%

3.4.6　防水性

从表9-30数据中可以看出，在三种材料的吸水率对比中微晶石蜡是最小的。

表 9-30　封护材料吸水率对比

材料	B-72	PVB	微晶石蜡
吸水率	0.23%	0.116%	0.006%

四、封护工艺流程与操作要点

4.1　封护前的准备工作

在进行脆弱青铜器的封护工作之前，充分的准备工作是确保保护效果的必要环节。准备工作主要包括以下几个方面：

首先是对待封护青铜器进行全面的检查与评估。这一过程涉及对青铜器表面状况、损伤程度以及历史背景进行详细记录。通过显微镜等工具对表面污垢、腐蚀、裂纹等进行观察，评估其物理和化学状态，进而确定需要采取的具体保护措施。

其次，需对封护环境进行控制。封护过程中应选择适宜的温度和湿度，以避免对青铜器本体造成二次伤害。理想环境应相对湿度保持在40%～50%，温度保持在18～22℃。同时，应确保封护场所无尘土、无化学污染物。

再次，准备所需的封护材料和工具。根据青铜器的具体特性，选择合适的封护材料，如天然树脂、合成聚合物等，并确保这些材料符合环保和安全标准。同时，必要的工具如清洗设备、涂覆工具、测量仪器等也需提前准备。

在此基础上，制定详细的封护方案。方案应明确各个步骤的具体操作规程，包括清洗、干燥、封护材料的涂覆厚度及方法、固化时间等。方案中还应考虑到可能发生的突发情况，制订相应的应急预案。

最后，封护前的培训与人员分工同样不可忽视。参与封护的人员需接受相关培训，熟悉操作流程和注意事项，以确保每一个环节得到有效执行。通过上述准备工作，为成功实施青铜器的封护奠定了坚实基础。

4.2 封护材料的制备与选择

封护材料的制备与选择是确保脆弱青铜器有效保护的重要环节。该过程涉及多种因素，包括材料的化学性质、物理特性以及在实际应用中的表现。

制备封护材料时，首先需要考虑其化学稳定性。选择的材料应具有良好的耐腐蚀性，以防止与青铜器表面发生化学反应。常用的天然材料如蜂蜡和树脂，因其良好的化学稳定性和透气性，被广泛应用于青铜器的封护。但在制备过程中，需确保天然材料的纯度，以避免杂质对青铜器造成额外损害。

合成材料的选择同样至关重要。在实际选择封护材料时，需综合评估其透气性和粘附性。透气性可保证封护层内外部的气体交换，避免因湿气积聚导致的腐蚀。而粘附性则影响封护层的持久性，确保其在长期使用过程中不会脱落或龟裂。通过实验室测试，可以评估不同材料在模拟环境条件下的表现，选出最佳的封护材料。

此外，还需要关注材料的可逆性。对于脆弱青铜器，选择可逆性封护材料在未来修复时尤为重要。可逆性材料可以在需要时进行去除，尽量减少对青铜器本体的损害。

综合考虑这些因素，封护材料的制备与选择应结合实际案例进行反复验证，以确保所选材料能够提供最佳的保护效果。

4.3 具体封护工艺步骤

具体封护工艺步骤包括：表面清理—评估损伤—选择封护材料—材料制备—封护施加—固化处理—后期检查—定期维护与监测等主要环节，旨在确保脆弱青铜器在封护过程中得到有效保护，最大限度地延长其保存期限。

步骤一：表面清理。对青铜器表面进行清洁是封护的基础。使用柔软的刷子和去污剂，去除表面灰尘、污垢和氧化物。注意避免对器物表面造成划伤，特别是在处理细节部位时，需使用软毛刷缓慢清理。

步骤二：评估损伤。表面清理后，仔细检查青铜器的损伤情况，包括裂纹、剥落及其他物理损伤。记录损伤类型和程度，为后续的封护方案制定提供依据。

步骤三：选择封护材料。根据青铜器的具体情况，选择合适的封护材料。天然材料如蜂蜡、树脂可提供良好的保护，而合成材料如聚合物则在耐久性和防潮性方面表现优异。要综合考虑材料的化学性质和物理性能，以确保与青铜器不发生反应。

步骤四：材料制备。根据选择的材料，按照说明进行制备。例如，若使用合成树脂，需严格按照比例混合组分，确保均匀性和粘接性。制备过程中，注意环境的温度和湿度，以保证材料的性能。

步骤五：封护施加。将制备好的封护材料均匀涂抹在青铜器表面，厚度应适中，避免过厚造成的膜层脱落。可采用刷涂或喷涂的方法，确保每个角落均匀覆盖，特别是在细小缝隙和裂纹处，需适当加厚。

在封护材料涂覆阶段，涂覆遍数应按照保护方案设计要求确定。如需涂覆两遍以上，应待第一遍涂覆涂料实干后再涂覆第二遍。刷涂材料时，应使毛刷与涂覆面保持适当角度，顺一个方向轻轻地刷动，均匀地在涂覆面上刷上涂料，涂膜中需无气泡。不易涂刷的部位应用小毛刷预先涂覆，防止漏涂。对快干涂料应使用软毛刷分块刷涂，即将涂覆面分成若干块。每块刷涂均按上述方法进行。刷涂时要求动作轻快、准确，尽量避免回刷。每刷涂一块都应与上一块重叠1/3的刷涂宽度，直到全部涂覆面刷涂完为止。

采用喷涂时喷枪方向应尽量垂直于器物表面，喷嘴与涂覆面保持适当距离。操作时后喷涂带边缘应与前一喷涂带边缘重叠，以重叠1/3为宜。喷枪移动速度应尽量保持一致，不可时快时慢。喷涂时，应严格控制喷枪出口处的压力。封护层的干燥周期应根据所选封护材料的规定条件确定，在干燥期内，封护层应避免摩擦、撞击以及沾染油污和水渍。检验可通过外观状态进行评估，在自然光下，用肉眼检查，封护层应基本不改变文物表面原本的颜色和光泽，不应出现刷痕、起泡、发白、起皱、起皮和流挂等现象。干燥后的封护层如存在缺陷应进行再次处理，直至达到相关封护标准。

步骤六：固化处理。封护材料涂布后，需让其在适宜的环境中固化。固化时间依赖于材料类型，一般在室温下固化24小时以上。在此期间，避免青铜器接触水分及其他污染物。

步骤七：后期检查。固化完成后，对封护效果进行检查，确认材料是否均匀、无起泡、无脱落现象。如发现问题，及时进行补救处理，必要时可重复封护步骤。

步骤八：定期维护与监测。封护后的青铜器需定期进行检查和维护，监测封护层的稳定性及青铜器的状态。记录环境变化和封护材料的耐久性，以便及时采取措施，确保长效保护。

通过系统的封护工艺步骤，能够有效保护脆弱青铜器，延缓其损伤进程，从而实现更长久的保存与传承。

4.4 封护后的维护与监测

封护后的维护与监测是确保脆弱青铜器长期保护效果的关键环节。在青铜器封护完成后，定期的维护与监测能够及时发现潜在问题，延长封护材料的使用寿命，保障青铜器的完整性和稳定性。

维护工作包括定期清洁和检查。清洁时应使用柔软的毛刷或微湿的软布，避免使用化学清洗剂，以防对封护材料造成损害。检查内容涵盖封护材料的完整性、表面是否出现裂纹或剥落，以及青铜器本身的状态。对于出现问题的区域，应及时记录并采取修复措施。

监测工作则涉及环境因素的监控及青铜器状态的评估。环境因素包括温湿度、光照和污染物浓度等。使用环境监测设备，及时获取数据，确保环境条件在利于青铜器保护的合适范围内。如发现环境变化，需采取相应的调节措施，比如增加除湿设备或改善通风条件。

此外，封护材料的性能也需进行定期评估。通过物理和化学测试，判断材料的稳定性和有效性。若发现材料性能下降，需考虑再次封护或更换材料。对于新材料的应用，需特别关注其与青铜器的相容性，确保不会引起二次损伤。

在维护与监测的过程中，可建立详细的记录系统，记录每次检查和维护的时间、内容及结果，形成档案。档案记录主要应包括以下内容：文物名称及所采用的保护方案编号；涂覆环境温度、湿度；封护材料与工具；涂覆遍数及间隔时间；实施单位和实施人员、实施地点；干燥期间环境温度、湿度；外观、光泽、颜色、附着程度、封护层缺陷等项目；检验结果、检验时间及检验人等。

综上所述，封护后的维护与监测不可忽视，系统的管理与科学的方法相结合，能够确保脆弱青铜器在封护后的长期安全与稳定。

五、封护效果评估

封护效果一般从色差变化、附着力强度、耐水性、耐高温、耐老化、耐腐蚀等方面来评估。封护效果的检验一般都为无损检测，首先是封护后青铜器表面应保持原有的色度与光泽，封护后不应出现色泽变化，或因封护材料过度使用产生堆积或不均匀的现象。封护层缺陷检查可参照相关标准进行评估，在封护后的文物上选择较平整部位，向封护层上滴加数滴去离子水，水滴中心至少间隔20毫米。使测试部位不受干扰并充分接触空气，20～30分钟后，擦干水滴，封护层不应有发白、起泡等现象。封护效果评估是一个相对长期的过程，因此对器物完成封护之后，还要进行有序的跟踪检测与后期养护等，从而提高器物表面封护工作的整体质量，确保封护作用长期稳定有效。

参考文献

[1] 孙从征，刘金平，高秀丽. 一种优化的硅烷工艺在青铜器保护中的应用[J]. 电镀与精饰，2017, 39(6): 38-40, 43.

[2] 高秀丽，张立新，孙丛征. 硅烷处理工艺在青铜器保护中的应用[J]. 中国文物科学研究，2015(2): 65-67.

［3］ 徐群杰，潘红涛，邓先钦，等．青铜器文物的腐蚀与防护研究进展[J]．上海电力学院学报，2010，26(6)：567-571．

［4］ 王子尧．由金属文物的封护兼谈文物保护原则[C]//中国文物保护技术协会．中国文物保护技术协会第七次学术年会论文集．北京：科学出版社，2013：49-55．

［5］ 陈淑英，张然，柳敏．青铜文物缓蚀剂效率及封护剂抗腐蚀能力的比较研究[J]．文物保护与考古科学，2013，25(4)：46-53．

［6］ 张彤，王丽琴．光稳定剂在有机高分子文物保护材料改性中的应用[J]．材料导报A：综述篇，2014，28(5)：104-108．

［7］ 张黎明，王修园，周和荣，等．仿古（高锡高铅）青铜材料在酸性土壤模拟溶液中的腐蚀行为[J]．腐蚀与防护，2022，43(7)：44-51．

第十章 脆弱青铜器的保存环境及预防性保护

青铜器在氧气、湿度、温度、光照等条件下，容易发生氧化、腐蚀等病害，导致其物质结构的破坏和文化信息的丧失。因此，了解脆弱青铜器的保存环境并对其进行预防性保护显得尤为重要。当前，国内外在脆弱青铜器的保护领域已开展大量研究，涵盖了青铜器的材质特性、病害分析、环境影响等多个方面。研究者们通过对出土青铜器的科学分析，揭示了青铜器在不同环境下的劣化特征，提出了相应的保护措施。例如，针对青铜器表面形成的绿锈现象，提出通过控制保存环境的湿温度，来减缓腐蚀进程。

不同国家和地区对青铜器的研究侧重点各有不同。在欧洲，注重青铜器的历史价值和文化背景，研究者常常结合社会历史进行综合性分析。而在亚洲，特别是东亚国家，青铜器的考古学研究与保护技术相结合，强调文物的历史传承与现代保护技术的融合。近年来，随着信息技术和材料科学的发展，脆弱青铜器保护研究逐渐向多学科交叉领域拓展。新技术的引入及预防性保护理念的不断深化，为青铜器的保护带来了新的思路。总体来看，国内外在脆弱青铜器预防性保护领域均取得了一定的成果，但仍面临着诸如研究深度不足、保护技术不成熟等挑战。未来的研究不仅需要在理论上不断深入，还需在实践中探索更有效的保护措施。

因此，深入探讨脆弱青铜器的保存环境及其预防性保护措施，具有重要的理论意义和实践意义，这不仅能够为文物保护领域提供新的视角和思路，也将为青铜器的长期保存奠定坚实的基础。

一、保存环境对脆弱青铜器的影响

我国馆藏青铜器数量庞大，这些青铜器蕴含着丰富的历史、艺术和科学价值，但大部分青铜器在经历长期的埋藏环境腐蚀、各种自然灾难和人为破坏后，大部分青铜器都带有不同程度的病害，加之它们遭受环境的突变，出土后会更脆弱，因此出土后的保存环境对青铜器的保护有着重要的意义，洁净适宜稳定的环境更有助于青铜文物的保存。

影响青铜文物的保存环境因素既包括所在地区的宏观气候环境，也包括展馆内空气的洁净度和光辐射。对于青铜文物而言，对其影响最大的主要有温湿度、空气污染物和光照度。

1.1 空气温湿度对脆弱青铜器的影响

温度和湿度是文物在保存环境中直接影响青铜文物产生一切物理、化学和生物反应的两个最基本和直接的因素。

通常空气温度作为单一因素对青铜文物的影响并不明显，但是由于环境中同时存在光照、各种气体等因素，青铜文物受到它们联合作用而发生一定的化学反应时，根据范特霍夫近似规则，对一般反应温度每升高10℃，反应速率会增加2～4倍，温度对化学反应起到加速的作用，另外温度变化会引起相对湿度的变化，从而对青铜文物产生更大影响。因此虽然环境温度对青铜器的影响不甚明显，但适宜温度为18～22℃，应尽量避免保存温度的剧烈变动。

湿度是表示空气的潮湿程度，当潮湿的空气含水率在80%～90%时，水分常被称为"通用催化剂"，它可以促使许多化学反应发生，因此湿度对青铜器的保存状态的影响作用很大。湿度通常用绝对湿度和相对湿度来表示。绝对湿度是单位体积空气中所含的水汽量，以每一立方米空气中所含的水汽量表示；相对湿度是指在一定温度下，空气的绝对湿度与该温度下空气中水汽的最大饱和量的百分比。

相对湿度的大小直接关系着能否在文物表面形成液膜或电解液，金属的腐蚀存在一个临界相对湿度，在相对湿度足够低的情况下即在青铜文物腐蚀的临界相对湿度以下，此时主要发生化学腐蚀，腐蚀速度非常缓慢，所以有的青铜文物能几十年如一日地保持原貌，但是一旦相对湿度提高，超过青铜文物的临界相对湿度，在青铜器表面形成了足以起到电化学腐蚀介质作用的水膜，加之青铜文物存在表面不光滑，有毛细作用的多孔的锈蚀物或者集聚有吸湿性的物质和尘埃等因素时，就会发生快速的电化学腐蚀，导致铜质流失，外观发生变化。青铜器潜伏的"粉状锈"其保存的临界相对湿度为42%～46%，CuCl在相对湿度为35%的环境中是稳定的，当相对湿度上升至55%，CuCl的反应活性变大，迅速与空气中的水反应，进而转化成有害锈蚀$Cu_2(OH)_3Cl$，相对湿度越大，反应速度越快。如果青铜器的保存环境相对湿度继续加大，空气中的水分会在文物表面凝结，形成水膜或水滴，文物内残存的可溶性盐以及空气中的CO_2及污染物质如SO_2等溶入水膜中，形成电解质溶液。由于青铜器本身就存在着因为物理状态不均匀（如因为文物造型需要，导致的局部应力分布不匀）、保护膜不均匀（如在埋葬环境中形成的腐蚀层表面缺损）、化学成分不均匀、金属组织不均匀（如晶界缺陷）等因素，就会造成电位差，一些溶解趋势强、变形大或金属应力大或者膜破损的部位即电负性大的成为阳极，反之成为阴极，形成了阴阳两极，这样就形成了微电池环境，进而青铜器在潮湿的环境下就会发生如下电化学反应：

阳极反应：$Cu+2H_2O=Cu^{2+}+2H_2O+2e$

阴极反应：$O_2+2H_2O+4e=4OH^-$

储存环境中相对湿度对青铜文物的影响是最根本的，是发生腐蚀反应的根源，因此将青铜文物储存环境中的相对湿度控制在腐蚀临界相对湿度以下，是有效预防青铜病害产生的有效预防措施，建议青铜器储存环境相对湿度控制在40%～50%。

1.2 空气污染物的影响

空气中许多污染性气体对青铜文物都有较强的腐蚀性，污染物按性质分为化学的、物理的和生物的。按其在空气中的存在状态，大致可分为气态（包括蒸气）和气溶胶两大类。对青铜文物危害较大的主要是酸性气体（如硫氧化物、氮氧化物、卤化物、某些有机化合物等）和尘粒，其次是大气氧化剂（如臭氧）和气溶胶。

1.2.1 酸性气体

酸性气体能够腐蚀金属，常见的有二氧化硫、氮氧化物、氯离子和有机酸污染物。

二氧化硫（SO_2）：主要来自于金属冶炼过程的释放和含硫化石燃料燃烧，SO_2易溶于水生成酸与青铜文物发生化学腐蚀，当环境中相对湿度在75%～96%时，SO_2具有很强的危害性，当空气中SO_2等含硫化合物和含重金属的颗粒物以及氮氧化物和水雾同时存在时，在紫外线照射下会发生一系列光化学反应，形成硫酸型光化学烟雾。而且SO_2还会与空气中的水蒸气形成酸沉降在金属表面，或溶解在金属表面水膜中，使金属表面的pH下降，因为SO_2易溶于水，所以在SO_2浓度较低时也能发生以上反应，加速金属表面的腐蚀。由于SO_2的易溶解和强腐蚀性，青铜文物在其环境中容易发生较严重的腐蚀。

氮氧化物：主要来源于汽车排放的废气，发动机高速运转时排放出的NO_2含量较高。NO_2气体在相对湿度较大的环境中，能在青铜器物表面形成硝酸、亚硝酸、硝酸盐，加速青铜腐蚀。NO_2还能吸收光子，产生光解反应生成O_3，对文物产生极大的破坏作用，在SO_2和NO_2同时存在时，会相互产生协同效应，NO_2会催化加速SO_2的酸化过程，降低铜表面液膜酸性，同时与铜表面的Cu_2O反应，从而加速铜的腐蚀反应。

氯离子：大气环境中的氯离子（Cl^-）主要有两大类来源，即海洋气候环境和融雪剂。Cl^-对青铜器的影响很大，青铜器上形成的绿色有害粉状锈，即“青铜病”就是由于Cl^-的腐蚀产生的，Cl^-不仅是诱发“青铜病”的关键因子，而且能使已形成的腐蚀产物有更好的溶解性，从而增加了金属表面的导电能力，从而导致青铜器进一步加速和持续腐蚀。Cl^-由于离子半径小，渗透力强，能促进铜的水化作用，使得在某一局部如晶格缺陷处或表面破裂处的铜更容易溶解，置换较为稳定的膜层中的阴离子生成

CuCl，CuCl不稳定，在潮湿的储存环境中和氧气发生反应可转化为碱式氯化铜，这就造成了内部生成粉状锈的条件：

$$4CuCl + O_2 + 4H_2O = 2Cu_2(OH)_3Cl + 2HCl$$

生成的盐酸遇到共析组织，又使铜转化为氯化亚铜：

$$4Cu + 4HCl + O_2 = 4CuCl + 2H_2O$$

形成的氯化亚铜又与浸入内部的氧气和水作用生成碱式氯化铜循环反应，使青铜器的腐蚀产物不断扩展、深入，直到器物溃烂、穿孔，严重的青铜病能将一件坚硬的器物最终分解成一堆浅绿色的粉末。

有机酸污染物：室外有机酸污染物最主要的来源是木材的不完全燃烧，它存在于云、气溶胶、雾霾等载体中，能够加剧酸雨现象，受不确定因素如风速、温度、湿度等的共同影响，自然环境中有机酸性污染物的主要成分甲酸和乙酸，在正常空气环境中的浓度均值能达到8～9ppb，该浓度对人体健康方面来说危害性较低，但在密闭的博物馆环境中，有机酸污染物更多来自于室内环境中的装饰材料、胶粘剂的挥发和释放，有机酸污染物种类也更多，不但有甲酸、乙酸还会有芳香烃、甲醛等。博物馆内部木质地板、橱柜、展柜等就可以挥发出浓度高达10ppm的乙酸气体，这种浓度范围内的有机酸性气体足可以对青铜器文物腐蚀和损害，再加之它通过缓慢富集在文物材料的表面的方式，会进一步提高酸的浓度，进而对青铜文物产生更为严重的腐蚀作用。

1.2.2 尘粒

尘粒是指直径很小并能长时间飘浮在空气中的固体颗粒，空气中的尘埃、颗粒物也会对青铜器造成损害。对青铜文物造成影响主要是尘粒中的活性炭粒、碳化物、无机盐类尘粒。它们对青铜文物的危害主要表现在三个方面：一是黏附作用，这些尘粒是细菌、霉菌的良好载体，当空气中的尘粒和湿空气结合在一起降落在文物表面上，便形成一层难以取掉的覆盖层，它们具有较强的吸湿作用，容易使青铜表面湿润而形成水膜。二是吸附作用，可吸附和浓集二氧化硫等气体，对青铜器产生腐蚀。三是滋生霉菌，由于粉尘对水蒸气的凝聚能力，从而形成有利于青铜器发生腐蚀的化学环境和适宜于细菌、霉菌等微生物生长的微生物环境。

1.2.3 大气氧化剂

大气氧化剂主要包括人们熟悉的臭氧、氧气以及其他一些更活跃的化学自由基，包括羟基、活性卤族元素等。

臭氧是大气环境中常见的氧化性气体污染物，是一种较强的氧化剂，其氧化还原电位仅次于氟。臭氧来源广泛，在空气环境中可归为天然源和人为源。自然生态环境中的高层大气、闪电、土壤以及生物质的臭氧排放都是其重要的天然来源，因人的实践与活动而产生的臭氧源头则主要是燃煤过程，由机动车尾气排放、石油化工行业等排放的氮氧化物进一步与环境中挥发性有机物反应而生成的。博物馆内部较封闭环境中的臭氧除了以上来源外，还很可能来自于室内灯具和电气设备的释放。臭氧具有很强的氧化性，可以直接作用于金属材料表面，甚至可以破坏银、汞等反应活性比较低的金属，对铜的大气腐蚀影响较为严重，在O_3浓度恒定时，铜的腐蚀速率几乎维持不变，增加臭氧浓度以及提高温度均能增加铜的腐蚀速率，并且O_3在含氮化合物和有机物反应中，能形成许多更高腐蚀性的气体和粒子成分，对青铜文物起到氧化腐蚀的作用。

氧气也是大气中的氧化剂，在相对湿度较大的环境中，会导致馆藏青铜器发生吸氧腐蚀，空气中的氧气先溶解于文物表面的水膜中，然后再扩散至阴极区，最后才能在阴极接受阳极区流过来的电子，其中氧气的溶解、扩散速度是总腐蚀过程中最慢的，所以干燥氧气是青铜器腐蚀动力学中的主要影响因素，因而控制氧气是控制青铜器腐蚀的关键。

1.2.4 气溶胶

气溶胶是一种混合物，是指沉降速度可以忽略的浮在空气中的小固体粒子、液体粒子或它们在气体介质中的悬浮体系，其主要成分是酸类、盐类以及重金属粉尘等，气溶胶也因其组成颗粒的大小分为很多种类，其中危害最为严重的就要算PM2.5。在博物馆中，气溶胶中能对文物造成伤害的大多是颗粒直径小于10微米的固体颗粒，它们提供酸性水解的催化剂和光化反应的氧化剂和引发剂，在文物表面沉降并且附着在上面，时间一长就会使文物失去原有的面貌。

1.3 光照对脆弱青铜器的影响

相对于有机文物，光照虽然对金属文物的影响相对较小，但也存在一定的影响，光辐射作为能量物质，会通过光化学反应以及光的热效应，引起青铜文物材料的变质老化。如果青铜器表面紧贴基体部位有氧化亚铜存在，在光的照射下会产生光生空穴和光生电子，高能量的光生空穴可以使青铜表面还未腐蚀的铜、锡金属原子发生腐蚀。同时在光的照射下，氧化亚铜可吸附氧，高活性的吸附氧就会沿着松散的孔隙向铜合金基体接近，腐蚀合金组分使表面锈蚀层不断增厚。光照还能直接引起青铜文物温度的变化，使得腐蚀速度成倍增加。

1.4 其他环境因素的影响

脆弱青铜器的保存环境不仅受到温度、湿度和空气污染物的影响，其他环境因素同样对其保护具有重要作用。以下将探讨这些因素及其影响机制。

首先，振动与冲击是影响青铜器保护的重要因素。文物展示和储存环境中，振动源可能来源于交通、建筑施工或设备运转等。这些振动会导致青铜器结构的微小损伤，尤其是那些已呈现脆弱状态的文物。其次，微生物活动对青铜器的保存也构成威胁。某些细菌和真菌能够在青铜器表面形成生物膜，导致金属的腐蚀。特定条件下，尤其是在潮湿环境中，微生物的繁殖极为迅速，进而加速青铜器的劣化。已有研究表明，某些真菌的代谢产物对青铜器的表面产生破坏作用，因此，控制微生物的生长是保护脆弱青铜器的重要措施之一。最后，环境的稳定性也是不可忽视的因素。温湿度的剧烈波动会导致青铜器材料的物理性质变化，进而引发应力集中和材料疲劳。保持环境的相对稳定，尤其是在温湿度变化较大的季节，可以有效降低青铜器的损伤风险。

综合来看，脆弱青铜器的保存环境中，振动、微生物活动、光照、化学气体及环境稳定性等多种因素相互作用，影响着其整体保护效果。针对这些因素，采取相应的控制和管理措施，有助于延长青铜器的保存寿命。

二、脆弱青铜器预防性保护

“预防性保护”概念的正式提出最早是在1930年意大利罗马召开的一次国际艺术品保护国际研讨会上，当时主要是指温湿度控制。1963年，意大利学者布兰迪在《修复理论》一书中首次提出“预防性保护优先原则”，他认为，作为文化遗产保护最重要和优先的原则，采取预防性保护措施的效果极大地优于在紧急情况下的抢救性修复。这一理念得到了国际文化遗产保护与修复研究中心（ICCROM）的支持，从20世纪70年代开始在全球多个国家的博物馆间推广。目前，预防性保护的理念已经成为国际文化遗产保护的共识和首选策略。

随着认知的逐步发展成熟，我国对于预防性保护概念有了相对统一的表述。我国文物保护行业技术标准《馆藏文物预防性保护方案编写规范》（WW/T 0066—2015）中对预防性保护的定义表述为，通过有效的管理、监测、评估、调控，抑制各种环境因素对文物的危害作用，使文物处于一个“洁净、稳定”的安全保存环境，达到延缓文物劣化的目的。《国家文物博物馆事业发展“十二五”规划》中明确将文物的预防性保护划为重点内容，《国家文物事业发展“十三五”规划》强调文物保护实现由注重抢救性保护向抢救性与预防性保护并重转变，由注重文物本体保护向文物本体与周边环境、文化生态的整体保护转变，确保文物安全。保护主要有两方面含义：一是控制环境，将文物的损害降到最低；二是抑制损害并使其处于稳定状态，防止发生进一步损害。

博物馆是保存地下出土文物的主要场所之一，根据2005年的全国文物腐蚀普查，馆藏文物中存在不同程度腐蚀的比例达50.66%，其中约16.5%的馆藏文物更是达到了重度以上腐蚀。文物保存状态整体不佳并呈恶化之势，虽然文物的自然老化不可避免，但是博物馆不适宜的保存环境却会大大加速这一过程，使得珍贵的文物迅速损坏。因此文物预防性保护要以文物为本，重在预防，主要通过控制环境，从源头控制各种环境因素，温湿度控制以湿度控制为优先，为文物提供合适的馆藏条件，对可能出现的种种损坏文物的情况进行科学预测、分析、研究，最大限度地避免对文物的损害。

2.1 保存环境的基本要求

保存环境的基本要求主要体现在温度、湿度、空气质量和光照等方面，这些因素对脆弱青铜器的长期保存至关重要。

温度的控制是保存环境中最为关键的要素之一。青铜器在极端温度下容易产生氧化反应，导致表面腐蚀。通常建议保存环境的温度应保持在18～22℃，避免温差过大。实验表明，温度每升高10℃，青铜器的氧化速率会显著增加，因此应通过空调系统进行有效调控。

湿度的控制同样重要。相对湿度过高会导致青铜器表面水分积聚，形成电解质环境，从而加速腐蚀。相对湿度一般建议保持在40%～50%。研究显示，在相对湿度超过70%时，青铜器表面容易出现锈蚀斑点。因此，使用除湿机和湿度监测仪器是必要的技术措施。

空气质量直接影响青铜器的保存效果。空气中的污染物，如二氧化硫、氮氧化物和重金属离子，都会对青铜器造成化学侵蚀。保存环境应具备良好的通风系统，使用高效的空气过滤装置，确保空气中有害物质的浓度保持在安全范围内。例如，使用活性炭过滤器可以有效去除空气中的有害气体。

光照条件也需严格控制。紫外线和强光照射会导致青铜器表面化学成分的变化，造成褪色及结构损害。保存环境应避免阳光直射，采用特定波长的照明设备，确保光照强度保持在适当水平。使用光学滤光片和调光系统也是有效的控制手段。

综合考虑这些基本要求，建立一个适合脆弱青铜器的保存环境，需对上述因素进行系统的监测和调控，以确保青铜器的长期安全保存。

2.2 保存环境的调控原则

保存环境的调控原则包括多个方面，旨在为脆弱青铜器提供一个适宜的保存条件，以最大限度地降低其损坏风险。

第一，温湿度的控制是基础。青铜器的保存环境应保持在相对稳定的温度和湿度范围内。一般建议温度保持在18～22℃，湿度控制在40%～50%。这一范围内能够有效防止青铜器因温度变化而发生的热胀冷缩现象，同时减少潮湿环境带来的腐蚀风险。

第二，空气质量的调控也不可忽视。保存环境应具备良好的通风系统，以确保空气的流通，降低有害气体的浓度。使用空气过滤器可以去除尘埃和污染物，防止其对青铜器造成直接损害。此外，避免使用含硫、氯等有害成分的材料，以防止空气中化学物质的积聚。

光照控制是另一个重要方面。青铜器应置于光照强度较低的环境中，以减少紫外线对其表面的伤害。青铜器保存环境中可以使用遮光材料或调节照明设备，确保光照强度不超过50勒克斯。适当的光照设计可以有效延缓青铜器表面老化和颜色变化。

第三，环境的整体设计应考虑到温湿度、空气质量及光照等多个因素的综合影响。应定期监测保存环境的各项指标，确保其稳定性。设计中还应考虑到应急措施，以应对突发的环境变化，例如，增加备用的温湿度调节设备，以应对设备故障或突发气候变化等情况。

第四，绿色低碳可持续原则，绿色低碳可持续原则在青铜器预防性保护中的应用，不仅仅是技术层面的革新，更是理念层面的转变。它要求我们在保护青铜器的同时，也要关注环境保护和社会责任。因此，在实施青铜器预防性保护策略时，应充分考虑其长期影响和社会效应，避免短视行为和过度开发。同时，还应加强跨学科合作与交流，借鉴其他领域在低碳可持续发展方面的成功经验和做法，为青铜器的预防性保护注入新的活力和动力。在绿色低碳可持续原则的指导下，预防性保护策略应更加注重节能减排和资源的高效利用。首先，在保护材料的选择上，应优先考虑环保、可降解或可循环利用的材料，以减少对自然资源的消耗和环境的污染。通过优化博物馆的照明系统，采用LED等低能耗、长寿命的照明设备，减少能源消耗和碳排放。同时，加强环境监控，确保青铜器保存环境的温度、湿度等参数稳定在适宜范围内，通过引入智能环境控制系统，实现对青铜器保存环境的精准调控，其不仅能够有效降低能源消耗，还能显著提高青铜器的保护效果。

第五，教育与培训也是预防性保护的重要组成部分。通过对相关人员的培训，提高其对脆弱青铜器保护的认识和技能，建立定期检查和维护制度，确保预防性保护措施的持续性和有效性。定期评估青铜器的状态和环境条件，及时调整保护策略，有助于及早发现问题并采取行动，使其能够在日常管理中采取有效的预防措施，降低人为因素造成的风险。

综合考虑上述原则，通过科学评估、环境控制、技术应用、教育培训和定期维护等手段，可以为脆弱青铜器创造一个更为安全和稳定的保存环境，保障其长期稳定安全。

2.3 青铜器保存环境标准

青铜文物虽然没有一些有机文物对环境的要求严格，但是要想最大限度地延长青铜器的保存寿命，使青铜器本身及其所携带的各种信息继续保存下去，还是需要对其进行科学的预防性保护，一方面我们要对产生严重病害的青铜器采取抢救性的保护；另一方面需要为其创造良好的保存环境，尽可能使文物库房、博物馆的馆藏微环境达到青铜器存放的环境要求，这样才能使人类文明成果得到更好地传承和发展。

国内外一些文物保护专家在长期的实践中已认识到，对文物实施保护的最有效手段就是控制文物所处的保存环境和陈列环境，给青铜文物提供一个稳定洁净的环境。将温湿度等环境因素稳定在文物本身已经长期良好适应的状态下，即是“稳定”的文物保存环境。青铜器文物的库房环境以及展览环境空气指数处于合理的范围内，实现各项指数均未超出预设的安全极限值，这就是所说的“洁净”的博物馆环境。根据我国颁布的《博物馆建筑设计规范》（JGJ 66—2015）和《博物馆照明设计规范》（GB/T 23863—2009）等标准，青铜文物稳定洁净的环境标准参考值见表10-1。

表 10-1 青铜文物保存环境标准参考值

影响因素	保存环境标准参考值
温度（℃）	（18～22）±2（根据当地平均温度设定≥10℃，≤30℃）
湿度（%）	40～50
温度日波动（℃/d）	<4
湿度日波动（%/d）	<5
照度（lx）	≤300（含有彩绘的≤50，银器≤150）
累积照度（lx·h/y）	不限制（含有彩绘的≤50000，银器≤360000）
紫外线含量	<20
SO_2（ppb）	<4
NO_2（ppb）	<5
O_3（ppb）	<5
H_2S（ppt）	<500
COS（ppt）	<500
甲酸（$\mu g/m^3$）	<100
乙酸（$\mu g/m^3$）	<250
NH_3	<100
甲醛（ppb）	<80
VOC（ppb）	<300
颗粒物PM2.5	<75

2.4 青铜器文物预防性保护措施

保存环境的技术措施涉及多个方面，以确保脆弱青铜器在适宜的条件下得到有效保护。技术措施的实施不仅可以延长青铜器的使用寿命，还能降低其在存放和展示过程中遭受损害的风险。

温湿度控制系统是保存环境技术措施的核心。利用精密的温湿度传感器监测环境变化，结合空调系统和加湿器，能够有效保持相对湿度在40%～50%，温度则控制在18～22℃。这一范围被认为是防止青铜器发生腐蚀和病害的最佳选择。例如，在某些博物馆中，通过设置自动化控制系统，实时调整和记录环境数据，确保青铜器始终处于最佳保存条件。

空气净化技术也是不可或缺的部分。青铜器对空气污染物如二氧化硫、氯化氢等极为敏感，这些物质会加速金属的氧化和腐蚀。采用高效的空气过滤器和活性炭吸附装置，可以有效去除空气中的有害物质。此外，定期对存放环境进行空气质量检测，能及时发现潜在的污染源，防止其对青铜器造成影响。

光照管理同样关键。青铜器在光照条件不当的情况下，可能会出现褪色和表面劣化的问题。使用低紫外线和低热量的LED灯具，可以有效降低光照对青铜器的直接损害。博物馆在展示脆弱青铜器时，常常采用间接照明和光源过滤技术，在保持展示效果的同时，最大限度地保护文物。

此外，防震和防火措施也是保存环境技术措施的重要组成部分。在存放脆弱青铜器的房间内，安装防震支架和隔震垫可以减少地震和外部冲击带来的风险。采用防火材料和火灾报警系统，能够有效降低火灾对文物造成的威胁。

综上所述，保存环境的技术措施涵盖了温湿度控制、空气净化、光照管理以及防震防火等多个方面。因此，开展青铜器文物库房、展厅的保存环境质量监测与调控，建立完善的青铜文物保存环境监测系统，运用多种调控手段对青铜文物保存微环境实施有效的“稳定、洁净”调控，形成馆藏青铜文物预防性风险管理机制，提升馆藏青铜文物的预防性保护的综合能力。这些措施的有效实施，能够为脆弱青铜器的保护创造一个安全、稳定的环境，确保其能够得到更好地保存与传承。具体地讲，青铜器文物预防性保护可以从环境监测系统、保存环境、保护效果评估和管理制度四个方面进行完善。

2.4.1 建立整套的环境监测系统

建立整套的环境监测系统，实现对青铜器文物库房、展厅和重点展柜等保存环境质量的及时感知和反馈，主要包括布设无线传感实时监测系统和建立检测分析系统。

布设无线传感实时监测系统：是针对可移动文物保存环境的特殊需求，采用成熟的环境因素监测技术、先进的无线传感技术、精准的调控技术和互联网技术所构成的环境基本指标和质量评估成套自组网系统。该系统组成结构包括数据采集监测终端、环境调控终端、无线网络中继、无线网络网关、互联网网络和数据库存储设备以及监测站平台软件和连接区域中心平台或国家中心平台的接口软件等。

系统的主要功能是实现实时监测文物保存环境基本参数的变化，并通过无线通信技术将监测参数传输到监测中心，以达到及时了解、查询环境质量及其变化的目的。同时，通过实时监测环境，实现对异常环境质量的及时预警，第一时间提醒相关人员采取必要的保护和调节措施，有效提高馆藏文物保存风险预控的能力。系统还可以及时储存所采集的数据信息，逐步形成大容量的“环境历史数据库”，为博物馆工作人员进行文物保护方法研究提供重要依据，并为保护措施的制定提供科学依据。该系统的组建可以解决博物馆环境基本参数人工监测带来的不便，提升科学化、智能化文物科技保护的能力，图10-1～4所示为文物保存环境监测可视化平台。

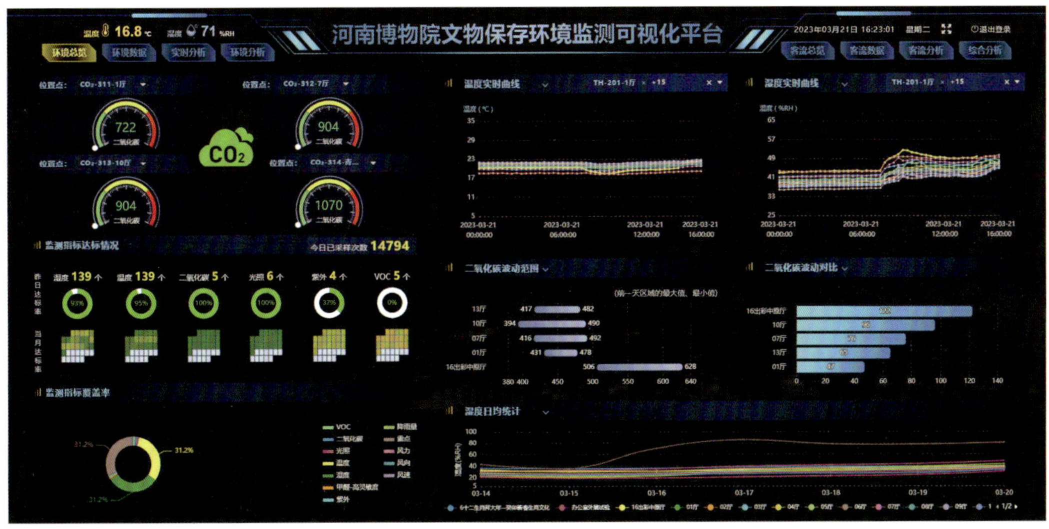

图10-1　文物保存环境监测可视化平台

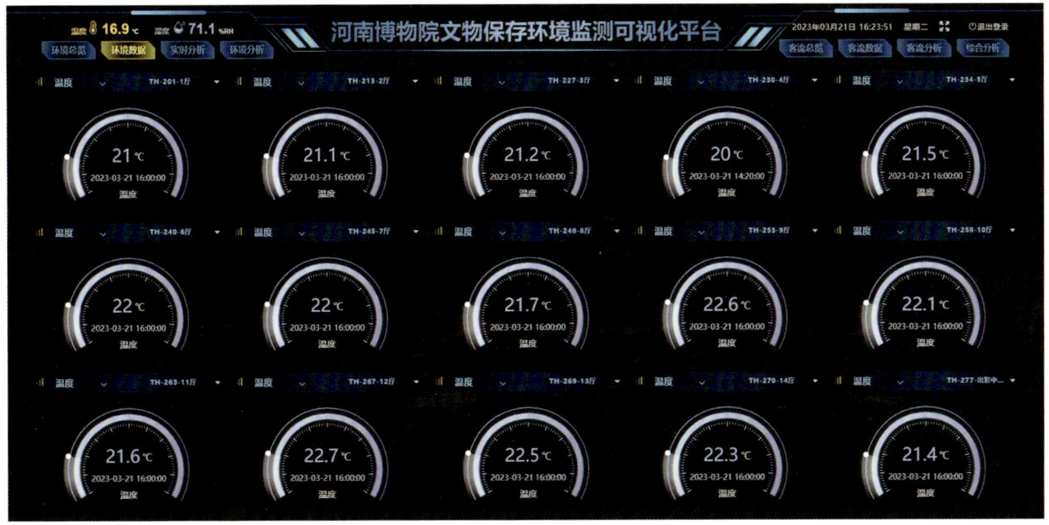

图10-2　文物保存环境温度监测可视化平台

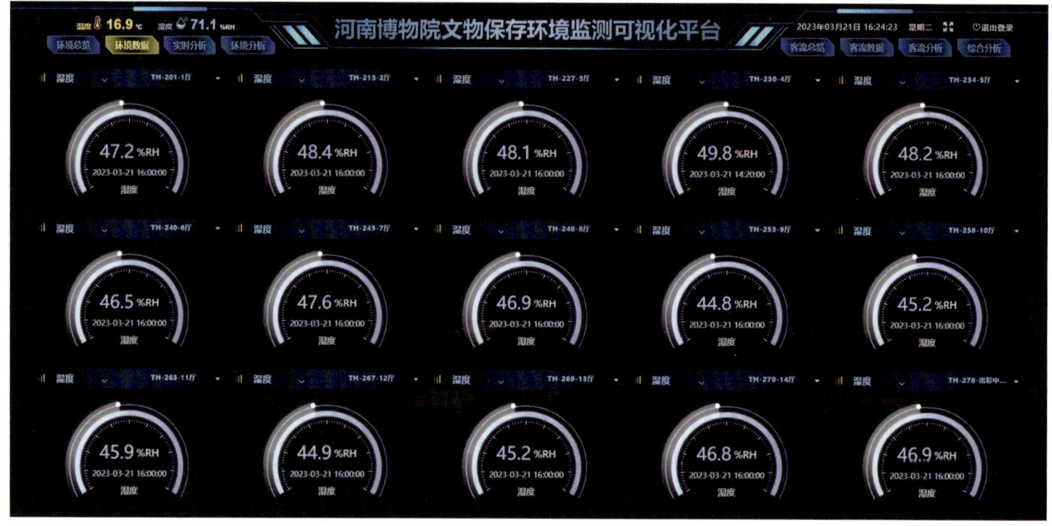

图 10-3　文物保存环境湿度监测可视化平台

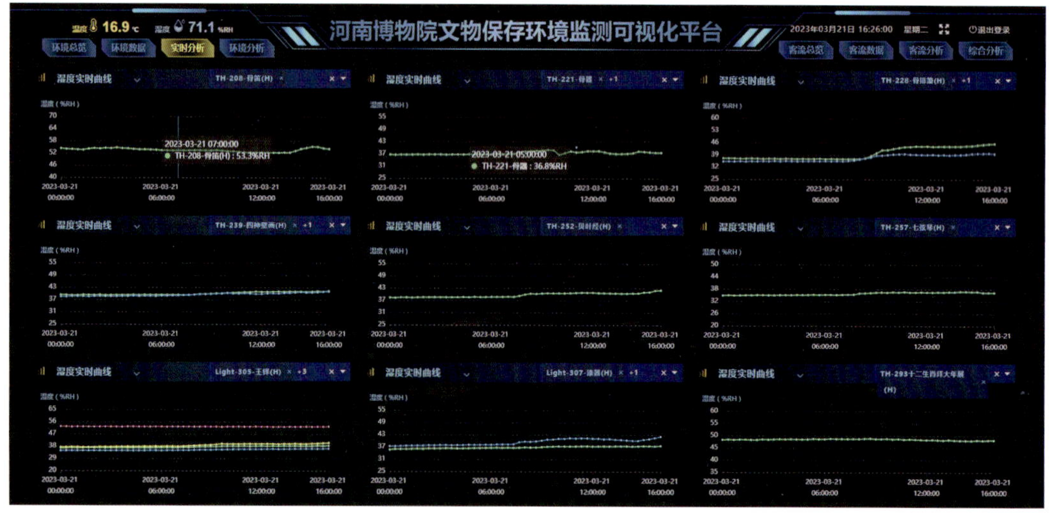

图 10-4　文物保存环境湿度实时曲线可视化平台

建立检测分析系统：对一些由于技术发展的限制，严重影响文物保存的环境因素如甲醛、甲酸、乙酸、臭氧、二氧化硫等，尚没有满足检测精度的无线传感监测仪设备。但可以通过配备一些便携式环境检测（如便携式温湿度检测仪、全数字照度计、分光辐射照度计、全数字紫外辐照计、二氧化碳检测仪、VOC检测仪、便携式甲醛检测仪）和建立“被动采样-仪器分析”等监测手段（可以对馆藏青铜文物保存的微环境中酸性、碱性污染气体甲酸、乙酸、氨、臭氧、二氧化氮、二氧化硫、甲醛进行痕量分析检测），达到及时检测掌握博物馆环境整体质量状况的目的，同时可对无线传感检测数据进行比对检验和分析。

应用便携式环境检测仪和“无动力扩散采样器-仪器分析技术”获得的实验数据，可以及时录入“博物馆文物保存环境检测平台”，并上传至“全国馆藏文物保存环境监测平台”，与无线传感监测系统的实时监测数据进行比对和补充，并进行统计、分析、作图、查询等评估分析。

2.4.2 文物保存环境调控

结合环境监测结果，整治调控保存环境的温湿度及洁净度，努力达到“稳定、洁净”的文物保存状态，可以通过以下途径进行环境调控。

（1）源头上保障文物保存环境的洁净度

展厅、展柜、库房、储藏柜的装饰装修材料是目前文物保存环境的主要污染源，因此必须考虑严格筛选控制材料质量，防止藏展材料散发污染物对文物微环境的破坏影响。

（2）温湿度的调控

1）室内环境温湿度调控

采用空调系统、恒温恒湿空调机、微动力电子调湿器、除湿机、增湿机等调控装置对博物馆室内环境及库房环境进行温湿度控制。

2）展柜温湿度调控

采用净化调湿机和对文物友好高效安全的调湿剂、吸附剂等（图10-5、图10-6）被动调控功能材料来控制展柜中的温湿度。

图10-5 展柜中放置的调湿剂

3）囊匣温湿度调控

在囊匣内存放并易于更换小包装调湿剂和吸附剂，进一步平稳盒内湿度波动和降低盒内污染物浓度，尽最大可能提升青铜文物保存环境调控水平，增强青铜文物的收藏保管能力。

图10-6 展柜中放置的吸附剂

通过“中央空调系统+除湿机/增湿机”“调湿机+调湿剂”“调湿剂+吸附剂”等组合方式，打造室内整体环境、提升展柜保存环境、强化囊匣密封环境三重防护系统，将馆藏青铜文物温湿度控制在安全范围（图10-7）。

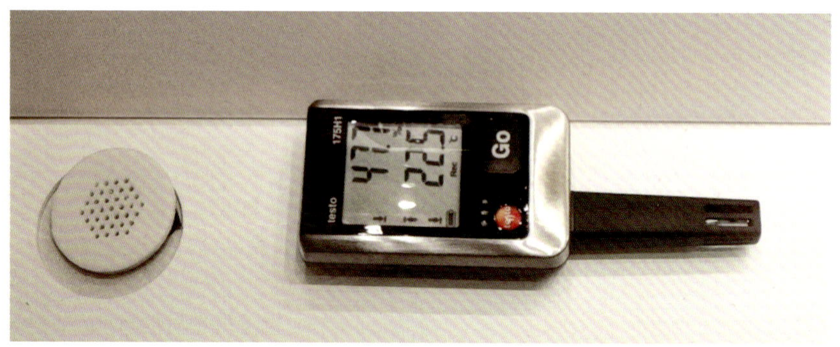

图10-7 展柜中放置的温湿度检测仪

（3）空气污染物的净化

1）安装新风系统+空气净化系统

可以减少可吸入颗粒物、二氧化硫、二氧化氮、硫化氢等有害物质的含量，对青铜文物大气环境进行有效的净化。

2）气相过滤方法

利用一种或多种的干式化学介质针对性地对展柜内污染气体进行过滤去除（图10-8～图10-10）。干式过滤器一般使用两种介质：活性炭和活性氧化铝。介质根据不同用途，经不同化学药剂处理不同污染物，通过吸附、吸收和氧化反应的综合作用完成净化。图10-8～图10-10为博物馆展柜内过滤器。

3）配置无酸纸囊匣

对库房环境中酸性气体进行缓冲。无酸纸囊匣需要使用不含木质素、不含硫黄物、

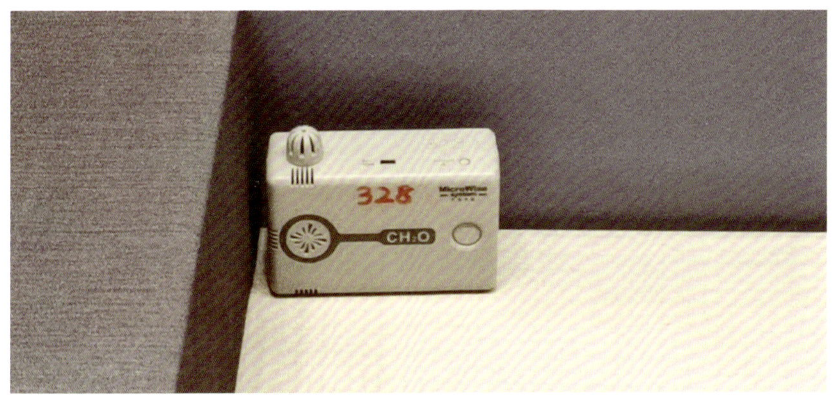

图10-8　青铜器展柜内甲醛过滤器

图10-9　青铜器展柜内二氧化硫过滤器

图10-10　青铜器展柜内多种有害气体过滤器

不含回收纸浆、为纯净纸浆、呈中性或包含经2%～5%弱碱性缓冲剂处理，pH在7以上的、对文物友好安全的文物包装用纸和纸板。无酸纸囊匣因为不含酸性物质，避免酸性物质迁移对青铜文物造成酸性损害，同时也能缓冲环境中酸性气体的侵蚀，在文物库房营造一个稳定的中性小环境（图10-11）。

图10-11 青铜器无酸纸囊匣

2.4.3 预防性保护效果评估

预防性保护的效果评估是脆弱青铜器保护工作的重要环节，通过科学的评估方法可以有效判断保护措施的有效性与可行性。

首先，评估指标的设定至关重要。可采用物理、化学及生物学指标来综合评价保护效果。例如，青铜器表面腐蚀速率的测定、金属表面氧化层的厚度，以及生物污染物的检测等，都是评估保护效果的重要依据。通过这些指标能够直观地反映出预防性保护措施的成效。

其次，评估方法的选择影响着结果的准确性。定量与定性相结合的方法能够提供更全面的视角。定量方法如X射线荧光光谱分析（XRF）、扫描电镜（SEM）观察等，能够精准地测量青铜器材料的成分和结构变化。定性方法如视觉检查、专家评估则可以为保护效果提供补充的信息。

定期检测也是一个关键因素。定期检测能够及时发现潜在问题，避免因保护措施失效导致的青铜器损害。对不稳定的青铜文物要进行定期的病害检测，建议每隔半年进行一次全面评估，对于重要文物则应缩短评估周期，以确保保护工作的持续有效性。如对保存状态不佳的青铜器上的活动锈蚀和有害锈蚀，应定期观察锈蚀产物的颜色、致密程度、颗粒形状等特征的变化与发展，并对锈蚀进行分析检测。

最后，环境检测数据的收集与分析也是评估的重要组成部分。通过检测保存环境中的温度、湿度、空气成分等，可以洞察这些因素对青铜器的影响，从而进一步优化保护策略。通过对青铜文物的定期检测与病害评估，如发现有害锈蚀及时进行处理，分析产生有害锈蚀的原因和环境因素，通过环境因素的调控，对青铜器状态和锈蚀进行持续观察分析，对预防性保护技术进行完善。

2.4.4 完善管理制度，形成风险预控机制

制定青铜藏品与资料保护监察管理制度和手段，设立馆藏环境监控岗位职责，形成保护管理、协调、监测、分析、处理、预案等一系列风险预控机制，全面提升青铜器的预防性保护水平。

设立专职人员，承担青铜文物保存环境监测和调控管理工作，确保系统的正常运行；承担数据分析和汇总报告工作，及时处理问题和组织解决问题；承担研究和分析馆藏青铜文物保存环境科研工作，深入研究馆藏文物预防性保护基础科学和应用技术。青铜文物保存环境监测与调控系统承制单位，做好系统维护和实际运行服务工作，同步承担环境监测状况和数据分析责任，发现异常应及时通报并提出对策建议，形成保护管理、协调、监测、分析、处理、预案等一系列风险预控机制，全面提升青铜器的预防性保护水平。

综上所述，馆藏青铜器文物的预防性保护，应是一个长期的、日常性的工作，要有针对性地改善文物的保存环境条件，加强文物保存环境监测和调控，抑制各种不利环境因素对文物的危害，真正做到“文物保护，预防为先”，努力为馆藏青铜文物创造一个更加健康和安全的保存环境。

三、预防性保护的挑战与对策

脆弱青铜器的预防性保护尽管取得了很大成效，但仍面临多重挑战，主要包括技术、管理及可持续发展等方面。具体而言，在技术方面，现有的调控方法如环境控制、化学调控处理等，在稳定性和精确性上往往难以达到青铜器预防性保护所需的高标准。例如，某些化学调控材料在短期内或许能显现出良好的效果，但长期应用下，其潜在的副作用逐渐显现，可能对青铜器造成难以逆转的二次伤害。在管理层面，青铜器保护工作需要专业的技术人员和跨学科的团队紧密合作，然而，当前从业人员的专业素养和综合能力却呈现出参差不齐的态势。在一些地区，由于资源有限、培训不足等原因，部分青铜器保护工作者缺乏必要的专业知识和技能，难以胜任复杂多变的保护工作。在可持续发展层面，需要注重青铜器保护工作的长期性和系统性，制定科学合理的保护规划，确保保护工作能够持续、稳定地进行。此外，还应积极推广先进的保护技术和方法，通过智能监控系统的使用，自动记录保存环境的变化，并通过数据分析预测青铜器的损坏趋势，预测未来环境变化对青铜器的影响，并及时调整保护措施，提高保护工作的效率和效果。

综上所述，针对脆弱青铜器预防性保护面临的多重挑战，我们需要从多个方面综

合施策。一方面，要加大对先进保护技术的研发投入力度，不断突破技术瓶颈，充分利用最新成果为文物保护工作提供有力支持。另一方面，要注重提升从业人员的专业素养和综合能力水平。

为了进一步加强青铜器预防性保护，还可以从以下六个方面进行深入探索和实施：一是强化跨学科合作，青铜器保护不仅仅是一个技术问题，还涉及历史学、化学、材料科学、环境科学等多个学科领域。因此，建立跨学科的合作机制，促进不同领域专家之间的知识共享与交流，对于提升预防性保护工作的科学性和有效性至关重要。通过组织定期的学术交流会议、研讨会等活动，可以促进新理念、新技术的碰撞与融合，为青铜器预防性保护提供新的思路和解决方案。二是推动保护技术的创新与应用，随着科技的飞速发展，新材料、新技术层出不穷，应鼓励科研人员开展创新研究，针对现有技术的不足进行改进和优化，提高保护措施的针对性和有效性。三是注重预防性保护与抢救性保护的有机结合，预防性保护和抢救性保护是青铜器保护的两个重要方面。预防性保护注重在文物受损之前采取措施进行防范和干预，而抢救性保护则是在文物受损后进行紧急修复和处理。在青铜器的保护工作中，应注重将两者有机结合起来，既要加强预防性保护措施的实施力度和效果评估，也要在必要时迅速启动抢救性保护机制，最大限度地减少文物损失。通过两者相互配合、相互促进的方式，共同推动青铜器保护事业不断向前发展。四是构建全面的风险评估与预警体系，为了更有效地开展青铜器预防保护工作，需要建立一个全面的风险评估与预警体系。这个体系应该能够综合考虑多种风险因素，包括环境因素（如温度、湿度、光照、空气污染等）、人为因素（如游客活动、施工震动等）以及文物本身的脆弱性等。通过定期的风险评估，可以及时识别出潜在的威胁和危险源，并据此制定相应的预防措施。同时，预警体系应能够实时监测这些风险因素的变化，一旦发现异常情况立即发出预警信号，以便及时采取措施进行干预和应对。五是强化文物周边环境整治，青铜器往往与其所在的赋存环境紧密相连，周边环境的质量也直接或间接影响到青铜器的保存状况。因此，加强整治周边环境，是预防性保护策略中不可或缺的一环。对文物周边的环境进行整治，减少污染源，改善生态环境，可以为青铜器预防性保护提供一个更加适宜、稳定的外部环境。六是建立长效的监测与维护机制，青铜器预防性保护不是一劳永逸的，需要建立长效的监测与维护机制来确保其长期安全。这包括制定详细的维护计划，包括定期清洁、保养、修复等工作，定期对青铜器进行检查、记录其状态变化、及时发现并处理潜在问题，以确保青铜器始终处于良好的保存状态。

参考文献

[1] 李艳萍, 成小林. 青铜文物保存环境现状及预防保护措施[J]. 中国文物科学研究, 2006(2): 73-76.

[2] 陈元生, 解玉林. 博物馆文物保存环境质量标准研究[J]. 文物保护与考古科学, 2002, 14(S1): 152-191.

[3] 张瑛, 蔡兰坤, 顾小兰, 等. 青铜文物锈体的组织结构分析[J]. 腐蚀科学与防护技术, 2005, 17(4): 262-264.

[4] 詹长法. 预防性保护问题面面观[J]. 国际博物馆(全球中文版), 2009, 61(3): 96-99.

[5] 雷淑. 浅谈馆藏文物预防性保护项目建设对文物科技保护的意义[C]// 中国文物保护技术协会, 重庆市文化遗产研究院. 中国文物保护技术协会第九次学术年会论文集. 北京: 科学出版社, 2018: 285-292.

[6] 解玉林. 上海博物馆书画陈列馆环境监测与治理[J]. 文物保护与考古科学, 2002, 14(S1): 204-217.

[7] 霍铮皓. 大气环境对博物馆内文物的影响[J]. 文物鉴定与鉴赏, 2018, 140(17): 120-121.

[8] 李茜. 预防性保护视阈下的云南省博物馆展陈环境监测[D]. 昆明: 云南大学, 2020.

[9] 陈梦杰. 有机酸性污染物对铜质材料的腐蚀行为及规律研究[D]. 上海: 华东理工大学, 2020.

[10] 熊静. 地下文物埋藏、馆藏阶段赋存空气环境及预防性保护研究[D]. 西安: 西安建筑科技大学, 2022.

[11] 田强. 加强馆藏文物预防性保护, 发挥博物馆职能作用[J]. 中国民族博览, 2022, 239(19): 209-212.

第十一章 脆弱青铜器保护中的前沿技术与新材料研究

随着科技的快速发展，文化遗产保护的方法和手段也在不断进化。进入20世纪，化学保护技术的应用，通过稳定材料的化学性质，延缓了文物的自然老化过程。21世纪以来，数字化及人工智能技术的兴起为文化遗产保护带来了革命性的变革。数字化技术、虚拟现实和增强现实、人工智能和大数据分析技术使得文化遗产得以以数字形式复原和保存，不仅能够精确记录文物的每一个细节，还能通过虚拟现实技术、3D打印技术为修复和复制文物提供可能，使珍贵的文化遗产得以更高效、更精准地保护复原和传承。同时，新保护材料的应用也为青铜器的保护提供了更有效的手段，推动青铜器保护从单一的本体保护向多元化的系统保护转变。

一、低温等离子体对“粉状锈”的稳定化技术研究

1.1 基本原理

采用低温等离子技术对“粉状锈”稳定化处理，是借助于低温等离子体能够有效提高粒子化学反应活性的特性，选择不同气体氛围的低温等离子体对“粉状锈”进行表面处理，通过改变其物理和化学结构，进而实现提高“粉状锈”稳定性的目的。

使用等离子体技术处理文物，不会损害文物表面的形貌，器物上原有的图案与痕迹仍保存较好，使用手工处理都无法保留的细节经等离子体处理后都可以较为完整地留存，且不会引起器物结构上的变化，这也为之后的考古学研究提供了最完整的实物资料。等离子体还可以将器物表面疏松多孔的锈层还原成较为致密的金属层，这从结构上来说是不易发生后期腐蚀的。

1.2 低温等离子体对“粉状锈”的稳定化处理实验过程

低温等离子体对青铜器“粉状锈”稳定化处理，在理论研究方面取得了不少成果，但具体实践过程中，不同气氛条件下“粉状锈”稳定化处理的效果差异很大。选择使用氩气、氨气、氧气、二氧化碳和氮气五种气氛进行实验。采用超景深显微镜、激光拉曼光谱仪、X射线衍射分析仪等仪器设备对处理后的实验样块进行形貌分析和物相

分析。研究结果表明，经氨气和氮气射频等离子体处理后的“粉状锈”实验样块的表面结构变得较为致密，吸湿性降低，起到了隔绝水分侵蚀的稳定化作用。

通过一系列实验比对，明确了适宜于“粉状锈”稳定性转化的低温等离子体的气体氛围和实验参数，进一步探索了低温等离子体转化方法和技术路线。实验过程如下。

1.2.1 样品制备

“粉状锈”是由氯化亚铜与水和氧气反应生成的，其主要成分为碱式氯化铜［$Cu_2(OH)_3Cl$］，人工制备的碱式氯化铜要与青铜文物腐蚀所产生的“粉状锈”在结构和成分上尽可能相近。

在样品制备过程中，采用氯化亚铜分析纯试剂，控制水温度在45～50℃范围内，向氯化亚铜悬浊液中持续通入空气得到$Cu_2(OH)_3Cl$，使用压片机在20MPa压力下将制备的氯铜矿压制成直径2.8厘米、厚度0.5厘米的片状，使用手术刀刮去样块表面的0.1厘米来模拟青铜器腐蚀生成的“粉状锈”的锈层与结构（图11-1）。

图11-1 实验室制备模拟试块

1.2.2 评估方法

微观结构观察：使用超景深显微镜和扫描电子显微镜对实验室制备样块以及自然生长的“粉状锈”进行结构观察，结构的相似度越高，说明实验室制备样块比较成功。

物相分析：采用激光拉曼光谱仪和X射线衍射仪检测实验室制备样块以及青铜文物自身生长的“粉状锈”，检测两者的物相并且进行对比，以保证最大程度上接近青铜器粉状锈真实情况。

1.2.3 实验方法

氩气氛围下使用超景深显微镜观察不同实验组的表面形貌特征。

第一组实验：氩气等离子体、电压100V、电流0.3A、时间30分钟。使用超景深显微镜观察经等离子体处理后实验室制备的碱式氯化铜的表面形貌变化。超景深100倍下可以看到经过等离子体离子束照射的地方，宏观下样块表面颜色发生了改变，绿色加深且颜色微微发黄。500倍下可以观察到碱式氯化铜由之前的疏松多孔变得较为致密，鲜绿色颗粒粘连在一起形成片状连接，孔隙减少。1000倍下深绿色颗粒明显增加（图11-2）。

图11-2 Ar射流等离子体第一组实验超景深显微镜图

A. 100倍；B. 500倍；C. 1000倍

第二组实验：氩气等离子体、电压100V、电流0.3A、时间30分钟，在碱式氯化铜样块上滴加丙二醇，在湿润状态下进行处理。超景深100倍下显示照射过的区域颜色明显发生变化，表面出现黄色物体。500倍下观察可以看到，样块表面出现星星点点的亮褐色，亮褐色呈带状均匀分布在黄色区域的边缘，且亮褐色把照射区域分成无数小区域，每个小区域由内向外的颜色不断加深，最内部为米黄色，米黄色逐渐向外延伸为黄褐色，最外层便是亮褐色。放大到1000倍，图片显示黄褐色为体积较小的圆形颗粒，分布在氩气等离子体照射过的区域（图11-3）。

图11-3 Ar射流等离子体第二组实验超景深显微镜图

A. 100倍；B. 500倍；C. 1000倍

第三组实验：氩气等离子体、电压100V、电流0.3A、时间30分钟，在碱式氯化铜样块上滴加碳酸钠水溶液，在湿润状态下进行处理。称取1.5克碳酸钠、35毫升水、10毫升丙二醇，配置碳酸钠水溶液，使用胶头滴管在样块表面滴取一滴碳酸钠水溶液，在湿润状态下使用氩气等离子体进行照射。超景深显微镜100倍下显示照射过的区域颜色明显发生变化，颜色呈现焦黄，且伴随着离子束照射的黑色灼烧点。放大到500倍下可以看到碱式氯化铜由酥粉状态变得更加致密，几乎看不到空隙存在，鲜绿色和深绿色颗粒已经紧密联合在一起。值得注意的是，样块表面出现了新的蓝色颗粒，但蓝色颗粒若隐若现，数量极少。放大到1000倍进行观察，蓝色颗粒掺杂在绿色颗粒里，蓝色颗粒与绿色颗粒相比，体积很小，且分布不均匀（图11-4）。

图11-4　Ar射流等离子体第三组实验超景深显微镜图

A. 100倍；B. 500倍；C. 1000倍

第四组实验：氩气等离子体、电压100V、电流0.3A、时间30分钟，在碱式氯化铜样块上滴加碳酸钠水溶液，在湿润状态下进行处理。称取1.5克碳酸钠、10毫升水、10毫升丙二醇，配置碳酸钠水溶液。用胶头滴管在样块表面滴取一滴碳酸钠水溶液，在湿润状态下使用氩气等离子体进行照射。超景深显微镜100倍下显示照射的区域表面有少许白色结晶颗粒。放大到500倍观察到样块表面颜色为蓝绿色，质地由酥松变得较为致密，但还是有一些颗粒存在。1000倍下观察与500倍下形貌基本一致（图11-5）。

图11-5　Ar射流等离子体第四组实验超景深显微镜图

A. 100倍；B. 500倍；C. 1000倍

第五组实验：氩气等离子体、电压100V、电流0.3A、时间20分钟，在碱式氯化铜样块上滴加倍半碳酸钠水溶液，在湿润状态下进行处理。以106∶87的比例称取碳酸钠和碳酸氢钠，混合制成倍半碳酸钠。取1克倍半碳酸钠、9毫升水、5毫升丙二醇，配置倍半碳酸钠水溶液。使用胶头滴管在样块表面滴取一滴倍半碳酸钠水溶液，在湿润状态下使用氩气等离子体进行照射，每过10分钟滴加一滴倍半碳酸钠水溶液。在离子束照射20分钟后使用超景深显微镜进行观察，100倍下显示样块表面有白色晶体颗粒析出，离子束照射区域中间颜色变为黄褐色，四周有一圈深褐色。放大到500倍可以看到样块变得较为致密，绿色颗粒片状连接，颗粒感减少，伴随有蓝色颗粒出现，但蓝色颗粒较小且分布不均匀。1000倍下观察样片表面发现鲜绿色颗粒和深绿色颗粒融合在一起，颜色整体偏黄绿色，中间伴随着蓝色颗粒的出现（图11-6）。

图11-6　Ar射流等离子体第五组实验超景深显微镜图

A. 100倍；B. 500倍；C. 1000倍

第六组实验：氩气等离子体、电压100V、电流0.3A、时间40分钟，在碱式氯化铜样块上滴加倍半碳酸钠水溶液，在湿润状态下进行处理。同样取1克倍半碳酸钠、9毫升水、5毫升丙二醇，配置倍半碳酸钠水溶液。使用胶头滴管在样块表面滴取一滴倍半碳酸钠水溶液，在湿润状态下使用氩气等离子体进行照射，每过10分钟滴加一滴倍半碳酸钠水溶液，在离子束照射40分钟后使用超景深显微镜进行观察。发现在超景深显微镜100倍、500倍和1000倍下与上述等离子体照射20分钟后的样块表面形貌相似，没有发生更加明显的变化（图11-7）。

第七组实验：氩气等离子体、电压100V、电流0.3A、时间60分钟，在碱式氯化铜样块上滴加倍半碳酸钠水溶液，在湿润状态下进行处理。同样取1克倍半碳酸钠、9毫升水、5毫升丙二醇，配置倍半碳酸钠水溶液。使用胶头滴管在样块表面滴取一滴倍半碳酸钠水溶液，在湿润状态下使用氩气等离子体进行照射，先照射30分钟，再滴一滴倍半碳酸钠水溶液于样块表面，使用氩气等离子体再一次照射30分钟。使用超景深显微镜进行观察，100倍下发现经射流等离子体照射过的样块表面颜色发黄，并且伴随有深褐色圆点。放大到500倍可以看出样块表面变得较为致密，颗粒感

图11-7 Ar射流等离子体第六组实验超景深显微镜图

A. 100倍；B. 500倍；C. 1000倍

减少，表面大致为蓝绿色，其中也掺杂有黄褐色。1000倍下可以看到除绿色和黄褐色区域之外，还新出现了深蓝色物体，观察可知，深蓝色大多都伴随在黄褐色区域的周围或者中间（图11-8）。

图11-8 Ar射流等离子体第七组实验超景深显微镜图

A. 100倍；B. 500倍；C. 1000倍

第八组实验：氩气等离子体、电压100V、电流0.3A、时间30分钟，用倍半碳酸钠水溶液浸润碱式氯化铜样块12小时，然后进行氩气等离子体处理。取1克倍半碳酸钠、9毫升水、5毫升丙二醇，配置倍半碳酸钠水溶液，将溶液滴在实验样块之上并且保持浸润状态12小时，使用氩气等离子体照射30分钟。超景深显微镜进行观察，100倍时可以看到经等离子体照射过的样品表面中心大面积呈深褐色，由中间向外扩散的区域分散有褐色圆点，并且样品表面有白色晶体。放大到500倍，除颜色变化之外，深褐色区域表面与旁边的深绿色区域无明显差距，但总体上样块表面颗粒连成一体，较为致密。1000倍与500倍大致相同，无明显变化（图11-9）。

使用CO_2氛围射频等离子体对模拟样块进行实验原位促进碱式氯化铜转化的实验。使用超景深显微镜观察不同实验组的表面形貌特征。

第一组实验：CO_2氛围射频等离子体、功率200W、时间30分钟。使用超景深显微镜进行观察，100倍下可以看到样块表面颜色发生变化，出现浅黄色颗粒，且浅黄色的面积较大，与绿色颗粒交杂在一起，表面整体结构较为疏松。放大到500倍可以看出

图11-9　Ar射流等离子体第八组实验超景深显微镜图

A. 100倍；B. 500倍；C. 1000倍

黄色颗粒连接呈网状，颜色也有深浅变化，绿色颗粒填充在网状结构之中。1000倍下可以看到褐色区域伴随在黄色颗粒周围，可以推测颗粒颜色变化的顺序为绿色、黄色、深褐色（图11-10）。

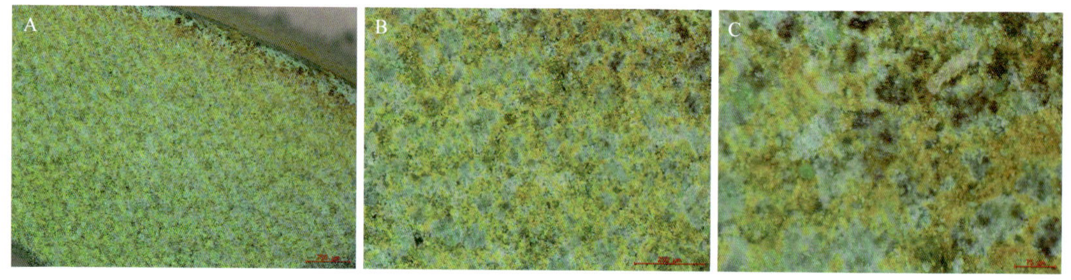

图11-10　CO_2氛围射频等离子体第一组实验超景深显微镜图

A. 100倍；B. 500倍；C. 1000倍

第二组实验：CO_2氛围射频等离子体、功率200W、时间30分钟。以106：87的比例称取碳酸钠和碳酸氢钠，混合制成倍半碳酸钠。取1克倍半碳酸钠、9毫升水，配置倍半碳酸钠水溶液。将样块浸润在倍半碳酸钠溶液中，使样块充分吸收溶液达到饱和状态，将样块放入烘干机，温度设置为60℃，时间为12小时，待样块完全干燥。使用CO_2氛围射频等离子体仪对样块表面进行照射，样块表面出现4种不同程度的变化，将发生的4种变化分别放置于超景深显微镜下进行观察。

第一处变化：100倍下可以看出样块表面由原先的绿色变为黄褐色，且黄褐色分布较为均匀，几乎把绿色颗粒覆盖，表面质地变得较为致密。放大到500倍下进行观察，深褐色颗粒体积较大，与黄绿色颗粒连接紧密。浅黄色颗粒体积较小，颗粒感明显，比较酥松，呈网状结构夹杂在周围。1000倍下与500倍下样块表面形貌相似，明显看出浅黄色颗粒较为细碎，质地疏松，周围区域连接紧密，质地致密（图11-11）。

图11-11　CO_2氛围射频等离子体第二组实验第一处超景深显微镜图

A. 100倍；B. 500倍；C. 1000倍

第二处变化：放大到100倍，样块表面有绿色区域、黄色区域以及黄绿色小颗粒分布。三者相互交杂。500倍下可以看到绿色区域变得较为致密，黄色区域由体积较小的颗粒组成，质地疏松，黄绿色颗粒形状如米粒，分布在其他区域之中。放大到1000倍下进行观察，黄色颗粒体积小，较为疏松地分布在样块表面，绿色区域致密（图11-12）。

图11-12　CO_2氛围射频等离子体第二组实验第二处超景深显微镜图

A. 100倍；B. 500倍；C. 1000倍

第三处变化：100倍下可以看出样块表面有黄色、绿色、蓝白色三种颜色，其中绿色分布面积较大，黄色区域次之，蓝白色点分布在其中。放大到500倍进行观察，绿色颗粒片状连接，较为致密。黄色颗粒体积较小，连接不紧密，如碎石粒一般掺杂在绿色区域之中。蓝白色颗粒体积虽不如黄色颗粒那样小，但也较为疏松，分布在样块表面。1000倍下可以看到绿色区域变得非常致密，黄色颗粒与蓝白色颗粒夹杂其中（图11-13）。

第四处变化：显微镜100倍下观察可知，样块表面出现大面积蓝绿色区域，其中掺杂有黄色颗粒。放大到500倍，蓝绿色区域连接紧密，较为致密。黄色颗粒体积较小，有明显的颗粒感，并且分布在蓝绿色区域之间。1000倍下可以看到样块表面整体上较为致密，除黄色颗粒较为明显之外，其他区域连接紧密（图11-14）。

图11-13　CO_2氛围射频等离子体第二组实验第三处超景深显微镜图

A. 100倍；B. 500倍；C. 1000倍

图11-14　CO_2氛围射频等离子体第二组实验第四处超景深显微镜图

A. 100倍；B. 500倍；C. 1000倍

使用NH_3氛围射频等离子体对模拟样块进行实验，使用超景深显微镜观察不同实验组的表面形貌特征。

第一组实验：NH_3氛围射频等离子体、功率200W、时间30分钟。样块表面出现3种不同程度的变化，将发生的3种变化分别放置于超景深显微镜下进行观察。

第一处变化：超景深显微镜100倍下观察，样块表面出现大面积红色区域，颗粒感明显，整体质地较为疏松。放大到500倍进行观察，红色颗粒成团连接，中间有孔隙，少量绿色颗粒夹杂其中。1000倍下与500倍的形貌大致相似，无明显区别（图11-15）。

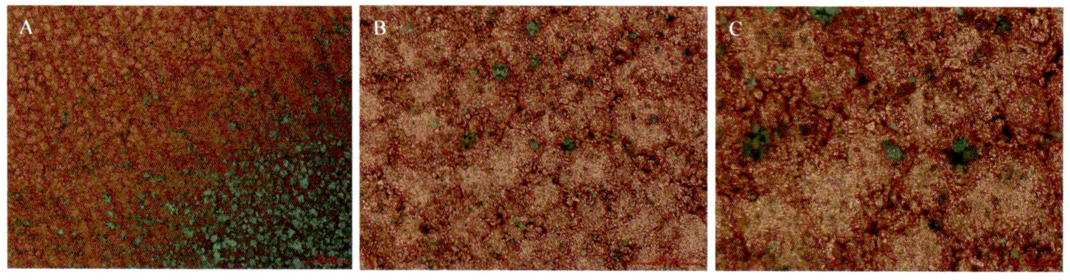

图11-15　NH_3氛围射频等离子体第二组实验第一处超景深显微镜图

A. 100倍；B. 500倍；C. 1000倍

第二处变化：放大到100倍可以看出，样块表面绿色颗粒以圆点形状排布，周围夹杂着红褐色小颗粒。继续放大至500倍，红褐色颗粒又碎又小，散布在绿色颗粒的表面与缝隙之间。1000倍下观察可知，绿色颗粒连接较为紧密，红色颗粒夹杂其中，在红色颗粒分布较密集的地方似有蓝色出现（图11-16）。

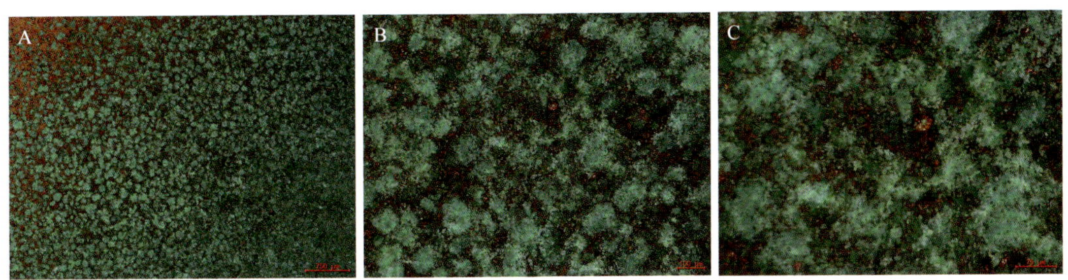

图11-16　NH_3氛围射频等离子体第一组实验第二处超景深显微镜图

A. 100倍；B. 500倍；C. 1000倍

第三处变化：超景深100倍下观察可知，样块表面出现深色点状颗粒，且与绿色颗粒相互交错分布，样块整体结构较为疏松多孔。放大到500倍，绿色颗粒体积较小，连接不紧密，蓝绿色颗粒连接成片状，有少许褐色颗粒分布在其中。继续放大到1000倍进行观察，绿色颗粒酥松多孔，蓝绿色颗粒相比绿色颗粒面积较大，较为致密（图11-17）。

图11-17　NH_3氛围射频等离子体第一组实验第三处超景深显微镜图

A. 100倍；B. 500倍；C. 1000倍

第二组实验：NH_3氛围射频等离子体、功率200W、时间30分钟。以106：87的比例称取碳酸钠和碳酸氢钠，混合制成倍半碳酸钠。取1克倍半碳酸钠、9毫升水，配置倍半碳酸钠水溶液。将样块浸润在倍半碳酸钠溶液中，使样块充分吸收溶液达到饱和状态，将样块放入烘干机，温度设置为60℃，时间为12小时，待样块完全干燥。使用NH_3氛围射频等离子体仪对样块表面进行照射。

使用超景深显微镜对样块表面进行形貌观察，在100倍下可以看到样块表面边缘部分颜色发生变化，由绿色变为深绿色，样块边缘变为红褐色。放大到500倍，样块表面不再酥松多孔，颗粒连接在一起，表面变得致密，红褐色颗粒成片分布在样块表面。继续放大到1000倍，红褐色区域上有蓝紫色颗粒，但蓝紫色颗粒体积较小，分布不均匀，较难察觉（图11-18）。

图11-18　NH_3氛围射频等离子体第二组实验超景深显微镜图

A. 100倍；B. 500倍；C. 1000倍

使用O_2氛围射频等离子体对模拟样块进行实验，使用超景深显微镜观察不同实验组的表面形貌特征。

第一组实验：O_2氛围射频等离子体、功率200W、时间30分钟。使用超景深显微镜进行观察，100倍下可以看到样块表面颜色发生变化，颜色加深。放大到500倍可以看出样块表面的空隙减少，零星分布有黄褐色斑点。1000倍下可以看到颗粒连接在一起，表面由原来的疏松多孔变得致密，黄褐色斑点不规律地分布在样块表面（图11-19）。

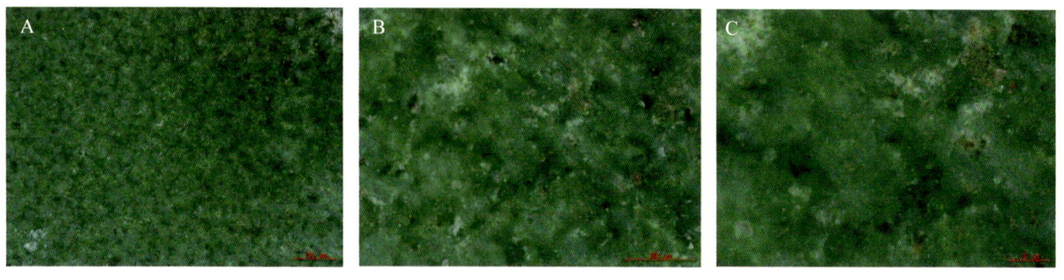

图11-19　O_2氛围射频等离子体第一组实验超景深显微镜图

A. 100倍；B. 500倍；C. 1000倍

第二组实验：O_2氛围射频等离子体、功率200W、时间30分钟。以106：87的比例称取碳酸钠和碳酸氢钠，混合制成倍半碳酸钠。取1克倍半碳酸钠、9毫升水，配置倍半碳酸钠水溶液。将样块浸润在倍半碳酸钠溶液中，使样块充分吸收溶液达到饱和状态，将样块放入烘干机，温度设置为60℃，时间为12小时，待样块完全干燥。使用O_2氛围射频等离子体仪对样块表面进行照射。样块表面出现两种不同程度的变化，将发生的两种变化分别放置于超景深显微镜下进行观察。

第一处变化：超景深显微镜100倍下可以看出样块表面颜色微微发黄，颗粒感较为明显，质地酥松。500倍下观察可知，在原先绿色和深绿色颗粒表面新出现了黄色的颗粒，且黄色颗粒如粉末一样分散在样品表面，不同颜色颗粒之间的连接较为松散，样块整体来看疏松多孔。放大到1000倍，形貌上与500倍下并无太大差别（图11-20）。

图11-20　O_2氛围射频等离子体第二组实验第一处超景深显微镜图

A. 100倍；B. 500倍；C. 1000倍

第二处变化：100倍下观察可知，样块表面大致为褐色，其中伴有少量蓝绿色颗粒。放大到500倍可以看出，与蓝绿色区域相比较而言，褐色区域较为致密。放大到1000倍，形貌上与500倍下并无太大差别（图11-21）。

图11-21　O_2氛围射频等离子体第二组实验第二处超景深显微镜图

A. 100倍；B. 500倍；C. 1000倍

使用N_2氛围射频等离子体对模拟样块进行实验，使用超景深显微镜观察不同实验组的表面形貌特征。

第一组实验：N_2氛围射频等离子体、功率200W、时间30分钟。使用超景深显微镜进行观察，100倍下可以看到样块表面颜色发生变化，颜色加深。放大到500倍可以看出样块表面的空隙减少，经等离子体照射过的地方分布有黄褐色斑点，但面积较小且分布不均匀。1000倍下除黄褐色斑点之外，还可以看到样块表面由原来的疏松多孔变得致密（图11-22）。

图11-22　N_2氛围射频等离子体第一组实验超景深显微镜图
A. 100倍；B. 500倍；C. 1000倍

第二组实验：N_2氛围射频等离子体、功率200W、时间30分钟。以106∶87的比例称取碳酸钠和碳酸氢钠，混合制成倍半碳酸钠。取1克倍半碳酸钠、9毫升水，配置倍半碳酸钠水溶液。将样块浸润在倍半碳酸钠溶液中，使样块充分吸收溶液达到饱和状态，将样块放入烘干机，温度设置为60℃，时间为12小时。待样块完全干燥后使用N_2氛围射频等离子体仪对样块表面进行照射。样块表面出现两种不同程度的变化，将发生的两种变化分别放置于超景深显微镜下进行观察。

第一处变化：超景深显微镜100倍下观察，样块表面除原有绿色颗粒以外，出现了红色颗粒，红色颗粒与绿色颗粒相互掺杂在一起，在图片右边中间部分隐约可以看到蓝色区域，但颜色较淡不易观察。放大到500倍可以看到，样块表面相比之前较为致密，蓝色颗粒也较为明显，但与红色和绿色颗粒相比，面积较小。1000倍下观察，隐约可以看出蓝色颗粒附着在绿色颗粒之上，虽然红、绿、蓝三色区分较为清晰，但三者连接紧密，整体上呈现出较为致密的状态（图11-23）。

图11-23　N_2氛围射频等离子体第二组实验第一处超景深显微镜图
A. 100倍；B. 500倍；C. 1000倍

第二处变化：超景深显微镜100倍下观察，样块表面除原有绿色颗粒以外，出现了黄色颗粒，黄色颗粒与绿色颗粒相互掺杂在一起。放大到500倍下可以看出，绿色颗粒连接成片状，黄色颗粒体积较小，分散在绿色区域内，较为松散。继续放大到1000倍下观察，样块表面整体致密，几乎没有孔隙，黄色和绿色的颗粒紧密连接（图11-24）。

图11-24 N_2氛围射频等离子体第二组实验第二处超景深显微镜图

A. 100倍；B. 500倍；C. 1000倍

1.3 真实文物粉状锈的原位转化

在对青铜文物进行保护和处理的过程中，必须严格遵守一系列特定的要求，以确保处理后的文物能够尽可能地保留其原始的外观形态和特征。这意味着在处理过程中，文物的表面形态应与原始状态保持高度的一致性，从而确保文物的历史价值和艺术价值得到最大程度的保留。为了验证低温等离子体技术在青铜文物粉状锈原位转化方面的应用效果，选取了一件具有代表性的战国时期的青铜戈作为实验对象。这件青铜戈表面出现了典型的粉状锈，即青铜病，这是一种常见的青铜器腐蚀现象，会导致文物表面形成粉状的腐蚀产物，严重影响文物的稳定性及完整性。

采用氨气和氮气氛围射频等离子体技术对青铜戈进行实验，实验中设定的功率为200W，处理时间为30分钟。在实验过程中，青铜戈的表面状态得到了显著改善，粉状锈的转化效果明显。经过处理的青铜戈表面呈现出更加均匀的色泽，原有的腐蚀产物被有效去除，同时保留了文物表面的细节和质感（图11-25）。通过对比实验前后的样品，可以明显看出，经过低温等离子体技术处理的青铜戈在外观和稳定性方面都有了显著提升，为今后类似文物的保护提供了宝贵的经验和参考。

1.4 结论

研究结果表明：经氨气和氮气氛围射频等离子体处理后的实验样块的组分结构及性能得到了有效改善，"粉状锈"试块的密实度得到显著提高，吸湿性明显减弱。其中通过显微形貌观察可以看出，实验样块的微观结构由原来的疏松多孔变得较为致密；使用激光拉曼光谱仪对氨气氛围射频等离子体处理样块进行的表面成分分析可以看出，"粉状锈"组分中生成了红色的氧化亚铜、蓝色的孔雀石、蓝铜矿和碱式氯化

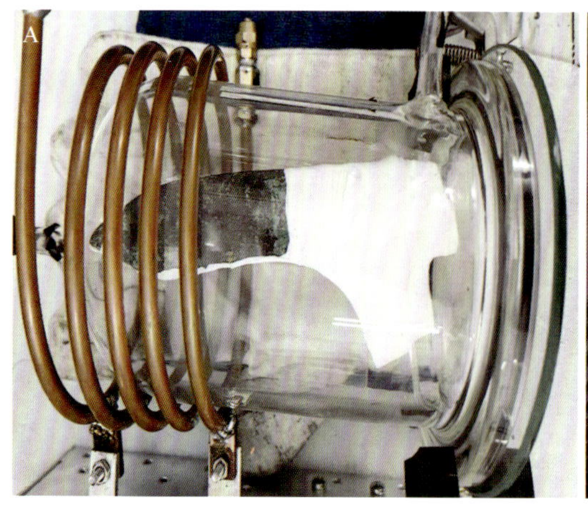

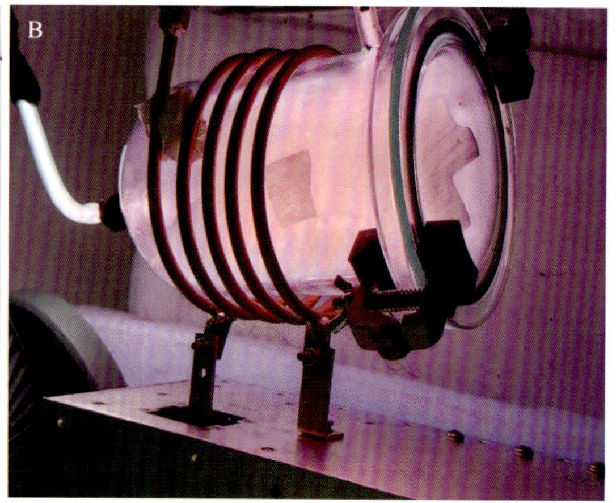

图11-25　战国青铜戈粉状锈原位转化处理

A. 低温射频等离子体装置；B. 工作状态中的低温射频等离子体装置；C. 处理前青铜戈；D. 处理后青铜戈

铜的混合物。

总体上看，低温等离子体技术在青铜文物粉状锈转化领域具有广阔的应用潜力，能够实现青铜文物粉状锈的有效转化，从而为青铜文物的保护提供一种新的、有效的技术手段，也为文物保护技术的发展和创新提供了新的思路和方向。

二、脆弱青铜器数字化保护技术

数字化技术已广泛应用到生产和生活的各个方面，现已成为科学研究的重要工具。文物的数字化保护技术的出现，为文物保护开辟了新的途径，在古代文物保护方面发挥着越来越重要的作用。

近年来，数字化技术的迅速发展为青铜器的保护与修复提供了新的思路和方法。通过三维扫描、数据分析、虚拟修复及虚拟展示等技术手段，数字化技术不仅能够有效记录青铜器的现状，还能通过虚拟修复技术进行损伤部位的重建，极大地提升了青铜器的稳定性与艺术价值，为青铜器的传承保护提供了有力支撑。

2.1 数字化保护技术应用现状

数字化技术应用于文物保护领域的研究始于20世纪50年代，美国学者首次把数字化技术中的计算机技术应用于民族部落研究。此后，数字化技术在文物保护领域逐步得到应用。20世纪70年代后期，我国学者开始将数字化技术应用于文物保护领域的研究。近年来，学者们对数字化保护的理论和实际应用进行了多方面探讨，取得了众多进展，为文物保护带来了革命性的变化。其中，相较于传统的文物保护方法通常采用物理性的手段，如补配修复、随色做旧等方法往往需要直接接触文物，有可能造成意外损害，数字化技术不需要直接接触文物，可以对文物进行非侵入性的保护，同时能够高度还原文物的形态和信息。在文物传播与交流方面，通过数字化技术，古代文物的信息可以被记录、保存和传播到更广阔的范围，让更多的人了解和认识这些文化宝藏，促进文化的交流与传承，虚拟现实（VR）和增强现实（AR）等技术使观众能够身临其境地在虚拟博物馆中欣赏文物、参与文物保护修复等，这种互动体验不仅提升了观众的参与度，也加深了他们对传统文化的理解和感受。

当前数字化技术在青铜器保护中的应用主要集中在三维扫描、虚拟修复和数据管理等领域。三维扫描技术的应用使得青铜器的形状、纹饰等信息得以高精度记录，尤其是在复杂结构的青铜器上展现出独特优势。虚拟修复技术通过计算机软件重建青铜器的原貌，为提高青铜器修复效率及修复精度提供了新思路和新方法。青铜器数字化保护修复技术虽然在技术应用和理论研究上取得了一定进展，但在实际操作中仍需解决技术细节、标准化、数据安全等问题，以实现更高效、更准确的保护与修复效果。

文物的虚拟修复技术是基于文物三维数字模型和照片，通过三维模型软件中的复制、旋转和镜像，以及纹理映射等功能实现残损部位的几何结构修复和纹理映射，不仅简化了复杂繁琐的传统修复过程，也提高了残损文物修复的准确性。目前，文物的虚拟修复应用研究主要包括两个方面：文物表面装饰色彩的虚拟复原和残损文物的虚拟修复。李春龙等提出了一种估计对称破碎文物轴线的几何方法，获取文物碎片的母线信息，生成了具有内外表面的文物复原模型。李姬俊男对文物虚拟修复中涉及的数字几何处理关键技术进行了研究，建立了虚拟复原工程化体系框架，并针对复杂拼合问题提出了多特征约束下拼合的解决方案。王栋娟针对青铜器文物碎片提出了一种基于主成分分析和快速傅里叶变换相结合的青铜器三维碎片虚拟拼接方法，获得了较好的拼接效果。侯妙乐等对文物虚拟修复的现状、系统化的流程及其面临的挑战进行了总结和分析，指出文物虚拟修复系统正朝着多源数据一体化，修复范畴多尺度、全覆盖，修复体系更科学、可评估和能预测的方向发展。

综上所述，文物的数字化保护技术已成为一种重要的保护方法，它弥补了传统文物保护的多项短板，有效避免了传统修复模式耗时费力且存在风险的缺点，提高了工作效率；克服传统修复工作对文物实体的干预，给文物保护修复工作人员提供了一种更加精准和可持续的修复选择。

对古代文物进行数字化修复，可以模拟文物在历史上的原貌。修复人员不仅可以根据数字化数据预测文物的受损程度、制定更加科学的修复方案，而且还可通过虚拟现实技术创建数字化的文物修复空间、感受文物的真实魅力，同时减少文物的物理接触，保护文物的安全。

2.2 三维扫描技术

2.2.1 三维扫描技术原理

三维扫描技术通过获取物体表面的几何信息，生成其数字化三维模型。该技术基于激光、光学或接触式传感器等原理，能够高效地捕捉物体的形状和尺寸。

激光扫描是最常用的三维扫描方法之一。激光扫描仪发射激光束，测量从物体表面反射回来的激光信号，依据时间差计算出物体表面各点的距离，形成点云数据。这些数据经过处理，能够构建出高精度的三维模型。激光扫描具有快速、高精度的特点，适用于大规模和复杂形状的青铜器。光学扫描利用相机和投影系统，通过拍摄物体的多个角度，捕捉表面的特征信息。该方法适合于细节丰富的物体，能够有效捕捉小的纹理和装饰。光学扫描的精度与光照条件和拍摄角度密切相关，适当的环境设置可以显著提高结果的质量。接触式扫描则通过探针直接接触物体表面，逐点采集数据。这种方法适合于小型或精细的青铜器，能够获得非常高的测量精度。接触式扫描在操作时需要谨慎，以避免对文物造成损伤。

三维扫描技术的核心在于数据处理与建模。捕获的点云数据经过滤波、配准和重建等步骤，转化为可用于分析和修复的三维模型。模型的精度和完整性直接影响后续的保护和修复工作。

在青铜器保护修复过程中，三维扫描技术不仅能够准确记录文物的现状，还能为虚拟修复提供基础数据。通过与虚拟修复技术结合，三维扫描使得青铜器的修复过程更加科学和系统化。这种技术的应用，推动了青铜器保护领域的数字化转型，为文物的长期保护与研究提供了新视角。

2.2.2 青铜器三维扫描设备与方法

青铜器三维扫描技术的实现依赖于多种扫描设备与方法的结合，这些设备和方法各具特点，能够满足不同类型青铜器的数字化需求。

激光扫描仪是青铜器三维扫描中应用最广泛的设备之一。其工作原理是通过发射激光束并测量反射光的时间来获取物体表面的三维数据。激光扫描仪的高精度和高分辨率使其能够捕捉到青铜器复杂的细节，适用于表面纹饰和形状复杂的文物。

结构光扫描技术也是一种有效的三维扫描方式。该技术利用投影仪将光栅投影到物体表面，通过摄像机捕捉变形的光栅图案，从而计算出物体的三维形状。这种方法特别适合较小的青铜器件，因为其扫描速度快、操作简便，能够在短时间内获取高质量的三维模型。接触式三维扫描技术则是通过机械臂与探头直接接触物体表面来获取三维数据。这种方法适合高精度的测量，尤其是在对一些珍贵的青铜器进行详细分析时，可以确保数据的准确性。然而，由于其操作相对复杂，且对文物表面的损伤风险较高，使用时需要谨慎。

在设备选择上，考虑到青铜器的特性和保护需求，通常会结合多种技术进行扫描。结合多种设备可以形成互补效应，综合提高扫描的精度和效率。此外，随着技术的进步，便携式三维扫描设备逐渐得到应用。这类设备体积小、易于操作，适合在现场进行快速扫描，特别是在一些无法移动的青铜器保护现场。便携式设备在现代文物保护中展现出良好的应用前景。

2.2.3 三维模型精度评估

三维模型精度评估是青铜器数字化保护修复技术中至关重要的一环。精确的三维模型不仅能够提供真实的物理形态信息，还影响后续的修复方案及效果。评估三维模型的精度主要包括几个方面：几何精度、纹理清晰度和尺寸准确性。

几何精度是指三维模型在形状和尺寸上的准确度。可以通过与实物进行比对，利用高精度测量工具（如激光测量仪）获取实物的关键点数据，结合三维模型数据进行分析。对于青铜器这样复杂的形状，几何精度评估尤为重要，尤其是在细节的还原上，需要确保每一个凹凸、裂痕等特征都能被准确捕捉。

纹理清晰度评估主要关注模型表面的细节表现。通过对比高分辨率的纹理图像与三维模型表面的对应关系，来判断纹理映射的精度。这一过程通常涉及图像处理技术，确保每一处的细节都能够在数字化模型中得到真实的反映。对于青铜器表面的铭文和装饰，纹理清晰度的高低直接影响到其文化价值的传递。

尺寸准确性则是指三维模型的实际尺寸与实物的尺寸之间的差异。通过在三维模型中设置测量工具，检查关键尺寸的差异，以确定模型的准确性。此部分评估需要考虑到扫描设备的分辨率以及数据处理过程中可能引入的误差。

在实际应用中，结合不同的评估方法可以更全面地衡量三维模型的精度。例如，可以采用误差分析法，通过统计学方法对比评估结果，计算出模型的均方根误差

（RMSE）等指标。这些量化的指标能够为后续的修复决策提供可靠的数据支持。

总的来说，三维模型的精度评估是一个多维度的过程，涵盖了几何、纹理和尺寸等多个方面。通过精确的评估，可以确保青铜器的数字化保护修复在技术层面上的可靠性。

2.2.4　三维扫描技术面临的挑战

三维扫描技术在青铜器数字化保护修复过程中，面临多方面的挑战。首先，设备的技术限制是一个主要问题。目前，高精度的三维扫描设备价格昂贵，且操作复杂，限制了其对青铜器进行全面数字化保护的能力。其次，扫描过程中对环境的要求较高。青铜器的材质和形状各异，光照、温湿度、表面反射等环境因素都会影响扫描结果的准确性。尤其在处理表面光滑或反光的青铜器时，容易产生数据缺失或错误，影响后续的模型重建。技术人员的专业素养和技能水平也是影响三维扫描技术应用的重要因素。专业人才的缺乏导致了设备操作不当和数据分析能力不足，影响了青铜器数字化保护的整体效果。数据处理与存储也是一项挑战。三维扫描生成的数据量庞大，处理这些数据需要强大的计算能力和高效的算法。当前，许多研究机构在数据处理能力上存在不足，导致数据处理速度慢、效率低，影响了实时应用和后续分析。标准化问题同样也不容忽视，不同扫描设备和软件之间的数据格式和处理标准各异，使得数据共享受到限制。在青铜器数字化保护过程中，缺乏统一的标准会引发信息孤岛现象，影响研究成果的传播和应用。

此外，文化遗产的保护与修复涉及伦理和法律问题，有些青铜器的所有权归属复杂，获取扫描授权困难，可能会引发法律纠纷。此外，数字化数据的使用与传播也需谨慎处理，以防侵权和滥用。

2.3　虚拟修复技术

2.3.1　虚拟修复技术概述

虚拟修复技术是一种利用计算机图形学、数字图像处理和三维建模等技术，对损坏或缺失的文物进行数字化修复的手段。该技术的核心在于通过计算机生成的虚拟环境，重建青铜器的原貌，从而实现对其形态、色彩及纹饰的复原。

在青铜器保护领域，虚拟修复技术的应用愈发广泛。其主要优点在于可以在不直接接触实物的情况下，进行详细的观察和分析，降低了物理修复过程中的风险。通过三维建模，研究人员能够生成青铜器的虚拟副本，便于对细节的深入研究。例如，在对某一特定青铜器进行虚拟修复时，研究人员可以通过对比不同修复方案的效果，选择最为合适的方式进行实际修复。

虚拟修复技术的流程通常包括数据采集、模型构建、纹理映射和效果评估。数据采集阶段，借助三维扫描技术获取青铜器的几何信息，进而构建出高精度的三维模型。在纹理映射过程中，将青铜器表面的细节信息，如锈蚀、凹陷等，进行数字化处理并贴附到三维模型上，以实现真实感的还原。效果评估则通过对比修复前后的效果，分析修复的准确性和美观性。

此外，虚拟修复技术不仅限于静态物体的修复，还可与增强现实（AR）和虚拟现实（VR）技术结合，实现动态展示。这种结合为青铜器的展示和教育提供了新的可能性，使观众能够通过虚拟场景与文物进行互动，提升了文化传承的效果。

该技术在实际应用中也面临一些挑战，包括软件工具的复杂性、专业人员的技术水平以及修复效果的主观评价等。随着技术的不断发展，虚拟修复将会在青铜器保护领域展现更大的潜力和应用价值。

2.3.2 虚拟修复软件工具及工作流程

虚拟修复技术的实施依赖于软件工具的支持，这些工具的功能和特点直接影响修复效果与效率。当前虚拟修复软件的功能较为强大，通过图像处理和纹理修复，能够实现对青铜器表面的缺陷进行精细调整，恢复其历史质感。基本满足不同类型的青铜器修复需求。

虚拟修复的工作流程通常包括以下几个步骤：①数据准备：收集青铜器的三维扫描数据，包括点云和表面模型。确保数据质量，以便后续处理。②模型导入：将三维模型导入修复软件，进行初步检查，确保模型的完整性和准确性。③缺陷识别：通过软件工具识别模型表面的缺陷，包括破损、缺失部分和腐蚀等，并对其进行标记。④修复操作：使用软件的修复工具对缺陷进行处理，可能包括填补缺失部分、重建表面细节、调整纹理等。此阶段需要根据青铜器的历史信息和技术要求，选择合适的修复方式。⑤效果预览：修复完成后，通过软件提供的预览功能，检查修复效果是否符合预期，必要时进行调整。⑥最终输出：将修复后的模型导出，生成高质量的图像或三维模型，供后续展示和保存。

修复过程中，需不断与实物本体及历史文献进行对比，以确保虚拟修复的准确性与真实性。此外，团队合作尤为重要，修复师、历史学家和材料专家之间的密切沟通，有助于更好地理解青铜器的文化背景和工艺特点，从而提升修复效果。

2.3.3 虚拟修复效果评价

虚拟修复效果评价涉及对修复结果的全面分析与评估，以确保修复技术的科学性和有效性。评估标准主要包括视觉效果、历史准确性与完整性及技术实现的可行性等多个维度。

视觉效果是评价虚拟修复的重要因素。通过对比修复前后的视觉表现，可以观察到色彩还原、细节重现等方面的提升。例如，在对某件青铜器进行虚拟修复时，使用先进的渲染技术可以使其表面质感更加真实，细节部分如铭文和纹饰的清晰度显著提高。这种视觉上的改善不仅有助于提升观众的审美体验，也增强了文化遗产的传播效果。

历史准确性也是不可忽视的评价标准。虚拟修复应遵循历史考古学的原则，确保修复内容与青铜器的原始状态相符。在某些案例中，研究者通过对历史文献、考古资料的深入分析，确保修复后的模型在形态和色彩上与历史实物高度一致。例如，对一件出土青铜器的修复，研究者在资料收集过程中发现了相关文献，依据这些文献进行色彩和纹饰的复原，最终实现了较高的历史准确性。

技术实现的可行性同样是评价虚拟修复效果的重要方面。虚拟修复技术的实现过程中，需考虑其适用性和可操作性。通过对不同软件工具的评估，分析其在处理复杂青铜器形态和细节时的表现，确保最终修复成果不仅在视觉上令人满意，也在技术实现上具备可操作性。

综合以上各项评估标准，虚拟修复效果的评价不仅关注单一方面，而是通过多维度的综合分析，确保修复成果的有效性与科学性。这一过程为未来青铜器的数字化保护与修复提供了重要的参考依据，推动了相关技术的进一步发展。

2.3.4 虚拟修复技术的局限性与改进方向

虚拟修复技术在青铜器保护中的应用虽然展现了显著的优势，但也存在一些局限性，这些局限性影响了其广泛应用和效果的优化。

首先，虚拟修复的效果依赖于三维扫描的精度。若扫描设备的分辨率不足，获取的模型可能无法真实反映青铜器的细节特征，导致后续修复效果不理想。其次，修复软件的功能和算法不够完善，可能无法处理某些复杂的损伤类型，尤其是那些涉及材料特性和环境影响的损伤。在一些情况下，软件生成的修复效果可能存在不够自然的问题，无法达到真实修复的效果。再次，虚拟修复技术对操作人员的专业知识和技能要求较高。操作人员需具备一定的艺术修复能力和计算机技术背景，以便有效地使用相关软件进行修复。这一要求限制了技术的普及及应用范围，尤其是在一些资源有限的单位和地区。此外，修复过程中的艺术判断和创意成分较大，主观因素可能影响最终结果的接受度。

针对这些局限性，改进方向主要包括技术更新与人员培训。提升三维扫描设备的精度和修复软件的算法，结合增强现实技术，使得虚拟修复的效果更加真实和自然。同时，加强对操作人员的培训，通过提高其专业技能和艺术修复能力，能够在一定程度上弥补主观因素可能带来的影响。随着技术的不断进步，虚拟修复技术的应用前景依然广阔。通过不断的技术迭代和方案优化，虚拟修复有望在青铜器保护中发挥更为重要的作用。

2.4 数据管理与共享平台构建

数据管理在青铜器数字化保护修复中扮演着至关重要的角色。青铜器作为不可再生的文化遗产，其数字化信息的准确存储和管理直接关系到保护工作的有效性。良好的数据管理能够确保文物的数字化信息在不同阶段、不同项目之间的可追溯性和一致性，为后续的研究和修复提供可靠的基础。

数字化过程产生的数据量庞大，涵盖了三维扫描数据、图像资料、修复记录等多种类型。这些数据不仅需要有效的存储解决方案，还需具备快速检索和分析的能力。合理的数据管理体系能够提高数据的利用效率，减少重复采集与无效数据的产生，从而节省人力和物力资源。

数据共享也是现代文物保护与修复的一个重要方面。通过建立统一的数据管理平台，各个研究机构和博物馆可以实现信息的互通与资源的共享，不仅可以促进技术的交流与合作，还能够提升整体的研究水平，推动青铜器保护修复技术的发展。

2.4.1 青铜器数字化数据的采集与存储

青铜器数字化数据的采集与存储是确保青铜器保护与修复工作高效进行的重要环节。数字化数据的采集涉及多个方面，包括图像、三维模型、化学成分分析以及环境监测数据等。

首先，数据采集应有标准化规范。采用统一的数据格式与标识符，确保不同来源的数据能够无缝整合。例如，青铜器的基本信息、扫描数据、修复记录等，都应按照统一的标准进行记录与存储。这种标准化不仅提高了数据的可读性，还便于后续的分析与应用。其次，数据的组织与分类也至关重要。建立标准化的数据库结构，有助于高效地管理不同种类的数据。针对青铜器的历史、文化、工艺等信息，可设定相应的元数据标准，确保数据的完整性与可追溯性。在实际操作中，数据采集应配合相应的质量控制措施，定期的系统检查与维护能够防止数据丢失或损坏。通过对采集设备的校准与数据存储系统的监测，确保每一步操作的准确性与可靠性。

存储方面，青铜器的数字化数据需要保证安全性与可访问性。为了保证数据的长期保存和防止意外丢失，还应采取数据备份策略，定期将青铜器的数字化数据备份到多个存储介质中，包括硬盘、磁带以及离线存储设备等。这样，即使某一存储介质出现故障或损坏，也能从其他备份中迅速恢复数据，确保研究的连续性和数据的安全性。

同时，还需要制定严格的数据访问权限管理制度，确保只有经过授权的人员才能访问和修改青铜器的数字化数据，防止数据被非法篡改或泄露。目前，采用云存储技术能够实现大容量数据的存储与管理，云存储的引入不仅解决了传统存储方式在空间与扩展性上的限制，还通过其分布式架构增强了数据的容错与恢复能力。青铜器的数字化数据在云端存储后，可以享受到高可用性与灾难恢复服务，即使面对大规模的灾难性事件，也能保证数据的完整性和安全性。此外，云存储平台通常配备有先进的安全技术，如数据加密、访问控制列表（ACL）以及多因素认证等，进一步增强了数据的安全防护能力。

对于青铜器数字化数据的访问与共享，云存储可提供灵活的配置选项。通过设定精细的权限控制，能够确保研究团队内部成员按需访问数据，同时支持跨组织或跨国界的合作研究。此外，云存储平台还支持版本控制功能，记录每一次数据修改的历史，方便研究人员追溯和比对数据变化，提高研究的准确性和可靠性。

当然，在利用云存储进行青铜器数字化数据管理时，应注意遵守相关的法律法规和伦理规范。确保数据的收集、存储、处理和使用均符合隐私保护和数据安全的要求，避免侵犯个人隐私和文化遗产的权益。同时，加强与国际组织和同行的交流与合作，共同推动青铜器数字化数据管理与共享的标准化和规范化进程。

2.4.2 数据安全与隐私保护措施

数字化技术虽然为文物保护提供了新的手段，但同时也带来了数据泄露和安全风险等问题。加强数据安全保护措施可以从以下几方面着手：①采用数据加密技术是保护数字化数据的重要手段，通过对存储与传输的数据进行加密处理，能够有效防止未经授权的访问和数据篡改。②建立访问控制机制，通过角色权限管理，限制不同用户对数据的访问级别，可以有效降低数据泄露的风险。具体而言，可以根据用户角色设置不同的访问权限，如仅允许研究人员访问原始数据，而将分析结果共享给公众。③建立完善的数据管理制度，包括权限控制、加密存储等措施，可以有效保护青铜器数字化数据的安全，确保信息在传输和存储过程中的完整性与保密性。④构建多层次的备份方案，在数字化修复过程中，定期备份数据可以防止由于系统故障或人为失误导致的数据丢失。如本地备份与云端备份相结合，能够提高数据的恢复能力，确保在任何情况下都能迅速恢复数据。⑤定期进行安全审计与风险评估，通过对数据管理与使用过程中的潜在风险进行分析，建立数据安全保障的长效机制，及时发现并修正安全漏洞，提高整体数据安全水平。

此外，为了确保数据的完整性与真实性，使用数字水印技术可以有效标识和验证数据来源。通过在数字化数据中嵌入水印信息，能够追踪数据的使用情况并防止伪造，确保数据的合法性。

2.4.3 数据共享平台

在青铜器数字化保护修复过程中，数据共享平台的构建至关重要。此平台不仅可以促进不同机构之间的信息交流，而且还可提升研究的效率与成果的利用率。构建数据共享平台的关键方面主要包括：第一，平台的设计应考虑用户的多样性，包括研究人员、文物保护专家、展示利用专家及公众。界面友好、操作简便，能够让不同背景的用户快速获取所需信息。通过设置多级权限，确保专业用户能够访问更为复杂的数据，而普通用户则能轻松浏览基本信息，从而实现信息的有效传播。第二，利用云计算技术，数据存储和处理将更加高效。云平台提供了强大的计算能力和存储资源，使得青铜器数字化数据可以在不同地区和机构之间被更便捷地访问与共享。这种模式不仅提高了数据管理的灵活性，还能降低管理成本。第三，人工智能与大数据分析技术的结合将助力于数据智能化管理。通过对大量青铜器数字化数据的分析，能够提取出有价值的信息，发现潜在的保护和修复需求。例如，基于机器学习算法，可以对青铜器的损坏情况进行预测，从而提前采取保护措施。第四，跨学科合作的保护模式，整合文物保护、信息技术、艺术设计等领域的专家共同参与，促进更全面的数据管理方案的制定，实现多元化的数据应用。通过建立跨领域的合作网络，可以形成更加丰富的案例库，推动青铜器保护修复技术的创新。

2.5 基于数字化的青铜器保护修复技术体系的构建

基于互联网信息化技术将研究与实践结合，通过数字化、云计算、大数据等新技术将各类资源紧密结合，实现可持续、可自动完善馆藏脆弱青铜器保护研究成果的反馈闭环性，建成以知识体系共建为核心理念，自动积累扩展并学习进化的智慧型、共享型数据库与应用平台，能够有助于实现保护修复的科学性，提高保护修复的精确性，同时确保文化遗产的完整性和可持续性。通过数字化技术，减少实际操作中的风险。此外，该技术体系还能帮助我们更好地理解青铜器的历史、文化和艺术价值，为未来的研究提供宝贵的资料和数据支持。构建青铜器保护修复数据库与应用平台，实现青铜文物保护集“病害检测、病害评估、保护方案设计、应用示范、咨询服务”于一体的科学解决方案，需要进一步做好以下几方面工作。

第一，应明确数据库与平台的建设目标和功能定位，确保其能够满足青铜文物保护修复工作的实际需求。同时，需要收集并整理大量的青铜文物数据，包括文物的基本信息、病害情况、保护修复记录等，这些数据将是数据库和应用平台的核心内容。

第二，在数据收集的基础上，需要利用现代信息技术手段，对数据进行科学分类、整理和存储，构建出结构合理、信息丰富、易于查询的青铜文物保护修复数据库。同时，还需要开发出一套功能完善、操作简便的应用平台，为文物保护工作者提供便捷的数据查询、分析、应用等支持。

第三，完善网络数据库技术，将文物保护修复的数字化信息存储在网络数据库中，使得研究人员可以随时访问和查询，提高文物保护修复信息传播和研究的便捷性。

第四，建立保护修复辅助决策系统。文物保护修复辅助决策系统是计算机技术、通讯技术与保护修复技术结合的产物，可以实现为入网用户提供远程的、开放的、实时的智能诊断与决策。通过保护修复辅助决策系统，保护修复专家不用在现场，就可以实现亲临指导的效果。对于分布在各地的文物保护工作者，只需提供与文物保护相关的各种信息，然后提出任务申请，就可以获得处在不同地域的各领域保护专家提供的协作服务。在远程保护修复决策系统中，提供了群体专家的决策支持系统，为多个异地专家之间提供了协作的平台，支持异地专家网上交互和决策协商，从而大大提高了文物保护修复决策的科学性与高效性。

第五，建立保护修复技术研讨交流反馈系统。建立保护修复技术的线上交流研讨平台，以档案、视频等形式分享保护修复实施案例的实施过程。通过人工智能技术在交流平台上根据用户行为和搜索关键词等，为用户提供匹配度高的行业内动态、规范标准、新兴技术等信息。利用即时通信技术，共享数据和文物资源，即在地域不同的条件下，利用新型共享协作平台共同进行科学研究，共同解决考古和文物保护方面的科学难题。建立远程网络视频会议与入驻专家建立在线视频对话，指导青铜器保护修复过程的实施。同时，提供专业领域和专业特点最合适的专家，如可根据文献资料中搜集到的人员并结合知识库中的专家，就文物的情况开展专家会诊。然后根据文献资料和专家会诊的结论提供最佳的保护修复试验和研究方法，并就近提供合适、专业的研究机构开展相应的研究，并且提供相近的研究实例以供参考学习，最终依据以上的研究成果选择合适的保护修复技术路线。

第六，构建示范平台应用系统。以保护材料应用示范平台为例（图11-26），利用人工智能技术及神经网络算法，以及录入系统的脆弱青铜器的病害检测分析结果，系统根据典型病害的修复方法从数据库中自动推荐最优的保护修复材料以及应用技术案例，为修复者推荐各步骤中最为适宜的修复材料和使用方法，并将相关的保护修复操作要求予以提醒，进一步规范文物修复操作过程。

2.6 展望

随着科技的不断进步，青铜器的数字化保护修复技术也在持续发展，呈现出几个明显的趋势。首先，人工智能与机器学习的结合为文物保护领域带来了新的可能性。通过对大量青铜器数据的学习，算法能够更准确地识别和预测青铜器的损坏情况，从

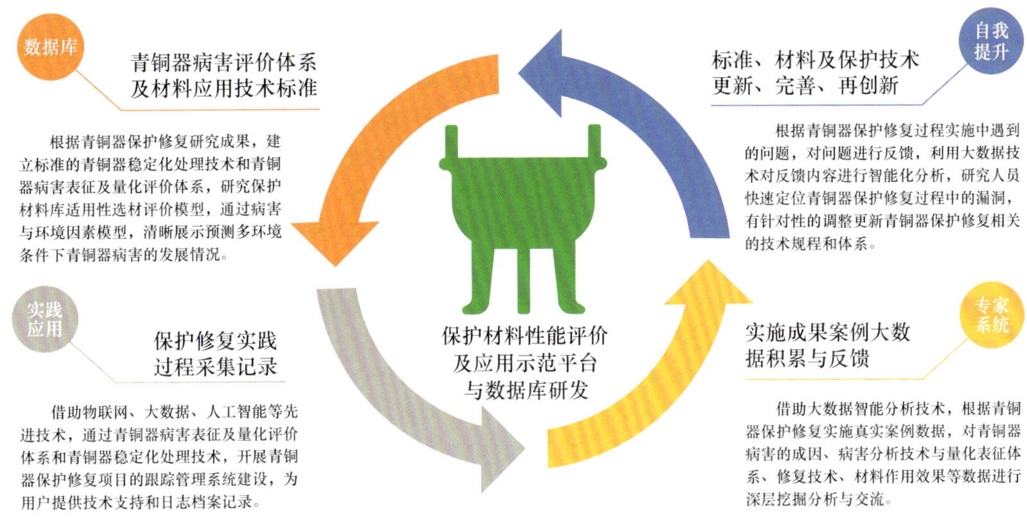

图11-26 青铜器保护材料数据库及应用平台构架示意图

而提供更为精准的修复方案。例如，利用深度学习技术分析青铜器的表面特征，可以实现对损伤部位的自动检测。

其次，虚拟现实（VR）和增强现实（AR）技术的应用愈加广泛。这些技术不仅能够帮助修复专家在虚拟环境中进行模拟修复，还可以为公众提供沉浸式的文物体验。通过AR技术，观众可以在博物馆中看到青铜器的历史场景或修复过程，增强观众的参与感，提升展览的教育意义。

数据管理与共享也成为技术发展中的一个重要方向。随着数字化保护数据的增多，如何有效管理和共享这些数据，将直接影响青铜器保护修复的效率与成果。建立开放的数据共享平台，促进跨机构的合作，不仅有助于研究成果的传播，还能推动技术的集成与创新。

未来，青铜器数字化保护修复技术的发展将更加注重可持续性与共享性。利用新材料和新技术，减少对青铜器本体的次生损害将成为研究的重点。此外，随着全球对文化遗产保护意识的提升，国际合作与交流也将愈加频繁，共享研究成果，共同推动青铜器保护修复技术进步已成为必然趋势。

三、脆弱青铜器自剥离智能除锈凝胶应用研究

3.1 研究背景

青铜器作为文化遗产的重要组分，其铭文、纹饰、造型展现了不同历史时期的人类精神活动，具有极高的艺术价值、历史价值和科学价值，是不可再生的珍贵资源。

由于埋藏环境及文物自身特点，青铜文物在出土后的存放过程会发生不同程度的锈蚀，其中危害最大的是被称为“青铜器癌症”的粉状锈，粉状锈中的氯离子通过典型的小孔加速腐蚀方式导致青铜器短时间内局部粉化甚至穿孔，发生严重损毁，造成不可挽回的损失。因此，遵循文物保护“修旧如旧，去害存利”的原则，在不改变青铜器外观、色泽，不损伤基体的前提下，阻断腐蚀的演进，防止馆藏青铜器锈蚀劣化已是文保领域亟待解决的世界性难题。

研究显示，青铜器本身逐步粉化的根源在于氯离子，青铜器有害锈的腐蚀演进主要为青铜在埋藏环境中形成的含氯锈层与空气和水分相互作用的循环腐蚀过程。大量探索研究显示，以封护方式保护青铜器尤其是脆弱青铜器的窒息疗法，难以实现封护材料与器物锈蚀层的平衡稳态，对馆藏环境要求苛刻，因此温和方式脱除粉状锈是青铜器防腐研究的重点与难点。

3.2 青铜器除锈的研究进展

3.2.1 传统除锈方法

国内外常用机械法、化学清洗法、氯化银转化法、电解还原法处理粉状锈。“机械法”中的手工除锈，易导致器物表面产生划痕；超声清洗除锈效率高，但易使器物表面产生微小针孔，或损伤铭文；激光清洗除锈效果好、精度高，对青铜器基体损伤小，但难以处理复杂曲面，控制不当会导致局部过热，改变器物表面颜色甚至其组成结构。同时以上方法均难以根除“粉状锈”的诱发因素，不适用于锈蚀严重的脆弱青铜文物。氯化银转化法、电解还原法会不同程度地改变器物原貌；化学清洗法除锈效率较高，对基体损伤小，但清洗剂残留渗入青铜基体，为青铜基体的再次腐蚀留下隐患。

3.2.2 凝胶除锈技术的早期发展和挑战

沃尔贝斯（Wolbers）提出了文物水凝胶除锈法，为温和除锈开辟了新的方向；2010年，凯瑞菲（Carretfi. E）等报道了利用可剥离式聚乙烯醇高粘弹性凝胶对文物表面清漆层除锈的工作，展示了其在减少凝胶残留量方面的潜力。国内研究者基于卡波姆940和聚乙烯醇1799型复合凝胶剂，负载清洗组分甲酸和半胱氨酸，清洗鎏金青铜器的铜锈，通过释放清洗组分与鎏金青铜器表面锈蚀成分发生反应实现除锈目的，有效避免了因溶液渗透造成的鎏金层脱落现象。部分避免了化学清理法中清洗剂的扩散对本体产生的腐蚀破坏，降低了清洗过程损伤基体风险。

罗德里科（Rodorico）团队用PVA作为高粘性聚合物分散基质，将对二价铜具有较高络合常数的螯合剂四乙烯五胺限制在PVA基体中，可以有效地逐步去除16世纪意大利青铜艺术品的降解层（含羟基氯化铜），恢复古代青铜器的自然铜色。2D FTIR FPA

成像显示，在微米尺度下的去除是均匀的，并且没有PVA残留物留在表面上。比传统清洗方法效率高。用聚甲基丙烯酸2-羟乙酯（pHEMA）/聚丙烯酸的半互穿网络负载螯合剂四乙烯五胺，将载有螯合剂的凝胶施加到腐蚀的青铜硬币上，在铜币表面释放多胺溶液，溶解并去除腐蚀层中的铜（Ⅱ）氧氯化物。其中铜（Ⅱ）离子与凝胶形成三元络合物，实现增强的铜离子捕获和去除腐蚀层，pHEMA/PAA SIPN比此前的负载清洗剂除锈凝胶表现出明显更好的性能，能在更短的时间内更有效地去除氯氧化物。

以上基于凝胶的除锈方法，基本思路为将凝胶视为负载清洗剂（酸或螯合剂）载体，分散与限制所负载清洗组分的基质，这种凝胶负载清洗剂的方式，除锈量十分有限，并且在除锈后存在一定的凝胶或清洗剂的残留，需要用溶剂对其进行进一步清洗，在实际应用中存在局限性。

同时，清洗剂被包覆在水凝胶的交联网络中，渗透效果差，难以实现对有害锈的深层吸附与清除。另外，清洗剂凝胶内负载的清洗剂器物依然存在小孔加剧腐蚀的微区，而且只有在模量大于400GPa时才有可能自剥离脱离器物表面，这样高交联度的胶凝过程将会导致器物表面产生应力开裂，尤其是脆弱青铜器，锈蚀面积大，基体强度低，难以用以上方法除锈。

3.3 智能凝胶除锈

脆弱青铜器锈蚀面积大，锈蚀深度不均，基体强度低，可再处理性差，反复处理将加剧文物的劣化，甚至导致无害锈的剥离。

针对以上问题，笔者团队设计合成两种组分连续可变的智能响应除锈凝胶，对表面有害锈实现靶向吸附。同时，吸附材料在完成使命后，应能够在温和条件下实现无损脱除。

3.3.1 具有离子通道的高吸附容量温和除锈自剥离凝胶

秉持高效吸附锈蚀成分、温和自剥离的原则，针对脆弱青铜器的性能特征，设计合成了一种具有离子通道的双网络智能响应除锈水凝胶，利用化学交联网络与配位网络间的竞争，调控网络内部张力，形成纳米级的离子通道，利用静电吸附与氢键梯度，吸附并驱动锈蚀成分沿着离子通道渗透迁移，实验结果显示，配位网络对含氯锈蚀成分具有选择性识别能力，同时，利用界面韧性与离子浓度的相互关系，调控凝胶与器物表面界面韧性，构建吸附饱和自剥离机制，实现吸附完成后水凝胶的温和自剥离。凝胶对锈蚀青铜样片及文物残片的除锈实验结果表明，除锈凝胶可在温和条件下实现锈层向凝胶内部的迁移，吸附完成后，可从器物表面温和剥离，实现高效吸附、无损剥离的良好除锈效果。

靶向吸附温和自剥离除锈凝胶吸附锈层与自剥离效果展示如图11-27所示。

图 11-27　凝胶吸附锈层与自剥离效果

图 11-28 为除锈凝胶处理锈蚀青铜样块和青铜戈的效果演示。对比除锈前后青铜样块的SEM图像，发现厚度为130微米的锈层一次吸附后减薄至60微米，在吸附饱和凝胶拓片的高吸附量区域可以观察到规则晶体堆砌，能谱分析显示主要是氯化铜的再结晶，说明凝胶的分子链段和网络结构对含氯铜锈有识别与诱导能力，验证了除锈凝胶对有害锈的靶向识别与定向吸附。从锈蚀严重青铜戈（匕首斧）上剥离的凝胶拓片上也能观察到同样的高吸附量晶区，同时，剥离前后铜锈的颜色基本保持不变，这说明碱性氯化铜中的铜离子在吸附和剥离过程中没有完全溶解为游离的二价铜离子，而是以分子形式被水凝胶吸附和分散。

图 11-28　除锈凝胶除锈过程

A. 除锈凝胶 XPS 谱图；B. 除锈凝胶吸附锈层后与空白凝胶的 XPS 谱图对比；C. 除锈凝胶吸附锈层表面电镜照片；D. 凝胶除锈自剥离实物展示；E. 模拟锈蚀青铜样品处理前后截面电镜照片

经过长达两年的模拟锈蚀样片除锈实验验证后，按照实验安全与规范，逐步开展文物残片及文物局部除锈的工作，以下为文物残片及实物除锈效果展示（图11-29、图11-30）。

图11-29　自剥离凝胶对青铜文物残片的除锈及自剥离过程展示

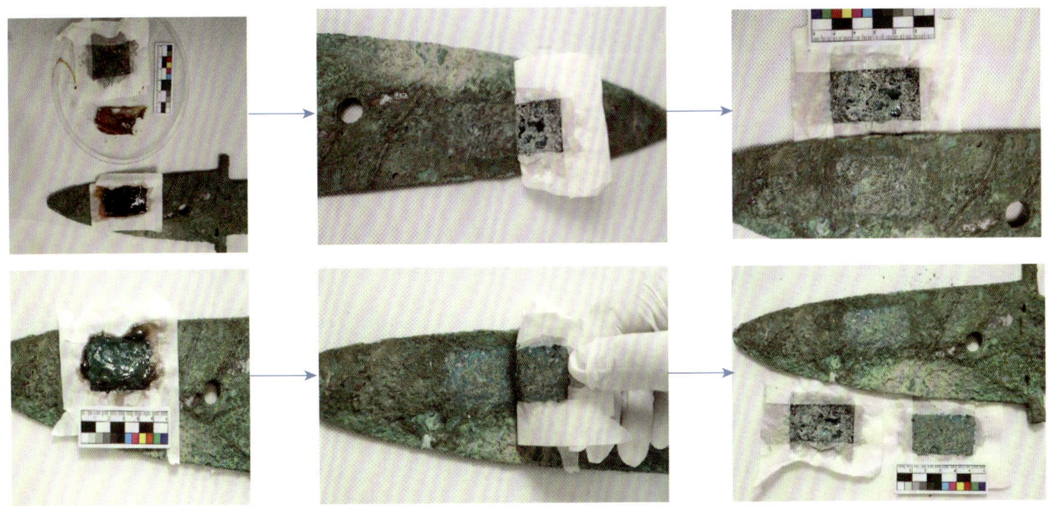

图11-30　青铜戈除锈及自剥离效果展示

图11-31为自剥离凝胶处理河南省鹤壁辛村遗址出土的西周时期青铜卣局部纹饰效果展示。处理前，器物纹饰被厚锈层覆盖，凝胶贴敷在铭文部位，自行吸附，吸附完成后，凝胶自行剥离，剥离后的凝胶形成了与纹饰对应的凝胶“拓片”，纹饰部位清晰。

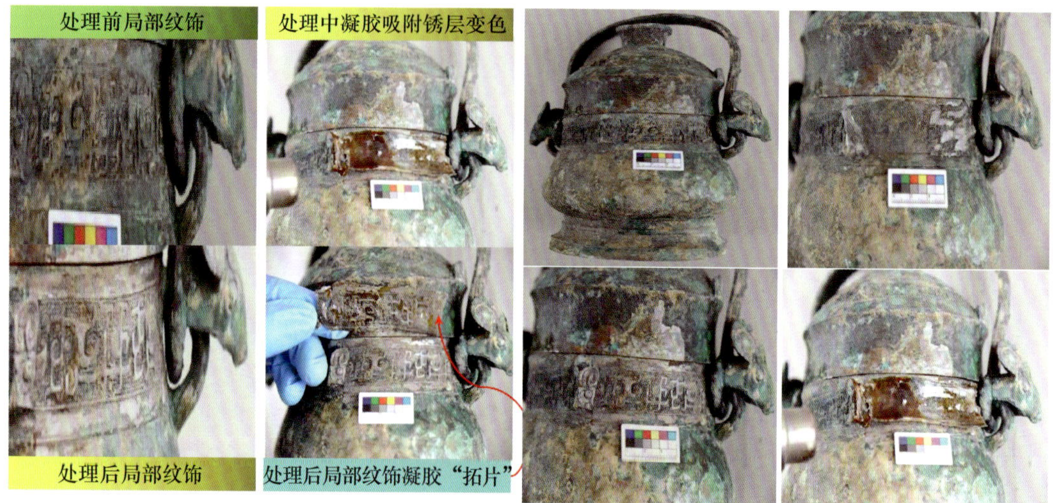

图 11-31　青铜器物局部纹饰除锈及自剥离过程

3.3.2　光敏靶向吸附自剥离除锈凝胶

为提高对有害锈的选择性，在基础材料合成中，引入智能响应模序，设计合成光敏靶向吸附自剥离凝胶，此种光敏自剥离凝胶集三项功能于一体：①识别有害锈并实现靶向吸附；②凝胶内纳米容器构象变化具有可见光-紫外光响应特性，以此作为吸附控制开关；③吸附完成后光控脱除青铜文物表面，脱除条件温和、无损（疏水环境）。

基于以上设计思路及前期工作基础，将具有光敏分子阀门的靶向吸附凝胶的结构引入自剥离溶胶中，制备成复合凝胶，旨在通过纳米容器与分子阀门结合自卷杂化凝胶超分子体系的合成，实现对青铜器表面有害锈的靶向吸附，并在光敏条件下锁闭纳米容器，实现解吸附。

基于光敏分子轴承技术的除锈凝胶，已经证明了其在锈蚀去除方面的卓越性能。这种凝胶不仅在表面复杂、起伏不平、几何曲面变化多端的复杂器物上表现出了显著的除锈效果，而且在相对平整的锈蚀样块上也显示出了其强大的能力。通过凝胶拓片技术的应用，可以观察到大量的锈蚀成分被成功地从器物表面移除。然而，尽管取得了这样的除锈效果，我们仍然可以发现，在器物表面依然存在一些未被彻底清除的锈蚀成分残留。这一现象揭示了该种凝胶对锈蚀去除具有一定的选择性，意味着它能对特定的锈蚀区域进行有效处理，而不是无差别地清除所有锈蚀。这种选择性处理的能力在图 11-32 中得到了清晰的展示。

3.4　凝胶除锈的未来研究方向

如上所示，除锈凝胶对锈蚀成分的高吸附容量，阻断了青铜器物上严重锈蚀部位

图 11-32

A. 未处理铜镜；B. 贴敷凝胶后铜镜；C. 锈层向凝胶内迁移；D. 除锈后铜镜；E. 自剥离凝胶“拓片”

的劣化演进。吸附饱和凝胶以自剥离的方式从器物表面轻松完整（无残留）脱离，实现了青铜器物表面顽固锈层的清理或脆弱青铜器物锈层的移除，以温和的方式实现了锈蚀严重部位的图案铭文与锈层的无损分离。对锈层强吸附，吸附完成后自行剥离的除锈凝胶此前未见报道，本研究对在器形复杂青铜器物铭文花纹部位无损除锈，脆弱青铜器物清理保护方面有极广阔的应用前景。

四、表面增强拉曼光谱在文物保护中的应用

4.1 表面增强拉曼光谱技术的简介

表面增强拉曼光谱（SERS）作为光谱检测技术之一，具有灵敏度高、水分干扰

少、能提供近场增强及适合于研究界面效应等特点，在痕量无损快速检测方面具有显著优势。同时，随着纳米科技以及光谱分析理论技术的发展，SERS已成为一种通用的、非破坏性的化学和生物传感光谱技术，它能够建立高分辨率的化学指纹图谱，检测灵敏度水平接近单分子水平，在分子水平上准确识别和区分材料结构，适用于定性和定量分析。同时，因为具有操作简单、样品预处理方法简单的特点，适用于各类现场实时分析。

关于SERS的增强机理，目前认为主要有两种：电磁场增强机理（EM）和化学增强机理（CM）。电磁场增强机理认为基底材料的表面等离子体共振（SPR）效应引起的局域电磁场增强。贵金属（Ag、Au等）纳米颗粒由于d电子和s电子的能隙较大，不容易发生带间跃迁，在合适波长的激光激发下，吸收光能转化为热能，从而产生高效的SPR散射。拉曼测试过程中，当入射激光频率与基底表面等离子频率接近时，发生电磁场共振，分子结构的拉曼信号强度呈指数式增加。化学增强机理也被称为电荷转移机制，主要是指待测分子通过化学作用吸附在基底表面，基底表面原子和吸附分子存在一定的化学作用（分子与基底的化学成键、形成新的分子以及光诱导电荷转移等），这些作用都直接影响分子的电荷密度分布，从而影响SERS的测试灵敏度与测试精度。

表面增强拉曼基底材料是SERS的核心，硅片、玻璃片是早期常用的制备SERS基底的材料，然而其刚性特征限制了其应用范围。与刚性SERS基底相比，柔性基底在很大程度上扩展了SERS的应用范围。首先，基底的高柔韧性使其能够很好地适应各种曲面，从而实现高效的拉曼光谱采集和原位分析，可以采用拭子取样策略，对复杂表面上的分析物进行非破坏性检测，无需分析系统的干预。其次，具有高透明性的SERS柔性薄膜使其有望用于原位检测，检测信号可以从透明薄膜的正反两面采集。再次，柔性薄膜的弹性变形特性使其能够实现具有高活性等离子纳米阵列的可调SERS基底。

此外，与硅或金属膜基底相比，柔性基底可以剪切、卷曲和折叠，其表面具有的多孔结构利于拉曼活性纳米颗粒均匀分布，形成较多的表面增强检测热点。可以获得常规拉曼光谱所不易得到的结构信息，被广泛用于表面研究、吸附界面表面状态研究、生物大小分子的界面取向及构型、构象研究、结构分析等，可以有效分析化合物在界面的吸附取向、吸附态的变化、界面信息等。因此，将基于柔性基底的表面增强拉曼检测技术用于更多特殊领域的痕量测试，为拉曼光谱在实际检测中的应用提供了新思路。

有研究者针对目前SERS基底存在的测试波长单一、制备困难和信号不强等问题，对具有超表面结构的SERS基底开展了较为深入的研究。结合不同材料之间的相互作用以及特殊的谐振模式，提出了多种基于超表面的新型SERS基底小组使用薄膜沉积技术，获得了具有超表面结构，实验表明具有该SIOM结构的超表面比具有银颗粒的玻璃所表现出的增强因子大了一个数量级。

毕尔肯大学的森杰尔·阿亚斯（Sencer Ayas）所在的研究小组采用电子束蒸镀的方法得到了同样类似的结构，并通过表面增强拉曼散射效应实现了对生物体结构的无标记纳米级分辨率成像。金志明（Zhiming Jin）等人将银颗粒沉积到银衬底的纳米间隙中来实现强烈的SERS效应，刘凯所在的课题组同样利用溅射沉积法制备出了吸收性能良好的超表面，不同的在于他们将金属颗粒沉积在了柔性基板上，如此大大提升了器件的实际适用性。张楠等人利用由随机分布的金属颗粒组成的金属-介质-金属（Metal-dielectric-metal，MDM）结构得到了较强的场增强现象，且其在可见到近红外光谱（435～1100纳米）的范围内都具有强大的光捕获能力（＞80%）。

目前，有很多关于利用光学超表面进行SERS基底的研究，虽然取得了一定的成果，但是相关的理论与制备技术还不够完善，因此还存在着一些需要解决的问题，如简化增强基底的设计与制备，提升器件操作灵活性等。如果器件一旦被加工完成，则很难实现进一步的调整，不具备可调谐性。

由于随机分布的颗粒膜在加工上具有一定的不可控性，因此不利于实现基底的商业化批量生产。同时考虑到拉曼信号增强的机理是基于局域表面等离基元共振的原理，主要为化学增强与电磁增强，因此柔性衬底材料的选择制备，实现多种增强机理的组合，针对不同的应用领域设计出具有较高可重复性和增强因子的SERS基底，针对不同的测试目标，定制基底组分以及结构，使其对目标分子具有靶向“捕获”能力，同时具有针对性的灵敏度，是目前的表面增强拉曼光谱分析的主要研究方向。

4.2 柔性SERS活性材料国内外研究进展

张志杰报道了纳米银包埋聚乙烯醇（PVA）纳米纤维作为表面拉曼散射衬底在液相中合成银纳米粒子后分散在聚乙烯醇静电纺丝液中，静电纺丝后得到包埋银纳米粒子的PVA复合纳米纤维。但这导致了银纳米粒子的负载量少，分布不均。由于银纳米粒子包埋在PVA静电纺丝纳米纤维内部导致该基底的SERS性能较弱。陈颖报道了一种先合成银纳米粒子胶体，将静电纺丝液PVA和PEI进行混合后静电纺丝，将得到的纳米纤维直接浸泡在制备好的银纳米粒子胶体溶液中进行静电吸附银纳米粒子，得到了一种Ag/PVA/PEI SERS基底。但由于静电纺丝纳米纤维的无序结构和银纳米粒子的不均匀分布导致该基底的增强因子较低，SERS活性较弱。邢理想报道了在水体积分数为10%的甲苯二甘醇界面上制备了有序排列的金纳米粒子宏观单层膜，用于水溶液中分析物（如结晶紫和孔雀石绿）原位定量检测。由于形成的纳米粒子膜只有金纳米粒子，相比于银纳米粒子来说，金纳米粒子的检测范围较小，拉曼强度较弱，且单金属形成的宏观单层膜很难对待测分子进行有效浓缩聚集，从而导致SERS性能较差。

柔性基底与SERS活性等离子纳米结构的结合：柔性SERS传感器，已被有效地用于现场检测不同类型的分析物，包括水果和蔬菜中的农药残留、人泪液中的葡萄糖、爆炸物和微生物。

黄映洲等制备了由Ag纳米线/AgN组成的柔性纸基等离子体金属有机框架（MOF）薄膜，用于气体分子的SERS检测。得益于纳米线网络和ZIF-8壳产生的微纳米孔，实现了气体分子的有效捕获与SERS指纹信息，并具有较好的重复检测稳定性。

4.3 拉曼光谱技术在脆弱青铜器表面分析中的应用研究

表面增强拉曼散射（SERS）具有无损、快速反应、实时、低成本和超灵敏的特点，为文物领域的痕量分析提供了一种快速的光学方法，用于对青铜器物表面组分进行指纹识别，识别分析精度可达到单分子水平，能迅速提供分析物分子的独特指纹信息。基于柔性基底的SERS传感，可适形地顺应复杂曲面，对分析物进行拭子采样或原位检测，满足现场和实时检测的条件，是实现脆弱青铜器原位分析的理想方法。

脆弱青铜器表面锈蚀严重、强度低、粗糙且有开裂及锈蚀孔，难以使用普通方法采集分析试样。同时，对脆弱青铜器表面以破坏方式采样也是违背文物保护基本原则的。从脆弱青铜器锈蚀物无损检测及定量分析需求出发，考虑到“粉状锈”发展初期微量氯离子的追踪分析及皮壳完好型“粉状锈”取样难问题，笔者团队设计研发了一系列的柔性SERS柔性基底材料，并在基底材料表面及内部构建具有等离子体共振效应的纳米结构，制得针对脆弱青铜器表面分析的SERS柔性化学传感，实现痕量取样，高灵敏度分析。

设计的SERS活性材料可以实现对青铜文物腐蚀成分的高精度定性、定量分析。这种基于SERS柔性活性材料原位擦拭/固相萃取腐蚀物的表面增强拉曼分析技术，相比较常规拉曼分析技术，能够提供更丰富的化学分子的结构信息，可实现青铜器微量锈蚀物的实时、原位探测。同时，结合扫描电镜及能谱分析技术，获得青铜腐蚀产物的微观形貌及组分分析，构建青铜器腐蚀产物集“微观—形貌—结构—组分”四位一体的精细表征集成分析方法体系，量化青铜器结构损伤程度，建立典型埋藏环境介质复杂锈蚀物“指纹成分”识别特征与预判病害风险趋势评估技术。

4.4 用于脆弱青铜器表面分析的SERS材料研发

4.4.1 具有良好的柔韧性、便携性SERS基底

纤维素滤纸（CFP）由于其表面含有丰富的羟基，银纳米粒子可通过Ag-O键与纤维素滤纸紧密结合，具有足够的稳定性。此外，纤维素滤纸独特的三维交联多孔结构

和纳米级层状形态可以负载更多的银纳米颗粒，从而产生更多的热点，提高SERS性能。因此，具有低成本、可降解以及便携性的纤维素滤纸成为柔性SERS传感器的理想选择。我们利用银镜反应（SMR）在纤维素滤纸表面快速、简单以及低成本地构建了柔性SERS基底。SMR是一种有效制备纳米银涂层膜的方法。在反应过程中银离子被促使形成均匀的成核位点，在纤维素滤纸表面负载了大量的银，有效避免了团聚现象，极大地提高了SERS性能。

图11-33为通过控制纤维素滤纸在银镜反应过程中沉积的时间得到的Ag NPs/CFP的光学图像、SEM图像（A～E）以及对有害铜锈的拉曼检测光谱（F）。随着沉积时间的增加，银纳米粒子的量也在逐渐增加，当沉积时间为8分钟时，在纤维素滤纸表面得到了完整的银涂层，在对有害锈的拉曼检测中显著增强了有害铜锈的拉曼特征峰。

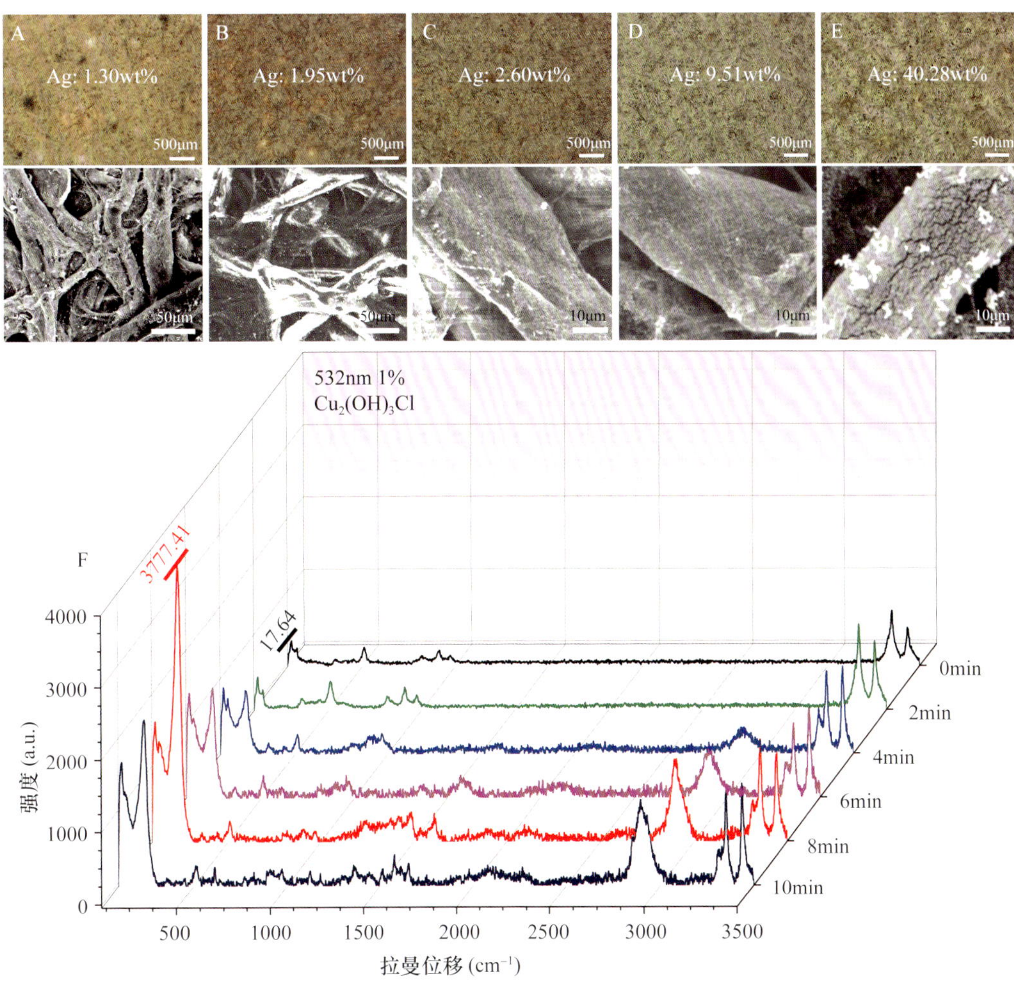

图11-33　SMR反应沉积不同时间得到的Ag NPs/CFP的光学图像、SEM图像（A～E）以及对有害铜锈的拉曼检测光谱（F）

4.4.2 高效富集目标分子与有序化热点的纳米纤维柔性SERS基底

静电纺丝是制备纳米级到微米级聚合物纳米纤维的一种有效方法，且工艺操作简单，制备纳米纤维性能优异，成本低。金属纳米粒子与电纺纳米纤维结合的方法主要有溶胶-凝胶法、原位合成法、机械共混法等。将金属纳米粒子与电纺丝纳米纤维结合的最简单和最常用的方法就是将金属纳米粒子直接分散到预制静电纺丝液中。由于这种方式会导致金属纳米粒子在电纺纳米纤维中不可能均匀分散、负载量低、易团聚和缺乏有序排列，而且形成的金属纳米粒子和纳米纤维的复合材料无法对待测分子进行快速浓缩富集，这些原因会导致SERS性能减弱。

针对以上问题，笔者团队在电纺纳米纤维中引入了金属有机骨架材料（MOF），通过控制银镜反应中$AgNO_3$的浓度，在ZIF-8/PAN纳米纤维膜上得到了不同粒径，均匀分布的银纳米粒子以及Ag/ZIF-8/PAN柔性SERS传感器。MOF具有大的比表面积、有序的孔隙结构和丰富的活性位点，特别是沸石咪唑酯骨架材料（ZIF-8），是SERS应用的重要材料。利用ZIF-8可以得到均匀有序的等离子体纳米粒子，显著富集待测分子，降低检测限。由于金属粒子/MOFs界面上的电磁场穿透深度增加，可以实现额外的协同效应，而MOFs和被吸附分子之间的叠加电荷转移机制进一步加强了SERS性能。

图11-34（A）为预处理后ZIF-8/PAN纳米纤维膜在2wt% $AgNO_3$溶液中银镜反应10分钟后的效果。在加载银纳米粒子的过程中，PAN纳米纤维的结构没有被破坏。在PAN纳米纤维表面的ZIF-8立方体结晶度下降，而PAN覆盖的ZIF-8颗粒保持完整，均匀分布在PAN纳米纤维中。经预处理的ZIF-8/PAN纳米纤维膜为银纳米粒子的均匀沉积提供了场所。银纳米粒子的均匀分布和排列可以提供增强和密集的SERS热点。图11-34（B）为有害铜锈在PAN，ZIF-8/PAN，Ag/ZIF-8/PAN-2wt%、5wt%、10wt%柔性SERS传感器上的拉曼光谱。与纯PAN对比，ZIF-8的加入使碱式氯化铜的特征峰强度获得了有效增强。在Ag/ZIF-8/PAN-2wt%膜上测得峰值强度最高。图11-34（C、D）分别是沉积在不同复合材料上的R6G（10^{-4}M）的SERS谱和不同浓度R6G在Ag/ZIF-8/PAN-2wt%纳米纤维膜上的SERS谱图。同样的，ZIF-8的加入会使R6G的拉曼特征峰略有增加。银纳米粒子的加入，增强效果逐渐增强，在柔性SERS传感器Ag/ZIF-8/PAN-2wt%上得到了最强的R6G拉曼特征峰。柔性SERS传感器Ag/ZIF-8/PAN-2wt%对浓度为10^{-4}～10^{-11}M的R6G溶液进行定量检测，检测浓度低至10^{-11}M的R6G溶液。

以上数据表明，Ag/ZIF-8/PAN纳米纤维膜柔性SERS传感器的成功制备。ZIF-8的加入显著增加了PAN纳米纤维的比表面积和孔径，为银纳米粒子的生长提供了更多的生长位点。通过SMR反应生成的银纳米粒子粒径均匀，改善了银纳米粒子的聚集，形成了大量的金属间隙热点区域，既有可顺应复杂曲面青铜器物的共形能力，又有富集

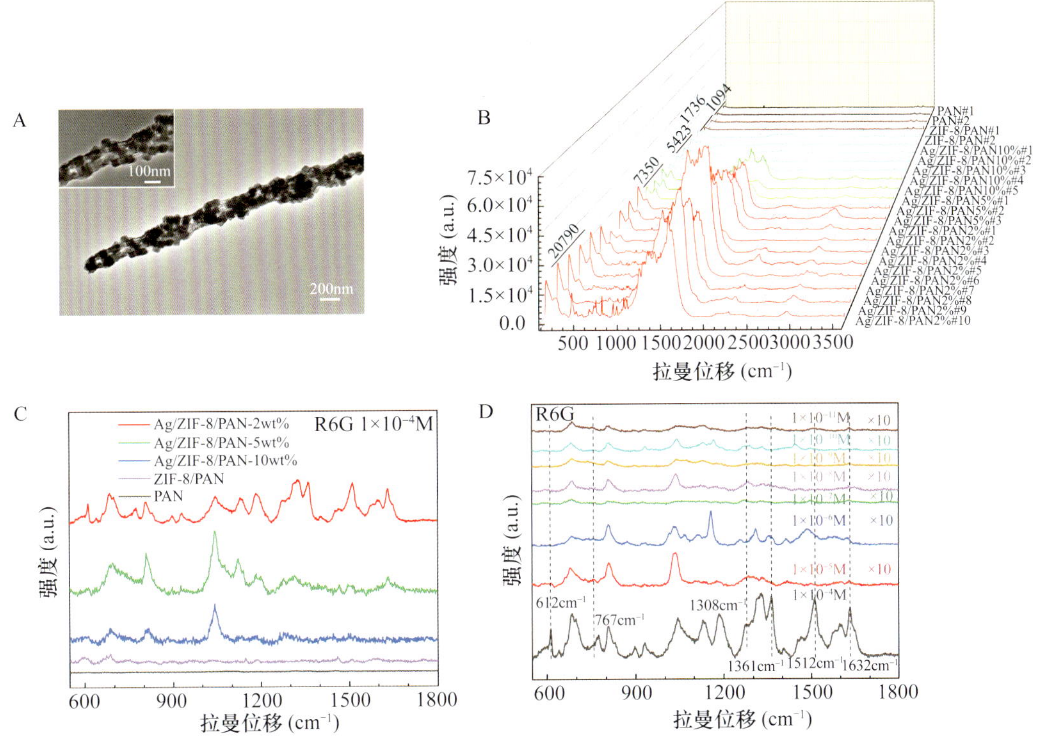

图 11-34　Ag/ZIF-8/PAN 纳米纤维柔性基底 SERS 灵敏性表征

A. Ag/ZIF-8/PAN 纳米纤维；B. 有害铜锈在 PAN、ZIF-8/PAN、Ag/ZIF-8/PAN 柔性 SERS 传感器上的拉曼光谱；C. 浓度为 10^{-4}M 的 R6G 在不同柔性 SERS 传感器上的拉曼光谱；D. 不同浓度的 R6G 在 Ag/ZIF-8/PAN-2wt% 柔性 SERS 传感器上的拉曼光谱

的热点确保高的SERS灵敏度。

在以上工作的基础上，笔者团队发现热点的有序性以及3D分布对于SERS的灵敏度具有显著的影响。于是考虑设计具有3D分布的密集热点的SERS传感材料。

基材选取，考虑到海藻酸钠可以利用其丰富的羧基来捕获溶液中的金属阳离子并在纳米纤维内实现局部聚集。在制备AgNPs过程中，海藻酸盐羟基与Ag^+之间的离子键可以使Ag^+大量分散在纳米纤维内，更有利于Ag^+的还原。在本研究中，利用钠离子与银离子的交换，获原位还原AgNPs。通过改变静电纺丝的方式，得到了具有取向性和非取向性的静电纺丝纳米纤维，并通过控制还原次数，获得了不同负载AgNPs的Ag/海藻酸钠纳米纤维柔性SERS活性材料。

如图11-35（A、B）为纯海藻酸钠纳米纤维和还原时间为20分钟的Ag/海藻酸钠纳米纤维的SEM图像。通过控制静电纺丝参数得到了交叉取向性整齐排列和非取向性的纳米纤维，再通过控制还原时间得到了不同银纳米粒子负载量的Ag/海藻酸钠纳米纤维柔性SERS传感器。图11-35（C、D）为R6G（10^{-4}M）在取向和非取向纳米纤维

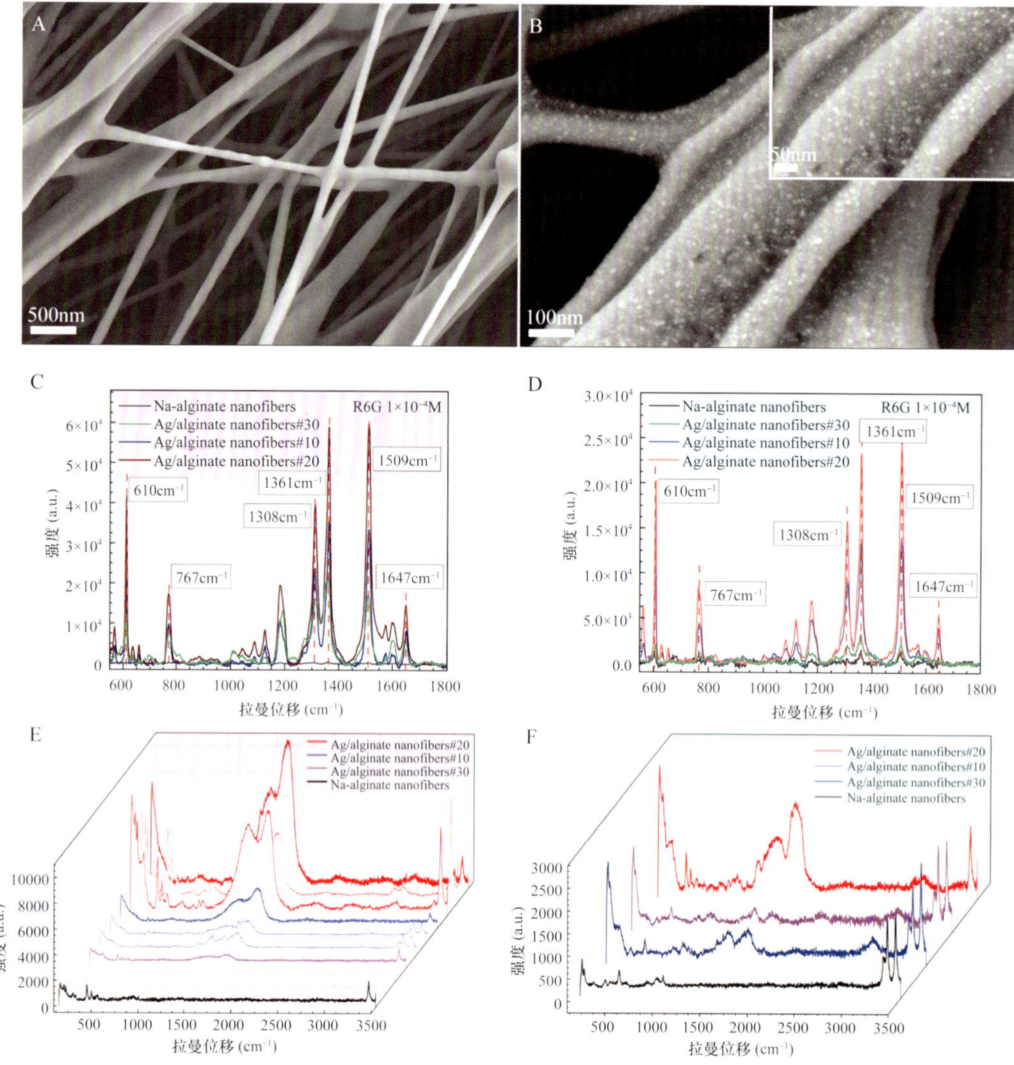

图11-35　Ag/海藻酸钠取向纳米纤维柔性SERS传感材料对R6G与铜锈的高灵敏检测

A. 海藻酸钠纳米纤维；B. Ag/海藻酸钠纳米纤维#20；C、D. 取向性和非取向性纳米纤维柔性SERS传感器上R6G（10^{-4}M）的拉曼光谱；E、F. 取向性和非取向性纳米纤维柔性SERS传感器上有害铜锈的拉曼光谱

柔性SERS传感上的拉曼光谱。可以看到，银纳米粒子的加入都会显著增强纳米纤维的SERS性能。随着还原时间的增加，在还原时间为20分钟时得到的Ag/海藻酸钠纳米纤维柔性SERS传感器具有最好的SERS性能。值得一提的是，具有取向性排列的纳米纤维柔性SERS传感器的SERS性能远高于非取向性的纳米纤维柔性SERS传感器，表明构建有序的增强热点对于增加SERS的性能是很有必要的。图11-35（E、F）为有害铜锈在取向和非取向纳米纤维柔性SERS传感上的拉曼光谱，纳米纤维的取向性对有害铜锈的拉曼光谱增强有着同样的规律。

4.4.3 定量分析的柔性 SERS 凝胶贴片

以上工作以MOF（ZIF-8）诱导Ag纳米颗粒（AgNPs）在聚丙烯（PAN）纳米纤维膜表面均匀分散和有序排列；利用海藻酸钠中Na^+与Ag^+的离子交换与Ag^+原位还原，在海藻酸钠纳米纤维膜内部和表面形成了贯通内外的热点，两种纳米纤维膜柔性SERS基底均可对有害锈擦拭取样进行痕量分析，后者灵敏度更高。研究发现，擦拭取样无法获得完整成分分布信息；纳米纤维膜虽具有理想的柔韧性，但与器物表面的共形能力及结合紧密性均不理想；同时，擦拭过程将对SERS活性表面造成一定程度的损毁，降低灵敏度。水凝胶结构与性能灵活可调，三维网络结构可有效防止SERS热点的聚集，与器物表面共形顺应性好，可黏附在固体表面直接收集目标分子，实现原位分析，是SERS柔性材料的更优选项。

目前，水凝胶已被用于复杂样品处理的功能性SERS基底。郑基勋（Michael Chung）等人制作了可穿戴的Ag纳米立方体等离子体凝胶薄膜，集成了汗液诱导离子透析系统，可用于原位的汗液高精度分析。基姆等人利用微流控技术，光聚合交联水凝胶前体，制得含有等离子体纳米颗粒的水凝胶微滴，可实现分子尺寸选择性。以上研究表明，凝胶SERS柔性基底的高精度、高选择性限于液态环境下，灵敏度依赖于目标分子溶液在热点附近的浓缩富集，显然以上SERS凝胶贴片对脆弱青铜器的表面分析是不适用的。

青铜器表面有害锈成分的定量分析是青铜器物病害分析的关键环节，但目前还没有关于有害锈，特别是氯化物锈的高精度分析手段。综上，笔者团队尝试在UiO-66双锥体表面引入金/银双金属纳米粒子构建化学/电磁协同增强的SERS热点，将接枝荧光探针氨基-MOAE的Ag/Au/UiO-66纳米颗粒自组装单层，转印于聚乙醇（PVA）凝胶表面，制得光学透明、柔性SERS凝胶传感贴片，实现了对青铜器有害锈的定量分析。如图11-36（C）所示，在本研究中我们首先在UiO-66表面孔隙中负载了平均尺寸为3纳米的金纳米粒子，再使用DMF还原在Au/UiO-66的表面生长了平均尺寸为30纳米的银纳米粒子，如图11-36（B）所示，最后通过油水界面的自组装得到了密排有序的Ag/Au/UiO-66纳米单层［图11-36（A）］，转移到PVA水凝胶的表面得到了具有优异柔韧性、光学透明性和超高灵敏度的柔性SERS传感材料。

使用PVA-Ag/Au/UiO-66柔性SERS传感材料测试了常规拉曼探针R6G（10^{-4}M）的拉曼光谱，以验证该SERS凝胶贴片的SERS活性与灵敏度，如图11-36（D）所示，观察到具有高强度的R6G（10^{-4}M）拉曼特征峰。同时，对于R6G的检测限可以低至10^{-13}M［图11-36（E）］。在对有害铜锈的检测中，金纳米粒子加入起到进一步增强有害铜锈拉曼特征峰强度的作用，银/金合金纳米颗粒对有害锈的SERS增强远优于银纳米

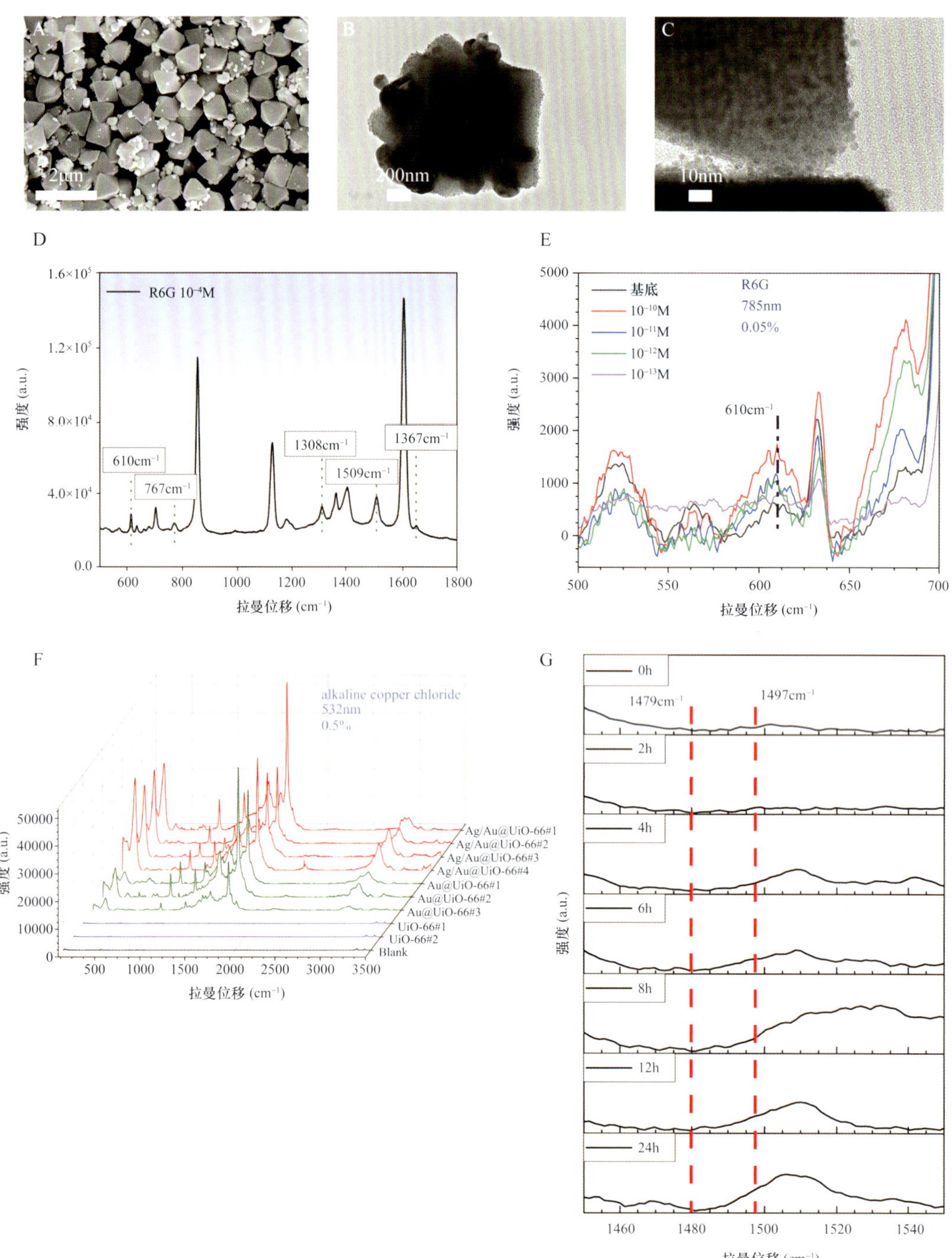

图11-36 PVA-Ag/Au/UiO-66柔性SERS传感材料测试灵敏度表征

A. Ag/Au/UiO-66纳米颗粒单层膜在PVA水凝胶表面的SEM图像；B. Ag/Au/UiO-66纳米颗粒的TEM图像；C. Au/UiO-66纳米颗粒的TEM图像；D. R6G（10^{-4}M）在PVA-Ag/Au/UiO-66纳米颗粒单层膜柔性SERS传感器表面上的拉曼光谱；E. R6G（10^{-10}M～10^{-13}M）在610cm^{-1}处的拉曼特征峰；F. 有害铜锈在PVA-Ag/Au/UiO-66纳米颗粒单层膜柔性SERS传感器表面上的拉曼光谱；G. 接枝在PVA-Ag/Au/UiO-66纳米颗粒上的荧光基团氨基MQAE在除锈不同时间的铜板上的峰值（1479cm^{-1}-1497cm^{-1}）变化趋势

颗粒，其中位于118cm^{-1}一处的拉曼特征峰的峰值显著增强［图11-36（F）］，PVA-Ag/Au/UiO-66柔性SERS传感增强效应明显。

为了实现对青铜文物有害锈的定量分析，引入了对氯离子有荧光猝灭效应的有机荧光基团氨基-MQAE。将该荧光基团接枝到Ag/Au/UiO-66纳米颗粒的表面，用PVA Ag/Au/UiO-66柔性SERS凝胶贴片，测试不同除锈程度的锈蚀铜片上（本步骤具体做法为，取模拟锈蚀青铜板，用笔者团队研发的温和除锈自剥离凝胶，对锈蚀样品处理不同的时间，因为除锈量与除锈时间正相关，因此以除锈时间标定锈蚀铜片的锈蚀成分含量）锈蚀成分残留量。测定凝胶贴片上有机荧光基团氨基-MQAE的拉曼特征峰，观察其位于1479cm^{-1}到1497cm^{-1}处的峰值变化图11-36（G），随着除锈时间的增加，铜板表面有害铜锈的量会显著减少，相应的离子的含量也会降低，氨基MQAE在1479cm^{-1}到1497cm^{-1}处苯环拉伸强度变化可作为有害锈含量的定量依据。

综上所述，笔者团队成功地在UiO-66纳米晶体上合成了Ag/Au合金，通过Ag和Au在纳米尺度上的协同作用增强了SERS的性能和稳定性。这些纳米颗粒在油水界面密集地包裹成致密的单层，并转移到聚乙烯醇水凝胶的表面，以制造柔性、光学透明和高灵敏度的SERS柔性活性材料。结果显示，PVA-Ag/Au/UiO-66SERS凝胶贴片具有超高的灵敏度，并能实现有害锈的定量分析。

4.4.4 具有压电效应的高精度固相萃取SERS基底

作为传感纳米材料的一种新型结构形式，气凝胶表现出极低密度和高孔隙率等非凡特性，从而产生了前所未有的大活性表面积，适用于光学、声学、微电子和催化等领域。与二维基质相比，三维气凝胶可以增加沿z方向的热点/吸附位点的数量，并容忍大的错误聚集。同时，气凝胶结构的柔性可控性，可以定制纳米颗粒的尺寸和形态，为SERS柔性材料设计提供了新的思路。压电效应在柔性传感中的广泛应用，使在SERS柔性材料的设计中受到关注，张阳等制备了具有压电聚合物基质和贵金属纳米结构的柔性SERS基底。该基底可以通过手指按压引起薄膜变形或摩擦SERS基底来产生和存储电力。电力可以进一步增强贵金属纳米结构中的热点强度，最终增强拉曼信号。

考虑到脆弱青铜器物的器形以及表面结构性能的特殊性，为实现特殊器形脆弱青铜器物表面高精度、高灵敏度的测定，笔者团队设计了一种基于表面拉曼增强（SERS）具有压电效应的高精度固相萃取气凝胶传感材料，通过引入压电效应调控青铜器表面擦拭取样的取样量，并根据不同压电效应强度确定样品量，建立压电效应与取样量的定量模型。

本研究测试数据并结合文献记录，笔者团队可以得出压电效应之于SERS传感材料的积极意义，测试数据显示，负载贵金属纳米颗粒/压电组分的气凝胶在压缩过程中，电压信号也同时发生了循环变化，而且随着加压强度的增加，电压信号发生了明显的变化（图11-37）。

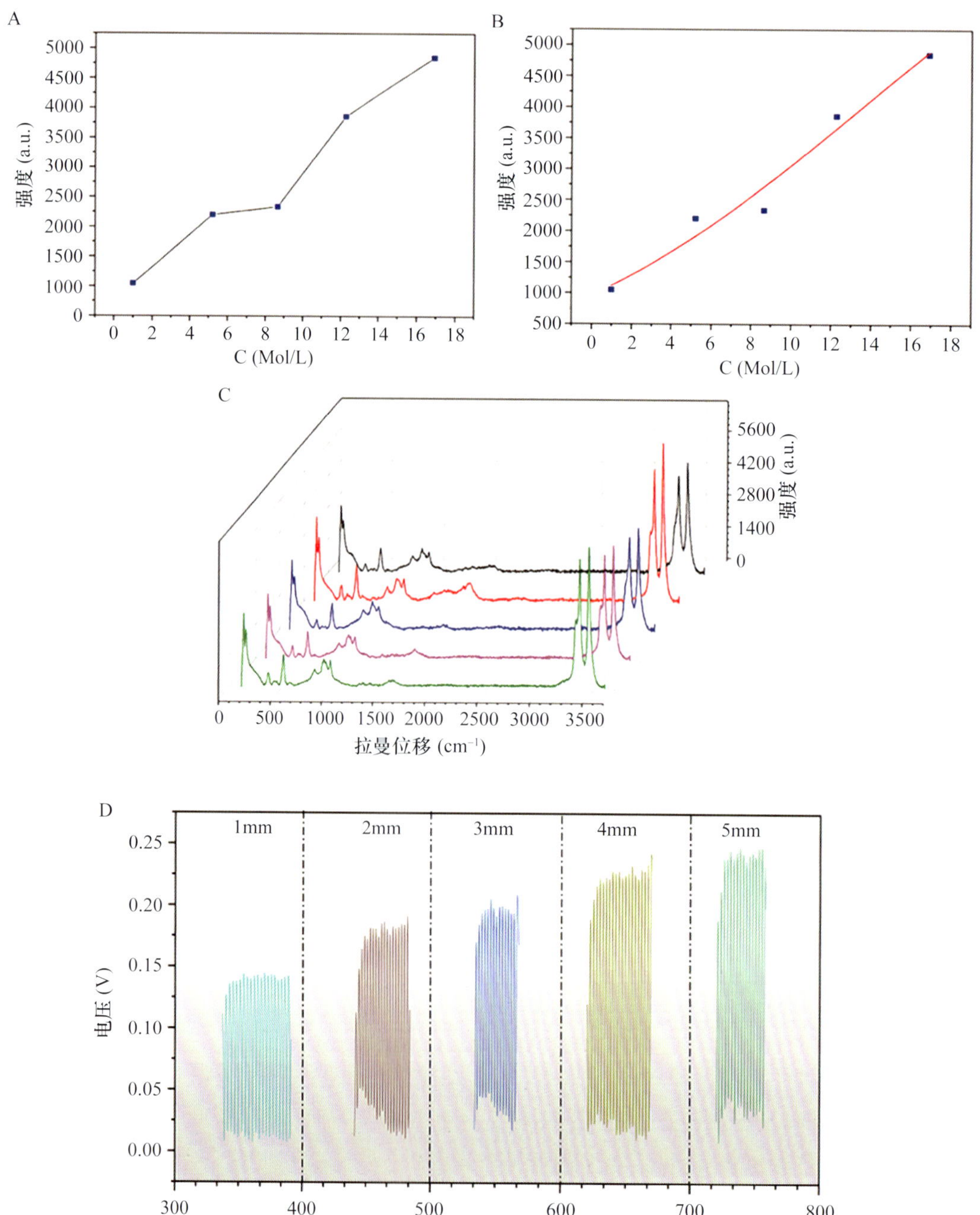

图11-37　压电效应对碱式氯化铜分子拉曼光谱特性及AgNPs/ZnO NRs海绵衬底电位变化的影响研究

A. 不同压电强度下碱式氯化铜分子在3342cm^{-1}处的拉曼光谱强度峰值对比；B. 不同压电强度下碱式氯化铜分子在3342cm^{-1}处的拉曼光谱强度峰值拟合图；C. 不同压电强度取样后碱式氯化铜分子的拉曼光谱，以及直接检测青铜板表面碱式氯化铜分子的拉曼光谱图；D. ZnO NRs上负载AgNPs的PI海绵衬底在不同距离按压强度下重复压缩运动时的电位变化从图11-37（D）中我们可以看到，在ZnO NRs上负载AgNPs的PI海绵衬底的压缩过程中，材料的电压信号也同时发生了循环变化，而且随着加压强度的增加，电压信号发生了明显的变化。

4.5 展望

SERS技术在青铜器病害分析，腐蚀机理分析方面的优势显而易见，同时在痕量取样方面也有巨大的潜在优势。笔者团队通过对SERS基底的设计与构建，对有害锈具有一定的识别能力，这是传统的取样方法难以获取的准确的信息。在非破坏性的情况下进行表面分析，实现微小区域的分析和选择性地研究青铜器的特定区域，从而提供更准确和详细的分析结果。

展望未来，随着SERS技术在纳米科学和材料科学领域的不断发展，其在青铜器表面分析及痕量取样方面的应用也将不断取得新的突破。例如，结合其他表面分析技术，如扫描电子显微镜和X射线荧光光谱，可以进一步提高对青铜器的理解和保护。此外，还有望通过改进纳米结构材料的设计和制备方法，进一步提高SERS技术的灵敏度和稳定性，以满足更广泛的青铜器表面分析需求。

同时，SERS是一种传感技术，结合特定的信号转换方式，SERS进一步地传感化、芯片化，在青铜器物的分析与测定中，将获得更准确的原位组分特征，为器物的腐蚀机理判定提供更丰富的数据信息。

五、结论与展望

脆弱青铜器保护中的前沿技术与新材料研究，不仅为青铜器的保护提供了新的思路和方法，而且在提高保护效率和质量方面展现出巨大的潜力。随着科技的不断进步，未来将有更多创新技术应用于青铜器的保护与修复，为文化遗产的传承和研究提供更加强有力的支持。同时，跨学科的合作将促进不同领域知识的融合，为青铜器保护工作带来新的视角和解决方案。

在这一过程中，我们期待着材料科学、纳米技术、信息科学以及生物技术等领域的最新成果能够被引入到青铜器保护工作中，通过多学科的交叉合作，脆弱青铜器的保护与修复将实现从被动修复到主动预防的转变，形成对脆弱青铜器更深层次的理解和更有效的保护。我们有理由相信，脆弱青铜器的保护与修复将迈向一个更加科学、系统和可持续发展的新时代。

参考文献

[1] 陈家昌, 尚泽雅, 陈利纬, 等. 低温等离子体对青铜器粉状锈的原位转化作用[J]. 华夏考古, 2023(6): 149-153.

[2] 郑军, 李杏. 计算机技术在文物保护中的应用[J]. 文物保护与考古科学, 1999, 11(1): 51-59.

[3] 刘建华. 计算机技术在考古学与文物保护中的应用[J]. 中原文物, 2004(5): 75-80.

[4] 吴玉涵, 周明全. 三维扫描技术在文物保护中的应用[J]. 计算机技术与发展, 2009, 19(9): 173-176.

[5] 杜侃. 馆藏文物保护中数字建模技术应用研究[J]. 文物保护与考古科学, 2011, 23(1): 62-67.

[6] 李涤尘, 邱志惠, 宁军涛, 等. 计算机辅助文物修复设计与快速复原方法研究[C]// 中国文物保护技术协会. 中国文物保护技术协会第二届学术年会论文集. 2002: 455-459.

[7] 魏明强, 陈红华, 孙杨杏, 等. 破损文物数字化修复: 以中国出土青铜器为例[J]. 计算机辅助设计与图形学学报, 2021, 33(5): 789-797.

[8] 阮方红. 基于水凝胶方法的鎏金青铜器除锈及彩绘文物除油烟技术研究[D]. 西安: 陕西师范大学, 2016.

[9] 杨小刚, 刘屏, 叶琳, 等. 基于水凝胶方法的重庆地区鎏金青铜器除锈新技术研究[J]. 文物保护与考古科学, 2019, 31(1): 35-40.

[10] Pouli P, Zafiropulos V, Balas C, et al. Laser cleaning of inorganic encrustation on excavated objects: Evaluation of the cleaning result by means of multi-spectral imaging[J]. Journal of Cultural Heritage, 2003, 4: 338-342.

[11] Wolbers R C. Recent developments in the use of gel formulations for the cleaning of paintings[C]// Restoration' 92: conservation, training, materials and techniques: latest developments. Preprints to the conference held at the RAI International Exhibition and Congress Centre, Amsterdam, 1992: 74-75.

[12] Carretti E, Natali I, Matarrese C, et al. A new family of high viscosity polymeric dispersions for cleaning easel paintings[J]. Journal of Cultural Heritage, 2010, 11(4): 373-380.

[13] Natali I, Carretti E, Angelova L, et al. Structural and mechanical properties of "peelable" organoaqueous dispersions with partially hydrolyzed poly(vinyl acetate)-borate networks: Applications to cleaning painted surfaces[J]. Langmuir, 2011, 27(21): 13226-13235.

[14] Guaragnone T, Casini A, Chelazzi D, et al. PVA-based peelable films loaded with tetraethylenepentamine for the removal of corrosion products from bronze[J]. Applied Materials Today, 2020, 19: 100549.

[15] Guaragnone T, Rossi M, Chelazzi D, et al. pH-responsive semi-interpenetrated polymer networks of pHEMA/PAA for the capture of copper ions and corrosion removal[J]. ACS Applied Materials & Interfaces, 2022, 14(5): 7471-7485.

[16] Ioffe Z, Shamai T, Ophir A, et al. Detection of heating in current-carrying molecular junctions by Raman scattering[J]. Nature Nanotechnology, 2008, 3(12): 727-732.

[17] Moore B D , Stevenson L , Watt A, et al. Rapid and ultra-sensitive determination of enzyme activities using surface-enhanced resonance Raman scattering[J]. Nature Biotechnology, 2004, 22(9):1133-1138.

[18] Panneerselvam R, Liu G K, Wang Y H, et al. Surface-enhanced Raman spectroscopy: Bottlenecks and future directions[J]. Chemical Communications, 2018, 54(1): 10-25.

[19] Lai H S, Li G K, Xu F G, et al. Metal-organic frameworks: Opportunities and challenges for surface-enhanced Raman scattering-a review[J]. Journal of Materials Chemistry C, 2020, 8(9): 2952-2963.

[20] Zhang N, Liu K, Liu Z J, et al. Ultrabroadband metasurface for efficient light trapping and localization: A universal surface-enhanced Raman spectroscopy substrate for "all" excitation wavelengths[J]. Advanced Materials Interfaces, 2015, 2(10): 1500142.

[21] Li X H, Ren X G, Zhang Y X, et al. An all-copper plasmonic sandwich system obtained through directly depositing copper NPs on a CVD grown graphene/copper film and its application in SERS[J]. Nanoscale, 2015, 7(26): 11291-11299.

[22] Tang L, Liu Y, Liu G Q, et al. A novel SERS substrate platform: Spatially stacking plasmonic hotspots films[J]. Nanoscale Research Letters, 2019, 14(1): 94.

[23] Zhang C L, Lv K P, Cong H P, et al. Controlled assemblies of gold nanorods in PVA nanofiber matrix as flexible free-standing SERS substrates by electrospinning[J]. Small, 2020, 16(2): 1904785.

[24] Kong L S, Dong N X, Tian G F, et al. Highly enhanced Raman scattering with good reproducibility observed on a flexible PI nanofabric substrate decorated by silver nanoparticles with controlled size[J]. Applied Surface Science, 2020, 511: 145443.

[25] Zhang Z J, Wu Y P, Wang Z H, et al. Fabrication of silver nanoparticles embedded into polyvinyl alcohol (Ag/PVA) composite nanofibrous films through electrospinning for antibacterial and surface-enhanced Raman scattering (SERS) activities[J]. Materials Science and Engineering: C, 2016, 69: 462-469.

[26] Chen Y, Cao J L, Wei H Y, et al. Fabrication of Ag NPs decorated on electrospun PVA/PEI nanofibers as SERS substrate for detection of enrofloxacin[J]. Journal of Food Measurement and Characterization, 2022, 16(3): 2314-2322.

[27] Xing L X, Wang C, Cao Y, et al. Macroscopical monolayer films of ordered arrays of gold nanoparticles as SERS substrates for in situ quantitative detection in aqueous solutions[J]. Nanoscale, 2021, 13(35): 14925-14934.

[28] Domingues J A L, Bonelli N, Giorgi R, et al. Innovative hydrogels based on semi-interpenetrating p(HEMA)/PVP networks for the cleaning of water-sensitive cultural heritage artifacts[J]. Langmuir, 2013, 29(8): 2746-2755.

［29］ Baglioni P, Berti D, Bonini M, et al. Micelle, microemulsions, and gels for the conservation of cultural heritage[J]. Advances in Colloid and Interface Science, 2014(205): 361-371.

［30］ Stacey Laing, L. E. J., Karen Faulds and Duncan Graham. Surface-enhanced Raman spectroscopy for in vivo biosensing[J]. Nature Reviews Chemistry,2017, 1(8): 0060.

［31］ Sun D, Cao F H, Yi X, et al. microRNA-21 expression in single living cells revealed by fluorescence and SERS dual-response microfluidic droplet platform[J]. Lab on a Chip, 2022, 22(11): 2165-2172.

［32］ Zong C, Xu M, Xu L J, et al. Surface-Enhanced Raman Spectroscopy for Bioanalysis: Reliability and Challenges[J]. Chemical Reviews, 2018, 118 (10):4946-4980.

［33］ Jiang J Z, Zhu L H , Zou J, et al. Micro/nano-structured graphitic carbon nitride–Ag nanoparticle hybrids as surface-enhanced Raman scattering substrates with much improved long-term stability[J]. Carbon ,2015, 87: 193-205.

［34］ Shi G C, Wang M L, Zhu Y Y, et al. A novel natural SERS system for crystal violet detection based on graphene oxide wrapped Ag micro-islands substrate fabricated from Lotus leaf as a template[J]. Applied Surface Science, 2018, 459: 802-811.

［35］ Yang J L, Liu K W, Cheng Z, et al. Investigation of interface effect on the performance of CH3NH3PbCl3/ZnO UV photodetectors[J]. ACS Applied Materials & Interfaces, 2018, 10(40): 34744-34750.

［36］ Kim D, Kim J, Henzie J, et al. Mesoporous Au films assembled on flexible cellulose nanopaper as high-performance SERS substrates[J]. Chemical Engineering Journal, 2021, 419: 129445.

［37］ Upender G, Sathyavathi R, Raju B, et al. SERS study of molecules on Ag nanocluster films deposited on glass and silicon substrates by cluster deposition method[J]. Journal of Molecular Structure, 2012, 1012: 56-61.

［38］ Wang Y X, Zhang Y J, Wang Y X, et al. SERS substrate of Ag decorated flexible wrinkled nanostage and anti-counterfeiting application[J]. Applied Surface Science, 2025, 685: 162071.

［39］ Huang X X, Sun H L, Wang G X, et al. Self-formation of Ag particles/Ag-Zr alloy films on flexible polyimide as SERS substrates[J]. Applied Surface Science, 2019, 487: 1341-1347.

［40］ Zhou N N, Meng G W, Huang Z L, et al. A flexible transparent Ag-NC@PE film as a cut-and-paste SERS substrate for rapid in situ detection of organic pollutants[J]. The Analyst, 2016, 141(20): 5864-5869.

［41］ Ayas S, Cinar G, Ozkan A D, et al. Label-free nanometer-resolution imaging of biological architectures through surface enhanced Raman scattering[J]. Scientific Reports, 2013, 3: 2624.

［42］ Jin Z M, Gu W, Shi X B, et al. A novel route to surface-enhanced Raman scattering: Ag nanoparticles embedded in the nanogaps of a Ag substrate[J]. Advanced Optical Materials, 2014, 2(6): 588-596.

［43］ Liu K, Zeng X, Jiang S H, et al. A large-scale lithography-free metasurface with spectrally tunable super absorption[J]. Nanoscale, 2014, 6(11): 5599-5605.

[44] Zhang N, Dong Z Y, Ji D X, et al. Reversibly tunable coupled and decoupled super absorbing structures[J]. Applied Physics Letters, 2016, 108(9): 091105.

[45] Liu Z Q, Liu L, Lu H Y, et al. Ultra-broadband tunable resonant light trapping in a two-dimensional randomly microstructured plasmonic-photonic absorber[J]. Scientific Reports, 2017, 7: 43803.

[46] Sarychev A K, Bykov I V, Boginskaya I A, et al. Metal-dielectric optical resonance in metasurfaces and SERS effect[J]. Optical and Quantum Electronics, 2019, 52(1): 26.

[47] Thareja V, Esfandyarpour M, Kik P G, et al. Anisotropic metasurfaces as tunable SERS substrates for 2D materials[J]. ACS Photonics, 2019, 6(8): 1996-2004.

[48] 林丙永. 新型贵金属纳米复合材料的构建及其在SERS领域的应用研究[D]. 福州：福州大学, 2021.

[49] Li M H , He X, Wu C L, et al. Deep Learning Enabled SERS Identification of Gaseous Molecules on Flexible Plasmonic MOF Nanowire Films[J].ACS Sensors, 2024, 9(2): 979-987.

[50] Qu L T, Dai L M. Novel silver nanostructures from silver mirror reaction on reactive substrates[J]. The Journal of Physical Chemistry B, 2005, 109(29): 13985-13990.

[51] Chung M, Skinner W H, Robert C, et al. Fabrication of a wearable flexible sweat pH sensor based on SERS-active Au/TPU electrospun nanofibers[J]. ACS Applied Materials & Interfaces, 2021, 13(43): 51504-51518.

[52] Kim D J, Jeon T Y, Park S G, et al. Uniform microgels containing agglomerates of silver nanocubes for molecular size-selectivity and high SERS activity[J]. Small, 2017, 13(23): 1604048.

[53] Xu Y, Li Z Y, Liao Y R, et al. Unveiling the dual-enhancing mechanisms of kinetically controlled silver nanoparticles on piezoelectric PVDF nanofibers for optimized SERS performance[J]. ACS Sensors, 2024, 9(2): 849-859.

[54] Zhang Y H, Huang X, Chen J C, et al. UiO-66 particles decorated with Ag/Au nanoparticles as SERS sensors for detecting harmful Patina in trace analysis of ancient bronze art[J]. ACS Applied Nano Materials, 2024, 7(4): 4277-4287.

[55] Zhang Y H, Huang X, Chen J C, et al. In situ assembly of silver nanoparticles throughout electrospun oriented alginate nanofibers for hazardous rust trace detection on bronze[J]. Spectrochimica Acta Part A: Molecular and Biomolecular Spectroscopy, 2024, 308: 123739.

[56] Pengyang Li, Yahui Zhang, Xia Huang, et al., Highly Sensitive SERS for the surface corrosion analysis of bronze relics using the PAN/PVP silver nanoparticle flexible substrate[J]. ACS omega, 2023, 44(3): 1-10.

[57] Zhang Y H, Zhou S, Li J Y, et al. Ag/ZIF-8/polyacrylonitrile flexible SERS substrate with high sensitivity for the surface corrosion analysis[J]. Polymers for Advanced Technologies, 2024, 35(1): e6255.

结 语

青铜器作为重要的文化遗产，承载着丰富的历史信息和艺术价值，其保护与修复工作在文化遗产保护领域中占据着重要的地位。青铜器的保护修复研究涉及多个学科，包括材料科学、化学、历史学、艺术学等领域。因此，对青铜器保护修复基础工作与基础理论的梳理及总结是做好脆弱青铜器保护的关键环节。同时，随着科学技术的发展，越来越多的新技术、新材料不断地被应用到青铜器的保护修复中，这些创新为青铜器保护修复工作注入了新的活力。然而，新材料、新技术的应用从来都不是一蹴而就的，在保护实践应用中仍需要不断地探索，才能进一步加深对青铜器的认识，提高其保护修复的技术水平，从而更好地保护和传承这一宝贵的文化遗产。

《脆弱青铜器保护修复基础与应用探索》一书结合当前青铜器保护修复中的现状，深入剖析了脆弱青铜器保护修复的基础理论、技术方法以及应用实践。书中不仅详细阐述了青铜器材质特性、病害类型及其成因，还系统总结了国内外在青铜器保护修复领域的最新研究成果和技术进展。通过大量实例分析，该书展示了新材料、新技术在青铜器保护修复中的具体应用效果，为从事青铜器保护修复工作的专业人员提供了宝贵的参考和借鉴资料。同时，本书也强调了跨学科合作在青铜器保护修复中的重要性，鼓励不同领域的专家学者共同参与到这一文化遗产保护事业中来，共同推动青铜器保护修复技术的创新与发展。

本书的编写与出版得到了河南省文物考古研究院刘海旺院长的大力支持，保护修复中涉及的案例由河南省文物考古研究院保护修复研究室的郭晓钟、陈钦龙、吉鹏飞、常清海、陈振东、黄海军等提供，武汉科技大学周和荣教授在青铜器腐蚀机理研究方面提供了诸多帮助，他们的慷慨相助与无私奉献，不仅为本书的编写提供了丰富的素材和案例，更为我们深入探索青铜器保护修复技术提供了宝贵的实践经验。在此向上述领导、同仁表示衷心感谢。

编 者

2023年12月